교육평가

김화영 권승아 김한나 명준희 김수환 공저

YANGSEOWON
양서원

머리말

"평가는 결국 성적을 매기는 거 아닌가요?"

"유아교육에서 평가? 우리는 시험이 아니라 놀이중심 교육 아닌가요?"

혹시 이런 생각을 해본 적이 있나요? 그렇다면 이 책이 여러분을 위해 준비된 책일지도 모릅니다.

교사가 된다는 것은 학생들과 함께 수업을 하고, 교육 내용을 전달하는 것이라고 흔히들 생각합니다. 하지만 교사가 교육 현장에서 가장 많이 고민하는 것 중 하나는 바로 평가입니다. 어떤 학생이 수업 내용을 잘 이해했는지, 어떤 부분에서 어려움을 겪고 있는지, 더 나은 교수법은 무엇인지 등 이 모든 것이 평가의 영역입니다.

초·중등 교육에서는 성적, 시험, 수행평가와 같은 다양한 방식의 평가가 이루어집니다. 교사들은 학생들의 학업 성취도를 확인하고, 수업의 효과를 점검하며, 때로는 평가 결과를 바탕으로 수업을 조정하기도 합니다. 반면, 유아교육에서는 다릅니다. 시험을 보고 점수를 매기는 대신, 유아의 놀이와 행동을 관찰하고 해석하며, 발달 과정을 이해하는 방식으로 평가가 이루어집니다. 하지만 이 차이가 "유아교육에서는 평가가 덜 중요하다"는 오해를 낳기도 합니다.

과연 그럴까요?

우리는 이런 고민에서 출발했습니다. 평가는 단순한 점수 매기기가 아니라, 학습과 성장의 중요한 과정입니다. 그렇다면 유아교육과 초·중등 교육에서 평가의 역할은 어떻게 다를까? 그리고 공통적으로 중요한 것은 무엇일까? 이 질문에 대한 답을 찾기 위해, 유아교육과 교수들과 초·중등 교육을 연구하는 사범대 교수들이 머리를 맞대고 논의했습니다. 그리고 그 과정에서 교육평가의 주요 개념을 정리하고, 이를 유아교육과 초·중등 교육에서 각각 어떻게 바라볼 수 있을지 탐구하게 되었습니다.

이 책은 사범대학과 유아교육과의 예비교사들이 각자의 전공에서 평가를 효과적으로 이해하고 활용할 수 있도록 구성되었습니다. 단순히 이론을 설명하는 것이 아니라, 실제 교육 현장에서 활용할 수 있도록 각 장 끝에 유아교육과 초·중등교육의 관점을 반영한 토의 주제와 사례를 추가했습니다. 이를 통해 독자들은 자신이 배우는 내용이 실제 교실에서 어떻게 적용될 수 있는지를 고민해 볼 수 있을 것입니다.

그렇다면 평가란 무엇일까요? 점수 매기기? 학생을 줄 세우는 도구? 아닙니다. 평가는 교사가 학생의 성장을 지원하는 가장 강력한 도구이며, 교육의 방향을 결정하는 나침반과도 같습니다. 학생들은 교사의 평가를 통해 자신의 학습을 돌아보고, 학부모들은 교사의 피드백을 통해 자녀의 교육을 이해합니다. 그리고 교사 자신도 평가 과정을 통해 더 나은 교수법을 고민하게 됩니다.

평가는 어렵고 부담스러운 일이 아닙니다. 오히려, 올바른 평가를 할 수 있는 능력을 갖추었을 때 교사로서의 자신감도 높아지고, 학생들에게 더욱 의미 있는 교육을 제공할 수 있습니다. 이 책이 예비교사 여러분이 평가의 개념을 제대로 이해하고, '좋은 평가'란 무엇인지 고민하는 데 도움을 줄 수 있다면, 그 이상 바랄 것이 없습니다.

이 책이 나오기까지 함께 고민하고 같이 집필해주신 교수님들께 깊이 감사드립니다. 각자의 분야에서 평가의 의미를 고민하며 전문성을 살려 좋은 글을 집필해주셨습니다. 또한 출판 과정에서 많은 도움을 주신 양서원 출판사 관계자분들께도 감사의 인사를 전합니다. 앞으로 미래를 이끌 예비교사들께 응원을 보냅니다.

2025년 2월

저자 일동

차 례

Chapter

1

교육평가의 이해

1. 교육평가의 기초
2. 교육평가의 교육관 및 검사관
3. 교육평가의 기능

1. 교육평가의 기초

본 장에서는 교육평가와 관련된 전반적이고 기초적인 개념을 서술코자 한다. 교육평가란 무엇인지 학문적 정의를 살펴보고, 교육평가와 관련된 다양한 용어(측정, 검증, 진단 등)를 함께 비교 및 대조하여 개념을 구분하고자 하였다.

1) 교육평가의 개념

평가(Evaluation)란 무엇일까? 평가라는 단어는 'Exvalare'이라는 라틴어에서 유래하였으며, 'e'와 'value'의 합성어로 의미를 살필 수 있다. 외부를 뜻하는 'e'와 가치체계를 뜻하는 'value'가 결합한 것으로 타일러(Tyler, 1934)가 사용하면서 시작되었다. 즉, 교육평가란 교육활동이 가지고 있는 가치를 외적으로 드러내어 판단, 측정하는 활동이라 할 수 있겠다. 그동안 우리나라에서는 교육평가의 초점이 학업성취도와 교수학습에 집중되어 왔지만 교육평가는 학업성취도 및 교수-학습의 영역을 포함하여 교육이 지니고 있는 가치를 판단하고 측정하기 위한 교육목표, 교육방법, 교육내용 등 교육활동과 관련된 총체적 관점에서 그 대상을 살펴야 할 것이다.

교육평가(Education Evaluation)란 무엇인가? 교육평가의 개념은 단편적으로 제시하기 쉽지 않다. 왜냐하면 개념과 의미는 시대에 따라, 교육이론의 시각에 따라, 사회의 맥락에 따라 다양하게 변화되어 왔기 때문이다. 그럼에도 일반적으로 교육평가라고 할 때에는 중간고사, 기말고사, 학업성취도검사 등의 학생의 성취도를 평가하는 시험으로 여기는 경향이 있다. 이러한 이해는 교육평가의 개념 중 협소한 이해로 교육평가는 더욱 넓은 의미의 포괄적 행위가 수반되어짐을 알아야 한다. 교육평가의 개념을 좁은 의미에서의 개념과 넓은 의미에서의 개념으로 구분하여 살펴보도록 하자. 먼저 좁은 의미의 개념으로 교육평가는 학생이 교육목표에 얼마만큼 달성하였는지에 대한 평가, 교사의 교수학습 방법이 어떠했는지에 대한 평가, 교육활동의 성과가 어떠한지를 측정하는 평가 등으로 구분할 수 있다. 나아가 넓은 의미에서의 개념으로는 교육과정에 대한 평가, 교육을 통해 사회공헌이 어떠한지에 대한 평가, 교육을 통해 나타난 상황 등의 옳고 그름에 대한 가치 판단 등을 포괄한 평가까지 교육평가의 의미로 담을 수 있다.

이와 같은 교육평가는 다양한 교육활동과 관련되어 있다. 교육활동으로는 시험(평가), 검사, 측정, 사정 등이 있다. '시험'이란 형성평가, 단원평가, 수행평가, 중간고사, 기말고사 등과 같은 것을 일컫는 것으로 대부분의 학교에서 모든 학생들에게 시행되는 정기적 또는 비정기적으로 교육내용에 대하여 성적을 산출하기 위해 치루어지는 측정으로서의 평가를 의미한다. '검사'란 공인된 측정도구를 활용하여 평가하고자 하는 영역을 객관적으로 확인하여 측정하는 것을 의미하며 IQ 테스트와 같은 지능검사, 정서능력검사와 같은 검사가 있다. 측정을 위한 척도로 일반적으로 행동의 증거를 수집하는 도구, 즉 측정도구라 부른다. 다음으로 '측정'이란 일정한 양을 기준으로 하여 같은 종류의 다른 양의 크기를 잰다는 의미로 준거를 기준으로 객관화시킨 자료를 포함하는 개념으로 측정값을 측정값과 오차 범위, 신뢰도를 사용하여 표현한다. 마지막으로 '사정'이란 다양한 측정결과를 통해 한 개인 또는 대상의 전체 모습을 조명하는 전인적 평가를 뜻한다.

이와 같이 교육평가는 다양한 교육활동과 관련되어 있는 것처럼 다양한 시각이 존재하고, 그에 따라 개념도 여러 가지 관점으로 살필 수 있다. 다양한 시각에서 바라본 교육평가에 대한 개념을 모아서 본 절에서는 크게 다섯 가지로 서술코자 하며 이어지는 절에서 학자에 따른 이론적 정의로 살펴보겠다. 첫째는 교육평가를 교육과정, 교육프로그램, 제도, 조직, 정책에 관한 증거와 이를 수집하는 과정에서 가치를 결정하는 행위로 보는 개념이 있다. 둘째로 특정한 교육목표가 어느 정도 성취되었는지를 사정하는 행위로 보는 개념이다. 셋째는 교수 및 학습을 개선하고 학생의 학습에 도움을 줄 수 있도록 하는 행위의 개념이며, 넷째로 교육프로그램을 통한 교육효과를 확인하고, 학습자의 학습과정 및 행동 변화에 관한 정보를 수집하여 이를 교육적 의사결정을 내리는 데 도움을 줄 수 있도록 하는 과정으로 살피는 개념이다. 마지막으로는 교육목

표 1-1 교육평가의 협의 및 광의의 개념 및 평가의 대상, 관련 활동

구분		내용
교육 평가	협의의 의미	• 학생의 교육목표 달성도에 대한 평가 • 교사의 교수학습 방법이 적절한지에 대한 평가 • 교육활동 성과 측정 평가 등
	광의의 의미	• 교육과정에 대한 평가 • 교육의 사회공헌 효과에 대한 평가 • 교육을 통해 나타난 상황의 옳고 그름에 대한 가치 판단 등을 포괄한 평가 등
교육평가의 의미		• Evaluation: 라틴어 'Exvalare'에서 유래 • e+value: 교육활동이 지닌 내재적 가치를 외적으로 판단하여 진단하는 활동
교육평가의 대상		• 교육활동과 관련된 모든 내용 - 교육목표, 교육방법, 교육내용, 교육과정, 교육결과, 학업성취도 등
교육평가와 관련된 활동		시험(평가), 검사, 측정, 사정 등
다양한 시각에서 바라본 교육평가의 개념		• 교육과정, 교육프로그램, 제도, 조직, 정책에 관한 증거 및 이를 수집하는 과정에서 가치를 결정하는 행위 • 특정한 교육목표가 어느 정도 성취되었는지를 사정하는 행위 • 교수 및 학습을 개선하고 학생의 학습에 도움을 줄 수 있도록 하는 행위 • 교육프로그램을 통한 교육효과를 확인하고, 학습자의 학습과정 및 행동 변화에 관한 정보를 수집하여 이를 교육적 의사결정을 내리는 데 도움을 줄 수 있도록 하는 과정 • 교육목적의 달성 정도를 판단하고, 일정한 기준을 바탕으로 교육활동의 효율성을 가능하게 하는 활동. 또한, 이러한 결과에 대한 가치를 판단하는 체계적인 과정

적의 달성 정도를 판단하고, 일정한 기준을 바탕으로 교육활동의 효율성을 가능하게 하는 활동이다. 또한, 이러한 결과에 대한 가치를 판단하는 체계적인 과정(서동기 외, 2019: 20)으로 여기는 개념이 있다.

이러한 다양한 개념에도 불구하고 일반적으로 교육에서의 평가는 측정을 바탕으로 하여, 측정된 결과를 해석해가는 과정에서 이루어진다. 평가 결과가 좋거나 또는 그렇지 않은 것을 판단하는 것은 가치의 기준과도 연계되어 있으며 주로 초기에 설정한 목표 도달과의 관련성을 찾기에 의도된 교육목적을 얼마만큼 달성했는지 여부로 판단된다. 미래사회를 살아가는 후속세대를 교육함에 있어서 평가란 것이 수치화되어 점수와 등수로만 귀결되는 평가는 지양되어야 할 것이며 올바른 교육평가관을 정립하여 교육평가의 결과가 교육의 개선을 위해 활용될 수 있어야 할 것이다. 첫 절에서 설명한 내용을 요약 및 정리하여 나타내면 〈표 1-1〉과 같다.

2) 교육평가의 학자별 정의: 교육평가의 이론적 정의

교육평가의 이론에는 어떻게 바라보고 이해하는가에 따라 다양한 학자들의 이론적 정의가 존재한다. 본 절에서는 월버그(Walberg, 1990)가 다양한 평가의 정의를 모아 집약한 타일러(Tyler), 스터플빔(Stufflebeam), 스크리븐(Scriven)의 이론을 살펴보고자 한다.

(1) 타일러의 이론적 정의

타일러(Ralph W. Tyler, 1902-1994)

현재 우리나라의 학교교육에서 가장 많은 영향을 끼친 교육평가에 대한 이론적 관점은 타일러의 목표달성모형이라 할 수 있다. 그만큼 타일러의 목표달성모형은 1990년대부터 현재까지 널리 활용되고 영향력을 가지고 있는 모형이다. 타일러는 『교육과정과 수업의 기본 원리(1949)』의 저서에서 평가의 과정이란 본질적으로 교육과정 및 수업의 프로그램에 의해서 교육목표가 실제로 어느 정도 실현되었는지를 밝히는 것이라고 하였다. 타일러는 교육활동의 과정을 4단계로 구분하며, 이를 위한 질문을 단계별로 나타내면 다음의 〈표 1-2〉와 같다.

표 1-2 타일러의 교육활동 과정의 단계와 질문

구분	타일러의 교육활동 과정 4단계를 위한 질문	단계
1	첫째, 학교는 어떤 교육목표를 성취하고자 노력해야 하는가?	교육목표의 설정
2	둘째, 목표의 성취를 위하여 어떤 교육경험을 제공해야 하는가?	학습경험의 선정
3	셋째, 교육경험을 효과적으로 조직하기 위해서는 어떻게 해야 하는가?	학습경험의 조직
4	넷째, 교육목표가 성취되었는지의 여부를 어떻게 살필 것인가?	학습성과의 평가

(2) 스터플빔의 이론적 정의

스터플빔(Daniel L. Stufflebeam, 1936-2017)

스터플빔은 1960년대의 이론인 체제이론과 관리이론의 영향을 받았다. 교육평가의 기능은 교육에 관한 의사결정을 촉진하고 도와주는 것으로 교육목표의 달성도를 확인하는 것이 아니라는 것이다. 즉, 스터플빔은 교육평가를 통해 교육행정가가 올바른 의사결정을 할 수 있도록 필요한 정보를 제공하고 장·단점을 살필 수 있도록 해야 한다는 입장으로 평가란, 의사결정의 대안을 판단하는 데 필요한 정보를 획득하고 기술하여 제공하는 과정이라고 하였다. 평가자가 의사결정자의 판단을 도와주는 기능을 하기 위해서는 밀접한 상호작용의 관계가 필요하고, 의사결정의 내용과 성격에 따라 교육평가의 방법과 종류가 달라지게 된다.

스터플빔은 교육프로그램의 개선을 위해서는 계획과 관련한 것, 구조화와 관련한 것, 차기 계획의 수립을 위한 의사결정의 종류가 있으며 이를 위해서는 네 종류의 평가가 필요함을 이야기하였다. 네 종류의 평가는 맥락평가(Context Evaluation), 투입평가(Input Evaluation), 과정평가(Process Evaluation), 산출평가(Product Evaluation)이다.

(3) 스크리븐의 이론적 정의

스크리븐(Michael Scriven, 1923-2023)

스크리븐은 과학철학자로서 과학철학에 관한 글을 다수 발표하며 1960년대 중반 이후부터 평가문제에 관심을 깊게 가지며 교육평가에 대한 새로운 철학적 논리와 개념을 제시하였다. 특히 평가의 가치판단에 주목하여 가치판단이 가지는 과학적 속성을 밝히고 판단의 기준을 규명하는 데 많은 관심을 두었다. 스크리븐은 평가는 다양한 교육적 수단들이 가지는 장점, 가치 등에 대한 질문에 해답을 추구하는 일로, 평가 자체로서 이러한 가치판단의 결정을 위한 방법론적 활동이라고 정의하였다.

즉, 평가는 좋고 나쁜 것을 분간하는 것으로 평가의 기능을 목적과 역할로 나누어 구분하였는데 우선, 평가의 목적 관점에서 볼 때에 근본적으로 어떠한 것의 좋고 나쁨을 판단하는 가치판단의 과학이라고 여기었다. 또한, 평가자는 가치판단을 하는 사람으로 단순히 의사결정자에게 정보를 제공해주는 목적 달성 여부를 판단하는 사람이 아니라고 하였다. 그러기에 스크리븐의 가치판단모형에 의하면 교육평가자는 교육프로그램과 활용자원이 교육에 어떤 도움이 되고, 좋거나 나쁜 것인지를 일정한 기준에 의해 판단하게 된다. 이 모형에 의하면 가치판단을 위한 기준을 정하는 것이 매우 중요하다. 특히 평가자의 편견, 독단을 배제하여 객관적이고 합리적인 판단의 준거 마련을 위해 스크리븐은 탈목표평가의 개념을 제안하였다. 탈목표평가란 평가자가 목표를 미리 알게 되었을 경우, 목표를 의식하게 되어 판단을 함에 있어 편견이 생길 수 있음을 방지하기 위해서 교육프로그램에 관한 가치를 판단 시에 목표를 미리 의식하지 않고 평가자 스스로의 정보수집을 통해 프로그램의 과정과 결과를 살피는 것이다.

2. 교육평가의 교육관 및 검사관

교육평가의 방향과 방법은 평가자의 교육관과 검사관에 따라 달라질 수 있다. 그러기에 본 절에서는 교육평가에서의 교육관과 검사관을 살펴보고자 한다.

1) 교육관

교육의 과정 속에서 교육평가의 역할, 목적, 기능을 이해하기 위해서는 먼저 교육관을 이해해야 할 필요가 있다. 서로 다른 교육관을 가진 교사의 교육과 평가의 방법은 완전히 다를 수 있기 때문이다. 교육평가에서의 교육관은 크게 선발적 교육관과 발달적 교육관, 인본주의적 교육관으로 구분한다. 각각의 교육관에 대해 살펴보자.

먼저 선발적 교육관은 교육을 통해 달성하고자 하는 교육목적이나 일정한 교육수준에 도달할 수 있는 사람은 '어떤 교육방법을 선택하든지 다수 중 일부이거나 소수이다'라는 신념을 가진 교육관이다. 인간 행동의 변화 가능성은 제한적이기에 교육을 통해 목적을 달성하는 학생은 소수라는 신념을 가진 교육관으로 상급학교의 진학과 원하는 학교의 진학 요구에 따라 선발의 범위가 적어지고 선발의 기준이 다양화되는 것으로 현재 우리 사회에 팽배해있던 교육관이라 할 수 있다.

선발적 교육관은 다음과 같은 특징을 가진다. 첫째, 특정 능력이 있는 일부 학생만이 교육을 통해 변화될 수 있다는 기본 가정으로 교육을 통한 인간 행동 변화의 가능성에 매우 부정적인 견해를 보인다. 둘째, 교육의 성과에 대한 책임을 일차적으로 학생에게 두고 있기에 교육의 성공과 실패는 학생에게 달려있다. 셋째, 학습자의 개별특성을 평가대상으로 하며 일정한 교육 후, 교육성취에 대해 개인차 변별에 초점을 둔다. 넷째, 엘리트 중심의 대학이 선호되며, 소수의 우수자를 선발하는 평가로 측정관과 관련이 있으며 상대평가를 지향한다.

다음으로 발달적 교육관을 살펴보자. 발달적 교육관은 모든 학습자에게 적절한 교수 · 학습방법이 제시된다면 누구나 의도하는 주어진 교육목표를 달성할 수 있다는 신념을 가진 교육관이다. 교육을 인간 행동의 변화 가능성을 인정하고 행동 변화를 이끌기 위한 수단으로 보며, 교육을 통해서 모든 학생을 변화시킬 수 있다는 신념을 가진 교육관이라 하겠다.

발달적 교육관의 특징으로 첫째, 적합한 교육이 주어진다면 모든 학생은 목표를 달성할 수 있는 능력을 소유하고 있다는 것을 기본가정으로 하여 개별학습자에게 적절한 교수학습 방법의 제시가 필요하다고 여긴다. 둘째, 교육의 성과에 대한 책임을 일차적으로 교사에게 둔다. 교사의 적절한 교수방법의 선정과 적용하는 교수학습 개별화의 질에 따라 성과가 달라질 수 있기 때문이다. 셋째, 교수학습 방법을 주로 평가대상으로 하며, 계속적인 교수방법의 효과성을 검증하고 평가하는 형성평가를 활용하여 개인차 변별보다 최적의 교수방법 마련에 초점을 둔다. 넷째, 관련된 검사관은 평가관으로 교육방법의 평가에 초점을 맞추고 목표지향평가로의 절대평가를 통해 궁극적으로 모든 학생을 일정한 목표점에 도달시키고자 하는 교육관이다.

마지막으로 인본주의적 교육관을 살펴보자. 인본주의적 교육관은 교육을 인격적 성장, 통합, 자율성을 도모하여 자신 및 타인을 포함하여 학습에 대한 건전한 태도를 형성해가는 자아실현의 과정으로 전제한다. 또한, 인간을 사랑하고 깊이 있게 느끼며 내면의 자아를 확장하고 창조함으로써 스스로 성장하는 자아실현의 가능성을 높이는 것을 목표로 한다.

인본주의적 교육관의 특징으로 첫째, 모든 교육은 학습자가 원하고 바라는 것에 의해 이루어져야 한다는 신념을 가지며 외부의 강요나 압력에 의해 이루어지는 교육을 심각하게 여긴다. 둘째, 누구나 교육을 받을 능력을 가지고 있으며, 교육에 대한 책임을 학습자와 교사가 함께 가진다. 셋째, 전인적 특성을 평가대상으로 강조하며 총평관과 관련이 있고 검사나 시험의 시행과 등급화에 대해 부정적 입장을 취한다. 넷째, 학습자에게 도움이 되어야 할 검사가 학습자를 규정하고 불안을 제공하고 있다고 보기에 검사무용론을 주장하기도 하며, 절대평가를 지향한다.

다음의 〈표 1-3〉을 통해 이러한 3가지의 교육관을 비교하였다.

표 1-3 교육관의 비교

구분	기본 가정	교육에 대한 책임	강조되는 평가대상	관련 검사관	관련 평가유형
선발적 교육관	특정소수만 교육을 받을 능력이 있음	학습자	학습자의 개별특성	측정관	규준참조평가 (상대평가)
발달적 교육관	누구나 교육받을 능력이 있음	교사	교육방법	평가관	준거참조평가 (절대평가)
인본주의적 교육관	누구나 교육받을 능력이 있음	학습자 및 교사	전인적 특성	총평관	준거참조평가 (절대평가/평가무용론)

2) 검사관

교육에서는 교육의 과정 및 결과에 대한 성과, 효과를 파악하기 위한 활동이 중요하다. 교육평가는 교육의 과정 및 결과를 통해 확인된 것을 교육적으로 해석하고 의미화하는 것인데, 이를 위해서는 측정 및 평가활동을 통한 검사가 함께 수반되어야 한다. 교육평가에서의 검사관은 크게 세 가지로 측정관, 평가관, 총평관으로 구분하여 특징을 살필 수 있다.

첫째, 측정관이다. 모든 실재는 그것이 안정성이 있다는 가정에서 출발하며 점수에서의 오차 유무가 관심의 대상이다. 인간의 행동특성은 불변적인 것으로 보고, 모든 행동특성을 수량화 할 수 있다고 여긴다. 또한, 신뢰성과 객관도가 높은 측정을 위해 표준화를 요구하며 측정도구의 신뢰도와 객관도 확보를 우선시하여 검사도구 및 측정절차의 정확성을 강조한다. 환경은 측정의 정확성을 저해하는 방해요인으로 간주하고 해석의 기준은 표준이 되는 규준으로 하여 상대평가로서의 규준참조평가에 의해 개인간의 비교 및 상대적 위치를 판단한다. 마지막으로 최대의 장점은 효율성이며 측정의 결과는 선발, 분류, 예언, 실험 등에 이용한다.

둘째, 평가관이다. 존재하는 모든 실재나 인간의 행동특성은 변화한다는 관점에서 출발하여 학습자의 행동변화에 관심을 갖는다. 또한, 교육목표에 비추어 본 학습자의 성취도 평가 또는 학습자의 성취도와 목표와의 일관성을 확인하는 일과 교육목표의 달성을 확인하는 증거에 관심이 있다. 또한, 검사도구의 신뢰도와 객관도보다 타당도를 더 강조하는데 교육목표와 학습자 행동과의 일관성을 파악하는 것으로의 내용타당도를 강조한다. 환경변화를 야기하는 중요한 자원으로 보며 해석의 기준은 목표점이 되는 준거에 두기에 절대평가로서의 준거참조평가에 의해 준거가 되는 목표의 달성 여부에 따른 개인의 성취수준을 판단한다. 마지막으로 학생의 학업성취뿐만 아니라 교육목표, 교육내용, 교수방법 등 학습자 행동 변화에 관계되는 모든 요소를 평가하며 평가 결과는 평점, 자격판정, 배치, 진급 등을 위해 활용된다.

셋째, 총평관이다. 인간의 행동은 환경과의 상호작용에 의해 가변적인 것으로 간주하며, 환경과 개인의 역동적 관계에서 변화하는 특성을 가진다고 보았다. 개인에 관한 양적, 질적 형태의 다양한 종류가 활용되며, 구인타당도에 관심을 둔다. 준거 상황이나 역할에 비추어 진단하며 평가 결과는 예언, 자격부여, 분류, 실험, 선발 등에 활용된다.

다음의 〈표 1-4〉를 통해 이러한 3가지의 검사관을 비교하였다.

표 1-4 검사관의 비교

구분	인간 행동특성을 보는 시각	환경을 보는 시각	강조점	기본적 증거수집방법	특징 및 결과의 활용
측정관	• 항구적이고 불변적인 것으로 간주 • 개인의 정적 특성	• 환경의 불변성 신념 • 환경변인의 통제 및 영향의 극소화 노력 • 환경을 오차변인으로 간주	• 규준에 비추어 본 개인의 양적 기술 강조 • 간접증거 • 객관도 및 신뢰도 강조	• 필답검사 (표준화검사) • 양적	• 효율성 • 예언, 분류, 자격부여, 실험
평가관	• 안정성이 없고 가변적인 것으로 간주 • 개인의 변화하는 특성	• 환경의 변화성 신념 • 환경변인의 이용 • 환경을 행동변화의 지원으로 간주	• 교육목적에 비추어본 개인의 양적, 질적 기술 강조 • 직접 증거 • 내용타당도 강조	• 변화의 증거를 얻을 수 있는 모든 방법 • 양적 및 질적	• 목표와의 연계 • 예언, 자격부여, 프로그램 효과 판정

구분	인간 행동특성을 보는 시각	환경을 보는 시각	강조점	기본적 증거수집방법	특징 및 결과의 활용
총평관	• 환경과 상호작용에 의한 가변적인 것으로 간주 • 환경과 개인의 역동적 관계에서 변화하는 특성	• 환경의 변화성 신념 • 환경과 학습자의 상호작용을 이용 • 환경을 학습자 변화의 한 변인으로 간주	• 전인적인 기능 혹은 전체 적합도에 비추어 본 질적 기술 강조 • 직접 및 간접증거 • 구인타당도 강조	• 상황에 비춘 변화의 증거를 얻을 수 있는 모든 방법 • 양적 및 질적	• 개인과 환경 양 측면에서의 증거의 탐색 • 준거 상황이나 역할에 비추어 본 진단

3. 교육평가의 기능

앞서 우리는 교육평가의 개념과 학자별 이론에 따른 정의를 살펴보았다. 교육평가에 대한 정의에 따라 평가 기능이 달라지기에 본 절에서는 교육평가의 기능에 대해 살펴보고자 한다.

1) 교육평가의 기능

교육평가의 기능은 보는 시각에 따라 여러 가지로 이야기할 수 있지만, 주로 교육활동과 관련된 의사결정의 기능과 수업활동과 관련된 평가 기능으로 구분할 수 있다. 교육평가 활동의 주체는 사람, 주로 교사에 의해 이루어지기에 수업활동을 해나감에 있어서의 크고 작은 의사결정이 진행되기 때문이다. 이러한 것과 관련하여 교육평가가 가지는 기능을 살펴보고자 한다.

기능	내용
교육목표의 달성도 파악	• 학업성취도 평가의 기능은 교육목표의 달성도에 관한 증거와 정보를 수집 • 평가결과가 기대수준에 미달할 경우 원인을 규명하여 목표달성에 기여 • 교육목표가 명확하게 정의되고 구체화되었을 때 교육평가가 제대로 수행
학습의 진단과 치료	• 교육의 과정에서 선행학습의 정도, 심신발달상태 등을 파악 • 대상자에 알맞은 교육계획을 수립하여 효과적인 교육활동을 전개
학습촉진의 기능	• 교육평가는 학습동기를 유발하는 기능을 지니고 있음 • 검사를 통해 자신의 학습 역량을 확인, 자신의 결점을 보충, 성적향상의 동기유발
교수–학습 과정의 평가	• 교수 및 학습과정을 개선하는 데 필요한 증거를 수집하고 조작하는 방법 • 교수–학습이 진행되고 있는 과정을 계속적으로 점검 • 교육과정의 의도가 실천되었는지, 얼마나 실현되었는지를 알기 위한 노력
수업 프로그램 평가	• 본래 의도한 목적과 학생들이 달성한 학습결과와의 차이를 비교 • 수업의 질을 평가하기 위해서는 수업과정에 영향을 끼치는 변인 관찰 · 분석 • 투입변인과 절차변인에 대해서도 관찰을 해야 함

출처: 권순달, 오성삼(2016). 교육평가. 양서원. p. 15에서 인용.

그림 1-1 교육평가의 기능

[그림 1-1]을 참고로 하여 교육평가의 기능을 서술하면 다음과 같다.

첫째, 교육목표의 달성도 파악을 위함이다. 교육평가는 일정한 목표를 설정하여 다양한 교육방법을 활용하고, 활동을 전개해서 획득한 교육적 성과를 평가하는 것이다. 교육의 목표 도달 정도를 알아보기 위한 것으로 학생의 현재 상태 및 발전 정도뿐만 아니라 평가자로서의 교사도 자신에 대한 평가가 함께 이루어져야 한다.

둘째, 학습을 진단하고 학습자의 치료를 위한 기능을 한다. 선행학습에 대한 점검을 통해 출발점 행동을 진단하고, 교육활동의 과정에서 드러나는 문제점들을 적시에 발견하여 수정, 보완 기능을 통해 치료해 가는 기능이다.

셋째, 학습을 촉진하는 기능이다. 교육평가를 통해 스스로의 학습역량을 확인하고 자신의 장 · 단점을 파악하여 보충할 수 있다. 최근에는 자기평가가 중요시되고 있는

데, 학습자 스스로의 자기평가를 통해 자율적 학습체제를 형성하고 자기이해를 넓힐 수 있는 기회를 가질 수 있다.

넷째, 교수학습 과정의 평가 기능이다. 교육평가를 통해 교수 및 학습과정을 개선하는 데 필요한 증거와 자료를 여러 단계에서 효율적으로 수집할 수 있다. 또한, 학생들의 행동 변화에도 섬세하게 반응하여 증거로서 수집하고, 행동의 변화 정도를 분석할 수 있는 교육활동이 이루어지는 기능을 한다.

다섯째, 수업프로그램을 평가하는 기능을 한다. 수업프로그램 평가는 의도한 수업목적과 실제 달성한 학습결과로서의 목표 달성 차이를 살피는 것으로 의도된 것과 의도되지 않은 것 모두를 포함할 수 있다. 수업프로그램의 질을 평가하기 위해서는 영향을 미치는 변인인 투입변인, 과성변인, 산출변인을 관찰하고 분석해야 한다. 각각의 변인에 대한 설명은 다음의 〈표 1-5〉와 같다.

표 1-5 변인의 정의 및 내용

구분	내용
투입변인	수업을 이끄는 데 필요한 모든 자원 예) 시설, 예산, 학생, 교사, 사회의 요구 등
과정변인	투입자원의 프로그램에서의 활용 방법 예) 교사의 교육방법, 수업프로그램의 적용, 행정가의 행정지원 등
산출변인	투입 · 과정 변인의 작용으로 나타나는 최종 결과 예) 학생들의 학업성취도, 태도, 행동 등

이 외에도 교육평가를 통해 교사는 학생의 진로지도 및 인성지도 등과 관련한 자료를 얻을 수 있다. 진학 및 취업, 인성 지도 등을 위한 학생의 성격, 정서, 흥미, 능력 등을 포함한 가정, 지역사회 등의 환경에 대한 정확한 이해가 필요하며 이를 통해 적절한 생활지도와 학습지도의 기능을 할 수 있다.

2) 교육평가의 순기능과 역기능

지금까지 1장에서 살펴본 교육평가의 기초를 바탕으로 이러한 교육평가의 순기능과 역기능을 〈표 1-6〉으로 정리하여 제시하면 다음과 같다.

표 1-6 교육평가의 순기능과 역기능

구분		내용
순기능	동기유발의 기능	• 특정한 목적 달성을 위해 평가의 전략적 활용 가능 • 평가내용과 방법에 따라 학습자의 학습활동에 미치는 영향이 큼
	진단적 기능	• 평가의 대상에 대하여 사전파악의 기능 • 학습자의 특성을 사전 파악함으로써 학습자에 대한 사전이해의 제고 가능
	형성적 기능	• 수업의 진행시 실시되는 형성평가 결과를 통해 학생들의 학습진전에 대한 중간과정에서의 정보수집 및 분석 가능 • 수시피드백을 통해 학습활동의 효율적 진행을 도모함
	총괄적 기능	총괄평가 결과를 바탕으로 학습자의 도달점 지식, 능력 기능을 확인하여 최종적 판정 가능
역기능	차별과 낙인효과	개인차 변별을 통한 학습의 우열 형성으로 또래 집단 내에서의 낙인과 차별 초래 가능
	과도한 경쟁 유발	피평가자에게 스트레스와 긴장을 일으키고, 타인과의 과도한 경쟁 초래 가능
	교육적 역효과	자율적 학습이 아닌 타율적 학습으로, 동기와 사기의 저하 초래하여 교육의 역효과가 발생

관련 학습 사례 ❶

유아교육

사실 유아를 평가한다는 것은 다소 낯설게 느껴질 수 있다. 이는 평가가 흔히 시험이나 성적표와 같은 형식적이고 경쟁적인 요소로 여겨지기 때문이다. 그러나 유아교육에서 평가는 단순히 성적이나 결과를 측정하는 것이 아니라, 유아의 성장과 발달을 지원하며, 개별적인 필요와 강점을 이해하고, 교육의 질을 개선하기 위한 중요한 과정이다.

교육과정은 수업과 평가라는 두 가지 축으로 이루어져 있으며, 유아교육에서도 평가는 매우 중요한 의미를 지닌다. 유아교육에서의 평가는 유아의 발달을 지원하고 교육의 질을 보장하는 데 필수적인 역할을 한다. 이는 유아교육이 목표로 하는 전인적 발달과 밀접하게 연관되어 있으며, 다음과 같은 의의를 가진다.

1. 유아의 개별적 성장 지원

유아는 발달 속도와 특성이 개인마다 다르기 때문에, 평가를 통해 유아의 현재 발달 상태를 이해하고 맞춤형 지도를 제공할 수 있다. 교육평가는 유아의 강점과 약점을 파악하여 적절한 학습경험을 설계하고, 발달 과정에서 필요한 지원을 제공하는 도구로서 중요한 역할을 한다. 예를 들어, 진단평가는 유아의 초기 발달 상태를 파악하여 놀이중심의 교육활동을 계획하는 데 사용된다.

2. 유아 발달의 다차원적 이해

유아교육의 교육평가는 단순히 지식과 기술의 습득을 넘어, 정서적, 사회적, 신체적, 인지적 발달을 포함한 전인적 발달을 평가한다. 이는 평가가 객관적 수치와 지표뿐만 아니라 관찰, 포트폴리오, 놀이 기록 등 질적 평가도구를 활용하여 유아의 발달을 다각도로 조망한다는 점에서 중요하다. 예를 들어, 놀이 관찰을 통해 유아의 창의성, 협동 능력, 문제해결 능력을 평가할 수 있다.

3. 교수학습 과정의 개선

유아교육에서 평가는 유아의 학습 과정과 결과에 대한 피드백을 제공하여 교사의 교수 전략과 학습 환경을 개선하는 데 기여한다. 형성평가는 수업 중 유아의 이해와 참여를 평가함으로써 교육활동을 조정하거나 새로운 교수 방법을 적용하는 데 활용된다. 이를 통해 교사는 유아의 학습 목표 달성을 돕고, 교수학습 과정 전반의 질을 향상시킬 수 있다.

4. 유아교육 프로그램의 효과성 검증

교육평가는 유아교육 프로그램이나 교과 과정의 목표 달성 여부를 확인하고, 프로그램의 강점과 개선점을 파악하는 도구로 사용된다. 예를 들어, 총괄평가는 프로그램 종료 후 유아가 설정된 발달 목표(예: 언어 능력, 사회성 등)에 도달했는지를 확인하여 교육적 효과성을 검증한다. 이를 통해 교육프로그램의 지속 가능성을 평가하고, 필요시 개편을 제안할 수 있다.

5. 책임성과 신뢰성 확보

평가를 통해 유아교육 기관은 유아와 부모, 사회로부터 신뢰를 얻을 수 있다. 이는 교육의 질적 수준을 보장하고, 기관의 책임성을 강화하는 데 기여한다. 평가 결과는 부모에게 유아의 발달 상태와 학습 과정을 공유함으로써 가정과의 협력을 촉진하고, 교육 체제에 대한 신뢰를 높이는 역할을 한다.

6. 교사의 전문성 향상

유아교육에서 교육평가는 교사가 유아를 더 깊이 이해하고, 적절한 교육방법을 탐구하며, 평가 과정을 통해 자신의 교수 역량을 발전시키는 데 기여한다. 교사는 평가를 통해 유아의 개별적 특성과 발달 과정을 반성적으로 분석하고, 이를 바탕으로 학습활동과 수업 방식을 지속적으로 개선할 수 있다.

관련 학습 사례 ❷ **초등교육**

"초등학교 진단평가와 총괄평가 부재로 인한 학력 저하"

2015년 이후 진단평가와 총괄평가가 폐지되면서 학력 관리가 학교와 교사의 자율에 맡겨졌다. 그 결과, 학생들의 기초학력 저하 문제가 심각해졌다. 특히, 2020년 코로나19 팬데믹 동안 원격 수업 장기화로 학업 결손이 가속화되었고, 이는 초등학생들의 학업성취도에 큰 영향을 미쳤다. 이에 따라 정부는 2024년부터 초등학교 3학년부터 고등학교 2학년까지의 맞춤형 학업성취도 자율평가를 도입한다고 발표하였다. 평가 응시 여부는 학교 자율이지만, 특별한 이유가 없는 한 참여해야 하기에 사실상 '전수평가'처럼 치러질 것으로 전망된다. 학력 전수평가가 5년 만에 사실상 부활하는 셈인 것이다.

출처: 서울경제(2024). 2024년부터 초3부터 고2까지…학력전수평가 5년 만에 부활.

참고문헌

구병두, 최종진, 심은석, 김부국, 김상남, 차승봉, 박균달, 정영교, 김은주, 김경민, 이범석, 심은영, 이경철, 구희진 (2015). **교육평가**. 양서원.

권순달, 오성삼 (2016). **교육평가**. 양서원.

서동기, 엄재춘, 조남미, 정수애, 조혜영, 김회엽, 홍지명, 정두배, 신봉호, 전상준 (2019). **교육평가**. 동문사.

송인섭, 정미경, 최지은, 박소연, 이희현, 김영아, 김누리, 김효원, 김희정, 한윤영, 안혜진 (2017). **교육평가**. 양서원.

최철용, 김환남 (2017). **알기 쉬운 교육평가**. 양서원.

황정규, 서민원, 최종근, 김민성, 양명희, 김재철, 강태훈, 이대식, 김준엽, 신종호, 김동일 (2017). **교육평가의 이해**. 학지사.

Chapter 2

교육평가의 유형

1. 규준참조평가와 준거참조평가
2. 성장참조평가와 능력참조평가
3. 진단평가, 형성평가 및 총괄평가

교육평가는 여러 유형이 있다. 교육을 바라보는 관점과 평가의 시점 및 목적에 따라 나누어 구분한다. 이 장에서는 다양한 평가의 유형과 특징에 대해 살펴보았다. 먼저 교육평가의 이론과 실제적 차원에서 적극적으로 다루어지고 있는 규준참조평가와 준거참조평가, 개별학습을 목표로 개인인 학습자 요인을 위주로 하는 능력참조평가와 성장참조평가를 살펴보고자 한다. 또한, 평가의 목적과 시점에 따른 진단평가와 형성평가, 총괄평가에 대해 살펴보고, 다양한 평가방법에 대한 이해를 높이고자 한다.

1. 규준참조평가와 준거참조평가

학습결과를 평가하는 방법으로서, 학습집단 내에서의 상대적 서열이 몇 번째가 되는지를 평가하는 방법과 주어진 목표를 어느 정도 성취하였는지의 수업목표 달성도를 평가하는 방법이 있다. 전자를 규준참조평가라고 하며 후자를 준거참조평가라고 한다. 규준참조평가와 준거참조평가의 정의, 평가관, 특징 및 장·단점을 살펴보고, 두 평가를 비교해 보고자 한다.

1) 규준참조평가

규준참조평가(Norm-referenced evaluation)는 학습자의 평가 결과를 비교집단의 규준에 비추어 상대적인 위치를 평가하는 방법으로 한 학생이 받은 점수가 다른 학생들이 받은 점수에 의해 상대적으로 결정되는 평가방식이다. 학습자의 성취수준을 규준을 이용하여 학급이나 학교 등 그가 속한 집단에서의 상대적인 위치에 비추어 해석하는 것으로 상대평가의 관점으로 접근한다. 여기에서의 규준(norm)이란 원점수의 상대적 위치를 설명하기 위하여 쓰이는 척도로 모집단을 대표하기 위하여 추출된 표본에서 산출한 평균과 표준편차로 만들어진다.

상대적 위치를 결정하는 기준은 일반적으로 어떤 집단의 측정치를 대표하는 "평균"이 된다. 즉 학생들이 획득한 평균점을 기준으로 개별 학생들의 성취도가 평균 이상 또는 평균 이하의 정도를 평가할 때의 평균점을 평가의 규준이라 하겠다. 절대적인 기준이 있지 않고 학생들이 획득한 점수의 평균 또는 정해놓은 등급의 비율에 따라 점수의 가치가 상대적으로 결정되는 것으로 학생들의 성취도를 서로 비교하여 평가하는 방법이다.

(1) 규준참조평가의 평가관

규준참조평가의 평가관은 1장에서 살펴본 것처럼 선발적 교육관에 바탕을 두며 소수의 우수한 학생을 선발하거나 목표나 수준에 도달한 학생의 구분, 학습 후 학생들의 학업성취 수준의 차이를 살피고자 할 때에 활용한다. 그래서 규준참조평가에서는 학습자의 능력이나 성취도를 보다 구체적으로 구분하기 위해 100점 만점의 10진법 또는 수, 우, 미, 양, 가의 5진법을 이용하여 성취도를 변별적으로 평가한다.

(2) 규준참조평가의 특징

규준참조평가의 특징으로 검사의 신뢰도를 강조하기에 학습자들의 개인차를 오차 없이 정확하게 측정하는지에 중점을 두고 학습자의 개인차를 극대화하는 선발적 기능을 강조한다. 학습자의 개인차를 올바르게 변별하고 선발하기 위해서는 정확한 측정이 요구되기에 측정의 오차를 줄이기 위한 검사도구의 신뢰도 확보가 중요하다. 이러한 검사도구를 통해 학습자가 속해 있는 집단의 학업성취도의 평균을 기준으로 하여 상대적 위치로 개인차를 변별 및 일정 비율을 선발한다. 다음으로 검사점수의 분포가 정상분포로 나타나기를 기대하며, 이를 가정한다. 높은 점수나 낮은 점수에의 편중 분포가 아닌 좌우 분포가 대칭적이고 중앙의 분포면적이 많은 정상분포곡선이 도출되기를 희망한다. 이는 다음의 [그림 2-1]과 같다.

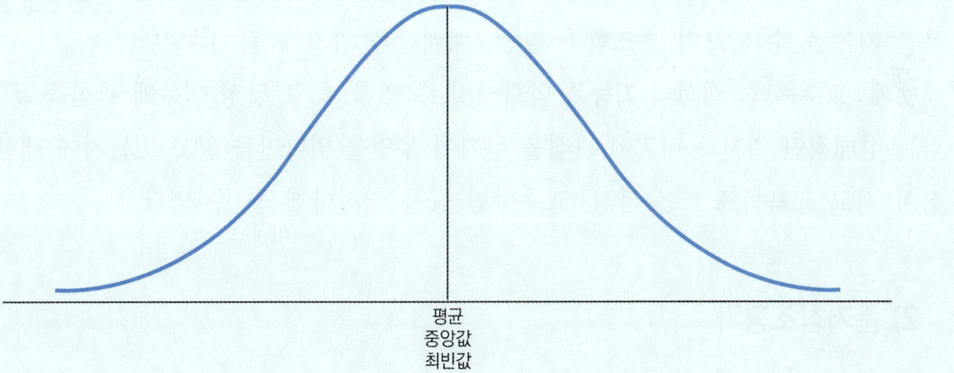

그림 2-1 규준참조평가의 정상분포 그래프

(3) 규준참조평가의 장 · 단점

규준참조평가의 장점은 다음과 같다.

첫째, 개인차 변별이 가능하다. 여러 개인의 상대적인 비교를 기초로 하기에, 각 개인이 가진 개인차를 인정한다는 것을 전제로 하며 학습자를 각자의 성취 정도에 따라 서열화하고 분류하는 데 효과적이다.

둘째, 신뢰도와 객관성을 바탕으로 검사도구의 제작과 엄밀한 성적표시방법을 채택하기에 교사의 주관에 의한 편견을 배제할 수 있다.

셋째, 학습자들의 경쟁을 통해 외재적 동기를 유발할 수 있다. 학생 상호 간의 경쟁을 통하여 강력한 동기유발이 촉진될 수 있고 더욱 열심히 하게 하는 자극제가 된다.

하지만 규준참조평가가 지니는 한계도 있다.

첫째, 다른 학생과의 비교와 상대적 위치로 판단되기에 개인의 목표달성 수준을 정확히 판단하기 어려워 참다운 학력평가가 되지 못한다.

둘째, 학습자 간의 상대적 위치로 순위가 결정되기에 과다한 경쟁심리가 조장되고, 이로 인한 협동심의 상실, 암기 위주의 학습 등 교육적 부작용이 발생하거나 인성교육에 악영향을 끼칠 수 있다.

셋째, 과도한 경쟁으로 인한 경쟁의식의 심화는 학생들의 정신 건강과 정서적 부작용을 가져올 수 있으며 초조함과 불안, 패배감을 가지게 될 수 있다.

넷째, 교수-학습 개선의 기능을 약화시킬 수 있다. 목표 달성 여부에 관심을 두기보다는 상대적인 위치와 비교에 관심을 두기에 무엇을 얼마만큼 알고 있는지에 대한 관심이 적고 교육목표, 교육과정, 교수방법 등을 경시하게 될 수 있다.

2) 준거참조평가

준거참조평가(Criterion-referenced evaluation)는 규준집단에서 일정한 기준선인 준거를 정하여 그 기준에 도달했는지의 여부를 살피는 것으로 가르치기 전에 정해둔 교육목표에 비추어 그 목표의 성취를 평가하는 것이다. 준거참조평가는 절대평가, 준거지향평가, 목표지향평가라고도 하며 인간의 가능성을 기반으로 한다.

준거참조평가에서는 준거와 영역이 중요하다. 준거는 최저기준으로써 달성해야 하는 교육목표이며 영역은 교육내용으로서 측정내용을 의미하며, 준거는 교과내용 전문가와 평가전문가에 의해 설정될 수 있다. 이러한 준거를 기준으로 모든 학습자가 수업의 목표를 달성할 수 있도록 적절한 학습방법을 제공하고 배치하기 위한 평가라고 하겠다.

(1) 준거참조평가의 평가관

준거참조평가의 평가관은 발달적 교육관에 바탕을 두고 있으며 학습자의 선발이나 개인차에 관심을 가지기보다는 가능한 한 많은 학습자가 의도하는 대로 수업목표에 도달할 수 있도록 적절하게 학습방법을 제공하고 평가하는 것이다. 즉, 학습자 간의 개인차가 아닌 학습자가 무엇을 알고 있는지, 어느 정도 알고 있는지 등 정해진 수업목표에 달성했는지를 평가한다.

(2) 준거참조평가의 특징

준거참조평가의 특징으로 첫째, 검사의 타당도가 중요하다. 원래 측정하려고 했던 수업목표를 얼마나 정확하고 충실하게 측정하는지가 중요하기 때문이다. 둘째, 준거지향평가에서는 검사의 부적편포를 기대한다. 학습자가 설정된 교육목표를 달성하는 것을 지향하기에 검사 점수의 분포가 정상분포가 아닌 오른쪽으로 치우친 편포를 보이기를 기대하며 발달적 교육관을 바탕으로 하는 특징을 가진다. 이는 다음의 [그림 2-2]와 같다.

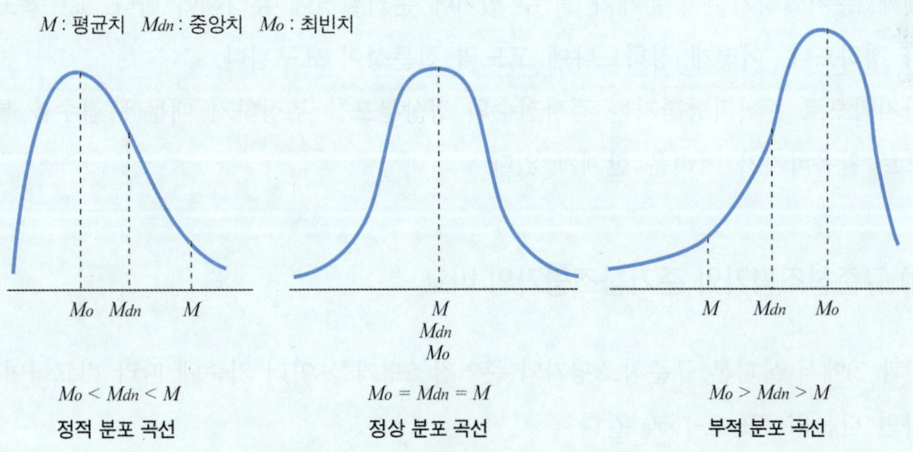

출처: 최철용, 김환남(2017), p.37.

그림 2-2 준거참조평가의 분포곡선

(3) 준거참조평가의 장 · 단점

준거참조평가의 장점은 다음과 같다.

첫째, 비교를 통한 경쟁이 아닌 협동학습을 중요시하고, 지적 성취 자체를 강조하는 방식으로 교육적 학습이론에 적합하고 목표 달성도에 따른 평가이기에 진정한 의미의 교육효과를 얻을 수 있다.

둘째, 교육과정, 교수방법, 교육목표 등의 개선에 용이하고, 교수-학습이론에 적합하다.

셋째, 절대평가로서 스스로의 목표달성에 의미가 있으므로 상대평가에 치중하지 않게 되어 이해, 비교, 분석 등의 고등 정신능력 배양에 용이하고 학생들에게 보다 많은 성취감과 성공감을 갖게 해준다.

하지만 준거참조평가가 지니는 한계도 있다.

첫째, 준거도 달성 여부에 대한 평가로 학습자 개인 간의 비교나 우열을 판단하기가 쉽지 않아 개인차의 변별이 어렵다.

둘째, 경쟁을 통한 학습의 외재적 동기유발의 효과를 창출하기가 어렵다.

셋째, 준거설정기준이 문제가 될 수 있기에 준거설정에 유의해야 한다. 교수목표를 누가 정하느냐, 어떻게 정하느냐에 고도의 전문성이 요구된다.

마지막으로 준거지향평가는 검사점수의 정상분포를 부정하기 때문에 점수를 통계적으로 활용하기가 어려운 한계가 있다.

3) 규준참조평가와 준거참조평가의 비교

1)과 2)에서 살펴본 규준참조평가와 준거참조평가를 여러 기준에 따라 비교하여 정리하면 다음의 〈표 2-1〉과 같다.

표 2-1 규준참조평가와 준거참조평가와의 비교

구분	규준참조평가	준거참조평가
유형	규준(기준)참조	준거(목표)참조
인간에 대한 이해	자극-반응의 원리에 의한 생물학적 존재	목표달성 능력을 지닌 자발적 존재
개인차에 대한 견해	개인차의 극대화	개인차의 최소화
교육관	선발적 교육관	발달적 교육관
교육에 대한 신념	성공하는 학생과 실패하는 학생이 존재함	기대했던 목표에 누구나 도달할 수 있음
이론적 근거	정상분포곡선을 가정	부적으로 치우친 편포곡선을 가정
목적	• 집단의 학업성취결과에 의한 상대적 우열 • 진급, 졸업, 합격 등을 의미	• 목표 달성도 검토 • 교육학적 입장에서 교육의 성과 제고
기능	종합적 비교	구체적 진단
교수-학습과의 관계	평가의 기능이 교수-학습과정과 밀접한 연관관계를 가지지 않음	평가의 기능이 교수-학습 과정과 밀접히 연관됨
신뢰도 및 타당도	신뢰도 강조(변별도, 곤란도)	타당도 강조
검사문항	• 개인차 변별이 가능한 문항으로 검사 구성 • 적절한 곤란도를 통해 정규분포 강조 • 개인차의 변별을 위한 변별도 강조	• 교과내용의 필수 개념과 원리 • 주어진 교육목표를 측정할 수 있는 문항 • 교수-학습 담당교사에 의한 평가도구 제작 • 난이도와 변별도는 강조하지 않음
검사 시간	반응속도 중요, 검사시간의 통제	충분한 검사시간 제공
평가 준거 및 결과	• 집단의 학업성취 평균값에 의한 상대적 서열 • 평가 결과의 일반화 불가능	• 개인의 학습목표 달성도 • 평가 결과의 일반화 가능

출처: 구병두 외(2015). 교육평가. p. 125를 바탕으로 수정, 보완함.

2. 성장참조평가와 능력참조평가

개별 학습자의 능력과 개인의 내적 요인에 의한 평가방법으로 성장참조평가와 능력참조평가가 있다. 두 평가방법은 비교적 새로운 개념의 평가 유형으로 학생 개인에게 초점을 맞추어 개별학습에 대한 교수적 기능을 강조하기에 보다 교육적인 평가방법이다. 본 절에서는 성장참조평가와 능력참조평가의 정의, 특징 및 장·단점을 살펴보고 두 평가를 비교해 보고자 한다.

1) 성장참조평가

(1) 성장참조평가의 정의

성장참조평가(Growth-referenced evaluation)는 교육과정을 통하여 학습자가 얼마나 성장하였는지에 관심을 두는 평가방법으로, 최종 성취수준에 대한 관심보다 개인의 초기 능력수준에 비추어 얼마만큼 능력의 향상이 이루어졌는지를 강조하는 평가이다.

(2) 성장참조평가의 특징

성장참조평가는 학생들에게 학업증진의 기회를 부여하고 개인화를 강조하는 특징을 지닌다. 성장참조평가의 결과 타당성을 확보하기 위해서는 다음의 조건이 충족되어야 한다(Oosterhof, 1994. 2001).

첫째, 사전에 측정한 점수와 현재 측정한 점수에 대한 측정치가 신뢰로워야 한다.

둘째, 사전에 측정한 점수와 현재 측정한 점수와의 상관이 낮아야 한다.

사전에 측정한 점수와 현재 측정한 점수의 신뢰도가 낮다면 능력의 변화를 분석할 수 없다. 또한, 사전 측정치와 현재 측정치의 상관이 높다면 성장에 의한 것이 아닌 관계에 의한 결과가 나타나게 되기에 두 측정치의 상관이 낮아야 한다.

(3) 성장참조평가의 장·단점

성장참조평가의 장점은 다음과 같다.

첫째, 성장참조평가는 학습자 개인이 얼마나 더 많이 성장했는지에 관심을 두기에 학습자 개인의 특성에 맞는 개별화교육이 가능하다.

둘째, 학생들의 학습동기를 부여하고 장기적 학습능력 촉진에 도움을 줄 수 있다.

하지만 성장참조평가가 지니는 한계로 능력에 대한 사전 점수 측정치와 사후 점수 측정치에 대한 신뢰도와 객관도 문제가 있다. 교사의 판단에 의한 능력수준이 결정될 때에 주관적 판단이 개입되어 객관도가 낮아질 수 있으며, 사전 점수측정 시에 학생들이 일부러 오답을 표기하여 사후 점수와의 차이를 넓히는 방법 등을 사용할 경우 신뢰도에 문제가 생기게 된다.

2) 능력참조평가

(1) 능력참조평가의 정의

능력참조평가(Ability-referenced evaluation)는 학생이 지닌 능력에 비추어 얼마나 최선을 다했는지, 그 능력을 얼마나 발휘했는지를 평가하는 데에 초점을 두는 방법이다. 학생의 노력과 능력에 의하여 평가되는 개인을 위주로 하는 평가방법이다.

(2) 능력참조평가의 특징

능력참조평가는 각 학생의 능력과 노력에 의하여 평가되는 특징을 지닌다. 능력이 높은 학생에게는 높은 능력을 발휘하는 노력을 요구하고, 능력이 높지만, 최선을 다하지 않은 경우는 낮게 평가한다. 즉, 능력이 높지만 최선을 다하지 않은 학생과 능력이 다소 낮더라도 최선을 다한 학생이 있을 때 후자의 성취 수준이 낮더라도 더 좋은 평가 결과를 받을 수 있다. 이와 같이 능력참조평가는 능력 발휘를 위한 노력 정도가 성취 수준의 잣대가 된다.

(3) 능력참조평가의 장·단점

능력참조평가의 장점은 다음과 같다.

첫째, 학습능력이 낮은 학습자에게 높은 학습동기를 부여할 수 있다. 능력참조평가는 능력이 높은 학생에게는 높은 능력을 발휘하는 노력을 요구하며 능력이 낮은 학생에게도 최선을 다해 노력하면 성취도를 높일 수 있다는 학습동기를 부여한다.

둘째, 개별 학생에게 보다 의미있는 맞춤형 평가가 가능하기에 능력참조평가에서는 능력에 맞는 노력의 중요성을 시사한다.

하지만 능력참조평가가 지니는 한계도 있다.

첫째, 교사가 학생 개개인의 능력을 정확하게 파악해야 본 평가가 가능하기에 학생 개개인의 능력을 정확하고 객관적으로 파악하기가 어렵다.

둘째, 상대적으로 상위권 학생들이 어려움을 느낄 수 있으며 학습자의 능력이 변화하지 않는다는 가정에 오류가 있다.

3) 성장참조평가와 능력참조평가의 비교

성장참조평가와 능력참조평가는 교수적 기능과 상담적 기능에 긍정적 역할로 활용할 수 있지만, 행정적 기능이 강조되는 고부담 시험이거나 예민하고 민감한 결과로 활용되어야 하는 평가환경에서는 평가 결과에 대한 공정성에 대한 문제가 제기될 수 있기에 이를 잘 고려하여야 한다. 특히, 성장참조평가와 능력참조평가를 실시하기 위해서는 학생의 능력에 대한 정확한 정보가 사전에 제공되어야 하고 학생의 능력 변화를 측정하는 도구가 신뢰롭고 타당도가 확보되어야 할 것이다.

1)과 2)에서 살펴본 성장참조평가와 능력참조평가를 여러 기준에 따라 비교하여 정리하면 다음의 〈표 2-2〉와 같다.

표 2-2 성장참조평가와 능력참조평가의 비교

구분	성장참조평가	능력참조평가
교육신념	개별화 학습	개별화 학습
개인 간 비교	고려하지 않음	고려하지 않음
개인차	극대화하지 않음	극대화 하지 않음
평가유형	개별화된 평가	개별화된 평가
강조점	성장: 능력의 변화	노력: 최대 능력 발휘
비교대상	• 사전능력수준과 사후성취수준 • 성장과 변화의 정도	• 소유 능력과 수행 정도 • 능력발휘를 위한 노력
목적	학습향상을 위한 교수적 기능	최대능력 발휘를 위한 교수적 기능
측정내용	성장, 변화의 정도	개인의 능력, 수행 정도

4) 규준참조평가와 준거참조평가, 성장참조평가와 능력참조평가의 종합 비교

지금까지 살펴본 규준참조평가와 준거참조평가, 성장참조평가와 능력참조평가에 대한 특징을 종합적으로 비교하여 정리하면 다음의 〈표 2-3〉과 같다.

표 2-3 규준참조평가와 준거참조평가, 성장참조평가와 능력참조평가의 특징 비교

구분	준거참조평가	규준참조평가	능력참조평가	성장참조평가
평가방법	개인의 학습결과와 준거 비교	개인과 개인의 상호비교	개인 내적 요인	
비교대상	준거와 수행	개인과 개인	수행 정도와 소유 능력	성장, 변화의 정도
기능	교수적 기능	행정적 기능	개별학습과 같은 교수적 기능	
측정내용	특정 영역의 성취	상대적인 서열	최대 능력 발휘	능력의 변화
교육신념	완전학습	개인차 인정	개별학습	
개인차	극대화하지 않음	극대화	고려하지 않음	
이용도	자격부여 교수적 기능 강조	분류, 선별, 배치와 같은 행정적 기능 강조	최대 능력 발휘 교수적 기능 강조	학습 향상 교수적 기능 강조

출처: 구병두 외(2015). 교육평가. p. 126.

3. 진단평가, 형성평가 및 총괄평가

교수학습 과정의 단계는 초기의 도입단계와 전개단계 그리고 정리단계의 각 단계에 따라 도입단계 시 실시하는 진단평가, 전개단계에서 실시하는 형성평가 그리고 마지막 정리단계에서의 총괄평가 등 세 가지로 구분할 수 있다.

1) 진단평가

(1) 진단평가의 정의

진단평가(Diagnostic evaluation)는 교수활동이 시작되는 초기단계에서 학습자의 특성을 체계적으로 측정하여 학습자들의 기초능력을 진단하는 평가이다. 효과적인 학습지도를 위해 학습자의 학습준비도, 학습동기, 기초학력 등을 파악하여야 하며, 이를 위해 진단평가를 실시한다.

- **진단평가의 세 가지 형태**

첫째, 계획된 학습단위의 목표를 성취하는 선행조건이 되는 출발점 행동을 학습자가 얼마나 소유하고 있는지를 결정

둘째, 주어진 학습단위나 교육과정의 목표를 학습자가 알고 있는지와 그 결과를 바탕으로 제공하여야 할 학습프로그램의 수준을 결정

셋째, 선행학습의 정도, 학습자의 적성 및 흥미, 성격 등 개인적 특성을 살펴 그에 적절한 교수방법 또는 교수전략을 세우기 위한 자료 제공

(2) 진단평가의 목적 및 특징

진단평가의 목적은 다음과 같다.

첫째, 수업이 시작되기 전에 학생들이 가지고 있는 출발점 행동을 진단하고 평가하며 수업의 출발점에서 학생에 대한 기초자료를 수집하는 데에 목적이 있다.

둘째, 수업의 전개과정에서 학생들의 학습실패의 근본적 원인을 밝히기 위해 학습 장애의 요인을 진단하여 효과적 수업의 절차와 방법을 모색하는 데에 목적이 있다. 진단평가는 주로 수업 시작 전에 실시하지만, 필요할 경우에는 수업의 진행 도중에서도 학생의 신체적, 심리적, 환경적 원인을 밝히기 위해 실시할 수 있다.

진단평가를 위한 방법으로는 수업시작 전의 퀴즈, 쪽지 검사, 전 차시 학습에 대한 질문 등이 있으며 이를 위해 준비도 검사, 적성검사 등의 다양한 평가도구를 활용할 수 있다.

진단평가는 다음과 같은 특징을 가진다.

첫째, 현재 학습할 학습과제와 관련된 선행학습의 결손을 진단하고 이에 대한 교정 및 보충을 위한 평가이다.

둘째, 현재 학습할 학습과제를 학습자가 얼마나 달성하고 있는가를 알기 위한 평가이다.

셋째, 학습자의 학업성취, 적성, 흥미, 성격 등에 따른 적절한 교수처방을 내리기 위한 평가이다.

넷째, 진단의 결과는 규준집단 내에서의 성취수준과 비교하여 해석되어지기에 진단평가는 규준참조평가에 도움을 주는 평가이다.

(3) 진단평가의 기능

진단평가의 기능은 크게 두 가지로 살펴보면 다음과 같다.

첫째, 출발점 행동의 진단으로 선행학습 성취도 진단의 기능이다. 학년이나 학기 초 또는 새로운 교과 및 단원이 시작될 때 학습자의 기본적 학습능력, 선수학습의 정도를 정확히 파악하고 확인하여 이를 학습지도에 활용할 수 있게 한다.

둘째, 학습결손 및 학습장애를 진단하는 기능이다. 수업과 직접적인 관련이 없지만, 학습 결손과 실패의 원인이 되는 다양한 학습장애 요인을 밝히는 것으로 신체적, 정서적, 환경적인 것으로 구분할 수 있다. 신체적 요인으로 건강 상태의 이상, 운동감각기능의 장애 등이 있고 정서적 요인으로는 심리적 갈등과 압박, 불안 등이 있으며 환경적 요인으로는 가정과 학교 등 속해있는 환경적 요소에서의 물리적, 경제적 여건 등 다양한 요인이 있다. 이러한 요인을 파악하여 학습자의 학습결손 및 학습장애의 원인과 환경에 관한 정보를 수집하고 이를 반영하여 의사결정을 하게 하는 기능을 한다.

2) 형성평가

(1) 형성평가의 정의

형성평가(Formative evaluation)는 수업이 진행되는 과정에서 교육행위가 계획한 대로 진행되고 있는지를 확인하는 행위로, 학습 및 교수가 진행되는 과정에서 학습의 진전 상황에 관한 정보를 수집하고 분석하여 수업과 학습을 개선하기 위해 실시하는 평가이다. 형성평가는 수업 및 단원의 학습 중에 수시로 실시하여 교수-학습 과정 중의 내용을 학습자들이 얼마나 잘 이해하고 있는지를 수시로 점검하고, 학습자들의 수업 능력, 태도 등을 확인한다.

(2) 형성평가의 목적 및 특징

형성평가란 교수와 학습이 진행될 때에 학생에게 즉각 피드백을 주고 교과과정 및 수업방법을 개선하기 위한 것으로 학습곤란의 교정, 교사의 학습지도 방법과 교육과정의 개선, 학습행동의 강화를 목적으로 한다. 교수목표에 기초한 평가로 목표지향적 평가이며, 특정 학습 단위를 위해서 구체적으로 계획된 평가라 할 수 있다.

형성평가의 특징은 다음과 같다.

첫째, 학습의 개선을 위한 평가이다. 학생의 학습증진을 위해 실시하는 것으로 절대평가로 많이 활용되며, 학생의 성적을 판정하거나 교사의 능력을 평가하는 것이 아니다.

둘째, 교사가 제작하는 것을 원칙으로 한다. 즉, 교육목표에 기초하여 교육목적 이원분류표의 작성, 교수학습과정에서의 살펴야 할 것들을 반영하여 교사가 직접 평가도구를 제작한다.

셋째, 학생들의 내재적 학습동기에 의존하는 것이며, 피드백과 교정을 위해 실시한다.

(3) 형성평가의 기능

형성평가는 다음과 같은 기능을 가진다(Scriven, 1967).

첫째, 학습활동의 조정 기능이다. 형성평가를 통해 교과내용의 분량을 살피고, 이를 적절히 교정 또는 보충하는 기회를 가질 수 있게 되어 학습결원의 누적을 예방하고, 학습자들의 학습 진행 속도를 조절하여 성공적으로 학습할 수 있도록 하는 기능을 한다.

둘째, 학습활동의 강화 기능이다. 형성평가를 통해 학습목표에 거의 도달하였다는 사실을 확인하게 될 때 자신감과 만족감을 느끼게 되고, 학습동기를 유발시켜 이후 학습을 지속하고 용이하게 해 나갈 수 있게 한다.

셋째, 학습곤란의 진단과 교정 기능이다. 형성평가를 통해 학생 스스로 자신의 학습곤란을 발견하며 그것을 개선하기 위해 노력하게 된다. 또한, 학생이 무엇을 성취하였고 무엇이 부족한지를 구체적으로 알게 되어 이에 대한 적극적 교정이 가능하게 한다.

넷째, 학습지도 방법 개선 기능이다. 형성평가를 통해 교사는 스스로 교수방법의 문제점을 찾을 수 있고, 이를 통해 교사의 학습지도방법 개선의 필요성을 느끼게 되어 새로운 교수법을 적용하는 등 발전된 학습지도방법이 가능하게 한다.

다섯째, 학습방향을 명시해주는 기능이다. 형성평가는 학생들에게 궁극적으로 바람직한 학습 방향을 명시하여 주는 기능을 한다.

3) 총괄평가

(1) 총괄평가의 정의

총괄평가(Summative evaluation)는 학교교육에서 대표적으로 실시하는 평가방식으로 교수-학습활동이 모두 종료된 시점에 원래 계획된 교수목표의 최종 달성 정도 및 성취 여부를 종합적으로 확인하고 판정하는 평가활동이다. 총괄평가는 한 과목 또는 학기가 끝나는 시점에서 실시하는 평가로 숙달 정도와 교육목표 달성 여부를 확인하는 활동이라 할 수 있다.

(2) 총괄평가의 목적 및 특징

총괄평가는 주어진 학습과제에 대한 일정한 기간의 수업이 종결되었을 때에 학습성과를 총괄적으로 사정하여 수업의 효율성에 대한 판단을 내리기 위한 목적으로 월말고사, 학기말고사, 학년말고사가 대표적이다.

총괄평가의 특징은 다음과 같다.

첫째, 교수학습이 모두 종료된 시점에서 의사결정을 위해 평가하여, 전체 과목이나 계획된 특정 학습내용에 대한 학업효과의 달성 정도를 총평하는 특징을 가진다.

둘째, 형성평가가 평가의 빈도가 많은 반면, 총괄평가는 평가의 빈도는 적으며 평가시간이 긴 특징을 가진다.

셋째, 형성평가는 구체적이고 세분화 된 기능과 지식을 평가하지만 총괄평가는 일반화된 광범위한 수업목표의 성취도를 평가하며 적정한 난이도와 변별도를 갖춘 평가도구를 사용한다.

넷째, 교육평가전문가에 의해 제작된 검사도구를 주로 사용하며, 평가 목적에 따라 주로 규준지향평가를 실시하나 준거지향평가를 실시할 수도 있다.

다섯째, 학생의 학습성과를 파악하고 성적을 산출하여 학생과 학부모 및 관계자에게 성적을 알려주기 위한 평가의 특징을 지닌다.

(3) 총괄평가의 기능

총괄평가의 기능은 다음과 같다.

첫째, 학업성적의 판정 및 자격의 인정 기능이다. 학업성적의 판정은 대개 석차를 매기거나 등급을 정하는 일이 함께 이루어지기에 점수 또는 문자로 표시한다. 학생이 습득한 기능, 지식 등의 성취수준을 종합적으로 파악하기 위한 것으로 총괄평가를 통해 학생의 성취 정도를 파악하는 점수 판정이 가능하다. 이에 기반하여 학생들 간의 학업성취의 상대적 위치를 알 수 있게 하기에 개인차를 잘 변별할 수 있는 검사가 중요하다. 이러한 검사를 위해서는 검사 문항을 작성할 때 문항의 난이도와 변별도를 고려해야 한다. 또한, 총괄평가는 학생들의 지식, 능력 및 기능의 보유 여부를 평가함으로써 어떤 자격 유무를 판단하기 위한 자료로 활용하는 기능을 한다.

둘째, 집단 간의 성적 비교 기능이다. 총괄평가는 학생 사이의 학업성취의 상대적 위치를 알 수 있기에 학생이 속한 학급 및 다른 학급, 소속 학교 및 타 학교 간의 성취 결과의 비교를 가능하게 하며 지역 간 학업성취의 격차도 비교할 수 있기에 이러한 정보를 수집할 수 있다.

셋째, 학생의 미래 학업성적 예측 기능을 한다. 현재의 학업 성적은 미래의 학업성적과 상관관계가 높을 수 있기에 현재의 성적평가를 바탕으로 학생의 미래 성적을 예측할 수 있는 정보를 제공하는 기능을 한다.

넷째, 수업의 질적관리를 가능하게 하는 기능을 한다. 교사 스스로 자신의 수업에 대한 문제점을 진단하고, 이를 바탕으로 원인을 도출하여 교수-학습 방법의 개선을 통해 수업의 질적 관리를 하게 하는 기능을 한다.

4) 진단평가, 형성평가, 총괄평가의 비교

지금까지 진단평가, 형성평가, 총괄평가의 정의, 목적 및 특징, 기능에 대해 살펴보았다. 교육평가의 목적은 학습활동에서 학습자의 개인차를 진단하여 교육목표의 달성도를 확인하고, 교사의 교수활동의 효과를 살피기 위한 정보를 수집하여 궁극적으로 학생의 학업달성도를 높이고, 교사의 교수활동을 개선, 향상시키는 데에 있다. 1), 2), 3)에서 살펴본 진단평가, 형성평가 및 총괄평가의 특징을 비교 정리하면 다음의 〈표 2-4〉와 같다.

표 2-4 진단평가, 형성평가, 총합평가의 비교

구분	진단평가	형성평가	총합평가
평가목적	학습자 특성 파악	교수 - 학습 개선	교육목표 달성 확인
주요기능	• 출발점 행동 확인 • 학습결손 진단 • 학습장애 원인 진단	• 학습지도방법 개선 • 학습곤란 교정 • 학습행동 강화 • 학습진전 효율화	• 학업성적 판정 • 기능 및 자격 인정 • 후속 과정의 성공 예측 • 집단 간 성적 비교
평가시기	• 단원, 학기, 학년 초 • 수업 중 학습이 이루어지지 않을 때	교수 - 학습 진행 도중	• 학기, 학년 종료 시 • 교수 - 학습 완료 후
평가방법	비형식적, 형식적 평가	• 수시평가 • 비형식적, 형식적 평가	형식적 평가
평가기준	준거참조	준거참조	규준참조 혹은 준거참조
평가문항	• 준거에 부합하는 문항 • 선수학습 정도와 학습장애 원인을 밝혀줄 수 있는 문항	• 준거에 부합하는 문항 • 특정 단원 목표를 반영하는 준거참조적 인지영역 문항	• 규준참조: 다양한 난이도, • 준거참조: 준거에 부합하는 문항 • 전반적 교육목표를 반영하는 폭넓은 난이도를 지닌 문항
평가도구	• 교사제작 진단검사 • 표준화검사 • 관찰 및 체크리스트	• 교사제작 형성검사 • 비형식적 평가도구	• 교사제작 총합검사 • 표준화 학력검사 • 외부 검사
보고방법	하위 기능별 개인의 프로파일	학습위계 속의 과제에 대한 개인별 등락의 형태	총점 또는 목표별 하위점수

출처: 정종진(2013). 교육평가 이론과 실제. p. 76.

관련 학습 사례 ❶

유아교육

유아교육에서는 유아의 전인적 발달을 목표로 수업이 이루어지므로, 유아에 대한 평가를 진행할 때 다양한 평가 유형을 균형 있게 활용하는 것이 필요하다. 유아는 각기 다른 발달 속도와 독특한 특성을 가지고 있기 때문에, 특정 평가 방식에만 의존하기보다는 다양한 평가를 통해 전반적인 발달 상태를 다각도로 이해하는 것이 중요하다.

우선, 유아의 특정 발달 영역(예: 언어 능력, 수리 능력)을 측정하고자 할 때는 양적 평가를 활용할 수 있다. 유아가 발달 단계별로 어느 수준에 도달했는지 수치화된 데이터를 제공받을 수 있다. 반면, 유아의 창의성, 감정 표현, 사회적 상호작용과 같은 정성적 특성을 평가하려면 질적 평가가 적합하다. 예를 들어, 놀이 활동 중 관찰 기록이나 포트폴리오 분석을 통해 유아의 행동 맥락과 과정을 깊이 있게 이해할 수 있다. 양적 평가와 질적 평가를 함께 사용하면, 유아의 발달 수준을 객관적으로 파악함과 동시에 개별적 특성과 발달 과정을 더 세밀하게 이해할 수 있는 이점이 있다.

또한, 유아의 발달 수준이 집단 내에서 어느 정도 위치에 있는지 파악하고 싶을 때는 규준참조평가를 사용할 수 있다. 이는 유아가 전체 또래와 비교해 평균적인 수준인지, 혹은 더 많은 지원이 필요한지를 판단하는 데 유용하다. 한편, 유아가 교육과정에서 설정된 개별화 목표를 얼마나 달성했는지를 확인하고자 할 때는 준거참조평가가 적합하다. 예를 들어, 유아가 알파벳을 인식하고 기본적인 글자를 쓸 수 있는 능력을 학습 목표로 설정한 경우, 해당 목표의 달성 여부를 준거참조평가로 확인할 수 있다.

성장참조평가는 유아의 과거와 현재를 비교하여 발달 과정을 평가하는 데 활용할 수 있다. 이를 통해 교육을 통해 유아가 얼마나 성장했는지를 파악할 수 있으며, 개별적인 학습 진보를 강조할 수 있다. 예를 들어, 학기 초와 학기 말의 놀이 활동을 비교하여 유아교육기관에서의 사회성 교육이 유아의 사회적 상호작용 능력 향상을 확인할 수 있다. 반면, 능력참조평가는 유아가 자신의 잠재력을 얼마나 발휘했는지를 평가하는 데 중점을 둔다. 지속적인 교사의 관찰, 유아와의 상호작용, 부모 상담 등을 통해 유아의 잠재력을 파악, 고유한 강점을 발견하고, 이를 더 발전시키기 위한 교육적 방향성을 제시하는 데 도움을 준다.

마지막으로, 평가의 시점과 목적에 따라 진단평가, 형성평가, 총괄평가를 적절히 활용할 수 있다. 학기 초에는 진단평가를 통해 유아의 발달 상태를 파악하고, 이를 바탕으로 교육 계획을 수립한다. 학습 과정 중에는 형성평가를 통해 유아의 이해와 발달 상태를 지속적으로 점검하며, 필요한 지원을 제공한다. 학기 말에는 총괄평가를 통해 유아의 전반적인 학습 결과와 발달 상태를 종합적으로 평가하여 향후 교육 방향을 제시한다.

유아교사는 다양한 평가도구 유형과 그에 따른 목적, 필요성, 관련 도구들을 전반적으로 알고 있어야 한다. 이를 통해 상황과 목적에 따라 적합한 평가방법을 선택하고 활용할 수 있으며, 평가 결과를 교육현장에 효과적으로 반영할 수 있다.

관련 학습 사례 ❷ **초 · 중 · 고등교육**

1. 2022년 전국 학업성취도평가: 양적평가 관련 사례

- 중학교 3학년과 고등학교 2학년을 대상으로 진행된 전국 단위의 표준화된 시험으로 이 시험은 학생들이 국어, 수학, 영어에서 기본 학력을 어느 정도 갖추고 있는지를 점수로 평가하여 학업성취도를 객관적으로 비교하는 데 이용함. 이 평가는 전국 평균 점수를 기준으로, 지역 및 학교 간 격차를 분석하여 교육정책에 반영하는 데도 사용 가능함.

2. 성장참조평가 사례

- 한 중학교의 영어 교사는 학기 초와 학기 말에 학생들에게 어휘력 시험을 보고 그 결과를 비교하여 학생들의 성장 정도를 평가함. 예를 들어, 한 학생이 학기 초에는 50개 단어를 이해했지만 학기 말에는 120개 단어를 익혔다면, 이 학생의 성장은 긍정적으로 평가될 수 있음. 성장참조평가는 학생들이 얼마나 향상되었는지에 초점을 맞추어 개개인의 발전을 인정하는 방식임.

토론주제

1. 양적 평가와 질적 평가 중 어느 방식이 학습자의 실질적인 성장을 더 잘 평가할 수 있을까? 두 평가 방식의 장 · 단점을 고려하여 학습에 적합한 평가 방식을 논의해 보자.
2. 상대평가가 학급 내 경쟁을 촉진하는 데 긍정적 영향을 미친다고 생각하는가? 긍정적 및 부정적 영향을 논의하며, 특정 상황에서 적절한 평가 방식을 고민해 보자.
3. 디지털 미디어의 확산과 SNS의 영향으로 초등학생들의 문해력이 저하되고 있는 현상 속에서, 교사들은 아이들의 문해력을 향상시키기 위해 어떠한 평가방법을 적용하는 것이 좋을까?

☞ 인터넷과 SNS, 미디어 플랫폼을 빠르게 접하게 되면서 초등학생들의 문해력 저하가 우려되는 상황에서, 이를 해결하기 위한 중요한 방법은 진단평가와 형성평가를 적절히 활용하는 것이라고 생각한다. 문해력을 향상시키기 위해서는 학생들이 현재 어느 수준에 있는지를 먼저 파악하는 것이 중요하므로 진단평가가 필요하다. 진단평가는 학생들이 읽기, 쓰기, 이해하는 능력에서 어떤 부분이 부족한지를 명확히 확인할 수 있게 도와준다. 이를 통해 교사는 학생들의 학습 수준에 맞는 맞춤형 학습 계획을 세우고, 부족한 부분을 보완하는 데 필요한 교육적 지원을 제공할 수 있다.

또한, 형성평가는 학생들이 학습 목표를 달성하고 있는지, 이해도가 어느 정도인지를 평가하는 중요한 도구로 활용될 수 있다. 형성평가를 통해 학생들이 잘 학습하고 있는지 중간 점검을 할 수 있으며, 특히 퀴즈와 같은 형성평가는 학생들에게 재미를 제공하고, 학습 동기를 유발하는 데 큰 도움이 된다.

결론적으로, 기초 문해력 향상을 위해서는 진단평가로 학생들의 현재 수준을 파악하고, 그에 맞춘 맞춤형 학습을 진행한 후, 형성평가를 통해 지속적으로 학습 상태를 점검하고 피드백을 제공하는 방식이 효과적일 것이다.

참고문헌

구병두, 최종진, 심은석, 김부국, 김상남, 차승봉, 박균달, 정영교, 김은주, 김경민, 이범석, 심은영, 이경철, 구희진 (2015). **교육평가**. 양서원.

권순달, 오성삼 (2016). **교육평가**. 양서원.

서동기, 엄재춘, 조남미, 정수애, 조혜영, 김회엽, 홍지명, 정두배, 신봉호, 전상준 (2019). **교육평가**. 동문사.

송인섭, 정미경, 최지은, 박소연, 이희현, 김영아, 김누리, 김효원, 김희정, 한윤영, 안혜진 (2017). **교육평가**. 양서원.

최철용, 김환남 (2017). **알기 쉬운 교육평가**. 양서원.

황정규, 서민원, 최종근, 김민성, 양명희, 김재철, 강태훈, 이대식, 김준엽, 신종호, 김동일 (2017). **교육평가의 이해**. 학지사.

Scriven, M. (1967). The Methodology of Evaluation. In R. W. Tyler, R. Gagne, & M. Scriven Eds., *Perspectives on Curriculum Evaluation, AERA Monograph Series on Curriculum Evaluation*, NO. 1., Chicago: Rand McNally, 39-83.

Chapter 3

평가의 개념

1. 검사
2. 측정
3. 총평
4. 검사, 측정, 총평 간의 관계

교육의 의미와 가치를 올바로 판단하고 평가하기 위해서는 왜 평가하는지, 무엇을 평가하는지를 미리 결정하고 그에 맞는 가장 좋은 관점을 택하는 것이 우선시되어야 할 것이다. 이와 관련되어 평가를 구체적으로 살펴보면, 평가의 수행 방법, 결과 활용 가치에 따라 다양한 평가 관점이 존재함을 알 수 있다. 외국에서는 평가의 목적과 의미에 따라 다른 용어를 사용하고 있으나 우리나라에서는 모두 평가라고 지칭하여 사용하는데, 이에 따라 평가 개념을 오해하는 일들이 생겨날 수 있다. 평가라고 하면 판단받는 것, 시험 점수를 받는 것 등 수치화되고 객관적인 결과를 얻는 것이라고 생각하기 쉬우나 개념적 차이에 따라 질적 평가, 과정 평가, 전인적 평가 등도 존재하며, 검사를 받는 그 자체만으로 끝나는 것이 아니고, 검사결과에 대한 판단과 활용 등이 모두 포함되기 때문이다.

교육평가에서 "검사(Test)", "측정(Measurement)", "총평(Assessment)"은 학습자의 성취를 진단하고 교육과정에서 교육목표 달성 여부를 확인하는 데 필수적인 요소이다. 각 개념의 차이를 명확히 이해하여 각 목적에 따라 적절하게 사용할 수 있어야 평가로서 중요하게 활용될 수 있다. 검사란 특정한 능력, 지식, 기술 또는 성취도를 확인하기 위해 고안된 도구로, 주로 객관적인 자료를 수집하는 데 사용된다. 학습자의 현재 상태를 확인하는 직접적인 수단으로, 특정 영역에서 학습자가 어느 정도의 능력이나 지식을 갖고 있는지 파악한다. 예시로 표준화검사, 교사제작검사 등이 있다. 측정은 검사를 통해 얻은 점수나 결과를 양적으로 나타내는 과정이라 볼 수 있다. 이는 객관적이고 수치화된 데이터를 제공하며, 주로 정량적 연구에서 사용된다. 즉, 측정은 학습자의 성과나 특성을 숫자로 표현하는 것을 의미한다. 따라서 측정을 통해 평가에 필요한 기초 데이터가 제공된다. 예로, 학습자가 시험에서 90점을 받았다고 하면, 이 점수 자체가 측정의 결과이다. 총평은 측정된 데이터를 바탕으로 학습자의 성과나 상태를 종합적으로 해석하고 판단하는 과정이다. 질적인 측면까지 포함하여 더 넓은 범위로 해석을 하게 된다. 이를 위해 기준을 설정하고 그 기준에 맞추어 학습자의 성취도를 분석하는 과정이 필요하다. 따라서 총평은 단순히 점수 이상의 것을 다룬다. 학습자가 학습 목표를 얼마나 달성했는지, 그리고 교육과정에서 필요한 피드백이 무엇인지를 파악한다.

1. 검사

1) 검사(test)의 정의와 특성

인간의 키와 몸무게는 가시적이고 분명한 대상이므로 우리가 수치를 잴 수 있지만, 성격, 적성과 같은 경우 존재하지만 가시적이지 않으므로 마치 자와 같은 도구를 들고 수치를 재는 것이 불가능하다. 성격, 적성과 같은 심리적 요인은 인간에게 영향을 미치는 중요한 것이므로 교사는 이를 알고 학습자를 이해하며 개입을 계획하는 것이 필수적이다. 여기서 심리적 요인을 구인이라고 하는데, 이러한 구인을 재는 자와 같은 역할을 하는 것을 검사라고 하여, 다른 말로 측정도구라고 할 수 있다.

검사는 인간을 이해하고 파악하기 위한 주요 도구로 활용될 수 있다. 아울러 검사 결과를 통해 인간을 선별하거나 선발, 배치하기도 하므로 검사 개발에는 과학적 절차가 동반되어야 하며 타당성과 신뢰성이 확보되어야 한다.

2) 검사의 유형과 분류

교사는 학습자 이해를 위해 목적에 따라 검사를 선택하고 수행해 볼 수 있다. 어떤 목적에 어떤 검사가 적절한지를 판단하는 능력이 필요하다. 한 연구에 의하면 초심 의사는 경력 의사에 비해 너무 많은 검사들을 수행한다고 한다(Lam et al., 2020). 즉, 상황을 이해하기 위해 많은 검사를 시행하는 것은 좋지만, 적절한 검사를 목적에 맞게 수행하고 결과를 보는 것이 경제적이며 더 효과적일 수 있다. 교사는 개발된 다양한 표준화검사나 체크리스트 등을 충분히 이해하고 잘 선별하여 학습자 수준과 상태를 검사해야 할 것이다. 학습자 가운데 인지수준이나 활동성, 정서에 있어서 특이한 사례로 관찰되는 경우, 교사가 임의로 그 학생을 판단하기보다는 표준화검사를 통해 평균에서 얼마나 이탈되었는지를 실증적으로 파악해 볼 수 있다. 정서나 발달수준에 관련된 표준화검사는 전문가가 실시하고 해석해야만 하는 것들이 있으며 교사는 이러한 검사종류를 알고 필요에 따라 권유할 수 있다. 표준화검사는 개발되기 위해서 많은 시간과 노력이 필요하며 학문적 검증을 철저하게 거친다. 반면, 교사가 임의로 제작하는 검사는 교사가 자신의 전문성을 기반으로 학습자가 알아야 할 부분, 이해해야 할 부분을 선정해야 하며, 자신의 수업에 피드백하기 위해 필요한 문항을 제작하여 실시할 수 있다. 교사의 전문성 그 자체에 검사의 타당성과 신뢰성이 있다고 볼 수 있겠다.

다음 〈표 3-1〉은 표준화검사와 교사제작검사를 비교한 것이다.

표 3-1 **표준화검사와 교사제작검사**

구분	표준화검사	교사제작검사
목적	• 학생의 학습 성과를 객관적으로 평가 • 집단 간 비교를 통해 교육 효과성을 분석	• 특정 학습목표에 대한 학생의 이해도 평가 • 수업 내용에 대한 피드백 제공
개발 과정	• 전문 기관이나 연구자가 개발 • 일반적으로 공인된 절차에 따라 진행 • 표본집단을 통한 신뢰도 및 타당도 검증	• 교사가 수업 내용을 바탕으로 직접 개발 • 개별 학급이나 수업의 필요에 따라 맞춤형 설계

구분	표준화검사	교사제작검사
결과 판단	• 통계적 방법으로 분석 • 점수 해석이 표준화된 기준에 따라 이루어짐 • 결과가 전국적으로 비교 가능	• 상대적으로 주관적인 평가 • 주로 교사의 평가 기준이나 루브릭에 따라 판단 • 특정 수업의 학습 목표에 초점을 맞춤
피드백	• 점수와 규준을 통한 비교적 객관적인 피드백 제공	• 교사가 제공하는 개별적, 학급 내 피드백 제공
사용 목적	• 진단적, 비교적 평가(대입, 국가시험 등에서 사용)	• 교사의 학급 운영 및 학생의 학업성취도 파악
예	• SAT, GRE, TOEFL 등	• 단원 평가, 중간고사, 기말고사 등 교사가 만든 시험

이 외에 교육평가에서 사용되는 또 다른 검사 유형으로는 속도 검사와 능력 검사가 있다. 속도 검사는 주어진 시간 내에 얼마나 많은 과제를 정확하게 수행할 수 있는지를 측정하는 검사를 말한다. 이러한 검사는 대체로 난이도가 낮거나 중간 정도의 문항들로 구성되며, 제한된 시간 내에 얼마나 빠르고 정확하게 작업을 수행할 수 있는지를 평가한다. 기초 연산 능력 검사, 타자 속도 검사, 읽기 유창성 검사 등이 대표적인 속도 검사의 예시이다. 반면 능력 검사는 시간 제한을 비교적 덜 엄격하게 두고, 대신 문항의 난이도를 달리하여 학습자의 최대 수행 능력이나 지식의 수준을 측정하는 검사이다. 이러한 검사에서는 학습자가 자신의 능력을 최대한 발휘할 수 있도록 비교적 충실한 시간이 주어지며, 문항의 난이도가 점진적으로 상승하는 것이 특징이다. 대학수학능력시험이나 학업성취도 평가 등이 능력 검사의 대표적인 예시라고 할 수 있다.

두 검사는 각각 다른 목적과 용도로 활용된다. 속도 검사는 자동화된 기술의 숙달도나 기초적인 인지 처리 속도를 측정하는 데 적합하며, 능력 검사는 학습자의 지식 수준, 문제해결력, 고차원적 사고력 등을 평가하는 데 적합하다. 교육현장에서는 평가의 목적과 상황에 따라 두 가지 유형을 적절히 선택하여 활용하고 있다.

또한, 검사 문항의 형식에 따라 객관식 검사와 주관식 검사로 구분할 수 있다. 객관식 검사는 주어진 선택지 중에서 정답을 고르는 형식으로, 진위형, 선다형, 연결형, 배열형 등 다양한 하위 유형이 있다. 이러한 객관식 검사의 가장 큰 장점은 채점의 객관성과 효율성이다. 많은 수의 문항을 출제할 수 있어 광범위한 내용 영역을 평가할 수 있으며, 컴퓨터를 이용한 자동 채점이 가능하여 대규모 평가에 특히 적합하다. 그러나 객관식 검사는 학습자의 고차원적 사고력이나 창의성을 평가하는 데 한계가 있다는 단점이 있다. 또한 추측에 의한 정답 선택의 가능성이 있으며, 실제 문제해결 과정을 파악하기 어렵다는 제한점도 가지고 있다. 이러한 한계를 보완하기 위해 교육평가에서는 객관식 검사와 함께 주관식 검사를 병행하여 사용하는 것이 일반적이다. 주관식 검사는 학습자가 직접 답안을 구성하여 작성하는 형식으로, 단답형, 완성형, 서술형, 논술형 등으로 구분된다. 이러한 검사는 학습자의 고차원적 사고력, 창의성, 표현력 등을 평가하는 데 적합하며, 문제해결 과정을 구체적으로 파악할 수 있다는 장점이 있다. 특히 논술형 문항의 경우, 학습자의 비판적 사고력, 논리적 추론 능력, 지식의 통합적 활용 능력 등을 평가하는 데 유용하다. 그러나 주관식 검사는 채점의 객관성을 확보하기 어렵고, 채점에 많은 시간과 노력이 요구된다는 단점이 있다. 또한 주어진 시간 내에 많은 문항을 출제하기 어려워 평가할 수 있는 내용 영역이 제한적이라는 한계도 있다. 이러한 한계를 극복하기 위해 명확한 채점 기준의 수립, 루브릭의 활용, 다수 채점자의 교차 채점 등의 방법이 활용되고 있다.

마지막으로 검사 실시 대상에 따라 개인검사와 집단검사로 구분할 수 있다. 개인검사는 검사자가 피검사자를 일대일로 만나 실시하는 검사를 말한다. 이러한 검사의 가장 큰 특징은 피검사자의 반응을 세밀하게 관찰하고, 개별적인 피드백을 제공할 수 있다는 점이다. 심리 검사, 언어 발달 검사, 특수교육 진단평가 등이 대표적인 개인검사의 예시이다. 개인검사는 정확한 진단이 가능하고, 검사 과정에서 피검사자의 특성에 따라 유연하게 대응할 수 있다는 장점이 있다. 또한 피검사자의 비언어적 반응까지 관찰할 수 있어, 보다 종합적인 평가가 가능하다. 그러나 시간과 비용이 많이 소요되며, 검사자의 높은 전문성이 요구된다는 점에서 대규모 평가에는 적합하지 않다는 한계가 있다. 반면 집단검사는 다수의 피검사자를 동시에 평가하는 검사로, 학교의 정기고사나 대학입학시험 등이 대표적인 예이다. 이러한 검사는 표준화된 지시와 절차에 따라 실시되며, 시간과 비용 면에서 효율적이라는 장점이 있다. 또한 모든 피검사자가 동일한 조건에서 평가를 받게 되어 객관적인 비교가 가능하며, 결과의 통계적 처리가 용이하다. 그러나 집단검사는 개별 학습자의 특성을 충분히 반영하기 어렵고, 심층적인 평가에 한계가 있다는 단점이 있다. 또한 검사 환경이나 피검사자의 컨디션 등 외부 요인의 영향을 받기 쉬우며, 부정행위의 가능성도 존재한다는 제한점이 있다.

실제 교육현장에서는 평가의 목적과 상황에 따라 이러한 다양한 검사 유형들을 적절히 선택하고 조합하여 활용하고 있다. 각각의 검사 유형이 가진 장·단점을 이해하고, 이를 바탕으로 가장 효과적인 평가방법을 선택하는 것이 중요하다. 또한 하나의 검사 유형에 의존하기보다는 다양한 유형의 검사를 상호보완적으로 활용함으로써 보다 타당하고 신뢰로운 교육평가가 이루어질 수 있도록 해야 할 것이다.

3) 검사의 기능

검사는 다음의 세 가지 기능을 한다(Ebel & Frisbie, 1972).

첫째, 교수적 기능(instructional function)이다. 교사는 검사를 통해 학습자에게 수업 목표를 환기시켜 주며 그 자체로 배움과 학습이 가능하도록 돕는다. 또한 검사가 있으므로 인해 학생들에게 동기부여가 될 수 있으며, 스스로 공부할 수 있는 기회를 준다. 교사는 검사 결과를 통해 학생들이 이해하고 있는 부분과 그렇지 않은 부분을 파악해 낼 수 있고, 자신의 수업이 어떠했는지를 알 수 있어 수업 진행에 피드백할 수 있다.

둘째, 행정적 기능(administrative function)이다. 검사를 통해 학습자를 특성에 맞게 분류하거나 배치할 수 있다. 또한 검사 결과를 통해 입학 자격을 부여한다던지, 학교의 수준, 교육프로그램의 성과 등을 객관적으로 파악하는 데 도움을 받을 수 있다.

셋째, 안내의 기능(guidance function)이다. 검사 결과를 통해 피검자가 가진 특성, 문제, 결함 등을 알 수 있다는 의미이다. 특히 정의적 영역에 있어서 검사를 근거로 보다 분명한 특성을 도출하여 교사에게 학습자를 이해할 수 있는 개념적 틀을 제공하는 안내의 기능을 한다.

2. 측정

1) 측정(Measurement)의 정의와 특성

측정은 평가 개념 가운데 그 측정 범위가 구체적이고 실증적인 개념에 해당한다. 어떤 대상에 대해 숫자를 부여하여 결과를 산출하는 것 그 자체를 의미한다. 이러한 과정 자체는 검사(test)와 유사하게 보일 수 있으나 측정에서 말하는 숫자 부여 개념은 숫자 그 자체에 의미가 있다는 것을 말한다. 즉, 결과를 일정한 숫자로 표현할 때, 그 숫자는 좋다 혹은 나쁘다, 내지는 정상범주다, 정상에서 어느 정도 이탈되었다 등을 보여주는 그 자체가 된다. 이러한 과정은 말이나 언어로 표현할 때 따라오는 필연적인 모호성과 막연성을 배제하게 돕는다. 예를 들어, 고등학생이 수학능력고사를 치뤘다면, 검사를 치룬 후 산출되는 결과는 숫자이며 의미가 내포된다. 3등급이라면 어떤 의미인지 대부분의 사람들은 인지하고 있으며 그 의미는 객관적이고 분명하다. 따라서 측정은 분명한 성취를 알게 하고 보다 쉽게 결과를 활용할 수 있게 돕는다.

측정은 측정하는 대상이 안정되어 있고 실재한다고 전제하기 때문에 객관적 접근을 시도하는 것이다. 세상의 실재는 가시적이고 실재적으로 존재하는 것이며 이에 따라 인간의 행동도 그러하다는 가치관에 기반한다. 이러한 실재적 안정성에 기반하여 어느 한 시점의 개인 반응, 개인행동을 대상으로 측정하기 때문에 그 결과의 신뢰도 및 타당도를 중요하게 살펴본다. 신뢰도란 여러 번 실시했을 때 유사한 결과가 산출되느냐의 여부로 결과를 믿을 만한가의 개념이고, 타당도는 알고 싶은 것을 정확하게 측정했냐의 부분이다. 이러한 평가 기준은 중요한 판단척도가 되므로 측정에는 신뢰도, 타당도를 확보하는 검사도구를 사용하는 것이 중요하게 된다.

교육측정은 학습자의 지식, 기능, 태도 등을 수량화하는 과정으로, 다음과 같은 고유한 특성을 지닌다(Brookhart & McMillian, 2020).

첫 번째 특성은 간접성이다. 학습자의 학업성취도, 지능, 적성 등과 같은 심리적 특성은 직접적으로 관찰하거나 측정할 수 없는 구인(construct)이기 때문에, 이를 간접적으로 추론할 수밖에 없다. 예를 들어, 학생의 수학적 문제해결 능력을 측정하기 위해 우리는 직접 그 능력을 볼 수는 없고, 수학 문제를 제시하고 그 해결 과정과 결과를 통해 간접적으로 추정할 수밖에 없다. 이러한 간접성으로 인해 측정의 타당도 문제가 필연적으로 제기되며, 다양한 측정 방법을 통한 삼각측량(triangulation)이 권장된다(성태제, 2020).

두 번째는 상대성이다. 교육측정에서는 절대적인 영점이 존재하지 않으며, 측정 결과는 항상 상대적인 의미를 지닌다. 예를 들어, IQ 100이라는 점수는 그 자체로는 의미가 없으며, 전체 집단에서의 상대적 위치를 나타내는 것이다. 이러한 상대성은 교육측정이 등간척도나 비율척도가 아닌 서열척도의 성격을 갖게 만든다. 따라서 교육측정의 결과를 해석할 때는 항상 비교의 준거를 명확히 해야 한다(김동일 외, 2017).

세 번째는 오차가능성이다. 모든 측정에는 오차가 포함되어 있지만, 특히 교육측정에서는 다양한 요인에 의해 오차가 발생할 가능성이 높다. 학생의 컨디션, 측정도구의 신뢰도, 측정 환경 등 다양한 요인이 측정의 정확성에 영향을 미칠 수 있다. 이러한 오차가능성을 인식하고, 이를 최소화하기 위한 노력이 필요하다. 신뢰도 계수의 산출, 반복 측정, 측정 조건의 표준화 등이 그러한 노력의 예이다.

마지막 특성은 양적 표현이다. 교육측정은 학습자의 특성을 수치화하여 표현한다. 이러한 양적 표현은 객관적인 비교와 통계적 처리를 가능하게 한다는 장점이 있다. 그러나 동시에 질적인 특성이 충분히 반영되지 못할 수 있다는 한계도 지닌다. 따라서 양적 측정과 함께 질적 평가를 보완적으로 활용하는 것이 바람직하다.

2) 측정의 오차 개념

측정의 관점에서 볼 때, 실재적 안정성에 영향을 미치는 다양한 외부요인이 있을 수 있다. 예를 들어, 수학 과목의 단원 평가를 치룰 때, 문항을 통해 학생들의 실재적 성취를 산술적으로 표시할 수 있다는 것은 분명하다. 그런데 그 과정에서 학생의 건강상태, 컨디션, 시험 장소의 맥락적 상황, 문제의 표현 방식, 학생 기분 상태, 수학 선생님에 대한 선호도, 실재 실력과 달리 실수한 경우, 문제를 잘못 본 경우 등도 시험 결과에 영향을 미칠 수 있다. 따라서 측정에서 중요한 것은 이러한 오차 변인을 간주하며 결과를 산출하는 것이며, 측정 결과에는 항상 오차가 있음을 알고 점수 결과를 해석하는 것이 중요하다. 따라서 측정 오차를 줄이기 위해서 측정 절차를 미리 수립하고 그에 최대한 따르기 위해 노력할 수 있다. 측정절차 수립에는 측정 대상을 선정하고, 어떠한 방법으로 측정할 것인지, 무엇을 측정할 것인지 정하는 것이 포함된다.

측정에서 발생하는 오차는 크게 체계적 오차와 무선적 오차로 구분할 수 있다. 체계적 오차는 일정한 방향으로 지속적으로 발생하는 오차를 말한다. 이는 측정도구나 측정 방법의 편향성에 의해 발생하며, 진점수에 비해 측정치가 일관되게 높거나 낮게 나타나는 경향을 보인다. 교육측정에서 발생하는 체계적 오차는 다양한 원인에 의해 발생할 수 있다(Kane, 2010). 가장 흔한 원인 중 하나는 검사 난이도의 부적절성이다. 검사가 측정하고자 하는 집단의 수준에 비해 지나치게 어렵거나 쉬운 경우, 학습자의 실제 능력을 정확히 측정할 수 없게 된다. 예를 들어, 고등학교 수준의 문제를 초등학생에게 제시한다면, 대부분의 학생들이 낮은 점수를 받게 되어 학생들 간의 실제 능력 차이를 구분할 수 없게 된다. 또 다른 주요 원인은 문항 내용의 편향성이다. 특정 집단에 유리하거나 불리한 내용을 포함하는 경우, 측정의 공정성이 훼손될 수 있다. 예를 들어, 도시의 생활 경험을 전제로 하는 문항은 농촌 지역 학생들에게 불리할 수 있으며, 특정 성별의 관심사에 편중된 내용은 다른 성별의 학생들에게 불이익을 줄 수 있다.

채점자의 편향 역시 중요한 체계적 오차의 원인이다. 후광효과는 특정 영역에서의 좋은 인상이 다른 영역의 평가에도 영향을 미치는 현상을 말하며, 중심화 경향은 채점자가 극단적인 점수를 회피하고 중간 점수에 몰리는 경향을 의미한다. 예를 들어, 수업태도가 좋은 학생의 시험 답안을 채점할 때보다 관대하게 평가하거나, 대부분의 학생들에게 중간 정도의 점수를 부여하는 경우가 이에 해당한다. 마지막으로, 검사 환경의 영향도 간과할 수 없다. 특정 고사실의 지속적인 소음이나 부적절한 조명, 온도 등은 해당 고사실에서 시험을 치르는 모든 학생들의 수행에 일관된 영향을 미칠 수 있다.

체계적 오차의 가장 큰 특징은 반복 측정을 통해서도 제거되지 않는다는 점이다. 같은 조건에서 아무리 많이 측정을 반복하더라도, 체계적 오차는 계속해서 같은 방향으로 영향을 미친다. 이는 측정의 타당도를 직접적으로 저해하는 결과를 가져온다. 즉, 우리가 측정하고자 하는 것을 정확하게 측정하지 못하게 되는 것이다. 다행히도 체계적 오차는 사전 점검과 적절한 통제를 통해 상당 부분 예방이 가능하다. 이를 위해서는 몇 가지 중요한 방안들이 활용될 수 있다. 우선, 문항 개발 단계에서 다양한 전문가들의 검토를 통해 문항의 편향성을 제거하는 것이 중요하다. 교과 전문가, 측정평가 전문가, 현장 교사 등이 협력하여 문항의 난이도와 내용의 적절성을 면밀히 검토해야 한다.

무선적 오차는 측정 과정에서 발생하는 예측 불가능한 변동으로 인해 측정값에 영향을 미치는 오차를 의미한다. 이러한 오차는 일정한 패턴이나 방향성을 가지지 않고 무작위로 발생하며, 주로 측정 환경, 측정 도구, 그리고 측정자의 불확실성 등에 의해 생긴다. 즉, 무선적 오차는 특정 방향이나 추세를 따르지 않으며, 측정값을 평균적으로 높이거나 낮추는 방향이 없다는 무작위성을 지닌다. 또한, 동일한 실험이나 측정을 여러 번 반복하면, 무선적 오차는 평균적으로 상쇄되어 실제값에 더 근접할 가능성이 높아지는 평균화 가능성이 있다. 주요 원인으로는 환경적 요인(온도, 습도 등), 측정 기기의 민감도와 한계, 측정자의 순간적 실수 등이 거론된다.

한편, 채점자에 의해 발생하는 채점 오차는 채점자가 피로하거나 집중력이 떨어진 상태나 답안의 글씨체가 읽기 어려워 답변을 잘못 이해한 경우에는 무선적 오차로 인한 것으로 볼 수 있으며, 채점 기준이나 채점자의 주관적인 편향 등으로 인해 일정한 방향으로 반복적으로 발생하는 오차는 체계적 오차로 볼 수 있다. 체계적 오차로서의 채점 오차를 줄이기 위해서는 채점자에 대한 훈련이 필수적이다. 명확한 채점 기준의 수립, 예시 답안을 통한 연습, 채점자 간 일치도 검증 등의 과정을 통해 채점의 객관성과 일관성을 확보할 수 있다. 또한 가능한 경우 다수의 채점자를 활용하여 채점자 개인의 편향이 미치는 영향을 최소화할 수 있다.

마지막으로, 검사 환경의 표준화도 매우 중요하다. 이러한 요건도 무선적 오차로서 발생한다고 보여지지만 체계적 오차의 범주 안에서 발생하는 경우들도 충분히 존재할 수 있다. 기본적으로 모든 응시자가 동일한 조건에서 검사를 치를 수 있도록 고사실의 물리적 환경을 통제하고, 시험 감독 절차를 표준화하며, 시험 시간의 엄격한 관리 등이 필요하다. 이러한 노력들을 통해 검사 환경으로 인한 체계적 오차를 최소화할 수 있다.

3) 측정의 척도

다음으로 측정 단위에 어떤 수를 부여할 것인지 결정해야 한다. 이처럼 수를 할당하는 것에 기본 3단계가 있는데, 측정 대상을 정하고, 어떤 속성을 잴 것인지 정하며, 단위를 정하는 것이다. 또한 어떠한 측정 단위를 설정하는가도 중요한 문제이다. 측정 단위를 척도(scale)라고 하는데, 척도는 명명척도, 서열척도, 동간척도, 비율척도로 나누어진다. 측정 대상 속성에 따라 알맞은 척도를 선택하여야 좋은 측정값, 숫자를 얻어내고 올바르게 해석할 수 있게 된다. 각 척도에 대한 설명은 다음 〈표 3-2〉와 같다.

표 3-2 척도의 종류

척도명	특성	예
명명척도	• 사물을 구분하거나 분류할 때 사용 • 사물 이름에 특정 숫자를 부여하기도 함	성별(남/여, 1/2) 이름
서열척도	• 사물이나 사람의 상대적 서열을 표시하기 위해 사용함. 단, 서열 간 간격이 같지 않음	우리반 1등, 2등 …
동간척도	• 임의영점이 있고 가상적 단위를 통해 간격이 동일한 척도	온도, 시험점수
비율척도	• 절대영점과 가장적 단위가 있고 동일한 간격, 동일한 수적 차이를 부여함	무게, 길이, 리커트 척도

각 척도의 교육적 활용을 살펴보면 다음과 같다. 명명척도는 구체적으로 학생들의 진로희망 조사나 교과 선호도 조사, 학급 내 소집단 구성이나 동아리 활동 분류, 교육과정 선택 과목 수요조사 등에 적용할 수 있다. 단순 분류만 가능하므로 교육적 처치를 위한 기초자료로 활용한다. 서열척도의 교육적 활용으로는 학생들의 성취수준을

'우수-보통-미흡' 등으로 구분하거나, 생활기록부의 행동 특성 평가, 교과별 선호도 순위 조사 등에 적용하며 상대평가 등급 산출의 기초자료로 활용할 수 있다. 등간척도는 학업성취도 평가의 원점수 산출, 표준화검사 결과 해석, 학생들의 인지적 능력 측정에 적용할 수 있다. 비율척도는 학습시간과 학업성취도의 관계 분석, 출석률이나 과제 제출 비율의 산출, 교육활동 참여 빈도 측정 등 교육비용 대비 효과성 분석에 활용할 수 있다.

3. 총평

1) 총평(Assessment)의 정의와 특성

총평은 측정, 평가의 개념에서 좀 더 포괄적, 통합적으로 접근하는 평가 개념으로 개인의 행동 특성을 설명함과 동시에 그 행동을 유발하는 환경적 요인, 과업의 특성, 상황적 요소 등을 총체적으로 파악하고 의사결정하기 위한 전인적 관점의 평가이다. 실제 존재하는 인간과 순간순간 변화하는 인간을 나누어 평가하는 것이 각각 검사와 측정의 개념이었다면, 교육학에서 바라보는 인간 그 자체에 대한 학문적 이해를 도모하기 위해 시도하는 것이 총평이라 할 수 있겠다. 총평은 현존하는 인간을 있는 그대로 이해하고 바라보려는 인본주의적 접근의 한 형태라 할 수 있지만 그런 만큼 실재적 구현할 때, 주관적일 가능성이 높고 모호할 수 있다.

따라서 총평을 하기 위해서는 다양한 양적, 질적 자료를 종합적으로 수집하고, 이에 대한 측정방법을 동시에 사용할 수 있어야 한다. 수집된 자료를 해석, 기록, 활용하는 과정을 통해 좋은 총평을 위한 근거들을 마련한다. 따라서 총평에는 지필검사뿐만 아니라 관찰, 구술 등의 질적 진술문, 적성검사나 성격검사의 정서적 검사결과, 검사지, 설문지 등을 다양하게 활용한다. 아울러 풍부한 자료들을 어떻게 종합하고 통합하여 사람을 제대로 이해할 수 있는지에 대한 총평 능력이 필요하다. 생활지도를 하기 위해 학생을 면담한다면, 학생들이 실시한 진로검사, 성격검사 등만을 보는 것이 아니라 면접하며 느낀 여러 가지 행동 특성과 감정 전달, 수업 시간에 보이는 행동 양상, 가정과의 연계를 통한 정보수집 등을 모두 포함하여 총평을 내릴 수 있게 된다. 만약 학생 내면에 있는 깊은 어려움을 알고 싶다면 전문 심리검사를 통해 파악하는 것도 포함된다.

이러한 관점에서 볼 때 총평은 개인이 지닌 학습, 체력, 진로 등 일부 만에 관심을 두는 것이 아니라 개인과 환경의 상호작용을 폭넓게 바라보며 개인의 여러 측면을 살펴보고 평가하는 것에 관심을 둔다. 아울러 교사로서 학생이 성취할 준거를 설정하고, 준거에 비추어 볼 때 학생이 어떠한 지점에 있는지를 판단할 수 있다. 따라서 총평을 하는 평가자는 준거에 내해 정확히 알아야 하며 개인의 다양한 현상에 대한 폭넓은 이해와 해석 능력을 갖추고 있어야 한다. 많은 측정도구로 개인을 여러 측면으로 측정해 놓고 이것을 종합하고 추론하는 평가자의 전문성이 부족하다면 좋은 총평을 내리기 어렵게 된다. 이 때문에 전문성을 바탕으로 경험이 축적될수록 좋은 총평이 나올 수 있게 된다. 학생에 대한 면밀한 관찰과 학생을 둘러싼 환경에 대한 다양한 영향력의 파악, 요소가 지닌 압력과 의미를 알고 이해하는 능력은 많은 경험으로 평가자의 전문성이 축적될 수 있다.

2) 총평의 기능

총평의 주요 기능은 다음과 같다. 우선, 학습자 이해이다. 다양한 평가 정보를 통해 학습자의 강점과 약점을 이해하고, 개별적인 학습 요구를 파악하여 맞춤형 교육을 제공할 수 있게 돕는다.

둘째, 교수-학습의 개선이다. 총평을 통해 교수법과 학습 자료의 효과성을 분석하고, 수업 목표, 내용, 방법을 재조정하여 교육의 질을 향상시킨다. 이를 바탕으로 교육방법을 개선하여 학습자의 성과를 높일 수 있다.

마지막으로 교육정책 수립을 위한 근거가 된다. 총평의 결과를 활용하여 교육정책의 방향성을 제시하고, 정책 개선 및 새로운 정책 수립에 기여한다.

3) 총평의 방법

이러한 총평을 위해 포트폴리오 평가, 수행평가, 관찰평가, 자기평가 및 동료평가 등을 사용할 수 있다. 포트폴리오 평가는 학습자의 다양한 작업물과 성취물을 모아 종합적으로 평가하여, 지속적인 학습과 성장을 지원하도록 돕는다. 수행평가는 실제적인 작업이나 프로젝트를 통해 학습자의 능력을 평가하며, 실제 상황에서의 문제해결 능력을 중시하게 된다.

관찰평가는 학습자의 행동과 태도를 관찰하여 학습 과정을 평가한다. 이는 비형식적이고 자연스러운 학습 환경에서의 평가를 가능하게 한다. 자기평가 및 동료평가를 통해 학습자가 자신의 학습 성과를 평가하고 동료의 학습을 평가함으로써 자기 반성과 협력적 학습을 촉진하게 돕는다.

총평을 하기 위해 자료를 수집하는 과정에는 다양한 양적·질적방법이 동원될 수 있다. 총평은 다양한 증거를 통해 개인의 행동 특성을 도출하는 것이므로 다양한 증거들 간의 유사성과 합치성을 고려하여 검토할 필요가 있다. 일련의 환경에서 보이는 개인의 특성을 파악하는 것도 중요하므로 환경의 특성과 개인의 특성 간의 관계와 상호작용에 집중할 수 있다. 총평을 통한 평가 결과는 선발을 위한 예측, 분류과 선별에 사용된다. 환경과 개인이 담는 모든 측면에서의 증거를 탐색하게 되므로 인간 행동의 변화를 심층적으로 파악하는 데 도움이 된다(박도순, 홍후조, 2006).

4. 검사, 측정, 총평 간의 관계

1) 개념적 관계

살펴본 바와 같이 검사, 측정, 총평은 교육평가의 핵심적인 개념으로 이들 간의 관계는 밀접하다. 이 개념들은 함께 사용되며 서로를 보완하게 된다. 각각이 추구하는 목적성을 기반으로 학습자에 대한 종합적인 이해가 가능해지는 것이다.

이러한 세 개념을 포괄성 위주로 개념화하자면 검사, 측정, 총평 순으로 더 넓은 범위의 교육평가를 의미한다. 검사는 학습자의 능력을 평가하기 위해 도구를 제공하는 역할을 한다. 도구를 제공함으로써 데이터를 수집하게 돕는데 데이터를 수집한다는 것이 측정을 가능하게 한다는 의미가 된다. 따라서 측정은 검사를 포함하는 더 넓은 개념이 된다. 측정은 검사를 통해 얻은 데이터를 수치로 변환하는 과정이기 때문이다. 총평은 측정보다 더 종합적으로 다양한 정보를 활용하는 것으로 측정보다 더 넓은 개념이 된다. 즉, 측정된 데이터를 바탕으로 학습자의 전반적인 성취와 교육적 효과를 해석하고 판단하는 과정이 된다.

검사, 측정, 총평은 교육평가를 수행하는 과정에서 상호 연결되어 있다. 예를 들어, 선생님이 학생의 수학 실력을 평가하기 위해 수학 시험을 실시하면 그 시험 자체가 검사이다. 이 검사를 통해 학생이 부여받은 점수는 검사 결과를 수량화하는 과정이므로 측정이다. 여기서 학생이 85점을 받았다면 이 85점이 측정결과이다. 측정에서 숫자는 주로 점수, 비율, 등급 등으로 표현된다. 수치화는 구체적이고 객관적 정보를 제공하기 때문에 검사 결과를 해석하는 데 있어 객관적인 기준으로 작용한다. 측정된 수치 데이터는 총평을 위한 기초 자료가 된다. 즉, 점수 자체는 학습 성과에 대한 정보이지만 이 학생의 수학 실력을 전부 나타낸다고 보기 어렵다. 이 점수가 의미하는 바가 해석되고 판단이 되면 총평으로 이어지는 것이다. 따라서 총평의 질이 높아지려면 목적에 맞고 검증된 검사를 실시하는 것, 그에 따른 정확한 수치를 산출하는 측정이 기본이 된다. 또한 총평은 단순히 수치에만 의존하지 않고 학습자 특성, 학습 목표, 학습 과정 등 다양한 요소를 고려하여 평가해야 한다. 예를 들어, 85점이 기준에 비추어 높은 점수인지, 보통인지, 혹은 부족한 점수인지를 판단하고 그에 따라 학생에게 피드백을 제공한다. "이 학생은 수학의 어떠한 부분에서 강점을 보이지만, 일부 개념에서 어려움을 겪고 있다"는 식으로 학습의 강점과 약점을 분석하고 제시하는 과정이다.

2) 기능적 관계

기능적 측면에서 볼 때, 검사는 측정의 기초로 작용한다. 측정은 학습자의 성취도를 수치적으로 나타내는 기초 작업으로, 이러한 수치는 검사가 진행될 때 중요한 데이터로 활용된다. 검사는 총평을 위한 구체적인 도구로 작용하여, 학생의 학습 성과를 평가하는 데 핵심적인 역할을 수행한다. 따라서 총평은 측정과 검사를 포함하여 학습자의 발전을 이해하고 교육과정을 개선하는 포괄적인 과정으로, 교육적 의사결정에 필수적인 기반을 제공하게 된다.

실제로, 이러한 평가 요소들은 다양한 교육 환경에서 활용된다. 교실평가에서는 일상적인 평가를 통해 학습자의 이해도를 지속적으로 모니터링하고, 이를 통해 필요한 지원을 제공하여 학습 효과를 극대화할 수 있다. 또한, 대규모 평가에서는 학교나 교육기관의 수준에서 학습 성과와 교육의 효과성을 분석하여 교육 정책 및 교수법 개선에 기여한다. 이러한 평가 결과는 교육 정책 결정자들이 효과적인 교육정책을 수립하고, 교육 시스템 전반의 개선 방향을 제시하는 데 중요한 역할을 하게 된다.

검사, 측정, 총평의 세 가지 요소는 통합적 접근의 필요성을 강조한다. 이 세 가지 요소의 균형 있는 활용을 통해 전인적 평가를 실현할 수 있으며, 이는 학습자의 전반적인 발달을 지원하고 보다 효과적인 교수-학습 환경을 조성하는 데 기여하기 때문이다. 통합적인 접근은 각 요소의 강점을 극대화하고, 학습자의 필요에 맞춘 맞춤형 교육을 가능하게 하여, 학습자들이 자신의 잠재력을 최대한 발휘할 수 있도록 도와준다.

이러한 방식으로 측정, 검사, 총평의 상호관계를 이해하고 활용함으로써, 교육의 질을 높이고 학습자의 성장을 촉진할 수 있는 체계적인 교육평가 체제를 구축하는 것이 중요하겠다.

표 3-3 **검사, 측정, 총평의 비교**

	검사	측정	총평
정의	학습자의 지식, 기술 또는 능력을 평가하는 도구	학습자의 성취를 수치로 표현하는 과정	학습 결과를 종합적으로 평가하는 과정
목적	특정 학습 목표 달성 여부 확인	학습자의 성과 또는 능력을 객관적으로 평가	교육프로그램의 효과성 평가
유형	형성 검사, 중간 검사, 기말 검사 등	지속적인 평가, 관찰, 서술적 기록 등	기말 평가, 종합 성적, 종합 보고서 등
결과형식	점수 또는 등급으로 표현	수치적 데이터로 표현	평가 보고서, 학습 성취도 통계
시행시기	학습 과정 중, 특정 시점에 실시	지속적으로 시행	일정한 학습 과정 종료 후 실시
평가주체	교사 또는 평가 전문가	교사, 학생, 혹은 학부모	교사, 교육기관, 또는 평가위원회
피드백 제공	개별적 피드백 가능	수치적 결과 제공	종합적 피드백 제공
적용범위	특정 과목이나 단원에 국한	학습자의 다양한 측면에 걸친 능력 평가	학습자 전반이나 전체 프로그램, 과정 평가
신뢰성	검사 간 일관성 및 반복성 중요	측정의 일관성 및 정확성 중요	전체 총평의 신뢰성 중요
유용성	학습자 개별 발전 방향 제시	데이터 기반 의사결정에 활용	정책 결정 및 교육 개선 자료로 활용
평가 기준	특정 기준에 따라 채점	수치적 기준이나 정량적 데이터 기반	기준 점수 및 목표 달성 기준에 따름

관련 학습 사례

유아교육

검사(Test)는 특정한 목표를 위해 표준화된 도구나 방법을 사용하여 피험자의 능력, 태도, 성취도를 객관적으로 측정하는 과정을 말한다. 지능검사, 성격검사, 학업성취도 검사와 같은 예시가 있으며, 이는 표준화된 절차에 따라 진행되어 결과를 객관적이고 신뢰성 있게 도출할 수 있는 특징이 있다. 유아교육에서는 이러한 검사도구를 활용하여 유아의 발달 상태나 특정 능력을 진단하는 경우가 많다. 예를 들어, 언어 발달 검사를 통해 유아가 연령에 맞는 언어 능력을 가지고 있는지 확인하거나, 사회성 검사를 통해 또래 관계 형성 능력을 진단한다. 이러한 검사는 유아의 상태를 객관적으로 확인하고, 추가적인 지원이 필요한 영역을 파악하는 데 유용하다. 다만, 유아를 대상으로 할 때에는 검사 과정에서 유아가 스트레스를 받지 않도록 적절한 방식으로 진행하는 것이 중요하다.

측정(Measurement)은 특정 속성이나 특질을 수량화하여 숫자로 나타내는 과정을 말하며, 평가의 기초 자료를 제공한다는 점에서 의미가 크다. 측정을 통해 얻어진 결과는 객관적으로 비교하거나 분석할 수 있도록 도와준다. 유아교육현장에서는 행동, 발달 수준, 학습 성과 등을 수량화하여 기록하는 방식으로 측정이 이루어진다. 예를 들어, 놀이 관찰에서 특정 놀이를 선택하는 빈도를 측정하면 유아의 흥미나 선호도를 분석할 수 있다. 또한, 신체 발달 측정을 통해 유아의 키와 몸무게, 운동 능력을 기록함으로써 신체 발달 상태를 확인하고 이를 교육적 계획에 반영할 수도 있다. 이러한 측정 결과는 개별 유아의 성장 과정을 정량적으로 확인하고, 그룹 간 차이를 분석하여 교수 방법을 조정하는 데 활용된다.

총평(Assessment)은 검사와 측정을 통해 얻어진 데이터를 바탕으로 특정 기준에 따라 의미를 해석하고 종합적으로 판단하는 과정이다. 단순히 점수나 수치로 결과를 제공하는 것이 아니라, 결과를 분석하여 교육적 의미를 도출하는 것이 총평의 핵심이다. 유아교육에서는 총평을 통해 유아의 발달 상태를 전인적으로 이해하고, 교육목표 달성을 위한 방향성을 제시한다. 예를 들어, 관찰 기록에서 나타난 유아의 행동 패턴을 분석하여 발달 수준을 해석하고, 필요한 교수 전략을 제안하거나 학부모와의 상담 자료로 활용할 수 있다. 특히, 총평 과정에서는 단순히 발달 수준을 수치로 나타내는 데 그치지 않고, 관찰된 행동이 나타난 맥락적 요소를 고려하며 유아의 강점과 필요를 종합적으로 평가하는 것이 중요하다.

검사, 측정, 총평은 유아교육현장에서 서로 긴밀하게 연결되어 사용된다. 교사는 관찰을 통해 수집된 정보를 바탕으로 측정의 정량적 자료를 분석하고, 이를 총평으로 발전시켜 교육적 의미를 도출한다. 예를 들어, 교사는 유아의 사회적 행동을 관찰하고, 놀이 행동의 빈도나 지속 시간을 기록한 뒤, 이를 발달 이론과 비교하여 해당 행동의 의미를 평가한다. 이러한 과정에서 교사는 단순히 도구를 사용하는 사람이 아니라, 관찰자이자 해석자, 그리고 안내자로서 중요한 역할을 수행한다. 따라서 교사는 자신이 수행한 평가를 통해 유아의 개별적 특성을 파악하고, 이를 교육 계획 및 부모와의 상담에 반영해야 한다.

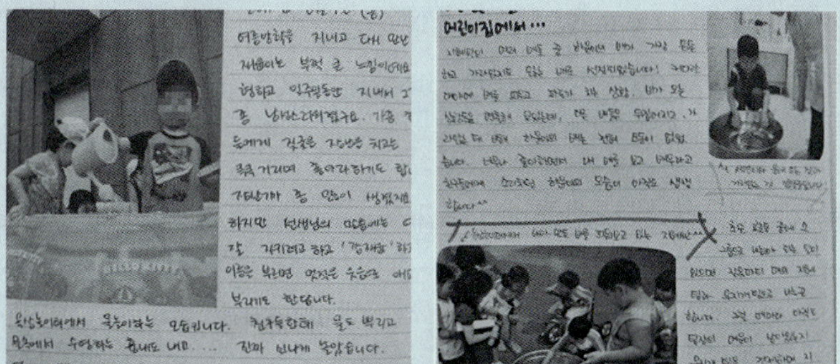

총평으로서 학부모에게 제공될 수 있는 일지

토론주제

김 교사는 고1 담임이다. 고2에 올라가는 우리 반 학생들의 진로지도를 위해 성적과 적성 등 다양한 기록을 종합적으로 활용하여 학부모와 학생에게 평가를 제공하고자 한다. 지금까지 받아온 생활기록부를 종합하고, 학교에서 이루어진 다양한 평가들을 평가의 개념에 따라 분류해 보니, 각종 학습 관련 점수, 진로검사 점수는 검사를 통한 측정, 수행평가 결과, 세부 특기사항, 행동 특성 등은 측정을 기반으로 한 총평으로 분류할 수 있었다.

- 학생을 제대로 평가하기 위해 검사 측정 총평을 어떻게 활용할 수 있을까?
- 이러한 과정을 제대로 준수하기 위해 교사에게 요구되는 자질은 무엇일까?
- 이러한 평가 결과는 앞으로 학생의 진로결정에 어떻게 활용할 수 있을까?

참고문헌

김동일, 이재호, 장세영, 안예지, 안수진, 황지영 (2017). 국내 읽기 이해 관련 검사도구 특성 분석. **아시아 교육연구**, 18(1), 212-144.

박도순, 홍후조 (2006). **교육과정과 교육평가**(제3판). 문음사.

생태제 (2020). **교육연구방법의 이해**. 학지사.

Brookhart, S. M., & McMillian, J. H. (2020). *Classroom assessment and educational measurement*. Taylor & Francis.

Ebel, R. L., & Frisbie, D. A. (1972). *Essentials of educational measurement*. Prentice-Hall of India.

Kane, M. (2010). *Errors of Measurement, Theory, and Public Policy, William H. Angoff Memorial Lecture Series*. Educational Testing Service.

Lam, J. H., Pickles, K., Stanaway, F. F., & Bell, K. J. (2020). Why clinicians overtest: development of a thematic framework. *BMC Health Services Research, 20*, 1-11.

Chapter 4

인지적 영역 평가

1. 인지적 특성의 개념
2. 인지적 영역의 분류
3. 인지적 영역 평가방법
4. 평가도구의 실제

고대 그리스와 로마 시대부터 오늘날까지, 인간의 정신에 대한 관심과 연구는 지속되어 왔다. 피아제(Piaget)는 인간의 인지발달을 논리적 사고작용인 조작의 개념으로 설명하였으며, 앳킨슨(Atkinson)과 쉬프린(Shiffrin)은 인간의 사고과정을 컴퓨터에 비유하여 설명하였다. 최근에는 많은 학자들이 인간의 뇌에 관한 연구를 수행하면서, 인지 영역에 대한 이해가 지속적으로 확장되고 있다. 이러한 일련의 흐름은 인간의 인지가 매우 복잡하며 이를 설명하는 일이 결코 단순하지 않다는 것을 의미한다.

인지적 영역에 대한 연구의 확대와 함께, 교육현장에서 교사는 학습자의 정신 구조 내에서 일어나는 사고의 발달, 즉, 인지적 영역에 주목하며 학습자의 지적 성장과 발달을 촉진하기 위해 노력해 왔다. 인공지능(AI) 기술의 발전과 함께, 교육현장에서 다루어야 할 인지적 역량 또한 급속하게 변화하고 있다. 과거의 교육이 단순히 지식전달과 획득, 그리고 이에 대한 평가에 중점을 두었다면, 오늘날의 교육은 급변하고 예측 불가능한 변화 속에서 학습자가 스스로 문제를 해결할 수 있는 고차원적 인지적 역량을 갖추도록 돕는 것, 그리고 이러한 고등정신기능을 평가하는 데 관심을 두어야만 한다.

본 장에서는 학습자의 지적 성장과 발달을 촉진하기 위하여, 인지적 영역의 특성을 살펴보고, 인지적 영역의 목표 진술과 평가방법, 그리고 평가도구의 실제를 살펴보고자 한다.

1. 인지적 특성의 개념

인지는 인간의 지적능력과 관련된 다양한 정신적 활동을 포함하는 포괄적인 개념이다. 일반적으로 학습자가 새로운 정보를 이해하고 기억하며, 기존 지식과 통합하고 이를 바탕으로 복잡한 문제를 해결하는 능력에 이르기까지 광범위한 사고 과정을 포함한다. 즉, 인지는 우리가 세상을 이해하고, 학습하며, 적응하는 데 중요한 역할을 한다.

인지 영역은 인간의 행위를 인지적, 정의적, 심동적 영역으로 구분할 때 지적 영역을 의미한다. 인지적 영역의 평가는 학습자의 인지적 사고역량을 평가한다는 점에서 인간의 흥미, 태도, 가치관, 신념 등을 평가하는 정의적 영역 평가와 반사 동작, 초보적 기초 동작, 운동지각 능력, 신체적 능력, 동작적 의사소통 등 신체운동을 평가하는 심동적 영역 평가와 구별된다.

교육평가는 그동안 대체로 학습자의 인지적 특성을 평가하는 데 치우쳐 왔다. 이는 교육현장에서 실제 교육이 대부분 지식의 전달이라는 수준에서 이루어져 왔기 때문으로, 평가 역시 인지적 영역에 치우치는 것이 당연한 사실이다. 지식이 학습의 기초가 되며, 교육의 중요한 목표 중 하나가 지식의 전달 및 획득이라는 것은 의심할 여지가 없다. 그러나 사회가 지식기반사회에서 정보기반사회로 전환됨에 따라, 학습자에게 더욱 고차원적인 인지적 역량이 요구되고 있다. 학교의 교육과정 역시 단순히 지식과 이해 위주의 인지적 영역에 초점을 둔 교육이 아닌, 지식정보처리 역량 및 창의적 사고역량과 같은 고차원적 수준의 인지적 학습역량을 반영해야 한다. 인지적 영역의 교육평가는 교육 결과로서의 지식습득과 이해의 낮은 수준의 능력 평가에만 그치는 것이 아닌, 새로운 지식을 습득하고 이해한 것을 바탕으로 문제를 해결하고, 창의력을 발휘하며, 정보를 처리하는 과정에서 요구되는 다양한 종류의 고등정신기능 평가가 실행되어야 한다.

2. 인지적 영역의 분류

1) 인지적 영역의 교육목표

벤자민 블룸(Benjamin Bloom)은 인지적 영역의 평가에 관심을 가지고 이를 체계화시킨 대표적인 학자이다. 블룸과 그의 동료들은 교실에서 학습자의 사고 능력을 평가하는 데 어려움을 겪었다(Anderson et al., 2001). 이들은 학습자의 인지적 발달을 다양한 수준에서 평가하고, 교육목표를 명확히 설정하기 위하여, 인지적 영역의 특성을 교육목표로 체계적으로 분류하여 제시하였다. 블룸은 인간의 인지적 영역을 지식(knowledge), 이해(comprehension), 적용(application), 분석(analysis), 종합(synthesis), 평가(evaluation)의 여섯 가지 범주로 구분하였다. 이는 학습의 결과로서 기대되는 학습자의 행동을 분류한 것으로서, 이 행동 유형들이 학습자의 입장에서 무엇을 공부하고 성취해야 하는지와 교육자의 입장에서 무엇을 가르치고 평가해야 하는지에 관한 실질적인 지침을 제공할 수 있게 되었다.

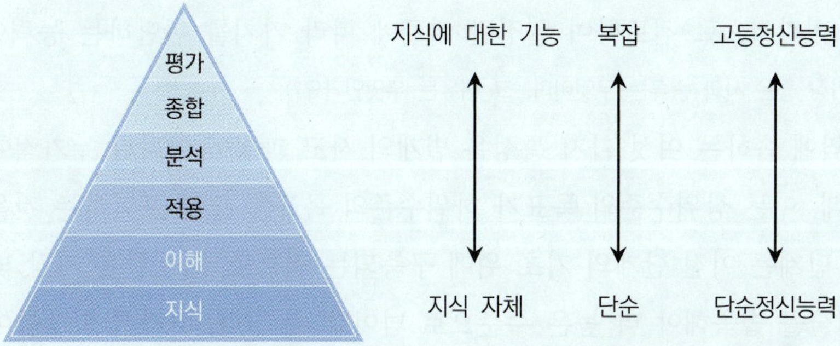

그림 4-1 블룸(Bloom)의 인지적 영역의 교육목표 분류체계

블룸의 인지적 영역의 교육목표 분류는 복잡성의 원칙에 따라 위계적으로 구성된다. 복잡성의 원칙은 인지적 행동 특성을 단순히 나열하는 것이 아니라, 가장 단순한 형태인 '지식'에서 가장 복잡한 형태인 '평가'의 순서에 따라, 각 수준이 점진적으로 더 복잡해지고 고차원적인 사고의 순서로 조직된 원칙이다. 이를 구체적으로 살펴보면, 첫째, '지식'이란 가장 낮은 수준의 목표로 학습자가 이전에 배운 내용을 기억하고 회상하는 능력이다(예: 사과의 세 가지 종류를 말해 보세요). 둘째, '이해'는 자료나 내용의 의미를 파악하는 능력으로 단순히 자료를 기억하는 수준을 넘어 자료가 다소 치환되어도 의미를 해석하고 추론하는 능력을 의미한다(예: 사과의 종류 중에서 홍로와 아오리 사과의 특성을 요약해보세요). 셋째, '적용'은 이미 배운 내용을 활용하거나 새로운 구체적인 상황에 적용하는 능력이다(예: 사과가 비타민C 부족으로 인해 생기는 질병인 괴혈병을 예방할 수 있을까?). 넷째, '분석'은 주어진 자료의 구조 및 구성 요소를 찾아내고, 이들의 상호관계를 이해할 수 있는 능력이다(예: 사과로 만든 네 가지 음식을 찾아 비교하고 대조하여 건강상의 이점이 가장 높은 것을 조사해 보세요). 다섯째, '종합'은 여러 요소를 결합하여 하나가 되도록 결합할 수 있는 능력이다(예: 사과파이 요리법을 보고, "건강에 해로운" 재료를 선택하여 "건강한" 요리법으로 바꿔보세요. 선택한 재료를 사용한 요리법이 건강에 어떠한 이점을 줄 수 있는지 논의해 보세요). 마지막으로 '평가'는 관련 있는 정보를 비판적으로 검토하여 일정한 기준에 따라 가치를 판단하는 능력이다(예: 파이를 굽기에 가장 좋은 사과 종류는 무엇이며, 그 이유는 무엇인가요?).

인지적 영역에 속하는 여섯 가지 특성은 별개의 사고 과정이 아니라 누가적이며 위계를 이루는데, 이는 상위수준의 목표가 하위수준의 목표를 모두 포함하는 것을 의미한다. 즉, 각 단계는 이전 단계의 기초 위에 구축되는 것으로, 학생들은 가장 낮은 수준의 지식 기술을 습득해야 더 높은 수준으로 넘어갈 수 있다. 따라서 학생들이 가장 높은 수준의 기술 수준에 도달하면 이미 다른 모든 하위수준의 인지적 영역의 교육목표를 도달하게 된다. 블룸의 인지적 영역 교육목표 분류에서 주목할 점은 인지적 영역의 사고작용 가운데 '평가'를 가장 고차원적 고등 사고 능력으로 보고 있다는 점이다. 즉, 교육을 통해 학생이 학습해야 할 가장 고차원적 사고 능력은 '평가'의 능력임을 의미한다.

2) 신교육목표 분류(개정된 블룸의 교육목표 분류)

블룸의 분류체계의 각 단계는 2001년 블룸의 제자인 앤더슨(Anderson)과 크래스월(Krathwohl)에 의하여 이전 수준보다 더 정교해져서 개정 버전으로 분류되었다. 개정된 신교육목표 분류학의 제목은 '교수, 학습 및 평가를 위한 분류법(A Taxonomy for Teaching, Learning, and Assessment)'으로 기존의 다소 정적인 '교육목표' 개념에서 벗어나 보다 역동적인 인지적 특성의 개념을 강조했다.

신교육목표 분류학은 기존의 교육목표 분류학과 비교하여 볼 때, 구조, 용어, 위계적 서열에 있어서 변화가 있다. 이를 구체적으로 살펴보면 다음과 같다.

첫째, 구조적 측면에서 개정된 교육목표 분류학은 기존의 단일 차원의 분류 틀을 이차원적 분류 틀로 구분되었다. 첫 번째 차원은 학습자가 학습해야 할 지식 내용을 식별하는 '지식 차원'이고, 다른 차원은 학습에 사용되는 과정을 식별하는 '인지 과정 차원'이다. '지식'이 인지 영역에서 분리되어 독립된 '지식 내용' 차원으로 설정되었으며, '지식 내용'을 구체성과 추상성을 기준으로 '사실적 지식, 개념적 지식, 절차적 지식, 메타인지적 지식'의 4개 유형으로 제시하였다. 먼저, '사실적 지식'은 학습자가 교과를 이해하고 관련된 문제를 해결하기 위하여 반드시 알아야 할 기본적인 요소로, 용어에 대한 지식과 세부 사항 및 요소에 대한 지식을 의미한다. '개념적 지식'은 구성요소들이 통합적인 기능을 하게 하는 기본 요소들 사이의 상호관계에 대한 지식으로 분류와 유목에 대한 지식, 원리 및 일반화에 대한 지식, 이론, 모형 및 구조에 대한 지식을 포함한다. '절차적 지식'은 어떤 것을 수행하는 방법, 과학적 탐구 방법, 기술을 활용하기 위한 준거, 알고리즘 기법에 대한 지식, 적절한 절차를 사용할 시기를 결정하는 기준에 대한 지식, '메타인지적 지식'은 인지적 활동에 대한 지식으로, 일반적 인지 전반에 관한 지식, 인식에 관한 지식, 자신의 인지에 관한 지식을 의미한다.

둘째, 신교육목표 분류학은 기존의 명사로 정의된 인지 과정 차원의 범주(지식, 이해, 적용, 분석, 종합, 평가)를 여섯 가지 동사 형태(기억하다, 이해하다, 적용하다, 분석하다, 평가하다, 창안하다)로 변경하였다. 이는 인지 과정 차원에서 사고의 능동적 과정을 반영한 것으로, '행동 단어(동사)'로의 기술은 학습자가 지식을 접하고 행동으로 옮기는 인지 과정을 의미한다. 이를 구체적으로 살펴보면, '기억하다'는 장기기억으로부터 관련된 지식을 인출하는 것을 의미하는 것으로 이전에 배운 지식을 암기할 때 사용된다. '이해하다'는 구두, 문자, 그래픽을 포함한 수업 메시지로부터 의미를 구성하며 자신이 알고 있는 지식과 새로 습득한 지식을 관련짓는 것을 의미하며, '적용하다'는 절차를 이용하여 특정 상황에 대한 문제를 해결하는 것으로 프레젠테이션, 인터뷰와 같이 학습한 내용을 실제 적용하는 것이다. 넷째, '분석하다'는 자료를 구성 부분으로 나누고, 그 부분들 간의 관계 및 부분과 전체의 구조가 어떻게 되어 있는가를 결정하는 것이다. 다섯째, '평가하다'는 준거나 기준에 따라 판단하는 것이다. 마지막으로 '창안하다'는 요소들을 일관성 있거나 기능적인 전체로 형성하기 위해 새로운 방식으로 결합하거나 부분을 합성하여 재조직하는 것을 의미한다.

셋째, 일부 용어가 변경되었다. 기존의 용어 'comprehension(이해)'이 가지는 정의적 소극성을 극복하기 위하여 'understand(이해하다)'로 수정되었으며, 교육목표의 서술의 적합성을 높이기 위하여 '종합(synthesis)'을 '창안하다(create)'의 용어로 수정하였다.

마지막으로, 위계적 서열에 있어서 변화가 있었다. 기존의 '종합'과 '평가'의 서열이 바뀌었는데, 신교육목표 분류학에서는 '창안하다(종합의 대체)'가 '평가하다(평가의 대체)'보다 복잡성의 위계가 더 높은 것으로 재명명되었다.

인지 영역 교육목표 분류학은 교육목표를 설정하고 학습활동을 계획하는 데 현재에도 중요한 도구로 사용된다. 교육목표의 분류는 교사가 교수단계에서 학생에게 무엇을 가르칠 것이며, 어떠한 행동 변화를 가져오게 할 것인지 세분화 정도에 따라 목표 지향적인 학습 과정에 직결시키는 데 도움을 준다. 특히, 신교육목표 분류체계에서 교육목표는 명사와 동사를 포함한 진술문을 기술할 수 있게 하는데, '명사'는 학습자가 습득하거나 구성해야 할 '지식 차원'을, '동사'는 학습자가 수행할 인지적 과정이다. 즉, '학습자가 '명사(지식)'를 '동사(행동)'한다'로 기술할 수 있다. 이러한 교육목표 기술은 교육평가의 방향성과 증거 수집에도 지향성을 갖게 한다. 교사가 어떠한 내용으로 학습자의 어떠한 행동 능력을 측정하고자 하는지 내용과 행동으로 분리하여 평가 문항을 제출할 수 있도록 돕는다. 이와 같은 판단에 도움을 주는 것이 교육목표와 관련된 교육평가의 기능이다.

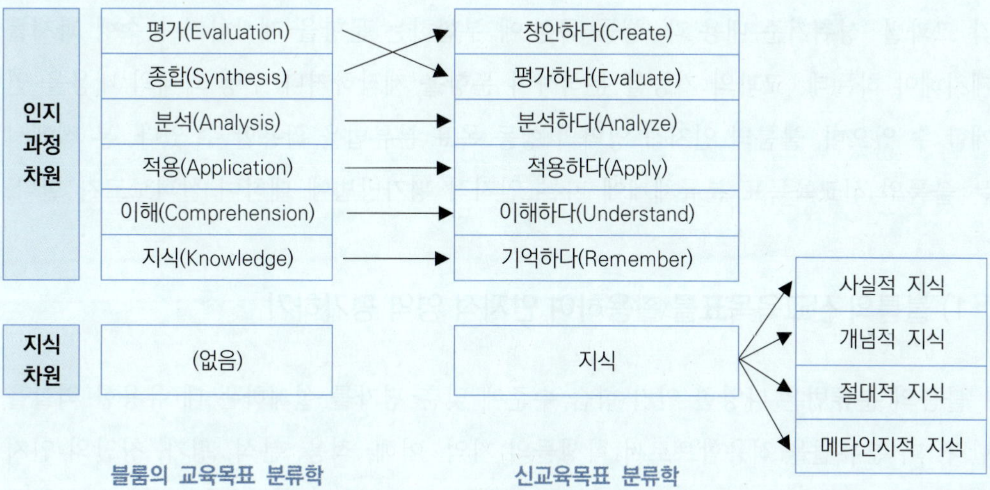

그림 4-2 블룸의 교육목표 분류학과 신교육목표 분류학과의 관계

3. 인지적 영역 평가방법

인간의 인지적 영역의 능력을 정확하고 완벽하게 잴 수 있는 도구는 이 세상에 존재하지 않는다. 예를 들어 국어 시험점수가 0점이라고 할지라도, 학습자의 언어적 인지능력이 0을 의미하는 것이 아니다. 따라서 학습자의 인지적 영역의 능력을 최대한 정확하게 평가하기 위하여 간접적인 도구를 활용하여 수치화하여 평가한다. 인지적 행동 특성의 평가는 평가의 주체, 과제의 내용 등에 따라 다르게 수행될 수 있다.

먼저 평가의 주체에 따라, 교사가 직접 제작한 교실 평가와 외부에서 주로 내용 전문가가 제작하여 실시하는 외부평가가 있다. 교실 평가를 위하여 교사는 학습자의 인지적 영역의 교육목표와 성취기준 달성 여부를 측정하기 위하여 학생들에게 어떠한 인지적 요구가 필요한지 파악해야 한다. 여기서 인지적 요구란 특정 유형의 평가에 포함된 과제를 성공적으로 다루기 위하여 학생들이 적용해야 하는 지적 활동을 의미한다. 이러한 지적 활동은 지필 평가 혹은 수행평가, 관찰 등에 의해서 측정될 수 있다. 교사는 각 교과별 '성취기준 내용'과 '행동 특성'에 부합하는 문항을 제작하거나 수행 과제를 제시해야 하는데, 교과의 기능을 분석하여 문항을 제작하거나 수행 과제의 내용을 연계할 수 있으며, 블룸의 인지적 영역의 행동 목표 분류법을 활용할 수 있다. 본 절에서는 블룸의 신교육목표 분류체계에 따른 인지적 평가방법에 대하여 살펴보고자 한다.

1) 블룸의 신교육목표를 활용하여 인지적 영역 평가하기

블룸의 분류법은 다양한 인지 학습 수준에 맞춘 평가를 설계하는 데 유용한 역할을 한다. 이 분류법을 적용함으로써 학생들의 기억, 이해, 적용, 분석, 평가, 창안의 인지적 영역을 효과적으로 평가할 수 있다. 블룸의 신교육목표 인지적 차원의 각 수준은 동사와 연관되는데, 이는 학습이 행동의 변화이기 때문이다. 교사는 학생의 다양한 수준의 인지적 특성을 평가하기 위하여, 이 동사를 활용할 수 있다. 다음은 학생들의 인지적 영역의 수준을 평가를 위한 블룸의 신교육목표 분류틀에 제시된 인지 과정 차원의 각 수준별 동사를 활용한 질문의 예시이다. 교사는 이러한 동사를 활용하여 평가 문항을 제작하거나 수행과제를 제시할 수 있다.

(1) 기억하기(Remember)

기억하기는 사실과 기본 개념을 회상하는 것으로, 학생들이 교실에서 이론과 실습을 통해 배운 모든 것을 기억하는 것이다. 이는 학생이 개념을 정의하고, 사실을 나열하며, 주요 논점을 반복하고, 세부 사항을 암기하거나 정보를 반복할 수 있음을 의미한다. 블룸의 인지적 행동 특성 영역 중 가장 낮은 복잡성을 가지며, 다음과 같은 동사를 활용하여 학생이 특정 지식에 대한 정보를 기억하고 있는지 평가할 수 있다.

- 동사: 이야기하다, 나열하다, 설명하다, 일치시키다, 암기하다, 정의하다, 이름붙이다, 기억해내다, 재현하다, 진술하다 등

- 예: 요일의 이름을 순서대로 **이야기하기**
  태양에 가장 가까운 순서대로 태양계의 행성을 **나열하기**
  식물의 광합성 과정에 대하여 **설명하기**
  역사적 사건을 해당 날짜와 **일치시키기**
  화학의 주요 용어와 개념을 **암기하기**

(2) 이해하기(Understand)

이해하기는 학생들이 기본적인 기억을 넘어서 사실의 의미를 이해할 수 있음을 보여줄 수 있어야 한다. 이 수준을 평가하기 위한 질문은 학생들이 주요 아이디어를 이해하고, 자신의 말로 해석하거나 요약할 수 있는지 확인할 수 있어야 한다. 다음과 같은 동사를 활용하여 학생이 특정 지식에 대한 정보를 이해하고 있는지 평가할 수 있다.

- 동사: 요약하다, 분류하다, 비교하다, 대조하다, 설명하다, 해석하다, 바꾸어 말하다, 묘사하다, 번역하다, 추론하다 등

- 예: (그림)책의 내용을 **요약하기**
  포유류, 새, 물고기와 같은 특성에 따라 동물을 **분류하기**
  나비와 개구리의 생애 주기를 **비교하고 대조하기**
  물의 순환과 그것이 지구 생태계에 대한 중요한 이유를 **설명하기**
  수업주제와 관련된 막대그래프나 원형차트를 **해석하기**

(3) 적용하기(Apply)

적용하기 수준에서 학생들은 배운 정보를 유사한 과제에 적용할 수 있어야 한다. 절차를 이용하여 특정 상황에 대한 문제를 해결하는 것을 포함한다. 학생들은 문제를 해결하거나 프로젝트를 만드는 등 이 수준에서 학습 내용을 파악하고 적용할 수 있음

을 입증해야 한다. 학생이 특정 지식에 대한 적용할 수 있음을 평가할 수 있는 동사는 다음과 같다.

- 동사: 만들다, 시연하다, 그리다, 계산하다(풀다), 수행하다, 실행하다, 구현하다, 해결하다, 적용하다 등
- 예: 두 가지 기본색을 혼합하여 2차 색을 **만들기**
  자를 사용하여 물체의 길이를 측정하는 방법 **시연하기**
  대칭의 개념을 적용하여 대칭적인 그림을 **그리기**
  연산순서를 사용하여 문제를 **풀기**
  과학적 방법을 사용하여 실험 **수행하고 관찰 기록하기**

(4) 분석하기(Analyze)

분석하기 단계에서 학생들은 단순히 기억하고, 이해하고, 적용하는 것을 넘어서게 된다. 이 수준에서는 학생들이 자신의 학습에 더 적극적으로 참여하기 시작하는데, 아이디어 간의 연결 고리 즉, 유사점을 찾을 수 있다. 또한 내용을 구성 요소들로 나누고 부분들이 서로 어떻게 관련되어 있는지 또는 상호 연관성이 있는지, 부분들이 전체 구조나 목적과 어떻게 관련되어 있는지를 결정할 수 있다.

- 동사: 분류하다, 비교하다, 분석하다, 조사하다, 대조하다, 분해하다, 조직하다, 검토하다 등
- 예: 크기, 색상 또는 모양과 같은 속성을 기준으로 물체 **분류하기**
  두 이야기 속 등장인물의 유사점과 차이점을 **비교하기**
  간단한 이야기를 읽고, 이야기에 제시된 문제점과 해결책을 **분석하기**
  구구단의 패턴을 조사하여 숫자 사이의 관계를 **조사하기**
  특정 광고에서 사용된 기법을 **분석하기**

(5) 평가하기(Evaluate)

평가하기는 학생들이 배운 정보와 자신의 통찰을 바탕으로 준거나 기준에 근거하여 판단을 내리는 것을 의미한다. 이 수준에 도달하기 위해 학습자는 광범위한 정보에 대하여 파악하고 있어야 한다. 비평, 추천, 보고서는 평가의 과정을 보여주기 위해 만들 수 있는 몇 가지 결과물이다. 학생이 특정 지식에 대한 평가할 수 있음을 보여주는 동사는 다음과 같다.

• 동사: 평가하다, 판단하다, 비평하다, 결정하다, 검증하다, 선택하다, 우선순위를 정하다 등

• 예: 주어진 상황에 대해 두 가지 해결책 중 어떤 것이 더 효과적인지 **평가하기**
다양한 출처의 근거를 바탕으로 사건이나 이슈에 대한 **의견 제시하기**
역사적 사건이 여러 집단에 미친 영향을 **비판적으로 평가하기**
다양한 예술작품의 장·단점을 **비교하고 대조하기**
대학수학능력시험의 장점과 개선점을 **평가하기**

(6) 창안하기(Create)

창안하기는 블룸의 분류법에서 가장 높은 수준으로, 학생이 배운 것을 완전히 적용하고, 독창적으로 무엇인가를 창조할 수 있어야 한다. 요소를 조합하여 일관성 있는 전체 또는 기능적인 전체를 형성하거나, 생성, 계획 또는 제작을 통해 요소를 새로운 패턴이나 구조로 재구성하는 것을 의미한다.

• 동사: 생산하다, 구상하다, 설계하다, 디자인하다, 계획하다, 개발하다, 건설하다, 발명하다, 결합하다 등

• 예: 다양한 재료를 사용하여 주제를 표현하는 콜라주 **만들기**
이야기를 그리거나 글로 써서 익숙한 이야기의 새로운 결말 **구상하기**
일상적인 물건을 사용하여 특정 문제를 해결하기 위한 간단한 기계 **설계하기**

사회적 문제나 원인에 대한 인식을 높이기 위한 캠페인 **디자인하기**
지역사회 봉사 프로젝트에 대한 제안서 **작성하기**

2) 인지적 영역 평가 시 고려 사항

교육현장에서 수행되는 인지적 영역 평가의 목적은 주로 학습자의 교육목표 달성 여부를 확인하기 위한 것으로, 학습자의 인지적 동기를 증가시켜 지적 학습의 목표에 도달할 수 있도록 지원하기 위함이다. 일반적으로 인지적 영역의 평가는 지필 평가와 수행평가를 통해서 실시할 수 있다. 교사는 평가의 목적을 확인하고, 교육목표 및 성취기준을 확인하며 적절한 평가 장면과 방법을 선정, 좋은 문항을 어떻게 구성하고 선택해야 하는가를 충분히 고민해야 한다. 특히, 평가의 목적이 무엇인가에 따라 평가의 내용, 유형, 시행 절차 및 방법이 달라진다. 예를 들어, 수행하고자 하는 교육평가가 학기 초나 학년 초에 학생들의 선행학습 능력을 확인하기 위하여 시행되는 진단평가인지, 수업 진행 중에 학생들이 수업을 잘 따라오는지 수시로 확인하여 수업을 처방하기 위한 목적의 평가인 형성평가인지, 아니면 학기 말이나 학년 말에 학생들의 교육목표 달성도를 판정하기 위한 총괄평가인지를 명확히 해야 한다. 또한 학생들의 상대적인 위치를 비교하기 위한 상대평가(규준참조평가)인지 아니면 교육목표 달성도를 파악하기 위한 절대평가(준거참조평가)를 명확히 규정해야 한다. 이때, 교사는 블룸의 교육목표 분류법을 활용할 수 있다. 예를 들어, 중간시험에서는 피라미드의 아래 단계인 기억, 이해 및 적용 단계를 평가 문항에 포함하고, 기말시험에서는 피라미드의 상위 단계인 분석, 평가, 창안 단계의 학습 성취를 측정할 수 있다.

인지적 영역의 또 다른 평가 목적은 학습자의 인지적 강점과 약점을 이해하는 것이며, 일반적인 지적장애와 학습장애와 같은 특정 학습장애를 식별하는 데 도움을 준다. 교사는 인지적 평가 결과를 통해 학습자의 개별화된 학습계획을 수립하고, 학습자를 어떻게 잘 지원할 수 있을지에 대하여 고민하여야 한다. 주의해야 할 점은 인지적 영역을 평가하는 것이 인간의 모든 인지적 측면을 포괄할 수 없으며, 특정 부분의 인지를 측정 대상으로 삼는다는 것을 교사가 인지해야 한다. 또한 인지적 평가 결과를 통해, 교사는 학습자의 학업 및 시험 성적에 대한 지원뿐만 아니라 자존감과 정신건강 등 정의적 영역 역시 지원해야 함을 기억해야 한다.

4. 평가도구의 실제

인지적 영역을 평가하는 방법으로 교실 안에서 교사 평가 외에도 인지적 영역을 측정하는 표준화된 검사도구를 살펴볼 수 있다. 표준화검사는 전문적인 검사 개발자들이 체계적으로 제작한 평가이다(7장 참조). 최근에는 많은 사람들이 손쉽게 표준화된 검사도구를 통해 인지적 영역을 측정할 수 있으므로 교육자 역시 이러한 검사도구에 대해 숙지하고 있어야 하며, 적절하게 학생들이 활용할 수 있도록 안내할 수 있어야 한다. 다음은 인지적 영역을 측정하는 표준화된 검사도구의 예이다.

1) 지능에 대한 평가

지능검사는 아동의 발달수준을 이해하고 적성 및 지능 특성을 파악하여 구체적인 교육 방향을 제시하는 데 활용될 수 있다. 또한 임상장면에서 지능검사는 기질적 뇌손상 유무, 뇌손상으로 인한 인지적 손상을 평가하는 데 필요한 정보를 제공할 수 있으며 해당 특수아동의 치료계획을 세우는 과정에서 합리적인 치료목표를 설정하는 데 도움이 된다.

(1) 웩슬러 지능검사

① 한국판 아동용 웩슬러 지능검사(K-WISC: Korean Wechsler Intelligence Scale for Children)

한국판 아동용 웩슬러 지능검사는 미국의 웩슬러가 개발한 아동용 웩슬러 지능검사(WISC)를 우리나라 한국교육개발원에서 1986년 표준화한 것으로 최근에는 2014년에 개정된 5판(K-WISC-V, 곽금주, 장승민, 2019)을 사용하고 있다. 이 검사는 만 6세에서 16세 11개월까지 모든 아동에게 실시할 수 있는 개인용 지능검사이다.

K-WISC-V는 폭 넓은 능력을 보다 충분히 고려하기 위하여 K-WISC-Ⅳ의 4개 하위요인을 5개로 확장하였다(Wechsler, 2014). K-WISC-Ⅳ의 4개 요인은 언어이해, 지각추론, 작업기억, 처리속도였으며, K-WISC-V는 이전 4판의 지각추론 요인을 제거하고 시공간, 유동추론을 추가하였다. 5개의 하위 인지 영역을 살펴보면, '언어이해'는 언어적 추론, 이해, 개념화, 단어지식 등을 이용하는 언어능력, 결정지능과 언어정보를 개념화하는 능력, 언어로 자신의 생각을 표현할 수 있는 능력 등을 측정한다. 언어이해 지표영역의 소검사로는 공통성, 어휘가 포함되며, 상식과 이해는 보충검사로 측정된다. '시공간'은 시각정보를 분석하고 시공간 관계를 이해하는 시공간 추론능력, 정신적 회전 능력, 시각-운동 협응 능력 등을 측정한다. 시공간의 소검사로는 토막짜기, 퍼즐이 포함된다. '유동추론'은 귀납적 추론과 양적 추론능력, 전반적인 시각 지능, 동시처리, 개념적 사고, 사전지식이나 문화적 기대 등을 측정하며, 소검사로는 행렬추리, 무게비교가 포함되며, 공통그림찾기와 산수는 보충검사로 포함된다. '작업기억'은 주의력, 집중력, 작업기억(제시되는 정보를 효율적을 처리하기 위해 짧은 시간 동안 머릿속에 정보를 유지하는 능력) 등을 측정하며 소지표로는 숫자, 그림기억, 순차연결(보충검사)이 포함된다. 마지막으로 '처리속도'는 간단한 시각적 정보를 빠르고 정확하게 탐색하고 변별하는 능력, 정신속도의 소근육 처리속도 등을 측정한다. 소검사로는 기호쓰기, 동형찾기가 포함되며, 선택은 보충검사이다. 하위영역별 소검사 내용은 〈표 4-1〉과 같다.

표 4-1 아동용 웩슬러지능검사(K-WISC-V)의 하위영역별 소검사

하위영역	언어이해	시공간	유동추론	작업기억	처리속도
소검사	공통성	토막짜기	행렬추리	숫자	기호쓰기
	어휘	퍼즐	무게비교	그림기억	동형찾기
	(상식)		(공통그림찾기)	(순차연결)	(선택)
	(이해)		(산수)		

*( ): 보충검사

출처: 인싸이트(https://inpsyt.co.kr)

K-WISC-V의 특징은 다음과 같다. 첫째, 이전 4판과 달리 지능이론은 물론이고, 인지발달, 신경발달, 인지신경과학, 학습 과정에 대한 최근 심리학 연구들에 기초하고 있다. 특히, CHC이론을 적극 반영하였다.

둘째, K-WISC-V는 16개의 소검사로 이루어져 있다. 유동적 추론의 측정을 강화하는 새로운 3개의 소검사(무게비교, 퍼즐, 그림기억)가 추가되었고, K-WISC-V에서 이전 버전의 13개의 소검사(토막짜기, 공통성, 행렬추리, 숫자, 기호쓰기, 어휘, 동형찾기, 상식, 공통그림찾기, 순차연결, 선택, 이해, 산수)가 유지되었지만, 소검사의 실시 및 채점 절차가 수정되었다.

셋째, K-WISC-V는 구조적으로 변화한 전체 IQ(FSIQ)와 5가지 기본지표점수(언어이해, 시공간, 유동추론, 작업기억, 처리속도)와 5가지 추가지표점수(양적추론, 청각작업기억, 비언어, 일반능력, 인지효율)를 제공한다는 점에서 이전 판과 다르다. 인지능력에서 좀 더 독립적인 영역에 대한 아동의 수행을 나타낼 줄 수 있는 지표점수(예: 시공간지표와 유동추론지표)와 처리점수(예: 토막짜기 소검사의 부분처리점수)를 추가적으로 제공한다.

② 한국판 유아용 웩슬러 지능검사(K-WPPSI: Korean Wechsler Primary and Preschool Scale Intelligence)

박혜원, 이경옥, 안동현(2014)은 웩슬러가 제작한 지능검사를 한국판 유아용 지능검사도구인 K-WPPSI-IV로 번안하였다. 이 검사는 2세 6개월에서 7세 7개월 사이 유아의 인지능력을 임상적으로 평가할 수 있는 개인지능검사이다. 교육, 치료, 연구 등을 위한 지능측정 및 특정한 교육이 필요한 영재교육이나 지체아동을 발견하는 데 사용된다. 발달의 적합성을 높이기 위하여 2세 6개월에서 3세 11개월용과 4세~7세 7개월용으로 검사도구가 구분되어 있다.

2세 6개월에서 3세 11개월용 검사는 7개의 소검사로 구성되며, 3개 기본지표척도(언어이해, 시공간, 작업기억)와 3개의 추가지표척도(어휘습득, 비언어, 일반능력)가 제공된다. 4세에서 7세 7개월용 검사는 15개 소검사로 구성되며, 5개 기본지표척도(언어이해, 시공간, 유동추론, 작업기억, 처리속도)와 4개 추가지표척도(어휘습득, 비언어, 일반능력, 인지효율성)가 제공된다. 이 검사는 아동의 인지 영역별 강점과 약점을 평가할 수 있을 뿐만 아니라, 영재와 정신 지체 등을 포함하는 전반적인 인지 기능에 대한 평가가 가능하다. 유아용 웩슬러 지능검사 4판의 소검사는 다음과 같다(표 4-2).

표 4-2 유아용 웩슬러 지능검사(K-WPPSI)의 소검사

	소검사	설명
1	토막짜기	제한시간 내에 제시된 모형 또는 토막그림을 보고, 한 가지나 두 가지 색으로 된 토막을 사용하여 똑같은 모양을 만든다.
2	상식	그림 문항의 경우, 일반상식에 관한 질문에 가장 적절한 보기를 선택한다. 언어 문항의 경우, 일반상식에 관한 광범위한 주제를 다루는 질문에 답한다.
3	행렬추리	완성되지 않는 행렬을 보고 행렬을 완성시키기 위해 적절한 보기를 선택한다.
4	동형찾기	제한시간 내에 제시된 벌레 그림과 같은 벌레 그림을 보기 중에서 찾아 표시한다.
5	그림기억	일정 시간 동안 1개 이상의 그림이 있는 자극 페이지를 보고 난 후, 반응 페이지의 보기 중에서 해당 그림책을 찾아낸다.
6	공통성	그림문항의 경우, 제시된 2개의 사물과 같은 범주의 사물을 보기 중에서 선택한다. 언어문항의 경우, 공통된 사물이나 개념을 나타내는 2개의 단어를 듣고 공통점을 말한다.
7	공통그림찾기	2줄 또는 3줄의 그림을 보고, 각 줄에서 공통된 특성을 지닌 그림을 하나씩 선택한다.
8	선택하기	제한시간 내에 비정렬 또는 정렬된 그림을 훑어보고 목표 그림을 찾아 표시한다.
9	위치찾기	일정 시간 동안 울타리 안에 있는 1개 이상의 동물카드를 보고 난 후, 각 카드를 보았던 위치에 동물카드를 배치한다.
10	모형맞추기	제한시간 내에 사물의 표상을 만들기 위해 조각을 맞춘다.
11	어휘	그림문항의 경우, 검사책자에 있는 글미의 이름을 말한다. 언어문항의 경우, 검사자가 읽어준 단어의 정의를 말한다.
12	동물짝짓기	제한시간 내에 동물과 모양의 대응표를 보고, 동물 그림에 해당하는 모양에 표시한다.
13	이해	그림문항에서 일반적인 원칙이나 사회적 상황을 가장 잘 나타내는 보기를 선택한다. 언어문항에서 일반적인 원칙과 사회적 상황에 대한 이해를 기초로 질문에 답한다.
14	수용어휘	검사지가 읽어주는 단어를 가장 잘 표현하는 보기를 선택한다.
15	그림명명	그림으로 제시된 사물의 이름을 말한다.

출처: 인싸이트(https://inpsyt.co.kr).

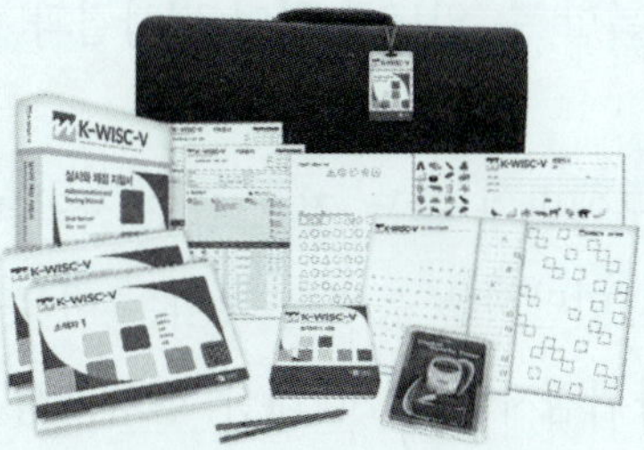

아동용 웩슬러 지능검사(K-WISC)

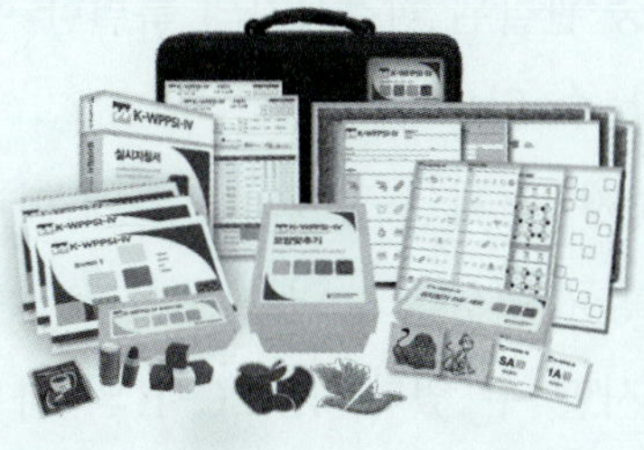

유아용 웩슬러 지능검사(K-WPPSI)

출처: 인싸이트(https://inpsyt.co.kr).

(2) 한국 카우푸만 아동 지능검사(K-ABC: Kaufman Assessment Battery for Children)

카우푸만 아동지능검사는 미국의 알라바마대학교 카우푸만 교수 부부가 개발한 종합 지능검사로 한국판은 1997년에 문수백과 변창진에 의해 표준화되었다. KABC-II는 3세에서 18세 아동 및 청소년의 인지능력을 측정하는 개별검사이다. 이 검사는 3개의 연령 범위(3세, 4~6세 7~18세)마다 다른 하위척도와 전체척도로 구성되며, 연령집단마다 다른 보충검사와 비언어성척도가 포함된다.

KABC-II의 특징은 다음과 같다. 첫째, 교육적 또는 심리적으로 문제가 있는 아동들을 이해할 수 있으며, 치료계획 및 배치계획을 세우는 데 도움을 준다. 특히, 인지능력과 사고력에 있어서 개개인의 강점과 약점을 파악할 수 있으며, 학습장에의 핵심 양상인 기본적인 사고 처리과정의 장애를 파악할 수 있다.

둘째, 비언어성 척도를 포함하고 있어서 의사소통에 문제가 있는 특수아동이나 타문화권 아동들을 보다 타당하게 평가할 수 있다. 비언어성 척도의 하위검사는 검사자가 몸짓으로 문항을 제시하고 피검사자는 언어가 아닌 동작으로 반응할 수 있도록 되어 있어서 청각이 손실되었거나 언어장애로 인해 제한된 언어능력을 가진 아동, 타문화권 아동들에게도 타당하게 평가할 수 있다. 즉, 문화적 공평성을 지향하였다.

셋째, 게임을 연상시키는 검사를 구성하고 시각적인 주목을 끌기 위해 색깔을 넣어 인쇄하였다.

넷째, 질적지표 기록을 포함하고 있다. 기록지에 각 하위검사마다 질적지표를 두어

검사 중 관찰된 피검사자의 특별한 행동들을 기록할 수 있도록 하여 검사결과 해석에 참고할 수 있도록 하였다.

다섯째, 전체 모집단의 규준에 따라 수준을 구애받지 않는 것으로, 자신의 나이에 비해 평균 이상의 능력을 보이거나 평균에 많이 미달하는 능력을 보이는 아동들에게도 실시할 수 있다. KABC-Ⅱ의 하위척도별 하위검사와 실시 대상 연령구성은 〈표 4-3〉과 같다.

표 4-3 KABC-II 하위검사구성 및 실시 대상 연령

척도	하위검사	실시 대상 연령		
		핵심	보충	비언어성
순차처리	수회생	4-18	3	
	단어배열	3-18		
	손동작		4-18	3
동시처리	블록세기	13-18	5-12	7-18
	관계유추	3-6		3-6
학습력	얼굴기억	3-4	5	3-5
	형태추리	5-6		
	빠른길찾기	6-18		
	이야기완성		6	
	삼각형	3-12	13-18	3-18
	그림통합		3-18	
계획력	형태추리	7-18		5-18
	이야기완성	7-18		6-18
	이름기억	3-18		
	암호해독	4-18		
	이름기억-지연		5-18	
	암호해독-지연		5-18	
지식	표현어휘	3-6	7-18	
	수수께끼	3-18		
	언어지식	7-18	3-6	

출처: 인싸이트(https://inpsyt.co.kr).

(3) 다중지능(MI: Multiple Intelligence)검사

가드너(Gardner, 1983)는 단 하나의 수치로 한 개인의 지능을 모두 나타낼 수 없다고 주장하며, 인간의 지능을 세분화하고 체계화하여 다중지능이론을 정립하였다. 다중지능검사는 인간의 다양한 지능 영역을 평가하여 개인의 강점과 잠재력을 발견하는 데 목적이 있다.

이 검사는 언어지능, 논리수학지능, 신체운동지능, 음악지능, 공간지능, 자연탐구지능, 대인관계지능, 개인내지능의 8개 지능을 측정하고 있으며, 각 지능은 3~4개의 하위영역으로 구성된다. 최근에는 제9의 지능인 '실존지능'이 추가되었는데 실존지능이란, 인생의 의미에 관해 큰 질문을 던질 수 있는 능력을 의미한다.

가드너의 8가지 지능은 다음과 같다. 첫째, 언어지능은 단어의 소리, 리듬, 의미에 대한 민감(언어의 다른 기능들에 대한 민감성)이다. 둘째, 논리수학지능은 논리적, 수학적 패턴에 대한 민감성과 식별력(긴 추리 사슬을 다루는 능력)이다. 셋째, 신체운동지능은 자신의 신체 운동을 통제하고 목표를 기술적으로 다루는 능력이다. 넷째, 음악지능은 음의 리듬, 음높이, 음색을 만들고 감상하는 능력(음악 표현의 형태를 감상)이다. 다섯째, 공간지능은 시공간 세계를 정확하게 지각하는 능력과 그들의 최초의 지각에 전환을 실시하는 능력이다. 여섯째, 자연탐구지능은 자연에서 동식물을 구별하고 분류할 수 있는 능력, 자연계의 질서를 이해하고 범주를 정할 수 있는 능력이다. 일곱째, 대인관계지능은 다른 사람의 기분, 기질, 동기, 욕구를 식별하고 적절하게 반응하는 능력이다. 여덟째, 개인내지능은 자신만의 감정에 쉽게 접근하여 그것을 구분하고 행동의 지침으로 삼을 수 있는 능력, 즉, 자신의 강점, 약점, 욕구, 지능에 대한 지식이다. 마지막, 실존지능은 인간의 존재 이유, 삶과 죽음, 희로애락, 인간의 본성 및 가치에 대해 철학적이고 종교적 사고를 할 수 있는 능력이다.

가드너는 이러한 지능들이 상호독립적이며, 하나의 지능이 높다고 해서 다른 지능들도 높은 것이 아니라는 점을 전제로, 모든 지능의 중요성을 강조했다. 특히, 각 지능이 독자적인 발달사를 가지고 있다는 사실을 서번트 증후군(자폐증이나 지적장애를 지닌 이들이 특정 분야에서 천재적인 재능을 보이는 현상)에 대한 연구를 통해 증명하였다. 교사는 다양한 학습전략을 수업에 통합하여 학생이 약점 지능에는 도전을 받기도 하고, 강점 지능을 통해 즐겁게 학습하게 도와줄 수 있다.

(4) 한국판 그림지능검사(K-PTI: Korean-Pictorial Test of Intelligence)

한국판 그림지능검사는 미국의 임상심리학자 프렌치(Joseph L. French)가 개발한 그림지능검사를 서봉연 등이 1986년에 한국아동에게 맞게 표준화한 것이다. 이 검사는 어휘능력, 형태 변별, 상식 및 이해, 유사성 찾기, 크기와 수 개념, 회상능력 등을 측정하는 6개의 소검사로 구성되어 있다. 검사도구는 가로, 세로 각 26cm의 문제카드 125매와 가로, 세로 각 5cm의 보기카드 41매, 검사지침서, 기록용지로 구성되어 있다. 검사대상은 4~7세 아동이며 간단한 지시를 이해할 수 있는 일반아동, 인지능력이나 언어능력이 제한된 발달장애, 발달지체를 가진 아동 모두에게 사용할 수 있다.

검사는 4개의 그림 중에서 아동이 선택하는 형식으로, 검사자가 말로 질문하면 아동은 4개의 그림 중에서 정답에 해당하는 그림 하나를 말이나 손가락 혹은 눈으로 가리키도록 한다. 검사 문항과 응답 선택지(보기카드)가 모두 그림이므로 주의가 산만한 아동이나 학습에 흥미가 없는 아동에게도 적합하다. 또한 그림카드 뒷면에 문제가 적혀 있어서 검사의 실시가 간편하고, 채점도 간편하여 교사, 치료사, 학부모 등이 몇 차례의 연습으로 쉽게 실시할 수 있다. 마지막으로 일반지능검사로 지능측정이 어려운 8세 이상의 발달장애아동의 정신연령과 IQ 추정이 가능하다. 다음은 6개 소검사 문제의 예시이다.

- 어휘 능력: "여기 있는 그림 중에서 베개를 찾아보세요."
- 형태 변별: 보기 카드를 먼저 제시한 후, 문제 카드를 옆에 제시하고 "이 작은 카드에 있는 그림과 똑같은 것을 찾아보세요."
- 상식 및 이해: "여기 있는 그림 중에서 비를 맞지 않게 해주는 그림을 찾아보세요."
- 유사성 찾기: "여기 있는 그림 중에서 다른 그림 하나를 찾아보세요."

- 크기와 수개념: "여기 있는 그림 중에서 제일 작은 것을 찾아보세요."
- 회상하기: 보기 카드를 5초 동안 제시한 후, 문제카드에서 조금 전에 본 그림과 같은 것을 찾도록 하기

2) 창의성에 대한 평가

(1) 토랜스 창의성 사고 검사(TTCT: Torrance Test of Creative Thinking)

토랜스(1974)가 개발한 토랜스 창의성 사고 검사는 조성연(1985)에 의해 한국어로 번역되었다. 이 검사는 길포드의 확산적 사고 검사에 기반을 두고 있다. TTCT는 언어검사와 도형검사로 구성되는데, 언어검사는 창의성 하위요인으로 유창성, 독창성, 융통성을 측정하며, 도형검사는 창의성 하위요인으로 유창성, 독창성, 정교성, 제목의 추상성, 성급한 종결에 대한 저항을 측정한다. TTCT의 언어검사는 질문하기, 원인 추측하기, 결과 추측하기, 작품 향상시키기, 독특한 용도, 가상해보기의 6개 활동으로 이루어져 있으며, 도형검사는 그림 구성하기, 그림 완성하기, 선 더하기 3개 활동으로 구성되어 있다.

- 언어검사 활동의 예

"이 그림에서 무슨 일이 일어나고 있나요? 어떻게 이런 일이 일어났을까요? 다음에는 무슨 일이 일어날까요?."

- 도형검사 활동의 예

이 도형을 사용하여 그림을 그리시오.

S

(2) 유아 종합 창의성 검사(K-CCTYC: Korean Comprehensive Creativity Test for Young Children)

유아 종합 창의성 검사(K-CCTYC: Korean Comprehensive Creativity Test for Young Children)는 토랜스의 창의성 사고 검사(TTCT)를 우리나라 유아의 실정에 맞게 전경원(2000)이 제작한 검사이다. 4세에서 6세 유아를 대상으로 언어, 도형, 신체 영역에서 창의성의 하위요인으로 '유창성', '융통성', '독창성', '상상력'을 측정한다. 이 검사는 부모나 교사가 유아를 이해하고, 궁극적으로 유아의 진로와 연관 지어 창의적인 재능 및 장점, 흥미를 파악하는 것을 목적으로 한다. 4개의 소검사로 구성되어 있고, 개인 혹은 집단검사로 실시 가능하며 약 20분이 소요된다.

표 4-4 유아종합창의성 검사(K-CCTYC) 내용

영역	검사명	검사내용	소요시간
언어	검사 1 빨간색 연상하기	빨간색을 보고 연상되는 물건이나 느낌 및 생각을 적어보게 하는 것으로, 창의력 계발에 중요한 역할을 하는 연상활동으로 이루어져 있다.	3분
도형	검사 2 도형 완성하기	태극기의 가운데 선(에스자 모양)만 9개 제시하고, 그 선을 사용하여 어떤 그림을 그리는 것이다.	3분
신체	검사 3 동물 상상하기	창의적 사고의 기초가 되는 상상력을 측정하기 위해 전래동화나 우화에 등장하는 동물을 5가지 등장시켜 상상하게 하는 것이다.	3분
	검사 4 색다른 나무치기	전통놀이의 비석치기와 같은 형식으로 세워져 있는 나무치기용 목각을 색다른 방법으로 쓰러뜨리게 하는 것이다.	7분

출처: 인싸이트(https://inpsyt.co.kr).

관련 학습 사례 ❶

유아교육

김 선생님은 요즘 5세반 유아들이 가장 즐겨있는 책을 유아들에게 읽어주었다. 그림책을 읽은 후, 김 선생님은 ① **"기억해 볼까요? 나무가 처음부터 끝까지 어떻게 변했나요?"**라고 질문한다. 김 선생님은 그림책을 한 페이지씩 넘기며, 유아들이 그림을 보고 대답할 수 있는 시간을 준다. 그리고 ② **"나무가 쓰러지지 않게 하려면 어떻게 하면 좋을까요?"**라고 질문한다. 유아들은 나무의 높이, 글자의 크기, 나무의 글자 수에 대하여 서로의 생각을 이야기 나눈다. 활동이 끝날 무렵, 김 선생님은 ③ **"놀이시간에 모든 글자를 올려놓을 수 있을 만큼 튼튼한 나무를 만들 방법을 생각해 보아요"**라고 제안한다. 책을 덮자, 몇몇 유아가 신이 나서 블록 영역으로 이동하여 자신만의 나무를 만들기 시작한다.

- 교사의 발문은 영유아의 사고를 촉진하는 동시에 영유아의 인지 단계를 평가할 수 있는 중요한 방법이다. 김 선생님의 ①~③번까지의 각각의 발문은 블룸의 신교육목표분류학 중 어디에 해당할지 생각해 보자.

① ______________________________

② ______________________________

③ ______________________________

관련 학습 사례 ❷

초등교육

서울의 한 초등학교에서 진행된 실험 사례이다. 이 사례는 초등학교 교육평가에 대해 중요한 논의를 다루었다. 중학교 1학년 수준의 시험 문제를 초등학교 6학년 학생들에게 주고, 이들이 어떻게 문제를 풀고 성과에 반응하는지에 대한 실험이 이루어졌다. 학생들은 선행학습이 없으면 풀 수 없는 문제를 받게 되었고, 이 과정에서 다양한 반응과 교육적 의미를 볼 수 있다.

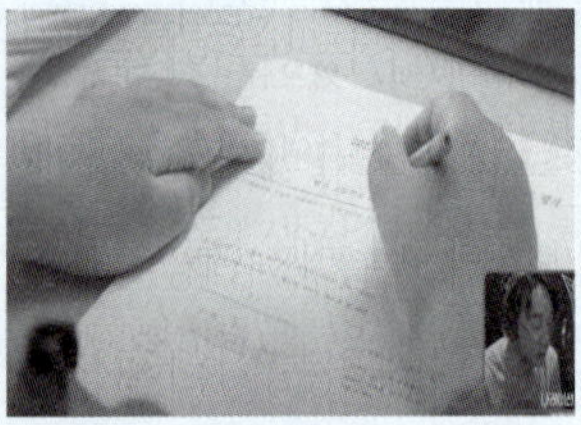

관련된 영상은 다음과 같다.

https://www.youtube.com/watch?v=EiDuiDHmVEc

출처: 시험 등수 없는 요즘 초등학교. 난생처음 성과주의를 경험해 본 아이들의 반응?. 선행학습으로 인한 교실 속 교육격차.

참고문헌

곽금주, 장승민 (2019). **한국 아동 웩슬러 지능검사 5판(K-WISC-V) 지침서**. 학지사.

박혜원, 이경옥, 안동현 (2014). **한국 웩슬러 유아 지능검사-4판(K-WPPSI-IV) 지침서**. 학지사.

서울특별시 (2023). 아는 만큼 보고 보이는 만큼 실행하는 관찰 및 평가. 서울특별시청 유아교육과.

이경화, 고진영 (2006). **자아개념 검사(SCI-II)**. 학지사.

Anderson, L. W., Krathwohl, D. R., & Bloom, B. S. (2001). *A taxonomy for learning, teaching, and assessing: A revision of Bloom's taxonomy of educational objectives* (Complete ed.). New York: Longman.

Haghshenas, H., Vaziri, M., Gholamialam, A., & Poorzahedy, H. (2015). Evaluation of sustainable policy in urban transportation using system dynamics and world cities data: A case study in Isfahan. *Journal of Cleaner Production, 105*.

Popham, W. J. (2017). **수업중심 교육평가** [*Test better, teach better: The instructional role of assessment*]. (김성훈, 이현숙 공역). 학지사. (원저는 2003년 출판)

Chapter

5

정의적 영역 평가

1. 정의적 특성의 개념
2. 정의적 영역 평가의 중요성
3. 정의적 영역의 평가대상
4. 정의적 영역의 평가방법
5. 평가도구의 실제

학교 교육과정은 일관되게 인지적 영역과 정의적 영역을 아우르는 학생의 전인적 성장을 추구해왔다. 정의적 영역이 학생들의 학습 성취에 영향을 주고, 학생의 전인적인 발달과 미래 행동을 결정하는 데 커다란 영향을 미친다는 사실은 명백하다. 그러나 여전히 학교 현장에서는 지식과 기능 중심의 인지적 영역의 교육과 평가가 주를 이루고 있다. 이는 정의적 영역 행동 특성의 개념과 정의의 모호성, 입시와 관련된 교육제도에 정의적 특성 평가 반영 미비 등으로 인한 것으로, 현실 속의 다양한 상황과 이유로 정의적 발달보다는 인지적 발달에 더 주목해 온 것이다.

최근 OECD는 미래사회에서 요구되는 인간의 역량으로 정의적 영역의 중요성을 강조하고 있다. OECD의 Education 2030은 미래 교육에서 '학생들이 학습과 학교에 대해 가지는 태도, 만족도, 그리고 가치'를 강조하였다. 이들은 미래 교육의 목표를 학생의 행복과 개인의 성장으로 설정하며, 학생의 성공에 대한 개념을 "학업 성과"에서 "학습 과정 특히 학습과 학교에 대한 내적 가치, 태도, 만족도"로 재정립하였다(OECD, 2017). 이는 학생의 행복을 중시하는 미래 교육에서 학습자가 정의적 영역의 역량을 갖추도록 돕는 것이 더 이상 선택이 아닌 필수임을 의미한다.

본 장에서는 정의적 특성을 파악하고, 정의적 영역 평가의 중요성과 평가대상, 그리고 평가도구의 실제를 살펴보고자 한다.

1. 정의적 특성의 개념

정의적 특성(affective characteristics)이란 한 개인이 어떤 상황에서 나타내는 감정과 정서를 표현하는 방식을 나타내는 특성 또는 특질이다(Anderson, 1981). 이는 개인의 동기, 흥미, 태도, 자아개념, 가치관, 성격 등을 의미한다.

정의적 영역의 행동 특성은 몇 가지 특징을 가지고 있는데, 먼저 행동이나 사고가 감정이나 정서를 내포한다. 둘째, 정의적 행동 특성은 일시적으로 생기는 반응이 아닌, 일관되고 안정된 성향 즉, 전형성을 갖는다. 셋째, 정의적 행동 특성은 감정의 세기와 정도 즉, 강도가 있다. 넷째, 정의적 행동 특성은 긍정적 혹은 부정적, 좋음과 싫음 등의 방향성이 있다. 다섯째, 정의적 행동 특성은 감정이 향하는 목표물, 활동, 아이디어와 같은 대상이 있다(Anderson, 1994). 이외에도 정의적 특성의 공통점은 대부분 학습이 된다는 점이다. 태어날 때부터 가지게 되는 부분도 있으나 후천적으로 학습되거나 경험하여 습득한다. 따라서 교육에서 정의적 영역은 학생들이 학습경험을 통해 형성하는 태도, 가치 및 신념 등을 포함한다. 이러한 특징은 정의적 영역이 교육의 결과에 의해 습득되며 변화될 수 있음을 시사한다.

2. 정의적 영역 평가의 중요성

정의적 영역의 평가는 학습자의 성장과 발달에 중요한 영향을 미친다. 다음은 교사가 학생의 정의적 행동 특성을 평가해야 하는 이유이다(김성훈, 이현숙, 2017). 첫째, 정의적 영역의 행동 특성은 학생의 미래 행동을 예측하는 중요한 역할을 한다. 정의적 행동 특성은 전체 학습 과정에서 중요한 요소로 학습자의 학습을 촉진할 뿐만 아니라, 태도를 형성하고, 삶의 가치관을 결정하며 그들의 미래 행동에 영향을 미칠 수 있는 중요한 기반이 된다(김성훈, 이현숙, 2017). 예를 들어, 학교 교육을 받으면서 책 읽기에 즐거움을 느끼는 학생이 있다면, 강요하지 않더라도 계속해서 책을 읽으려고 할 것이며, 장래에 이와 관련된 일을 할 가능성이 높다. 반대로, 책 읽기는 지루한 일 혹은 가치가 없는 일로 느낀다면, 학생의 읽기에 대한 흥미도는 낮아질 것이며, 지금 당장 혼자 읽기도 어려울 뿐더러, 장래에도 읽기를 싫어하거나 회피하게 될 확률이 높다. 따라서 교사들은 정의적 행동 특성 평가를 통해 학생들의 학습에 대한 긍정적인 태도를 강화하고 증진시킬 뿐만 아니라, 학생들이 가지고 있는 부정적인 태도를 바꾸기 위해 교육적으로 개입해야 할 의무가 있다.

둘째, 정의적 영역 평가는 학습자의 전인적 발달 도모한다. 정의적 영역의 평가는 학생들의 전인적 발달을 지원한다. 교사는 정의적 영역 평가를 통해 학생들의 학습 동기를 이해하고 촉진할 수 있다. 이는 학생들이 학습에 대한 긍정적인 태도와 높은 동기를 가지도록 돕는다. 이러한 긍정적인 태도와 가치는 학습 성과에 영향을 미치며, 학생들이 이를 내면화함으로써 긍정적인 행동으로 이어질 수 있다. 실제로 학습의 성공은 교실에서 학생들을 가르치는 방식이나 학습 도구에 의해서만 결정되는 것이 아니라, 학습자의 정의적 특성에 의해 크게 영향을 받을 수 있다. 예를 들어, 정의적 영역의 행동 특성이 높은 학생은 도전적인 과제를 더 잘 지속할 수 있고, 자신의 감정을 잘 관리하며, 학습에 긍정적인 태도를 가질 수 있다.

뿐만 아니라 정의적 영역의 평가는 학생들이 긍정적인 자아 개념을 형성하고, 타인과의 관계에서 공감과 협력을 배울 수 있도록 돕는다. 이는 학생들이 건강한 사회적 관계를 형성하고 유지하는 사회, 정서 발달에서 중요한 역할을 한다. 따라서 교사는 정의적 평가를 통해 학생들이 균형 잡힌 성장을 이루도록 도와야 한다.

셋째, 정의적 영역 평가는 교수학습과정에서 학습자의 정의적 목표 도달을 위한 교사의 노력을 강화한다. 교사가 전통적인 성취도 평가도구를 제작하고 검토함으로써 인지적 교육목표와 그 달성 수단을 명료화할 수 있듯이, 정의적 평가도구를 제작하고 검토함으로써 교사들은 특정한 정의적 목표의 핵심을 분명히 파악할 수 있다. 즉, 교사들은 평가를 통해 정의적 목표를 명료화함으로써 정의적 성과를 증진할 수 있는 방법을 생각해 낼 수 있다.

또한 학생들의 정의적 특성에 관한 정보는 교사가 매일매일의 수업에서 더욱더 효과적으로 가르치고자 할 때 도움이 된다. 만일 교사가 정의적 평가를 통해 학생들이 학습 내용에 대해 지루해하고 흥미를 보이지 않는다는 것을 알게 된다면, 차후의 수업에서 이 문제를 해결하기 위해 어떤 조치를 취하게 될 것이다.

3. 정의적 영역의 평가대상

정의적 영역 평가의 행동 특성은 비인적 심리 특성으로 학자에 따라 분류 방식에 따라 차이가 있다. 대부분의 학자들이 공통적으로 명시하고 있는 정의적 영역의 평가대상은 태도, 흥미, 가치, 자아개념, 불안, 인성으로 구분할 수 있다.

1) 태도(Attitude)

태도는 사람, 사물, 그리고 아이디어에 대하여 특정한 방식으로 일관성 있게 반응하는 학습된 성향이다. 태도에는 몇 가지 특성이 있는데 먼저, 지속적인 성질 즉, 경향성을 가지고 있다. 둘째, 어떤 대상에 대해서 긍정과 부정 혹은 호와 불호로 반응하려는 감정의 색조를 동반한다. 셋째, 태도는 경험의 결과이며 학습의 결과이다. 부모의 양육방식, 사회적 경험 또는 환경과의 상호작용을 통해 형성된다. 마지막으로, 추후 어떤 대상에 대한 고정관념을 형성하기도 한다. 따라서 사회적 관계에서 학습된 태도는 교육, 경험, 주변 사람들과의 상호작용을 통해 변화할 수 있다.

2) 흥미(Interest)

흥미란 개인이 특정 활동이나 사물에 대해 가지는 관심 혹은 주의를 갖게 하는 느낌(feeling)을 의미한다(Warren, 1934). 일반적으로 흥미는 '개인-대상-관계', 즉 개인이 특정 활동과 상호작용하여 발생하는 상태를 의미한다. 이는 동기적 요소를 내포하고 있는 심리적 변인으로, 학습에서 흥미는 학생의 동기에 영향을 미친다. 특정 과목에 대한 높은 개인적 흥미는 높은 학업성취 및 높은 수준의 즐거움과 연결된다. 따라서 교사에게 학생의 흥미를 발견하는 일은 일차적으로 고려해야 할 정의적 특성이다. 또한 흥미는 학습지도뿐만 아니라 진로지도에도 필수적이다. 흥미는 성장과 함께 변화하기도 하나, 기질적인 측면을 포함하여 진로탐색검사에 활용된다(Holland, 1997). 따라서 교사가 학습자의 흥미를 발견하는 것은 학습지도뿐만 아니라 진로지도에도 도움이 된다.

3) 가치(Values)

가치는 행동의 방향과 동기에 영향을 주는 심리학적 개념이다. 여러 대상 중에서 무엇인가를 선택해야 할 때 '좋다, 나쁘다', '해야 한다, 해서는 안 된다', '옳다, 그르다'라는 평가의 요소를 포함하고 있는 개인의 내면화된 규범이다. 태도가 외현적 체계라면 가치는 내면화된 체계라고 할 수 있다. 개인의 태도와 흥미는 가치에 의해 영향을 받는다. 가치는 높은 강도를 나타내며, 학습되지만 비교적 변하지 않는다. 일단 형성되면 영구히 지속되어 생활의 전반에 영향을 미친다. 가치관은 개인의 행동과 의사결정 과정을 안내하는 근본적인 신념으로, 지역사회, 나라, 문화권과 같은 큰 범주의 관계 속에서 형성된다.

4) 자아개념(Self-concept)

자아개념은 개인이 자신에 대해 가지고 있는 지각을 의미하는데, 자신을 긍정적으로 평가하느냐 부정적으로 평가하느냐에 따라 긍정적 자아개념과 부정적 자아개념으로 나눌 수 있다. 또 영역에 따라 신체적 자아개념, 사회적 자아개념, 학업 자아개념 등 여러 측면으로 구분할 수 있다. 자아개념은 자기 자신에 대한 자신감과 자기 존중감이 내포되어 있다. 자신감은 자신이 어떤 과제를 할 수 있다는 자신의 능력에 대한 평가이며, 자기 존중감은 자기 자신을 좋아하는 평가적 개념이다. 자아개념은 자신이 속한 사회적 상호작용에서 발달하며, 이것은 다시 자신의 행동에 영향을 미친다. 예를 들어, 사회적 자아개념이 긍정적인 사람은 사회활동에 적극적으로 참여하나, 사회적 자기개념이 부정적인 사람은 대인관계를 기피하는 성향이 있다. 따라서 교육자와 부모는 학생이 긍정적 자아개념이 형성할 수 있도록 도와주어야 한다.

5) 불안(Anxiety)

불안은 자신의 안전에 어떤 실제적 위협이나 상상적 위협을 느끼게 될 때 생겨나는 긴장된 경험이다. 불안은 학생들이 학습 상황에서 경험하는 감정적인 반응으로, 학생들의 학습 동기와 성과에 큰 영향을 미칠 수 있기 때문에 이를 이해·관리하는 것이 중요하다.

불안은 안정성을 기준으로 특성불안(trait anxiety)과 상태불안(state anxiety)으로 구분할 수 있다. 특성불안은 일반불안(general anxiety)이라고도 하며 광범위한 상황에서 경험하는 비교적 지속적 경향으로, 개인에게 내재되어 있는 불안을 의미한다. 상태불안은 특수불안(special anxitey)이라고 하며, 특정 상황이나 장면에서만 경험하는 일시적인 정서적 긴장이다. 시험 장면에서 학생들이 경험하는 불안은 상태불안의 일종이다. 시험불안은 시험 혹은 이와 유사한 평가적 상황에서 나타날 수 있는 부정적인 결과 혹은 실패에 대한 걱정을 동반하는 생리적이며 행동적인 반응이다(Zeidner, 1998). 불안은 학습과 수행, 인지 과정에 영향을 주는데, 적당한 정도 수준의 불안은 학습자의 최적의 과제 수행을 도우며, 지나치게 높거나 지나치게 낮은 불안은 오히려 적절한 기능을 방해한다(Yerkes & Dodson, 1908).

불안은 여러 가지 방식으로 평가될 수 있는데 자기 보고서를 통해 학생들이 경험하는 불안의 정도와 원인을 파악할 수 있다. 불안을 줄이기 위한 전략으로는 긍정적인 피드백 제공, 학습환경 개선, 명확한 기대치 설정 등이 있다. 교사는 정의적 평가를 통해 학생들의 불안을 이해하고 관리함으로써 더 나은 학습환경을 조성할 수 있다.

유아의 불안은 발달 과정에서 경험하는 사건과 유아의 기질적 특성에 인해 발생할 수 있다. 예를 들어, 주양육자와 떨어지는 상황에서 분리불안이 발생하거나, 새로운 환경이나 가족 구성원의 변화로 인해 불안이 생길 수 있다. 유아의 불안을 줄이기 위해서는 안정적인 환경을 제공하고, 아이의 감정을 이해하고 공감해 주는 것이 중요하다. 최근에는 부모의 불안이 유아에게 전이되는 경향도 발견되었으므로, 부모의 불안 상태를 함께 살펴볼 필요가 있다.

6) 인성(Personality)

일반적으로 인성(personality)과 성격(character)은 종종 동의어로 사용되기도 하지만 실제로는 다른 개념이다. 성격이란 한 개인의 행동, 감정, 사고방식에서 일관되게 나타나는 행동 양식이며, 유전적 요인과 환경적 요인에 의해 형성된다. 성격은 비교적 안정적이며, 시간이 지나도 크게 변하지 않는다. 예를 들어 외향적이거나 내향적인 성향은 성격의 일부이다. 인성은 성격의 한 부분에 도덕적 규범이 포함되는 개념으로 개인의 도덕적, 윤리적 판단, 행동, 태도 등을 포함한다. 인성은 기질과 경험, 교육, 사회적 상호작용을 통해 형성되고 변화할 수 있다. 따라서 교사는 학생의 인성을 지도할 때, 학생이 자신의 성격을 도덕적 규범을 잘 지키고 주변 사람들에게 긍정적인 영향을 미치는 방향으로 발전시킬 수 있도록 지도해야 한다.

4. 정의적 영역의 평가방법

교실에서 정의적 영역의 평가는 교과과정 성취기준에 정의적 특성이 제시되어 있는 경우 형식적 평가로 활용할 수 있지만, 그렇지 않을 경우 교수학습과정 내에서 비형식적 평가로 수행한다. 정의적 영역의 평가방법은 크게 자기 보고식 평가와 교사나 동료에 의한 외부 평가로 구분할 수 있다.

1) 자기보고식 평가

교실에서 정의적 특성을 평가하기에 간단하고 효율적인 도구는 자기보고식 평가이다. 앤더슨(Anderson)과 버크(Bourke)는 "실제 학교생활에서 학생들의 정의적 특성은 오로지 자기보고 척도를 통해서 측정되어야만 한다."라고 주장하였다(Anderson & Bourke, 2000). 교사들이 교실에서 사용할 수 있는 자기보고식 평가방법으로는 질문지법, 평정법, 의미변별척도, 자기 보고서 쓰기 등이 있다.

(1) 질문지법

질문지법은 응답자가 자신의 행동, 감정, 느낌, 견해에 관한 질문에 스스로 응답하는 평가방식이다. 학생들이 자신의 학습 동기, 성실도, 만족도, 다른 학습자들과의 관계 등에 대해 스스로 배우고 반성할 수 있는 기회를 제공한다. 질문지법은 정답을 기입하게 하거나 문답에 의해 반응을 수집하는 방법으로 많은 아동이나 학생들을 대상으로 짧은 시간에 일제히 실시할 수 있으므로 간편하고 경제적이다.

자유 반응형은 질문에 자유롭게 응답하는 평가방법으로, 예를 들어 '당신이 가장 중요시하는 가치가 무엇인지 설명하시오'와 같은 질문에 자신의 의견을 자유롭게 진술하는 형태이다. 선택형은 주어진 질문에 두 개 이상의 답지나 선택지를 제공하고, 응답자가 적절한 선택지를 선택하도록 하는 방법이다. 선택형은 많은 수의 문항을 질문할 수 있으며, 응답자에게 부담을 주지 않아 협조를 구하기 쉽다는 장점이 있다. 그러나 좋은 문항을 제작하는 데 시간과 노력이 많이 소요되며, 응답자가 적절한 선택지가 없는데도 억지로 선택하게 되면 사실과 다른 정보를 얻을 가능성이 있다. 따라서 선택지란 '기타' 란을 두는 것이 좋다.

유목분류형은 주어진 질문에 대하여 일정한 기준에 따라 몇 개의 유목으로 분류하는 방법이다. 예를 들어, 직무분석의 경우 교장이 해야 할 일, 교감이 해야 할 일, 부장교사가 해야 할 일, 그리고 교사가 해야 할 일 등의 항목으로 분류할 수 있다.

(2) 평정법/평정척도법

평정법은 측정하고자 하는 특성이 연속성이 있다고 가정하고, 이를 여러 단계로 분류하여 해당되는 단계에 응답하게 하는 방법이다. 주로 특성의 존재 여부를 넘어 그 특성의 정도나 질적 수준을 평가하는 데 사용된다. 평정법은 기술평정척도, 숫자평정척도, 도식평정척도 등으로 나눌 수 있다.

기술평정척도는 평정하려는 특성을 질적 차이가 나는 연속적인 몇 개의 범주로 나누어 기술한다. 도식평정척도는 관찰자의 평정을 돕기 위해 기술적인 유목에 선을 첨가시킨 형태이다. 숫자평정척도는 어떤 특성을 나타내려는 정도에 따라 단계적 숫자로 표시한 것으로, 가장 많이 사용된다. 숫자평정척도는 리커트(Likert)가 개발하여 리커트 척도로 불리며, 척도의 범주는 3단계, 5단계, 9단계 척도로 구성할 수 있다.

• 기술평정척도의 예

_________ 나는 규칙을 전혀 지키지 않는다.
_________ 나는 규칙을 가끔 지킨다.
_________ 나는 교사의 지시가 있으면 규칙을 지킨다.
_________ 나는 교사의 지시가 없어도 스스로 알아서 규칙에 따라 행동한다.

• 숫자평정척도의 예

내 용	아주 그렇다 (5)	그렇다 (4)	보통이다 (3)	그렇지 않다 (2)	전혀 그렇지 않다 (1)
유아는 스스로 규칙에 따라 행동한다.					

• 도식평정척도의 예

유아는 스스로 규칙에 따라 행동한다.

1	2	3	4	5
전혀 그렇지 않다	별로 그렇지 않다	보통이다	대체로 그렇다	항상 그렇다

평정척도는 작성 시 시간과 노력이 비교적 적게 들고 다양한 대상과 특성에 적용할 수 있어 자료 수집에 많이 활용된다. 그러나 평정자의 주관이나 편견으로 인해 평정 오류가 발생할 수 있으며, 응답의 중립화 경향이 있다는 단점이 있다.

(3) 의미변별척도

의미변별척도는 특정 개념이나 대상에 대한 사람들의 태도나 감정을 측정하는 방법으로, 평가하려는 개념 또는 대상의 특성과 관련된 양극적인 형용사의 쌍으로 구성된다. 이때 사용되는 형용사군은 대체로 대상을 평가하여 표현한다. 양극적인 형용사 사이를 연결하는 연속선은 응답자가 대상에 대해 가지고 있는 태도나 정의적 영역의 정도에 따라서 대개 5~7단계로 나뉘며, 대상의 개념은 주로 중앙상단에 기재된다. 응답자는 지정된 대상이나 개념에 대한 자신의 태도를 척도상에 표시한다. 이 방법을 사용하면 개념간, 척도간, 개인 간의 차이를 쉽게 밝힐 수 있다.

• 의미변별척도의 예

학교 건물에 대한 인식

	1	2	3	4	5	6	7	
나쁘다								좋다
더럽다								깨끗하다
불편하다								편리하다

의미변별척도법의 장점은 다음과 같다. 첫째, 제작과 실시가 용이하며, 둘째, 척도 자체가 피험자에게 친근감을 주어 부담 없이 반응할 수 있다. 셋째, 서로 다른 대상들에 대하여 가지고 있는 정의적 영역의 내용 요소들을 비교할 수 있다. 하지만 단점으로는 첫째, 형용사의 개념을 명확하고 정확하게 분류하는 맥락이 제시되지 않으면, 형용사의 의미가 애매모호하게 해석될 수 있다. 둘째, 동일한 피험자에게 두 가지 이상의 개념이나 대상을 평가하도록 할 때, 반응해야 할 항목이 많으면 지루함이나 피로를 느껴 평가의 신뢰도가 떨어질 수 있다.

(4) 자기보고서/저널 쓰기

자기보고서/저널 쓰기는 자기보고식 평가의 한 형태로 학습자의 개인적인 경험과 생각을 기록하는 평가방법이다. 이 방법은 개인이 어떤 개념이나 아이디어 또는 사람에 대한 자신의 태도나 감정에 대한 설명을 제공하도록 요구한다. 글쓰기를 통해 학생들은 자신의 생각을 정리하고 표현할 수 있는 기회를 가질 수 있다. 예를 들어, 교사는 학생들에게 "내가 수학을 좋아하거나 싫어하는 이유"와 같은 주제에 대해 자신의 생각을 쓰도록 할 수 있다.

2) 관찰법

(1) 관찰의 개념

관찰법은 정의적 특성을 측정하는 가장 오래된 측정 방법이다. 교사는 학생들의 반응, 수업 태도, 토의나 토론 과정, 문제해결 과정 등을 관찰하며 자연스러운 상황에서 학생들의 정의적 특성을 파악할 수 있다. 특히, 관찰은 자기평가가 어려운 유아를 대상으로 하는 대표적 평가방법으로, 교사는 유아가 보여주는 상황이나 활동을 자세하게 관찰하고 기록함으로써 유아의 흥미, 태도, 발달수준 등을 평가할 수 있다.

관찰법의 장점은 질문지법이나 평정법에 의해서 측정할 수 없는 행동 변화에 관한 자료를 얻을 수 있다는 점과 자기 보고로 인한 허위 반응이나 응답의 중립화 경향을 어느 정도 예방할 수 있다는 것이다. 그러나 관찰법은 점수화하는 데에는 제한이 있으며, 때로는 관찰자에 의한 주관적 판단이 생길 수 있다는 단점이 있다.

관찰법은 관찰하고자 하는 행동장면을 인위적으로 통제하느냐의 여부에 따라 자연적 관찰과 통제적 관찰이 있으며, 관찰자가 직접 행동 장면에 참여하느냐 여부에 따라 참여 관찰과 비참여 관찰로 구분할 수 있다(표 5-1).

표 5-1 관찰법의 유형

구분	종류	내용
관찰장면의 통제 정도	자연적 관찰	• 관찰장면을 조작하거나 인위적으로 자극을 주는 일 없이 자연스러운 상황에서 있는 그대로를 관찰하는 방법 • 관찰된 외형에만 사로잡히지 말고, 그 행동을 발생시킨 상황과 관련지어 관찰해야 함
	통제적 관찰	• 관찰 시간, 장면, 행동을 발생시킨 상황이나 조건을 인위적으로 조작해서 정확하고 엄밀한 조건 아래서 관찰하는 방법 • 관찰 조건을 조작화하기 때문에 일반화의 범위가 제한됨
관찰자의 참여 정도	참여 관찰	• 관찰자가 관찰대상의 현장에서 함께 생활하면서 자연스러운 행동을 관찰하는 방법 • 평소 관찰할 수 없었던 특수행동, 포괄적인 관찰이 가능하나, 장시간이 걸리며 감정적 요인에 영향을 받아 객관성이 저해될 수 있음
	비참여 관찰	• 관찰자가 관찰 대상자와 같은 장면에 들어가나, 관찰대상의 활동에 참여하지 않고 관찰하는 방법 • 조직적이고 계획적인 관찰이 가능하나, 심층적인 자료를 얻기 어려움

(2) 관찰법의 종류

관찰법은 결과를 기록하는 방법에 따라 표본기록법, 일화기록법, 사건표집법, 시간표집법, 체크리스트법 등으로 구분할 수 있다. 이들 각각의 특징을 살펴보면 다음과 같다.

표본기록법은 관찰자가 특정 시간 동안 발생하는 모든 행동과 상황을 순서대로 기록하는 방법이다. 이 방법은 관찰자가 관찰대상이나 장면을 미리 정해두고 그 장면에서 일어나는 행동과 가장 자세하고 완전하게 기록하는 방법이다. 어떤 부분만을 기록하는 것이 아닌, '전체'를 기록하는 방법으로 시간이 지남에 따라서 수집된 정보의 양이 많아질수록 그 가치가 높아진다. 이를 통해 교사는 학생에 대한 정보를 비교할 수 있고, 변화상황을 평가할 수 있다.

일화기록법은 특정 사건이나 행동을 간단한 이야기 형식으로 기록하는 방법이다. 이 방법은 교육적 가치가 있거나 기록할 만한 가치가 있는 행동을 하나의 일화로 간단히 기록한다. 교육현장에서 실시하기 가장 쉬운 방법으로, 관찰과 기록이 특정한 시간에 얽매이지 않으며, 기록할 만한 가치가 있으면 환경이나 상황의 특별한 설정 없이 어느 곳에서나 기록이 가능하기 때문이다. 일화기록은 사건이 발생한 직후에 즉시 기록하는 것이 중요하다. 사건이나 행동을 기술함에 있어서 마치 사진을 보는 것과 같이 사실적으로 묘사되는 글이라고 하여 글로 묘사된 사진이라고도 표현하기도 한다. 일화기록법은 학생의 행동 패턴을 이해하고, 교육적 개입이 필요한 부분을 파악하는데 유용한 방법이다.

사건표집법은 특정 사건이나 행동이 발생하기를 기다렸다가 발생하면 일정한 형식에 따라 기록하는 방법이다. ABC(Antecedent event-Behavior-Consequence)서술식 사건표집법과 빈도사건표집법으로 구분되며 전자는 특정 행동의 전후 사건을 서술하여 행동의 원인을 밝혀내는 데 도움을 주고, 후자는 문제행동이 얼마나 자주 일어났는지 빈도를 알 수 있는 평가방법이다.

시간표집법은 미리 선정된 관찰대상의 행동들을 일정한 시간 간격을 두어 반복하여 기록하는 방법이다. 특정 행동이 정해진 시간 내에 얼마나 자주 발생하는지 행동 출현 빈도를 수집하거나, 그 행동이 얼마나 오래 지속되는지 지속시간을 기록하는 방법이 있다.

체크리스트법은 행동목록법이라고도 하며, 어떠한 행동의 출현 여부를 알고 싶을 때 사용한다. 사전에 관찰할 행동 특성에 대한 항목을 선정해 두고, 행동 특성의 출현 여부에 초점을 두어 체크한다.

(3) 관찰단계

관찰의 절차는 체계적이고 일관된 방법으로 관찰을 수행하기 위해 중요하다. 일반적인 관찰의 절차는 관찰 계획하기, 관찰하여 기록하기, 추론하기, 평가하기, 교육과정에 관찰 결과 반영하기/피드백하기의 과정으로 이루어진다.

- 관찰 계획하기: 관찰목적 설정하기, 관찰행동 범주화하기, 행동단위 정하기, 관찰장면 선정하기, 관찰기록방법 선택하기, 관찰 매체 선정하기
- 관찰하여 기록하기: '있는 그대로 상세히' 객관적으로 관찰하여 기록하기
- 추론하기: 객관적 기록에 근거하여 추론하기
- 평가하기: 객관적 기록과 추론을 통해 얻어진 사실을 바탕으로, 충분한 관찰기록을 바탕으로 평가하기
- 교육과정에 관찰 결과 반영하기/피드백하기: 관찰대상자의 흥미, 태도, 가치관 등을 파악하여 교육과정에 반영하기

3) 면접법

면접법은 학생들과의 직접적인 대화를 통해 이들의 정의적 행동 특성을 심도 있게 파악할 수 있는 방법이다. 이 방법은 자기보고식 질문지를 통한 평가방법과는 달리, 대상자가 질문에 대해 응답을 하게 된 이유나 맥락을 구체적으로 이해할 수 있다. 또한 비언어적인 언어를 사용할 수 있으며, 반응의 진위를 확인할 수 있다. 학생들은 교사가 듣고 싶어하는 말을 할 경향성이 있으므로, 교사가 학생들의 의견을 경청하고, 존중하며, 따뜻한 분위기를 형성하면 면접의 신뢰도가 높아질 수 있다.

면접은 구조화 정도에 따라 구조화된 면접, 비구조화된 면접, 반구조화된 면접 그리고 면접 대상자의 수에 따라 개별면접, 집단면접으로 구분될 수 있다. 교사가 면접의 주요 내용에 대한 개요를 준비하여 면접을 진행하면 면접 내용을 기록하는데 도움이 된다. 상황에 따라 집단면접은 친구들과 자신의 생각과 느낌을 공유하게 하는 과정에서 자신의 생각을 자연스럽게 표현할 수 있다. 유아교육기관에서는 유아를 이해하기 위하여 부모나 유아를 대상으로 면접을 진행할 수 있다.

4) 사회성 측정법

사회성 측정법(sociometry)은 한 학생이 어떤 한 집단에서 그 집단 구성원들에 의해서 어떻게 지각되고 받아들여지고 있는지를 평가하는 데 사용되는 방법이다. 이 방법은 집단 내에서 구성원들이 서로 어떠한 관계를 맺고 있는지를 분석할 때 이용되는 방법으로 집단 내의 역학관계를 평가할 수 있다. 이는 학생들의 생활지도에 유용한 방법으로, 교실에서의 사회적 구조, 개인의 집단생활에의 적응과 학생들 간의 상호작용 관계에 대한 이해에 유용하다.

(1) 사회성 측정법의 종류

사회성 측정법의 종류에는 또래 지명법, 또래 평정법(동료 평정법), 그리고 쌍별 비교법이 있으며, 그 내용은 다음과 같다.

또래 지명법은 학생들이 특정 기준에 따라 친구를 지명하도록 하는 방법이다. 다양한 상황에서 학생이 선택하거나 배척하는 사람의 이름을 물음으로써 학급 내 인간관계와 사회적 구조를 파악할 수 있다. 이때 교사가 알고자 하는 내용에 따라 질문이 달라질 수 있다. 선택의 허용 수가 많을 때, 선택의 수가 많으냐 적으냐에 따라 대인관계가 개방적인지 폐쇄적인지까지 판단할 수 있다. 다른 또래들로부터 지명받은 선택의 총수가 그 학생의 사회적 측정 지위 또는 사회적 수용도를 나타낸다.

예) 누구와 함께 앉고 싶은가요? 순서대로 적으세요.
　소풍 갈 때 옆에 앉고 싶은 친구는 누구인가요? 순서대로 적으세요.
　혼자서 하기 힘든 숙제를 누구와 함께 싶은가요? 순서대로 적으세요.

또래 평정법(동료 평정법)은 학급 구성원 전체의 이름이 적힌 명단을 학생들에게 나누어 주고, 한 사람도 빠뜨리지 않고 평정하도록 하는 것이다. 모든 구성원이 평정되므로 모두에 대한 사회적 수용도가 측정된다. 교사의 관찰은 학생들 간의 사회적 관계를 완전히 파악하는 데 한계가 있을 수 있으므로, 또래에 의한 평정이 학생들의 사회적 적응을 이해하는 데 더 유용할 수 있다. 이 방법은 학생들의 인기, 리더십, 집단의 권력 구조 및 타인에 대한 관심 정도를 평가하고자 할 때는 타당한 자료를 제공해 준다.

쌍별 비교법은 어린 유아들의 또래 관계를 평가하는 데 유용한 방법이다. 유아교육관에서 한 유아에게 같은 반에 있는 유아의 실물 사진을 보여주면서, 웃는 얼굴, 찡그린 얼굴, 중립적인 얼굴의 세 가지 표정이 그려진 얼굴 카드를 함께 제시한다. 유아는 실물 사진 속 친구의 모습에서 연상되는 감정이나 태도와 유사한 얼굴 카드를 선택하여 짝을 짓는다. 이를 통해 유아들의 또래 관계를 측정하는 방법이다.

(2) 측정결과 분석

① 사회도(sociogram)

사회도에 의한 분석방법은 1934년 미국의 정신의학자 모레노(Moreno)에 의해서 시작되었다. 이는 학생 간의 선택과 배척 관계를 중심으로 사회도를 그리는 방법이다. 사회도는 집단 내 대인관계를 파악하고 학생의 사회성을 한 눈으로 파악하는 데 유용하다. 이를 통해 고립형, 무시형, 배척형, 단짝형, 연쇄형, 삼각형, 인기형 등의 유형을 파악할 수 있다(황해익, 2022). 사회도는 학생 수가 많을 때 사회도를 작성하는 것은 복잡한 작업이 요구된다.

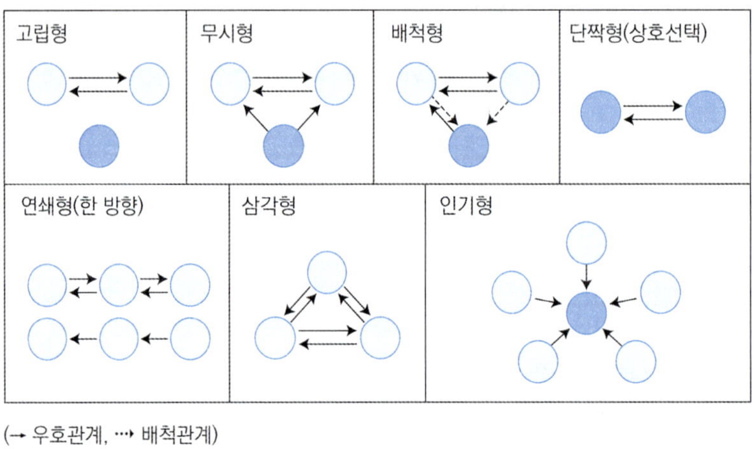

출처: 황해익(2022). 유아교육평가의 이해. 정민사.

그림 5-1 사회도 작성 예시

② 행렬표

사회성 행렬표는 질문에 응답한 학생들의 응답 결과를 행렬표로 기록하여 분석하는 것이다. 이는 대상의 선택과 피선택 반응을 이용한 이원표이다. 다음 〈표 5-2〉는 7명으로 구성된 집단에서 각각 좋아하는 또래를 2명씩을 선택한다고 했을 때 결과를 제시한 것이다.

표 5-2 행렬표 작성 예시

선택자＼피선택자	시훈	서연	기범	유찬	아영	서린	민준	선택수
시훈		1	0	0	0	1	0	2
서연	1		0	0	1	0	0	2
기범	0	0		0	0	1	1	2
유찬	1	0	0		0	1	0	2
아영	0	1	0	0		1	0	2
서린	0	1	0	0	1		0	2
민준	0	0	1	0	0	1		2
피선택수	2	3	1	0	2	5	1	

이 표에서 세로줄은 선택한 학생을, 가로줄은 선택받은 학생을 의미한다. 각 칸에서 1은 선택한 경우이며, 0은 선택하지 않은 경우를 나타낸다. 세로줄의 선택자별 합계는 선택수로서, 선택 허용수가 무제한일 때 의미 있는 자료가 된다. 이 표에서는 2명씩만 선택하도록 하였으므로 학생별로 차이가 없다. 서린이의 피선택수는 5로 높은 인기도를 나타내며, 유찬이는 0으로 다른 친구들로부터 수용도가 낮음을 보여준다. 피선택수가 적을수록 집단에서 고립되거나 경시되는 학생이라고 볼 수 있다.

(3) 사회성 측정법의 장 · 단점

사회성 측정법은 단순하고 실행하기 쉬워 현장의 교사들에게 유용한 평가도구가 될 수 있다. 특히 집단 내 비형식적 소집단 구조를 쉽게 파악할 수 있으며, 학급 내 사회적 구조 이해함으로써 학생들 간의 갈등이나 소외 문제를 조기에 발견하고 해결할 수 있는 기회를 제공한다. 그러나 학생들이 솔직하게 응답하지 않거나 특정 학생을 의도적으로 배척하는 경우 결과의 신뢰성이 떨어질 수 있다. 또한 사회성 측정결과와 관찰 결과가 일치하지 않을 수 있으며, 좋아하는지 싫어하는지에 대한 정보만 있지만 그 이유에 대한 정보는 알 수 없다는 단점이 있다.

5. 평가도구의 실제

정의적 영역을 측정하는 표준화된 검사도구는 다음과 같다.

1) 성격, 인성검사

(1) 한국 아동 인성 평정척도(KPRC: Korean Personality Rating Scale for Children)

김지혜 등(2006)이 3~17세 아동을 대상으로 정신과적인 문제를 선별 및 진단하고, 학교에서 심리적 도움을 필요로 하는 아동들을 조기에 발견하여 도움을 주기 위해 개발된 검사이다. 이는 기존에 개발된 아동 인성 검사(Personality Inventory for Children; PIC; Wirt, Lachar, Klinedinst & Seat, 1984)와 한국아동인성검사(KPI-C; 김승태 외, 1997)를 수정, 보완한 것이다. 기존의 KPI-C 중 자폐증 척도는 제외시키고 사회관계 척도를 수정, 보완하여 자폐증 이외에 사회관계 및 적응에 어려움을 초래하는 다양한 요인을 고려하여 평정할 수 있게 하였다. 총 14개의 척도, 177문항, 0~3점까지의 4점 척도로 세분화하여 구체적이고 자세한 해석을 가능하게 하였다. 이 검사는 아동 혹은 주 양육자 혹은 교사를 대상으로 실시하며 인지, 행동, 정의적 특성과 관련된 일련의 문항들에 답하도록 구성된 평정척도이다.

(2) 기질 및 성격검사(TCI: Temperament and Character Inventory)

기질 및 성격검사(TCI)는 위싱턴대학교 의과대학 교수인 클로닝거(Cloninger, 1994)가 심리생물학적 인성모델에 기초하여 개발한 검사이다. TCI는 기존의 인성 검사들과 다르게, 인성을 기질과 성격으로 구분해서 측정한다. 기질은 자극에 대하여 자동적으로 일어나는 정서적 반응성향으로, 유전적으로 타고 태어났으며 전 생애를 통해 비교적 안정적인 경향이 있다. 기질은 자극추구, 위험회피, 사회적 민감성, 인내력의 4개의 척도로 측정된다. 성격은 개인이 중요하게 추구하는 목표 및 가치에 대한 차이를 의미하며, 후천적으로 발달된다. 성격은 자율성, 연대감, 자기 초월의 3개 척도로 측정된다.

TCI는 3세에서 6세를 대상으로 하는 TCI-유아용(JTCI 3-6), 7세에서 11세를 대상으로 하는 TCI-아동용(JTCI 7-11), 12세에서 18세 청소년을 대상으로 하는 TCI-청소년용(JTCI 12-18), 19세 이상 성인을 대상으로 하는 TCT-성인용(TCI-RS)으로 구분된다. TCI-유아용과 아동용은 양육사가 검사를 실시하며, 청소년용 및 성인용은 본인이 직접 검사를 수행한다. TCI는 한 개인의 선천적인 기질과 후천적인 성격을 구분하여 측정할 수 있다는 큰 장점이 있다. 한 개인의 사고방식, 감정양식, 행동패턴, 대인관계 양상, 선호 경향 등을 폭넓게 이해할 수 있으므로 개인이 실시하기도 하지만, 부모와 자녀가 함께 실시하여 서로의 기질과 성격을 알아보고 이를 비교하는 과정을 통해 서로를 더 깊이 이해할 수 있다. 다음 〈표 5-3〉은 TCI의 척도 내용이다.

표 5-3 기질 및 성격검사(TCI) 척도의 구성과 내용

구분	내용	
기질 (본능적, 유전적 반응)	자극추구	새롭거나 신기한 자극에 끌리는 성향
	위험회피	위험하거나 혐오스러운 자극에 위축되고 억제되는 성향
	사회적 민감성	타인의 표정 및 감정 등 사회적 자극에 강하게 반응하는 유전적 경향성
	인내력	칭찬, 관심 등 눈에 보이는 보상이 없어도 행동을 꾸준히 지속하려는 유전적 경향성
성격 (사회적 반응)	자율성	자신이 선택한 목표와 가치를 이룰 수 있도록 상황을 만들어가는 능력
	연대감	자기 자신을 사회의 통합적인 한 부분으로 지각할 수 있는 정도
	자기초월	우주만물과 자연을 수용하고 동일시하며 이들과 일체감을 느끼는 능력

(3) 미네소타 다면적 인성검사(MMPI: Minnesota Multiphasic Personality Inventory)

미네소타 다면적 인성검사(MMPI)는 1943년 미국 미네소타 대학의 해서웨이(Hathaway)와 매킨리(McKinley)에 의해 처음 발표된 이후, 개인의 성격 특성 및 정신병리적 상태를 평가할 수 있는 가장 강력한 검사로 평가되고 있다. 오늘날 MMPI는 진단 및 상담뿐만 아니라 학교, 인사선발 및 관리, 교정이나 법정 장면 등에서도 널리 사용되고 있다.

1989년에 원판 MMPI의 개정판인 MMPI-2가 출판되었으며, 현재는 만 13~18세 청소년을 대상으로 하는 MMPI-A와 만 19세 이상 성인을 대상으로 하는 MMPI-2로 구성되어 있다. MMPI는 검사실시와 채점의 용이성, 시간과 노력의 절약, 객관적 규준에 의해 해석이 간편하다. 그러나 이 검사 하나만으로 대상자의 모든 성격을 알 수 있는 것은 아니므로, 면담과 관찰이 요구된다.

2) 정서(상태)검사

(1) 학생정서 · 행동특성검사

교육부에서는 학생의 성격특성과 정서 · 행동발달 경향을 이해하고 정서적으로 건강하게 성장할 수 있도록 매년 초등학교 1학년과 4학년, 중학교 1학년, 고등학교 1학년 학생들을 대상으로 황준성 등(2016)이 개발한 학생정서, 행동특성 검사를 실시한다. 이 검사는 학생 개개인의 성격 특성에 맞는 양육과 교육 정보를 학부모에게 제공하며, 더불어 어려움이 있는 학생을 대상으로 조기에 적절한 도움을 받도록 지원하는 것을 목표로 한다.

검사도구는 초등학생의 경우, 65문항으로 구성된 CPSQ-II, 중고등학생용 63문항으로 구성된 AMPQ-III이다. 검사 내용은 개인성격특성, 위험문항(외부요인), 정서 · 행동문제요인 등으로 구성되어 있다(표 5-4).

표 5-4 학생정서 · 행동특성 검사도구 구성과 내용

초등학생 CPSQ-II (Child Personality and Mental Health Screening Problems Screening Questionnaire, Second Version)	
유형	내용
개인 성격특성	내적: 성실성, 자존감, 개방성 외적: 타인이해, 공동체의식, 사회적 주도성
위험문항	학교폭력피해
외부요인	부모자녀관계
정서 · 행동 문제요인	집중력부진: 주의력결핍, 과잉행동장애(ADHD), 품행장애
	불안/우울: 불안장애, 우울증, 심리적 외상반응, 신체화경향, 강박성향 등
	학습/사회성부진: 언어장애 및 사회적 의사소통장애, 학습장애, 지적장애, 자폐스펙트럼장애, 강박성향 등
	고민/반항성: 우울증, 기분조절장애, 반항장애, 품행장애
기타	전반적 삶의 질, 상담경험, 지원 선호도

중고등학생 AMPQ-III (Adolescent Personality and Mental Health Problems Screening Questionnaire, Third Version)	
유형	내용
개인 성격특성	내적: 성실성, 자존감, 개방성 외적: 타인이해, 공동체의식, 사회적 주도성
위험문항	학교폭력피해
	자살 관련: 자살사고, 자살계획
정서 · 행동 문제요인	심리적 부담: 자해, 자살, 학교폭력피해, 피해의식, 관계사고, 반항성향, 폭식
	기분문제: 우울증, 기분조절장애, 조울증 등의 기분장애, 신체화 성향, 강박성향
	불안문제: 시험 및 사회적 사황 등에 대한 공포증, 강박성향, 심리적 외상반응, 환청, 관계사고
	자기통제부진: 학습부진, 주의력결핍 과잉행동장애, 품행장애, 인터넷 또는 스마트폰 중독
기타	전반적 삶의 질, 상담경험, 지원 선호도

출처: 황원준 외(2016). 교육부.

검사는 2단계 절차로 진행되는데, 1차 학교에서 온라인/서면검사 실시 후 검사결과에 따라 학교상담과 면담, 관심군 선별하며, 필요시 2차 전문기관(위센터, 청소년상담복지센터, 정신건강복지센터, 의료기관 등)에서 심층평가를 실시한다. 본 검사는 학생들의 성장과 발달의 변화 추이를 파악하여 학생정신건강 정책 수립을 위한 기초 자료를 마련하는 데 활용된다.

(2) 아동용 주제통각검사(CAT: Children Apperception Test)

미국의 벨라크(Bellak, 1949)가 개발한 성격검사를 김태련, 서봉연, 이은화, 홍숙기(1976)가 한국아동에게 적용가능하도록 표준화하였다. 한국판 아동용 주제통각검사는 주로 3세에서 10세 사이의 아동을 대상으로 하며, 아동이 그림을 보고 이야기를 만들어내는 과정을 통해 그들의 내면세계를 이해하고자 하는 일종의 투사적 성격검사이다.

검사방법은 아동에게 다양한 상황을 묘사한 그림을 보여주고, 아동이 그림에 대한 이야기를 만들어내도록 한다. 그림의 주제는 정신분석이론을 바탕으로 한 가족 문제를 다루고 있다. 주로 동물이나 아동이 등장하는 그림으로 구성되어 있기 때문에 아동이 쉽게 공감하고 상상력을 발휘하여 자기의 내면세계를 용이하게 투사할 수 있다. 아동이 만들어낸 이야기를 분석하여 이들의 감정, 욕구, 갈등과 상황처리 같은 성격적 특징들을 진단한다. CAT는 개인용 검사로 CAT 표준판 9매와 CAT-s 보충판 9매로 구성되어 있다. 검사는 아동의 심리적 특성을 이해하고, 이들의 건강한 발달을 지원하는 것을 목적으로 한다.

(3) 문장완성검사(SCT: Sentence Completion Test)

문장완성검사(SCT)는 응답자가 주어진 문장의 일부를 자신의 이야기로 완성하도록 하는 투사적 검사이다. 검사 후, 일정한 주제끼리 문장을 묶고, 문장을 통해 공통된 주제가 있는지 파악한다. 완성된 문장에 나타난 응답자의 감정이나 문장의 맥락을 통해 대상에 대한 태도 및 심리적인 역동을 파악할 수 있다. 이 검사의 4개 대표 영역은 가족, 성, 대인관계, 자기개념에 관한 것이며, 개인과 집단 모두에게 실시할 수 있으며 20~40분 정도 소요된다.

3) 자아개념검사(SCI-II: Self-Concept Inventory)

자아개념검사(SCI-II)는 이경화, 고진영(2006)이 SCI-I 자아개념 검사의 문항을 수정,

보안한 검사도구로 유아, 아동, 청소년, 대학생 및 성인기의 자아개념을 각 영역별로 측정하여 인성교육 및 상담, 생활지도의 유용한 기초자료로 활용할 수 있도록 개발하였다.

이 검사는 개인이 자신을 어떻게 인식하고 평가하는지를 측정한다. SCI-II는 자아개념을 인지적, 정의적, 사회적, 신체적 자아개념의 4개 영역에서 측정한다. 유아부터 성인까지 각 대상에 따라 다른 검사지를 통해 실시할 수 있으며 10~20분가량 소요된다. 초등학생용 자아개념 검사는 9개 요인으로 구성되어, 저학년(1~3학년)용 83문항, 고학년(4~6학년)용 107문항이며, 청소년용은 12개 요인으로 구성되어 143문항이다. 영역별 구성요인은 다음과 같다.

표 5-5 자아개념 검사(SCI-II)의 영역 및 구성요인

영역	구성요인
인지적 자아	학업적 자아
	문제해결 자아(청소년/대학생용)
	언어적 자아
	논리/수리적 자아
정의적 자아	성격/정서자아
	도덕자아(정직, 신뢰)
	종교/영혼자아(청소년/대학생용)
사회적 자아	친구관계 자아
	이성친구관계 자아(청소년/대학생용)
	부모관계자아
신체적 자아	신체능력자아
	신체외모자아

출처: 인싸이트(https://inpsyt.co.kr).

관련 학습 사례

유아교육

다음은 김교사가 작성한 저널의 일부이다.

○월 ○일
친구들과 잘 어울리지 못하는 유아가 관찰되어, 유아들에게 누구와 짝이 되고 싶은지 물어서 학급 내 유아들의 사회관계를 조사해 보았다. 조사 결과를 분석해 보니, 우리 반에서 7번 유아는 (A.   )로 8번 유아는 (B.   )(으)로 나타났다. 이를 통해 겉으로 드러나지 않았던 우리반 유아들의 사회적 역학관계를 알 수 있었다.

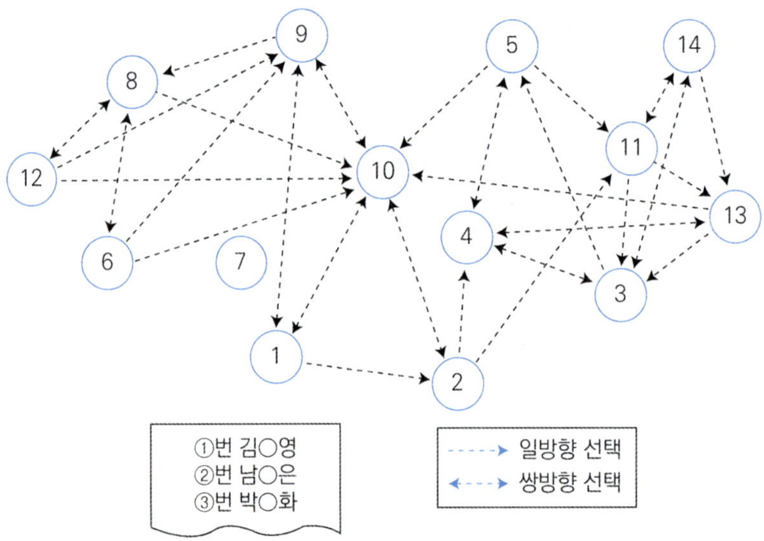

출처: 2023년 임용 기출 일부 수정.

1) 김교사가 유아들의 사회적 관계 평가를 위하여 활용한 조사 방법은 무엇인가?
2) A와 B에 들어갈 알맞은 말은 무엇인가?

토론주제

AI 기술을 통한 초등학생의 정의적 영역 평가방법에는 어떠한 것들이 있을까?

☞ AI 기술을 활용한 초등학생의 정의적 영역 평가방법은 학생들의 감정, 태도, 사회적 상호작용 등을 정확하게 분석하고 평가할 수 있는 방법을 제공한다. 정의적 영역은 학습자가 경험하는 감정, 태도, 가치관, 사회적 기술 등 비인지적인 요소를 포함하며 학생들의 전반적인 발달과 학업 성취에 중요한 영향을 미친다. 그러나 정의적 영역을 평가하는 것은 주관적인 요소가 많아 기존 평가방법에서는 한계가 있을 수 있다. 이에 따라 AI 기술은 이러한 평가의 객관성과 효율성을 높이는 데 중요한 역할을 할 수 있다.

AI는 학생들의 얼굴표정, 음성톤, 몸짓 등을 분석하여 실시간으로 감정을 파악할 수 있다. 이를 통해 학생이 수업 중에 느끼는 감정적 반응을 정확하게 측정하고, 그 변화를 추적할 수 있다. 예를 들어서 학생이 특정 활동이나 과제를 수행할 때 느끼는 스트레스나 흥미를 AI가 실시간으로 감지하여 교사에게 제공할 수 있다. 교사는 AI가 분석한 데이터를 바탕으로 학생의 정의적 특성에 맞는 학습 지원을 제공할 수 있게 된다.

학생들은 자기평가나 동료평가를 통해 자신의 감정적, 사회적 반응을 돌아볼 수 있다. AI는 평가 데이터를 자동으로 분석하여 학생의 사회적 기술, 협력 능력, 감정 조절 능력 등을 종합적으로 파악할 수 있다. 이를 통해 교사는 학생의 정의적 발달을 지속적으로 모니터링하고 적절한 피드백을 제공할 수 있다.

AI를 활용하여 학생들의 수업 참여도와 태도를 실시간으로 분석할 수도 있다. 학생들이 수업 중에 얼마나 활발히 질문하는지, 다른 학생들과 상호작용하는지, 집중도 등을 분석하여 정의적 영역을 평가할 수 있다. 그러나 이러한 평가가 학생들의 개인정보와 감정 상태를 다루는 만큼, 개인정보 보호와 윤리적 문제에 대한 충분한 고려가 필요할 것이다.

참고문헌

Anderson, J. R. (1981). *Cognitive skills and their acquisition*. Lawrence Erlbaum Associates.

Anderson, L. W., & Bourke, S. F. (2000). *Assessing Affective Characteristics in the Schools*. Lawrence Erlbaum Associates.

Holland, J. L. (1997). *Making vocational choices: A theory of vocational personalities and work environments* (3rd ed.). Psychological Assessment Resources.

OECD (2017). *The Future of Education and Skills: Education 2030*. Progress.

Report of the OECD Learning Framework 2030. (제6차 비공식 작업반 회의자료: EDU/EDPC(2017)25)

Warren, H. C. (1934). *Dictionary of psychology*. Houghton Mifflin.

Wirt, R. D., Lachar, D., Klinedinst, J. K., & Seat, P. D. (1984). *Multidimensional Description of Child Personality: A Manual for the Personality Inventory for Children (PIC)*. Western Psychological Services.

Yerkes, R. M., & Dodson, J. D. (1908). The relation of strength of stimulus to rapidity of habit-formation. *Journal of Comparative Neurology and Psychology, 18*, 459-482. https://doi.org/10.1002/cne.920180503

Chapter

6

평가도구의 제작

1. 평가도구 제작의 전제
2. 검사 제작 절차
3. 문항 유형
4. 좋은 문항의 요건

교육평가는 교육목표 달성 여부를 확인하고, 학습자의 성취도와 교육프로그램의 질을 평가함으로써 교육과정을 조정하거나 향상시키는 중요한 역할을 하는데, 이를 위해 평가도구가 필요하다. 평가도구는 학습자와 교육목표 간의 관계를 체계적으로 측정할 수 있어야 하며, 제작자의 역량과 체계적인 제작 절차에 의해 제작되어야 한다. 따라서 평가도구의 문항은 교육목표, 교육내용, 학습자 특성 등을 반영하여 설계되어야 하며, 이를 통해 평가 결과의 신뢰성과 타당성을 확보할 수 있다.

평가도구는 학습자의 성취도, 능력, 학습 과정을 분석하고 지원하기 위한 다양한 형태로 제공된다. 대표적으로 지필검사, 수행평가, 관찰평가, 자기평가 등이 있으며, 각각의 도구는 특정한 평가 목적에 따라 적합하게 활용되어야 한다. 지필검사는 선택형과 서답형 문항을 통해 객관적이고 효율적인 학습자 평가를 가능하게 하며, 대규모 평가에 적합하다. 반면 수행평가는 논술형, 실험 · 실습형, 포트폴리오 등 다양한 방식을 통해 창의적 문제해결 능력과 실제 과제 수행 능력을 측정한다. 관찰평가와 자기평가는 학습자의 태도와 행동을 평가하거나 자기 성찰 과정을 통해 학습의 질적 성장을 돕는다.

이처럼 평가도구는 평가 목적과 학습자의 특성에 따라 적절하게 선택되고 활용되어야 한다. 이제 평가도구 제작의 구체적인 절차와 설계 방법에 대해 살펴보자.

1. 평가도구 제작의 전제

1) 평가도구 제작자의 역량

평가도구를 제작하는 사람은 평가도구의 품질과 공정성을 보장하기 위해 다양한 자격과 역량을 갖추어야 한다(Nitko & Brookhart, 2011; Cizek & O'Day, 1994). 이를 정리하면 다음과 같다.

첫째, 교육학적 지식을 소유해야 한다. 평가도구 제작자는 기본적으로 교육평가의 기본 개념과 목적, 방법론에 대한 충분한 이해가 필요하며, 평가의 신뢰성, 타당성, 공정성 등의 원칙을 숙지하고 있어야 한다. 또한 교수·학습 이론에 대한 이해가 필요한데, 학습자들이 어떻게 지식을 습득하고 적용하는지에 대한 이해가 선행되어야 학습 목표에 맞는 평가 문항을 제작할 수 있다.

둘째, 교육내용에 대한 전문 지식이 있어야 한다. 평가도구 제작자는 평가하는 교과목이나 영역에 대한 이해와 충분한 전문 지식을 갖추어야 한다. 이는 문항을 제작할 때 문항의 내용타당도를 보장하는 데 필수적이다. 아울러 최신 학문적 동향을 파악하고 있어야 평가 주제와 관련된 최신 이론이나 실무 지식을 지속적으로 보완할 수 있다. 또한 학습자들에게 실제적이고 현실을 반영한 평가 문항을 제공하기 위해 최신의 교과목 정보를 파악하는 태도도 필요하다.

셋째, 학습자의 특성을 명확하게 알고 있어야 한다. 예를 들어, 학습발달 수준과 어휘 수준을 파악해야 학습자의 수준에 적절한 문항을 제작할 수 있다. 학습자가 이해하기에 어려운 단어나 문장 수준으로 질문을 할 경우 학습자가 질문의 답을 알아도 오답으로 응답할 수 있어 자칫 평가도구의 신뢰도를 저하시킬 위험이 있다.

넷째, 문항 개발 능력을 갖추어야 한다. 즉, 평가 문항을 작성하는 기술이 필요한데, 평가도구 개발자는 평가 목적에 적합한 문항의 형식을 선택할 수 있어야 한다. 또한 객관식, 서술형, 실습형 문항 등 다양한 형식의 문항을 제작하는 요령과 세부 절차를 숙지하여 문항을 작성할 수 있는 능력이 필요하다.

다섯째, 평가도구를 작성하기에 앞서 개발자는 평가에 대한 공정성과 윤리의식을 함양해야 한다. 우선 평가도구 제작자는 특정 인종, 성별, 사회경제적 배경 등에 대한 편견 없이 문항을 구성함으로써 평가의 공정성을 유지할 수 있어야 한다. 또한 평가 결과는 학습자의 미래에 상당한 영향을 미칠 수 있으므로 평가도구 제작자는 평가의 객관성과 신뢰성을 보장하기 위한 윤리적 책임감을 가져야 한다.

여섯째, 평가도구 제작자는 평가 후 학습자에게 제공할 수 있는 효과적인 피드백을 고려하여 문항을 개발해야 한다. 학습자는 평가를 통해 자신의 학습이나 활동 등에 대한 강점과 약점을 명확하게 파악할 수 있는 정보를 얻을 수 있다. 또한 평가도구 개발자는 제작한 문항의 적절성을 분석하고, 문항별로 학습자의 성취도를 평가하는 능력이 필요한데, 이를 통해 문항이 평가 목적에 맞게 활용되었는지 확인하고 개선할 수 있다(Gronlund & Waugh, 2009).

일곱째, 교육정책 및 평가와 관련된 법률과 규정에 대한 지식과 이해 능력이 필요하다. 평가도구에 활용된 문항은 교육기관이나 국가단위의 교육 기조에 부합해야 하며, 평가 과정에서의 법적 문제를 피하기 위한 필수적인 지식이 있어야 한다.

여덟째, 단순한 지식의 측정에서 벗어나 문제해결 능력을 평가할 수 있는 다양하고 창의적인 문항을 설계할 수 있어야 한다. 학습자의 고차원적 사고 능력을 평가하기 위해서는 평가도구 제작자의 평가문항에 대한 창의적인 접근이 선행되어야 한다.

이러한 평가도구 제작자의 자격과 역량은 평가도구의 공정성과 신뢰성 확보에 필수적인 사항이며, 궁극적으로 학습자의 성취수준을 정확하게 평가하는 데 기여한다.

2) 평가도구 제작 시 고려사항

평가도구 제작자는 앞서 설명한 역량을 소유하여야 하며, 다음을 고려하여 평가도구를 제작해야 한다(Miller, Linn & Gronlund, 2013).

첫째, 교육목표와 교육내용을 정확하게 인지하고, 평가도구를 통해 어떠한 교육내용을 측정할 것인지 확실히 알아야 한다. 즉, 평가도구가 측정하고 하는 목표와 얼마나 일치하는지를 고려해야 한다.

둘째, 평가도구는 학습자의 다면적이고 고차원적인 능력을 평가할 수 있어야 하므로, 다양한 문항 유형에 따른 특징, 장·단점, 복잡성 등을 고려할 수 있어야 한다.

셋째, 평가도구는 현실적인 제약 속에서 사용할 수 있어야 하므로 평가에 필요한 시간, 비용, 자원 등을 고려해야 한다. 너무 복잡하거나 실행이 어려운 평가도구는 피하는 것이 좋으며, 평가 목적에 적절한 난이도와 편의성을 제공해야 한다.

넷째, 평가의 과정도 학습의 한 영역으로 보고 평가도구 제작 시 학습동기를 유발시키는 반면, 피험자에게 미칠 부정적인 영향은 최소화할 수 있도록 해야 한다.

다섯째, 평가도구는 모든 학습자에게 동등한 기회를 제공할 수 있어야 하므로 특정 학습자에게 유리하거나 불리하게 작용하지 않도록 신중하게 설계되어야 한다.

2. 검사 제작 절차

검사의 종류에 따라서 검사 제작 절차는 다소 상이할 수 있으나 대부분 검사 제작 계획에 의해 문항이 제작된다. 일반적으로 검사 제작을 위한 계획은 검사의 영역과 내용, 검사의 목적, 문항 유형, 문항 수, 문항의 난이도 수준, 검사소요 시간, 지시사항 및 시행 절차, 채점 방법 등의 내용을 포함한다. 검사 제작 계획에 따라 제작된 문항으로 검사가 실시되면 문항을 분석하여 양호하지 못한 문항은 수정되거나 삭제된다. 검사 제작을 위한 일반적인 절차는 다음과 같다(송미영, 김경희, 2007).

> ① 평가 목적 설정 → ② 평가목표 및 기준 설정 → ③ 문항 유형 및 형식 결정 → ④ 검사문항 작성 → ⑤ 검사 시행 및 분석 → ⑥ 평가도구의 실제 적용 → ⑦ 검사결과 분석 및 피드백 제공 → ⑧ 검사 사용설명서 작성

1) 평가목적 설정

평가의 목표를 명확하게 정의하여 무엇을 평가할 것인지 설정한다. 학습자의 성취도, 이해도, 문제해결 능력, 정의적 특성 등 구체적인 평가 목적을 설정한다.

2) 평가목표 및 기준 설정

평가를 통해 측정하고자 하는 학습목표를 구체적으로 설정하고, 평가 기준을 명확하게 정한다. 이 단계에서는 교육과정과 학습목표가 일치하는 평가 기준을 수립하는 것이 중요하다. 또한 절대평가, 상대평가, 성장참조평가, 능력참조평가 중 어떤 기준을 참조로 활용하는 검사인지 규명해야 한다.

3) 문항 유형 및 형식 결정

검사에 사용할 문항의 유형과 형식을 결정해야 한다. 이를 위해 이원분류표를 작성하며, 문항의 유형, 문항 수, 문항 난이도 수준, 검사 소요시간, 지시사항, 시행절차, 채점방법 등을 결정한다.

검사문항을 체계적으로 구성하기 위해서 이원분류표(table of specification)를 작성하는데, 이는 문항제작자들이 참고하는 표로서 내용소(학습내용)와 행동소(인지적 수준)를 두 축으로 한다. 이원분류표의 예시는 〈표 6-1〉과 같다. 학습내용과 인지적 수준을 교차하여 문항을 배치하는데, 학습자의 능력을 균형 있게 평가할 수 있도록 문항을 설계하는데 유용하다.

표 6-1 과학 교과의 이원분류표 예시

내용소 \ 행동소	지식	이해	적용	분석	종합	평가	전체
원소의 생성	2	2		2	3		9
다양한 물질	3		1	1	2	1	8
지권의 변화	2	4	2	3		2	13
전체	7	6	3	6	5	3	30

내용소에는 평가하고자 하는 교육내용이나 주제를 나열하는데, 교육과정이나 교과서에서 중요한 개념, 지식, 기술 등을 세분화하여 학습자가 무엇을 학습했는지를 평가하는 데에 중점을 둔다. 행동소는 특정 내용에 대한 학습자의 인지 수준을 의미한다. 대표적인 인지 수준에 대한 분류는 블룸(Bloom)의 교육목표 분류학(taxonomy of education objectives)에 기초한 지식, 이해, 적용, 분석, 종합, 평가로 구성된 총 6개의 인지적 수준이 있다(Bloom et al., 1956). 학습자의 사고 과정이 단순한 기억에서부터 복잡한 문제해결에 이르기까지 단계적으로 발전한다는 개념을 기반으로 각 문항의 내용이 어떤 인지적 수준에서 평가될지를 결정한다.

앤더슨(Anderson)과 크래스월(Krathwohl)은 블룸의 인지적 수준을 현대적인 교육환경을 비교적 최근에 맞게 재정비하였다. 특히, 학습목표를 동사 중심으로 표현하고, 상위사고능력이 기준 분류의 '종합'을 대체하며 상위단계로 배치된 것이 특징이다. 신교육목표분류학에서 제시한 인지적 수준에 해당하는 측정 지시어는 '4장 학습자 인지적 영역 평가'의 내용을 참조하기 바란다.

4) 검사문항 작성

설정된 평가 목표와 기준에 맞춰 구체적인 문항을 작성한다. 이때 문항은 명확하고 작성 지침을 준수하여 제작해야 하는데 대체로 이원분류표를 참고하여 최종 문항 수의 2~3배의 문항 초안을 작성한다. 문항 작성 시에는 검사 문항의 타당성과 신뢰성을 갖추도록 노력해야 하며, 검사의 목적에 맞게 적절한 난이도의 문항을 포함하는 것도 중요하다.

검사문항을 작성할 때 문항카드(item card)를 활용하면 문항의 목적, 교과 및 측정 내용, 측정할 인지적 수준, 문항 형식, 난이도 등을 명확하게 정의하고 문항을 체계적으로 관리하는 데 도움을 준다. 또한 문항카드는 문항의 제작부터 개선까지의 과정을 추적하고 관리할 수 있는 유용한 자료로도 활용할 수 있다. 그러나 최근에는 검사문항 작성과 관리를 위해 문항카드를 직접 사용하기보다는 컴퓨터로 문항을 작성하고 보관하는 것이 보편화된 추세이다.

표 6-2 문항카드

<table>
<tr><td>문항 번호</td><td colspan="3"></td></tr>
<tr><td>교과목</td><td></td><td>교과단원</td><td></td></tr>
<tr><td>단원 내용</td><td colspan="3"></td></tr>
<tr><td>측정 내용</td><td></td><td>인지적 수준</td><td></td></tr>
<tr><td>제작자</td><td></td><td>제작 일시</td><td></td></tr>
<tr><td colspan="4">문제 및 답지</td></tr>
<tr><td>예상 난이도</td><td></td><td>정답률</td><td></td></tr>
<tr><td colspan="4">특이사항</td></tr>
</table>

출처: 성태제(2021), p. 196 수정.

5) 검사 시행 및 분석

문항의 초안은 내용 전문가, 평가 전문가, 현장 교사 등의 검토를 통해 내용타당도를 확보하기 위한 노력이 필요하다. 또한 소규모 집단을 대상으로 제작한 검사를 시행하여야 하고, 검사 시행 후 얻은 응답자료를 바탕으로 평가도구의 타당성과 신뢰성을 검토한다. 이때 문항난이도, 문항변별도, 문항추측도를 검증하고, 시간 배분, 공정성 등을 확인하고 필요한 경우 문항을 삭제하거나 수정·보완할 수 있다. 검사 제작에서 이러한 과정을 예비검사(pilot test)라고 하며, 문항 제작자가 만족할 만한 수준까지 시행과 분석을 반복할 수 있다.

일반적으로 학교에서 교사가 제작한 검사는 한 번의 시행을 거치기 때문에 평가도구 제작의 첫 번째에서 다섯 번째 단계까지의 과정을 거친다. 그러나 피험자의 상대적 서열이나 규준이 필요한 표준화검사는 다음 단계의 절차가 추가로 필요하다.

6) 평가도구의 실제 적용

수정된 평가도구를 실제 평가에 사용한다. 이 단계를 본검사라고 하며, 평가 환경을 고려하여 평가도구를 적절하게 배포하고 시행해야 하고, 일반적으로 300명 이상의 피험자에게 검사를 실시한다.

7) 검사결과 분석 및 피드백 제공

검사가 완료된 후, 검사결과를 분석하여 학습자에게 피드백을 제공한다. 또한 검사도구의 효과성을 분석하고, 향후 개선할 점을 도출하여 다음 검사도구 개발에 반영한다. 규준이 필요한 표준화검사의 경우 피험자의 상대적 위치를 알 수 있는 있는 규준을 산출하여 피험자에게 검사결과 및 피드백을 제공한다.

8) 검사 사용설명서 작성

검사 사용설명서(test manual)를 작성한다. 검사 사용설명서는 검사를 제작하고 시행할 때, 검사도구에 대한 전반적인 정보를 제공하는 문서이다. 검사 사용설명서는 검사의 목적, 구성, 시행 방법, 채점 방법, 검사의 신뢰도와 타당도 정보 등을 포함하고 있다. 이를 통해 검사 관리자와 피험자가 검사도구를 올바르게 이해하고 활용할 수 있도록 돕는다. 검사 사용설명서는 주로 심리검사, 학력평가, 자격시험 등에서 사용되며, 검사도구의 신뢰성과 타당성을 보장하는 데 중요한 역할을 한다.

3. 문항 유형

1) 지필검사의 문항 유형

문항의 유형은 평가 목적, 평가대상, 학습 목표, 측정하고자 하는 인지적 수준 등에 따라 다양하게 선택하여 평가도구 제작에 활용할 수 있다. 선택형 문항(selection type item)은 여러 답지 중에서 정답을 고르는 형식으로, 신속하고 채점 기준이 명확하고 일관된 답변을 도출할 수 있어 효율적이다. 서답형 문항(supply type item)은 피험자가 자신의 생각을 직접 기술하거나 문제를 해결하는 방식의 문항으로 학습자의 다양한 능력을 평가할 수 있으나 채점이 다소 주관적일 수 있으며, 많은 시간이 소요된다. 선택형 문항을 객관식 문항으로, 서답형 문항은 주관식 문항으로 부르기도 하지만 학문적 용어는 아니다.

그론런드(Gronlund, 1988)는 선택형 문항과 서답형 문항을 다음과 같이 분류한다.

표 6-3 선택형 문항과 서답형 문항 분류

구분 \ 내용	유형	문항 형태 설명
선택형 문항	진위형	제시된 진술문이 옳은지 그른지를 응답하는 문항 형태
	선다형	두 개 이상의 답지 중에서 가장 알맞은 답지를 선택하는 문항 형태
	연결형	문제군과 답지군을 배열하여 문제군의 질문에 대한 정답을 답지군들 중에서 선택하는 문항 형태
서답형 문항	단답형	질문에 간단한 단어, 구나 절, 수, 기호 등으로 응답하는 문항 형태
	제한된 논술형	특정한 제한 하에 여러 개의 문장으로 서술하는 문항 형태
	확장된 논술형	질문에 제한 없이 여러 개의 문장으로 서술하는 문항 형태

위에 제시한 문항 유형 외에도 새로운 형태의 문항은 지속적으로 개발되고 있는데, 최근에는 컴퓨터화 검사의 경우 매체가 다양하고 답안 작성이 보다 자유로워 지필검사에 비해 다양한 문항 유형의 활용이 가능하다.

컴퓨터화 검사의 문항 유형은 '12장 디지털 활용 평가'를 참고하기 바란다.

2) 수행평가 문항의 유형

수행형 문항은 학습자가 실습하거나 과제를 수행하는 과정을 통해 평가하는 방식으로 주로 실무 능력, 창의적 과제 수행, 협동 작업 등을 통해 평가한다. 교육부와 교육과정평가원은 '학습결과에 대한 평가' 방식에서 '학습을 위한 평가 · 학습으로서의 평가' 방식으로 과정중심평가에 적합한 수행평가를 제안하였다. 구체적인 문항의 유형은 논술, 구술, 실기, 토론, 실험 · 실습, 프로젝트, 포트폴리오, 관찰법, 자기평가, 동료평가 등으로 분류할 수 있다(손원숙 외, 2015).

실습형 문항은 실험, 실습, 제작 등의 활동을 통해 실무 능력을 평가할 수 있는데, 주로 기술적인 숙련도나 예체능, 과학 분야에서 실질적인 능력을 평가하는 데 사용된다. 이론과 실제의 통합적 능력을 평가할 수 있다는 장점이 있지만 평가 과정이 복잡하고, 준비 및 시행에 시간이 다소 소요될 수 있다.

프로젝트형 문항은 학습자가 일정기간 동안 특정 주제나 과제를 수행하여 결과물을 제출하는 형태이다. 장기간에 걸친 학습과정과 결과를 평가하며, 창의적 문제해결과 협업 능력 등을 평가할 수 있다. 실생활과 연관된 과제를 통해 종합적인 평가가 가능한 반면, 과제에 따라 평가 기준이 모호하거나 평가에 시간이 많이 걸리는 편이다.

포트폴리오는 학습자가 일정 기간 동안 수행한 여러 가지 작업이나 결과물을 모아 제출하는 형태로 장기적인 학습 성과와 발전 과정을 평가하는 데 적합하다. 포트폴리오는 학습자의 다양한 능력을 종합적으로 평가할 수 있지만 준비 시간이 길고 채점이 주관적일 수 있다. 보다 구체적인 내용은 '10장 과정중심평가'를 참조하기 바란다.

3) 지필검사 문항의 유형별 제작

검사의 타당성과 신뢰성을 확보하기 위해서는 무엇보다 양질의 문항이 필수적이며, 이를 위해 문항을 제작할 때 지켜야 하는 지침을 준수하는 것이 중요하다. 따라서 앞서 설명한 그룬런드(Gronlund)의 지필검사 문항의 유형에 근거하여 각 문항 유형별 특징과 제작원리, 장·단점 등을 살펴보자(김선 외, 2021).

(1) 진위형 문항(True-false type item)

진위형 문항은 주어진 진술이 참인지 거짓인지를 판단하는 형태의 문항으로, 학습자의 사실적 지식과 개념 이해를 빠르고 간단하게 평가하는 데 사용된다. 진위형 문항은 문항 구조가 매우 단순하며, 응답자에게는 두 가지 선택지(참/거짓)만 주어짐에 따라 문항이 짧고 간결하여 응답과 채점이 빠르게 이루어진다. 주로 사실적 지식이나 기본 개념을 평가하는 데 적합하며, 학습자가 특정 정보를 기억하고 있는지 여부를 신속하게 확인할 수 있다.

진위형 문항의 제작 원리는 다음과 같다.

① 진술은 명확하고, 불필요하게 복잡하거나 모호한 단어를 포함하지 않아야 한다. 명료하지 않은 진술은 피험자를 혼란스럽게 할 수 있으므로, 진술의 의미가 여러 가지로 해석될 여지가 없도록 해야 한다.

② 참과 거짓의 비율을 적절히 균형 잡아 배치해야 한다. 특정 유형의 답변이 일관되게 많아지면, 학습자가 추측에 의존할 가능성이 높아진다.

③ 한 문항에는 하나의 사실만 다뤄야 한다. 진위형 문항에서 하나의 사실에 대한 진술은 학습자가 혼란 없이 문항의 진위 여부를 명확히 판단할 수 있도록 돕는다. 두 개 이상의 내용을 포함하면 학습자가 혼란스러워하거나 부분적으로 맞는 정보를 바탕으로 판단할 수 있어 능력 추정이 정확하지 않다.

④ 답의 단서가 되는 부사나 절대적 표현을 피해야 한다. '항상', '절대로', '모두', '전혀', '오직' 등과 같은 표현은 거의 모든 경우에 거짓으로 여겨지기 때문에 문항 작성 시 피하는 것이 좋다. 반면, '대부분', '종종', '종류에 따라' 등과 같은 보다 유연한 표현을 사용하면 문항의 타당성을 높이고, 학습자가 단순한 추측이 아닌 정확한 지식을 바탕으로 답변하는 데 용이하다.

⑤ 일반화되지 않은 주장이나 이론의 옳고 그름을 질문하지 않아야 한다. 아직 충분히 검증되지 않았거나 논쟁 중인 학문적 혹은 과학적 합의가 이루어지지 않은 상태에서는 학습자가 명확하게 참과 거짓을 판단하기 어렵다.

⑥ 부정문의 사용은 삼가야 하며, 이중 부정은 더욱 삼가야 한다. 부정문이 포함된 문항은 학습자가 내용을 쉽게 혼동하거나 오해할 수 있기 때문에 문항의 명확성을 떨어뜨리고 평가의 신뢰성을 해칠 수 있다. 부정문은 본래 의도와 다르게 문항을 해석하게 만들 가능성이 있고, 문항의 의미를 파악하는 데 더 많은 시간을 들이게 되어 평가 결과가 학습자의 실제 능력이나 이해도를 반영하지 못할 수도 있다.

⑦ 교과서에 있는 문장을 똑같이 질문으로 사용하지 않는다. 교사의 설명과 교과서 문장을 그대로 사용할 경우, 학습자는 수업 중 들은 내용을 단순히 기억하거나 암기한 것으로 답을 맞힐 수 있게 되어 깊이 있는 이해나 비판적 사고 능력을

평가하기 어렵다. 따라서 수업에서 활용한 교과서나 내용을 그대로 문항에 사용하기보다는 재구성하거나 응용된 상황으로 바꾸어 문항을 작성하는 것이 바람직하다.

진위형 문항의 장점은 다음과 같다.

첫째, 작성과 채점이 용이하다. 진위형 문항은 작성이 비교적 쉽고 빠르다. 복잡한 서술형 문항에 비해 문항의 구조가 단순하므로 다양한 주제에 대해 신속하게 문항을 작성할 수 있다. 또한 답변이 '참' 또는 '거짓'으로 명확하게 나뉘기 때문에 채점이 매우 간단하고 신속하다. 특히 대규모 시험에서 시간이 절약되며 컴퓨터를 이용한 자동채점 시스템에도 적합하다.

둘째, 짧은 시간 안에 많은 정보 평가가 가능하다. 학습자는 진위형 문항에 빠르게 응답할 수 있으므로, 짧은 시간 내에 많은 문항을 풀 수 있어 시험 시간이 제한적일 때 매우 유용하다. 또한 한 번의 시험에서 많은 진위형 문항을 포함할 수 있어 학습자가 다양한 주제나 개념에 대한 폭넓은 이해를 평가할 수 있다. 단기간에 다양한 범위를 다루는 시험에서 특히 용이하다.

셋째, 객관적 채점이 가능하다. 진위형 문항의 채점 과정에서 주관적 요소가 개입될 가능성이 거의 없다. 이는 검사의 공정성과 일관성을 유지하는 데 도움이 된다.

넷째, 기본적인 사실 지식을 평가하는 데 적합하다. 진위형 문항은 주로 학습자가 기본적인 사실이나 개념을 정확하게 인지하고 있는지 평가하는 데 적합하다. 단순한 사실 확인이나 개념 정의를 빠르고 정확하게 측정할 수 있다.

이와 같은 장점에도 불구하고 진위형 문항의 다음과 같은 단점을 지니고 있다.

첫째, 진위형 문항은 고차원적인 사고력 평가에는 한계가 있다. 진위형 문항은 주로 단순한 지식이나 기본적인 개념 이해를 평가하는 데 적합하지만, 분석, 평가, 창의적 사고 등 고차원적인 사고 능력을 평가하는 데에는 한계가 있다.

둘째, 추측에 의한 정답 가능성이 50% 확률로 나타난다. 진위형 문항은 선택지가 두 개(참/거짓)밖에 없기 때문에, 학습자가 정답을 모르더라도 단순히 추측하여 맞출 확률이 50%에 달한다.

셋째, 편향된 문항 작성 가능성이 있다. 문항 제작자가 특정 주제나 입장에 대해 편향된 시각을 가지고 진위형 문항을 구성할 경우, 학습자는 특정한 방식으로 생각하도록 유도될 수 있다. 특히, 정치적 · 사회적 이슈를 다룰 때는 공정성 유지가 어려울 수 있다.

(2) 선다형 문항(Multiple choice form item)

선다형 문항은 지필검사에서 가장 널리 사용되는 문항 유형 중 하나로, 학습자에게 하나의 질문을 제시한 후 여러 개의 답지를 제공하고, 그 중 하나 또는 여러 개의 정답을 고르게 하는 방식의 문항이다. 선다형 문항은 객관적인 평가가 가능하며, 다양한 내용과 인지적 수준을 평가할 수 있다는 특징이 있다. 답지는 3~5개 정도로 제작하는데, 일반적으로 사지선다형이나 오지선다형으로 제작한다.

선다형 문항은 단일 정답형(single choice question), 다중 정답형(multiple response question), 부정 문항(negative question), 상황 제시형 문항(scenario based question) 등이 있다. 단일 정답형은 답지 중에서 하나의 정답만을 선택하도록 구성된 전통적인 선다형 문항이다. 다중 정답형은 두 개 이상의 정답을 요구하는 유형으로 학습자가 두 개 이상의 정답을 선택해야 하며, 이때 몇 개의 정답을 선택해야 하는지 명시해야 한다. 부정형 문항은 문제에 부정적 진술이 포함된 형태로 정답은 틀린 진술을 선택해야 한다. 상황 제시형 문항은 특정 상황이나 문제를 제시하고, 그에 대한 해결책을 선택하도록 하는 형태의 문항이다. 주로 응용, 분석, 평가와 같은 고차원적 사고를 측정하는 데 사용된다.

선다형 문항의 제작 원리는 다음과 같다(신진아, 시기자, 성태제, 2021).

① 문항의 질문은 명확하고 간결하게 작성한다. 문항의 질문이 복잡하거나 불필요한 배경 정보로 가득하면 학습자는 질문의 핵심을 파악하는 데 어려움을 겪을 수 있다. 따라서 문항은 핵심적인 정보만 제공하고, 학습자가 질문의 의도를 바로 파악할 수 있도록 간결한 문장으로 작성하는 것이 중요하다.

② 다양한 사고 수준을 평가할 수 있도록 작성한다. 선다형 문항은 주로 기억과 이해 수준에서 사용되기 쉽지만, 고차원적 사고를 요구하는 문항도 충분히 작성할

수 있다. 학습자가 단순히 암기한 지식을 선택하는 것이 아니라, 문제를 분석하고 응용하는 능력을 평가하기 위해 상황 제시형, 사례 기반 문항을 사용할 수 있다.

③ 정답과 오답지는 논리적이고 일관성 있게 구성한다. 선다형 문항에서 학습자가 정답과 오답을 구분하는 데 불필요한 힌트를 주지 않도록, 정답과 오답이 논리적으로 연관되어 있으며 문법적, 내용적 일관성을 유지해야 한다. 정답이 지나치게 두드러지거나, 오답지가 지나치게 틀려 보이면 학습자가 추측을 통해 정답을 맞힐 가능성이 높아져 평가의 변별력이 떨어진다.

④ 모호한 표현과 부정문은 피한다. 모호한 표현이 사용된 문항은 질문의 의도가 불명확해 학습자가 여러 가지 해석을 할 수 있는 여지를 준다. 또한 학습자가 정답을 맞히기 위해 사고를 하는 대신, 문제 자체에 대해 불필요한 해석을 해야 하는 상황을 만든다. 또한 부정문이 포함된 문항은 특히 복잡한 사고를 요할 수 있으며, 학습자가 문항의 부정 구조를 제대로 이해하지 못하고 잘못된 응답을 선택하게 만들 수 있다. 따라서 부정문을 사용해야 할 경우 진하게 표시하거나 밑줄을 그어 피험자의 주의를 환기하는 것이 바람직하다.

⑤ 문항의 질문내용 중 정답을 암시하는 내용이 포함되지 않도록 한다. 문항 자체에 정답을 유추할 수 있는 단서가 포함되지 않도록 주의해야 한다. 문항의 질문과 답지 사이에서 정답을 암시하는 단어, 표현, 혹은 문법적 일관성의 문제로 인해 학습자가 그 단서를 보고 정답을 추측할 수 있게 되면, 문항의 변별력이 떨어지고 평가의 공정성이 저해된다.

⑥ 정답의 위치와 패턴을 불규칙적으로 배치한다. 선다형 문항에서 정답의 위치가 지나치게 규칙적이면 학습자는 질문의 내용을 충분히 이해하지 않고도 단순히 패턴을 따라 정답에 응답할 수 있다. 정답이 항상 특정 선택지에 반복적으로 위치하면, 학습자는 문제를 풀지 않고도 패턴을 인식하여 정답에 응답할 수 있다. 따라서 정답의 위치는 무작위로 배치하여, 학습자가 문제를 풀 때 답의 위치를 예측하지 못하도록 해야 한다.

⑦ 답지는 3~5개로 유지하는 것이 이상적이다. 3~5개의 선택지는 학습자가 너무 많은 정보를 처리하지 않으면서, 동시에 충분한 선택지 중에서 정답을 논리적으로 추론할 수 있는 적절한 범위이다. 선택지가 너무 적지도, 너무 많지도 않기 때문에 학습자가 논리적 사고와 지식을 바탕으로 정답을 선택할 수 있다.

⑧ 답지는 상호 독립적인 내용으로 구성한다. 하나의 선택지가 다른 선택지와 겹치거나 포함되지 않도록 구성해야 한다는 것이다. 각 선택지가 서로 독립적이지 않고, 중복되거나 포함되는 경우 학습자는 특정 선택지가 다른 선택지보다 더 일반적이거나 포괄적인지를 보고 정답을 쉽게 유추할 수 있다.

⑨ 각 답지에 똑같은 단어들이 반복되는 것을 피한다. 각 답지에 동일한 단어가 반복되면 학습자는 그 단어가 강조된 정보라고 인식하거나 답에 대한 힌트로 오해할 수 있다. 예를 들어, 문항의 모든 선택지에 특정 용어가 반복될 경우, 학습자는 그 단어가 답의 중요한 요소라고 생각하여 그 단어가 포함된 답지를 더 쉽게 선택할 수 있다. 또한 같은 단어가 계속 반복되면 문항이 불필요하게 길어지고 복잡해져 학습자가 본래의 질문에서 벗어나 혼란을 겪게 된다.

⑩ 답지의 길이는 가능하면 비슷하게 하고, 상이할 때는 짧은 길이부터 배열한다. 답지가 비슷한 길이로 구성되지 않으면, 학습자는 길이가 긴 선택지가 정답이라고 추측할 수 있는데, 이는 긴 답지가 더 구체적이거나 설명이 자세한 경우에 자주 발생하는 현상이다. 만약 답지의 길이를 모두 완전히 동일하게 맞추는 것이 어렵다면 답지의 길이를 짧은 것에서 긴 것으로 배열하는 것이 일반적인 원칙이다.

⑪ 답지들이 수나 연도로 기재될 때는 작은 수에서 큰 수로 배열하고, 답지들이 간단한 단어로 표기될 때는 가나다순 혹은 알파벳순으로 나열한다.

선다형 문항의 장점은 다음과 같다.

첫째, 선다형 문항은 정답이 명확하게 정해져 있어 채점 자동화가 가능하고 평가가 객관적이다. 교사의 주관적인 판단이 개입되지 않으므로 공정성이 높고, 신속하고 효율적인 채점이 가능하다.

둘째, 학습 범위와 내용을 폭넓게 평가할 수 있다. 선다형 문항은 짧은 시간 안에 다양한 개념과 내용을 포함할 수 있기 때문에, 학습 범위를 넓게 다룰 수 있다. 이를 통해 학습자의 다양한 지식수준을 평가할 수 있다.

셋째, 추측에 의한 정답 가능성을 최소화할 수 있다. 답지의 수를 4~5개로 제공하면, 학습자가 단순히 추측으로 정답을 맞힐 확률을 줄일 수 있다.

넷째, 시간과 인력을 절약할 수 있다. 대규모 시험에서 선다형 문항은 채점과 평가가 신속하게 이루어지기 때문에 시간과 인력을 절약할 수 있다. 특히 컴퓨터를 통한 자동 채점이 가능해 평가의 효율성이 높다.

이와 같은 장점에도 불구하고 선다형 문항의 다음과 같은 단점을 지니고 있다.

첫째, 선다형 문항은 기억력과 기본적인 이해를 평가하는 데 적합하지만, 비판적 사고력이나 창의성, 문제해결 능력을 평가하는 데는 한계가 있다. 학습자의 논리적 추론이나 깊은 이해를 요구하는 개방형 문제와는 다르게, 단편적 지식을 측정하는 경향이 있다.

둘째, 정답을 추측할 가능성이 여전히 존재한다. 아무리 오답지가 신중하게 설계되더라도, 학습자는 정답을 추측할 수 있는 가능성이 남아 있다.

셋째, 문항 제작이 상대적으로 어렵다. 선다형 문항을 효과적으로 제작하려면, 정답과 오답지를 균형 있게 구성해야 하므로 문항을 설계하는 데 많은 시간과 노력이 필요하다. 특히 질 높은 오답지를 설계하는 것이 어려워, 변별력 있는 문항을 만드는 데 한계가 생길 수 있다.

넷째, 선다형 문항은 정답을 선택하는 방식이기 때문에 학습자의 사고 과정이나 문제해결 방식을 파악하기 어렵다. 학습자가 왜 특정 선택지를 골랐는지에 대한 구체적인 피드백을 제공하는 데 한계가 있다.

다섯째, 시험 준비에 대한 지나친 전략적 접근으로 일부 학습자는 지식보다는 시험 전략에 집중할 수 있다. 이러한 방식은 깊은 학습을 방해할 수 있으며, 학습자의 실제 이해도를 왜곡할 가능성이 있다.

(3) 연결형 문항(Matching item)

연결형 문항은 문제군과 답지군을 배열하여 연결하는 방식으로 구성된 문항이다. 학습자는 두 리스트의 항목을 서로 연결해야 하므로 연결형 문항을 통해 여러 가지 정보를 비교하고 분석하는 능력을 평가할 수 있다. 린과 그룬런드(Linn & Gronlund, 2008)는 〈표 6-4〉의 내용과 같이 문제군과 답지군을 참고하여 연결형 문항을 제작할 수 있다고 제안하였다.

표 6-4 연결형 문항의 구성

문제군	답지군
업적	사람 이름
역사적 사건	연도
용어	정의
규칙	예
기호/부호	개념
작품	저자
기계	사용 목적
동/식물	분류
위계 부분	기능

연결형 문항의 제작 원리는 다음과 같다.

① 문제군과 답지군의 수는 비대칭으로 설정하며, 답지군의 수는 항상 질문군보다 많게 설정해야 한다. 질문과 답의 개수를 동일하게 맞추지 않고 비대칭으로 설정하면, 학습자가 단순히 추측으로 맞추는 것을 방지할 수 있다. 또한 연결형 문항에서 답의 수는 질문보다 많아야 한다. 이렇게 구성하면 학습자가 추측을 통해 정답을 맞힐 가능성을 줄일 수 있으며, 답지의 수가 더 많으면 학습자는 각 질문에 대해 보다 신중하게 답을 선택해야 하므로 변별력이 향상된다. 일반적으로 답지군의 수는 문제군의 수보다 1.3~1.5배 정도가 적절하다.

② 질문과 답은 동일한 범주 내에서 구성해야 한다. 예를 들어, 역사적 사건과 연도,

개념과 정의, 화학 요소와 그 특성 등 일관성 있는 주제를 바탕으로 문항을 구성해야 한다. 질문과 답의 연결 관계가 논리적으로 명확해야 학습자는 이를 바탕으로 정확한 연결을 지을 수 있다.

③ 답은 중복 선택되지 않도록 한다. 각 질문에는 유일한 답이 존재해야 하며, 답이 중복되거나 여러 질문에 동일하게 적용되지 않도록 해야 한다.

④ 질문과 답의 길이는 가능한 간결하게 작성해야 한다. 문항이 너무 길거나 복잡하면 학습자가 의미를 파악하는 데 시간이 오래 걸리며, 혼란을 줄 수 있다.

⑤ 문제군과 답지군 간의 난이도 균형을 맞추어야 한다. 질문과 답의 보기 간 난이도를 균형 있게 구성해야 한다. 너무 쉬운 질문은 문항의 변별력을 떨어뜨리고, 너무 어려운 실문은 학습자에게 불필요한 부담을 줄 수 있다.

⑥ 문항의 수를 적절히 유지해야 한다. 연결형 문항은 문제군과 답지군의 수가 과도하지 않도록 구성해야 한다. 학습자가 각 질문과 답을 논리적으로 연결하는 데 시간이 걸리므로, 적정한 문항 수를 유지하여 학습자가 집중력을 유지할 수 있도록 해야 한다. 일반적으로 문제군의 수는 10개 이하로 구성한다.

⑦ 시각적으로 명확하게 제시해야 한다. 문제군과 답지군의 목록은 시각적으로 분명하게 구분되어야 한다. 번호 또는 기호를 사용하여 각각의 질문과 답을 명확하게 나열하고, 학습자가 혼동 없이 연결할 수 있도록 해야 한다. 또한 문제군과 답지군의 문제와 답지는 문자순이나 연대순으로 배열하는 것이 바람직하다.

⑧ 문제군과 답지군은 같은 쪽에 인쇄되도록 한다. 학습자는 시각적으로 한 번에 모든 항목을 볼 수 있기 때문에 답을 찾고 연결하기가 더 수월하다. 두 목록이 서로 다른 페이지에 있으면 학습자는 페이지를 넘기거나 시선을 번갈아가며 문항을 풀어야 하므로, 집중력이 분산되고 피로감을 느낄 수 있다.

연결형 문항의 장·단점은 다음과 같다.

첫째, 학습자가 여러 개념을 동시에 비교하고 연결할 수 있도록 설계되므로, 다양한 정보를 종합적으로 평가할 수 있는 장점이 있다. 이는 개별적인 정보뿐만 아니라 정보

간의 관계를 평가하는 데 효과적이다.

둘째, 연결형 문항은 비교적 짧은 질문과 답을 통해 많은 양의 학습 내용을 평가할 수 있기 때문에, 시험지의 공간과 시험 시간의 효율성을 높이는 데 기여한다.

셋째, 정답이 명확하게 정해져 있어 채점이 주관적일 여지가 없다. 자동화된 채점 시스템을 적용하기에도 용이하므로, 신속하고 공정한 채점이 가능하다.

단점으로는 첫째, 연결형 문항은 주로 정보 간의 단순한 연결을 요구하므로, 비판적 사고나 창의적인 문제해결 능력을 평가하는 데 한계가 있다. 따라서 학습자의 고차원적인 사고를 유도하기에는 적합하지 않을 수 있다.

둘째, 효과적인 연결형 문항을 구성하기 위해서는 질문과 답이 명확하게 연결되어야 하므로 문항 설계의 어려움이 있을 수 있다. 답이 중복되거나 여러 답이 가능할 경우 학습자에게 혼란을 줄 수 있으므로 정확하고 신중한 설계가 요구된다.

셋째, 답지의 수가 적거나 문제군과 답지군이 동일한 수로 구성될 경우, 학습자는 내용을 정확히 알지 못해도 추측으로 정답을 맞힐 가능성이 있다.

넷째, 문제군과 답지군이 적절히 균형을 이루지 못하거나, 답지의 내용이 지나치게 유사할 경우 학습자는 혼란을 느낄 수 있다.

(4) 단답형 문항(Short-answer form item)

단답형 문항은 짧은 질문에 대해 간단하게 답을 작성하는 문항의 형태로, 학습자는 정해진 답을 직접 작성해야 하며, 주로 단어, 숫자, 구, 또는 짧은 문장 형태의 답을 기입한다. 단답형 문항은 간단한 지식이나 사실, 개념을 평가하는 데 자주 사용된다.

단답형 문항 작성을 위한 제작원리는 다음과 같다.

① 학습자가 쉽게 이해할 수 있도록 질문은 간결하고 명확하게 작성해야 한다. 모호한 표현이나 복잡한 질문은 학습자에게 혼란을 줄 수 있으므로 질문은 하나의 정보나 개념에만 집중하도록 구성해야 한다.

② 하나의 명확한 정답을 요구해야 한다. 정답이 다의적이거나 여러 해석이 가능한 문항은 피해야 하며, 정답이 명확하게 규명될 수 있어야 한다.

③ 단답형 문항은 기본적인 정보나 사실을 묻는 데 적합하다. 학습자의 기억력과 이해도를 평가하는 데 효과적이므로, 지나치게 복잡한 개념이나 논리적 추론을 요구하는 질문보다는 사실적 지식을 요구하는 질문을 구성하는 것이 적절하다.

④ 답으로 작성할 내용은 학습자가 충분히 알고 있을 만한 필수적인 정보여야 한다. 불필요한 세부 사항이나 너무 세밀한 지식을 요구하는 질문은 학습자를 불필요하게 어렵게 만들 수 있으므로 피해야 한다.

⑤ 학습자가 어떤 형태로 답을 작성해야 하는지 미리 알려주는 것이 중요하다. 예를 들어, 숫자, 단어, 간단한 구 등 답의 형식을 미리 명확하게 알려주어야 학습자의 혼란을 피할 수 있다. 정답이 단위를 갖는 숫자의 경우 단위를 표기해 주고, 계산 문제의 경우 답의 정확성 정도나 계산 절차의 수준을 미리 명시한다.

단답형 문항의 장점은 학습자가 직접 답을 기술해야 하므로 객관식 문항과 달리 답을 추측할 가능성이 낮다. 또한 학습자의 기억력과 기본적인 지식 습득 여부를 평가하는 데 적합하며, 역사, 과학, 수학, 언어 등 다양한 분야의 기본적인 개념, 사실, 정의 등을 묻는 질문에 활용할 수 있다. 그리고 단답형 문항은 정답이 명확하게 정해져 있기 때문에 채점 기준이 일관되고 객관적이다. 답이 하나로 정해져 있어 주관적인 해석의 여지가 적고, 자동 채점이 가능하다. 또한 단답형 문항은 학습자가 짧고 간결한 답을 요구하기 때문에 시간 효율성이 높다.

반면, 단답형 문항은 비판적 사고나 문제해결 능력, 창의적 사고를 평가하는 데는 한계가 있는데, 주로 학습자의 기억력에 의존하므로 깊이 있는 사고를 요구하는 것은 아니다. 또한 학습자가 정답에 거의 도달하였더라도 정확하게 답하지 않으면 오답으로 처리될 수 있어, 학습자의 이해도를 세밀하게 평가하기 어려운 경우가 발생한다. 문항을 제작하는 데 있어 질문이 너무 모호하거나 다의적인 경우에는 학습자가 혼란을 느끼고 오답을 작성할 수 있다. 또한 단답형 문항은 짧고 간결한 답을 요구하기 때문에 지나치게 단순한 문항은 문항의 변별력이 낮다.

(5) 논술형 문항(Essay item)

논술형 문항은 학습자가 주어진 주제에 대해 자신의 생각이나 지식을 논리적으로 서술하는 문항 형태이다. 단순한 기억력 평가를 넘어, 학습자의 사고력, 논리적 구성 능력, 비판적 분석 등을 평가할 수 있다. 또한 논술형 문항은 학습자의 표현력, 문장력, 어휘력을 평가할 수 있으며, 정해진 하나의 정답이 존재하지 않아 다양한 답이 있을 수 있다.

논술형 문항 중에서 제한된 논술형 문항(restricted response essay item)은 학습자가 특정한 제한 하에 답변을 작성해야 하는 문항으로 학습자의 사고 범위를 좁히고, 지정된 요소나 기준, 글자 수 등에 따라 서술하도록 요구하는 문항이다. 일반적인 확장된 논술형 문항보다는 구조화된 답변을 유도함으로써 객관적인 채점이 비교적 가능하다는 특징이 있다.

확장된 논술형 문항(extended response essay item) 학습자가 주어진 주제나 문제에 대해 자유롭게 자신의 생각을 서술하면서, 깊이 있는 분석과 논리적 전개를 요구하는 문항 유형이다. 확장된 논술형 문항은 학습자의 비판적 사고력과 창의성을 평가하는 데 효과적이며, 학습자의 종합적 사고 능력, 문제해결 능력, 논리적 전개 능력을 평가할 수 있다. 또한 학습자가 주제를 깊이 다루기 위해 충분한 서술 시간과 답변 공간을 지원하고, 완성도 높은 답변을 작성하도록 돕는다.

표 6-5 제한된 논술형 문항과 확장된 논술형 문항의 비교

항목	제한된 논술형 문항	확장된 논술형 문항
답변의 자유도	서술 범위나 형식이 제한됨	학습자가 자유롭게 답변 서술 가능
채점 기준	특정 조건과 기준에 따라 구조적으로 평가	답변의 창의성, 논리성에 따라 다양하게 평가
고차원적 사고	제한된 범위 내에서 논리적 사고 평가	비판적 사고와 창의력 평가 가능
정답의 유연성	정해진 범위 내에서 정답 존재	다양한 정답 가능

논술형 문항의 제작 원리는 다음과 같다.

① 논술형 문항은 학습자의 특정 능력을 평가하는 데 있으므로 평가 목적에 맞는 문항 설정이 필요하다. 예를 들어, 비판적 사고력을 평가하려면 분석적이거나 비

교적인 질문을 설정하고, 창의성을 평가하려면 독창적인 해결 방안을 제시할 수 있는 문항을 작성해야 한다. 따라서 문항 작성 시 학습자가 어떤 지식과 기술을 보여주기 원하는지, 학습자가 이 질문을 통해 무엇을 분석하고 어떻게 평가할 것인지에 대한 고려가 필요하다.

② 학습자가 정확히 어떤 답을 요구하는지를 명확히 인식할 수 있도록 명확하고 구체적인 질문 구성을 해야 한다. 질문이 너무 모호하거나 범위가 지나치게 넓으면 학습자가 답변을 구성하는 데 혼란을 느낄 수 있으므로 학습자가 논리적으로 사고하고 답변을 구성할 수 있는 틀을 제공하는 것이 좋다. 예를 들어, "X 주제에 대한 당신의 견해를 논하라"보다는 "X 주제의 장 · 단점을 분석하고, 이를 종합하여 당신의 의견을 제시하라"라는 식으로 구체적으로 요구 사항을 명시하는 것이 바람직하다.

③ 적절한 범위와 분량을 제시한다. 너무 방대한 주제를 다루면 학습자는 답변을 구성하기 어려워하며, 지나치게 제한된 범위는 깊이 있는 분석을 방해할 수 있다. 또한 학습자가 어느 정도의 분량으로 답변을 작성해야 하는지 제시하는 것이 바람직하다. 예를 들어, 300~500자 내외로 제한함으로써 학습자가 과도하게 길거나 짧지 않은 답변을 구성하도록 유도할 수 있다.

④ 학습자가 논리적으로 사고하고 주장을 체계적으로 제시할 수 있도록 문항을 설계해야 한다. 예를 들면, 서론에서는 주제를 소개하고 핵심 내용을 미리 제시하도록 유도하고, 본론에서는 근거를 들어 자신의 주장을 설명하거나 자료나 사례를 활용해 분석을 뒷받침하도록 유도한다. 결론에서는 자신의 논의를 요약하고, 최종적으로 견해나 해결책을 제시하도록 요구한다.

⑤ 학습자의 다양한 사고방식을 허용할 수 있어야 한다. 지나치게 구체적인 답만 요구하는 문항보다는, 학습자가 창의적이고 비판적인 사고를 통해 자신의 입장을 논리적으로 구성할 수 있도록 유도하는 것이 중요하다.

⑥ 명확한 평가 기준을 미리 설정하는 것이 필수적이다. 평가 기준과 문항점수를 학습자에게도 미리 제공해야 하며, 이는 학습자가 자신의 답변을 어떻게 구성해

야 하는지에 대한 가이드 라인이 될 수 있다.

⑦ 학습자가 사용할 시간과 필요한 분량을 고려하여 문항을 제작해야 한다. 시험 시간이 제한적일 경우, 학습자에게 주제를 충분히 숙고할 시간을 주고, 적정한 분량의 답변을 요구해야 한다. 시간과 분량의 균형을 맞추는 것은 매우 중요하다.

⑧ 논술형 문항에 자료나 힌트를 제공하는 것이 유용할 수 있다. 예를 들어, 주어진 문항과 관련된 자료나 인용문, 그래프 등을 제공함으로써 학습자가 자료를 분석하고 자신의 논거로 사용할 수 있도록 한다.

논술형 문항의 장점은 다음과 같다.

첫째, 학습자의 비판적 사고, 창의적 문제해결 능력, 논리적 사고를 평가하는 데 매우 유용하다. 학습자는 단순한 지식 암기보다 더 깊이 있는 분석적 사고와 논리적 전개를 통해 답변을 구성해야 하므로, 고차원적인 사고력이나 지식 통합 능력 등을 평가할 수 있다.

둘째, 표현력 및 문장 구성 능력을 함께 평가할 수 있다. 학습자는 자신의 주장을 명확하고 논리적으로 표현해야 하므로, 논술형 문항은 학습자의 표현력, 문장 구성 능력, 어휘력을 평가할 수 있는 도구로 효과적이다.

셋째, 학습자에게 다양한 답변과 관점을 허용한다. 학습자가 창의적인 해결책을 제시하거나 독창적인 견해를 표현할 수 있으며, 이로 인해 다양한 사고방식을 평가할 수 있는 기회를 제공한다.

넷째, 문제해결 능력을 평가할 수 있다. 논술형 문항은 학습자가 주어진 문제를 분석하고, 논리적인 해결책을 도출하도록 유도한다. 이를 통해 학습자의 문제해결 능력을 평가할 수 있으며, 특히 복잡한 문제나 현실적인 문제해결 과정을 평가하는 데 적합하다.

반면, 논술형 문항의 단점은 첫째, 정해진 답이 없고 다양한 답변이 가능하기 때문에 채점에서 주관성이 개입될 가능성이 크다. 채점자의 관점이나 해석에 따라 점수가 달라질 수 있어 일관성 있는 평가가 어려울 수 있기 때문이다.

둘째, 논술형 문항은 정밀한 채점이 요구되기 때문에, 채점 시간이 많이 소요된다. 이는 대규모 평가에서는 효율성이 떨어질 수 있으며, 채점자들이 각 답안을 세심하게 평가해야 하므로 많은 노력이 필요하다.

셋째, 시간과 분량의 제약이 있다. 논술형 문항은 학습자가 자신의 사고를 충분히 표현하기 위해 상당한 시간이 필요하다. 그러나 제한된 시간 내에 충분한 답변을 작성하지 못할 경우, 학습자가 자신의 사고를 온전히 표현하지 못할 수 있다.

넷째, 논술형 문항은 주로 학습자의 고차원적 사고와 논리적 전개를 평가하는 데 유용하지만, 객관적인 사실 지식을 평가하기에는 경우에 따라 적합하지 않을 수 있다. 이로 인해 단순한 사실 확인이나 기초 지식 평가에 부적합할 수 있다.

다섯째, 문항 제작이 어려울 수 있다. 논술형 문항은 질문을 명확하고 구체적으로 설계해야 하며, 학습자가 논리적으로 답변을 구성할 수 있도록 유도해야 한다.

4. 좋은 문항의 요건

좋은 문항은 학습자의 능력을 정확하게 평가할 수 있도록 구성되어야 하며, 이를 위해서는 몇 가지 중요한 요건을 충족해야 한다(Nitko & Brookhart, 2011; Miller, Linn & Gronlund, 2013).

첫째, 좋은 문항은 명확성을 갖추어야 한다. 문항은 간결하고 명확하게 작성되어야 하며, 질문의 의미를 학습자가 쉽게 이해할 수 있어야 한다. 모호한 표현을 피하고, 중요한 정보만을 포함시켜 학습자가 핵심에 집중할 수 있도록 해야 한다. 문항이 모호하거나 불명확할 경우, 학습자가 질문의 의도를 정확히 파악하지 못할 수 있다.

둘째, 문항은 학습 목표에 부합해야 하며, 평가하고자 하는 내용을 정확하게 반영해야 한다. 문항이 학습자의 지식, 이해, 적용 능력을 평가할 수 있도록 학습 내용과 밀접하게 연관되어 있어야 한다. 만약 문항이 평가하고자 하는 학습 목표와 일치하지 않으면, 학습자의 실제 능력을 측정하지 못하게 된다.

셋째, 문항은 학습자의 능력수준을 변별할 수 있어야 한다. 즉, 우수한 학습자와 성취도가 낮은 학습자를 구분할 수 있도록, 적절한 난이도와 충분한 도전 과제를 제공해야 한다. 문항의 난이도가 너무 낮거나 높아 학습자의 성취도를 변별하지 못한다면, 우수한 학습자와 성취도가 낮은 학습자를 구분하기 어렵다.

넷째, 문항은 일관성 있게 학습자의 성취도를 평가할 수 있어야 하며, 채점 기준이 명확하게 설정되어야 한다. 즉, 객관적인 채점 기준을 통해 동일한 답에 대해 모든 평가자가 동일한 점수를 부여할 수 있어야 한다. 채점 기준이 불명확하거나, 문항이 일관성 있게 측정되지 않으면 평가의 신뢰성에 문제가 생긴다.

다섯째, 문항은 포괄적으로 구성되어 학습자의 다양한 능력을 평가할 수 있도록 복합성(complexity)을 지녀야 한다. 학습자가 단순히 암기한 내용뿐만 아니라, 이해, 적용, 분석 등의 다양한 능력을 발휘할 수 있도록 문항을 구성해야 한다. 문항이 지나치게 좁은 범위나 특정한 부분만을 평가하면, 학습자의 전체적인 능력을 평가하는 데 한계가 있다.

여섯째, 문항은 모든 학습자에게 공정해야 하며, 특정 집단이나 개인에게 유리하거나 불리하지 않도록 문화적, 사회적 편향을 피해야 한다. 즉, 문항 내용은 모든 학습자가 동등한 기회를 가질 수 있도록 구성해야 한다. 특정 학습자에게 유리하거나 불리한 문화적 배경, 성별, 인종 등의 요소가 포함된 문항은 학습자 간의 불공정한 평가로 이어질 수 있다.

일곱째, 문항은 정답을 암시하지 않도록 신중하게 설계되어야 한다. 이를 위해 선택지 간의 형식이나 내용에서 불필요한 단서를 제공하지 않도록 주의해야 한다. 만약 문항이 정답을 암시하는 단서를 포함하고 있으면, 학습자가 추측으로 정답에 반응할 가능성이 높아진다.

여덟째, 문항은 윤리적·도덕적 문제가 없어야 한다. 문항은 정치적, 종교적, 사회적 갈등을 일으킬 수 있는 민감한 주제나 부적절한 예시를 사용하지 않아야 한다. 특히, 전쟁, 폭력, 차별, 고통 등 부정적 상황이나 사건을 묘사하는 문항은 학습자에게 정서적 불안을 줄 수 있다.

관련 학습 사례

유아교육

A 교사는 유치원에서 만 5세반 담임을 맡고 있다. 현재 2020 누리과정 "유아중심 놀이중심"에서 주제와 학습목표를 선정하여 수업을 진행하고 있다. 그래서 수업 후 간단하게 유아들의 학습 정도를 확인하기 위해 5개 내외의 문항을 개발하고자 준비 중이다. 2020 누리과정 "유아중심 놀이중심"의 내용 범주를 고려하고, 문항제작 방법을 숙지한 뒤 만 5세 유아를 대상으로 하는 문항을 개발해 보자.

토론주제

중학교 역사 과목을 담당하는 김 교사는 중간고사를 앞두고 평가 문항을 제작하면서 깊은 고민에 빠졌다. 선택형 문항으로 평가 문항을 제작한다면 객관적이고 신속한 평가는 가능하지만 학생들의 사고나 창의력을 발휘하기에는 어려울 수 있다. 또한 이로 인해 학생들이 시험을 대비하여 단순 암기에만 치중하게 되는 경향이 나타날 수 있어 선택형 문항의 비중을 조정해야 할지 고민이다. 그렇지만 서답형 문항의 비중을 높이려고 하니 답안의 작성과 채점에 많은 시간이 걸리고 시험을 준비하는 학생들의 부담을 증가시키는 것 같아 선뜻 서답형 문항의 비중을 높이는 것도 우려가 된다.

- 객관성과 효율성을 중시한 선택형 문항과 사고력 평가를 중시한 서답형 문항 중 어느 것이 더 효과적인 평가 방식인가?
- 학생들의 학습 동기와 깊이 있는 학습을 촉진하기 위해 평가 문항의 형태를 어떻게 구성하는 것이 적절한가?
- 서답형 문항의 비중을 높이면서도 효율적이고 공정하게 채점하는 방안에는 무엇이 있을까?
- 과목별 특성에 따라 평가 문항의 형태를 다르게 구성하는 것이 필요한가?

참고문헌

김선, 박정, 손원숙, 정혜경 (2021). **고등학교 학생평가 컨설팅 도움 자료집**. 한국과학창의재단.

성태제 (2021). **현대교육평가**(5판). 학지사.

손원숙, 박정, 강성우, 박찬호, 김경희 (2015). **교실평가의 원리와 실제: 기준참조수업과의 연계**. 교육과학사. McMillan, J. H. (2013). Classroom Assessment: Principles and Practice for Effective Standards-Based Instruction.

송미영, 김경희 (2007). 교사의 학생평가 전문성 진단도구개발. **교육과정평가연구, 10**(1), 47-74.

신진아, 시기자, 성태제 (2021). **검사 제작과 분석**. 학지사.

이재봉, 김준식, 박지선, 성경희, 이광성, 이소라, 정혜윤, 최소영, 김감영, 안유민, 하민수 (2020). **컴퓨터 기반 국가수준 학업성취도 평가(eNAEA) 도입을 위한 출제 방안 연구**. 한국교육과정평가원 연구보고 RRE 2020-5.

Anderson, L. W., & Krathwohl, D. R. (Eds.). (2001). *A taxonomy for learning, teaching, and assessing: A revision of Bloom's taxonomy of educational objectives*. New York: Longman.

Bloom, B. S., Engelhart, M. D., Furst, E. J., Hill, W. H., & Krathwohl, D. R. (1956). *Taxonomy of educational objectives: The classification of educational goals*. Handbook I: Cognitive domain. New York: Longman.

Cizek, G. J., & O'Day, D. M. (1994). Further investigation of nonfunctioning options in multiple-choice test items. *Educational and Psychological Measurement, 54*(4), 861-872.

Gronlund, N. E., & Waugh, C. K. (2009). *Assessment of student achievement*(9th ed.). Boston: Pearson.

Linn, R. L. (2008). *Measurement and assessment in teaching*(10th ed.). Upper Saddle River: Pearson

Miller, M. D., Linn, R. L., & Gronlund, N. E. (2013). *Measurement and assessment in teaching*(11th ed.). Boston: Pearson.

Nitko, A. J., & Brookhart, S. M. (2011). *Educational Assessment of Students*(6th ed.). Boston: Pearson.

Chapter 7

평가도구의 이해

1. 평가도구의 양호도
2. 평가도구의 교육적 해석
3. 표준화검사

평가도구는 교육적 의사결정의 근거를 제공하는 필수적인 수단으로, 평가도구의 질은 평가 결과의 정확성과 공정성을 좌우한다. 평가도구의 질적 수준을 결정짓는 주요 요소로는 타당도, 신뢰도, 객관도, 실용도가 있다. 타당도는 평가도구가 측정하고자 하는 것을 정확히 측정하는 정도를 나타내며, 신뢰도는 동일한 상황에서 일관되게 측정하는 정도를 나타낸다. 객관도는 평가자의 주관적 판단이 개입되지 않도록 평가의 명확성을 보장하며, 실용도는 평가도구가 효율적이고 현실적으로 사용 가능한지를 평가한다. 이와 같은 평가도구의 양호도 기준을 충족하기 위해서는 철저한 이론적 검토와 전문가의 피드백 과정이 필요하다.

양호도를 확보한 평가도구는 학습자의 능력 및 성취도를 다양한 방식으로 측정하여 교육적 피드백을 제공함으로써 학습 과정을 지원한다. 이를 통해 교수자는 학습자의 강점과 약점을 파악하고, 학습목표를 효과적으로 달성할 수 있는 방안을 모색할 수 있다. 또한 평가의 목적에 따라 규준점수와 준거점수를 적절하게 활용함으로써 그에 따른 교육적 해석이 가능하다. 이제 평가도구의 타당도, 신뢰도, 객관도, 실용도의 의미와 산출 과정, 그리고 평가 결과에 대한 교육적 해석과 표준화검사에 대해 보다 자세히 알아보도록 하자.

1. 평가도구의 양호도

평가도구의 양호도는 평가도구가 얼마나 타당하고 신뢰할 만하게 학습자 또는 피험자의 능력을 측정할 수 있는지를 나타내는 척도이다. 양호도는 평가도구의 질적 수준을 결정하는 중요한 기준으로, 일반적으로 타당도, 신뢰도, 객관도, 실용도의 요소를 포함한다.

1) 타당도

타당도(validity)는 평가도구가 측정하고자 하는 것을 얼마나 정확하게 측정하는지를 나타내는 개념이다. 즉, 평가도구가 의도한 바를 실제로 측정하는지를 나타내는 척도로 타당도가 높을수록 평가도구가 본래 목적인 변인이나 개념을 잘 측정한다는 것을 의미한다. 타당도는 평가도구를 통해 제시된 점수가 평가 목적에 얼마나 부합하는가에 대한 문제이며, 타당도의 유무로 해석하기보다는 타당도의 정도로 나타낸다. 따라서 타당도는 '있다', '없다'로 표현하는 것이 아니라 '낮다', '적절하다', '높다' 등으로 표현하는 것이 바람직하다(성태제, 2002).

타당도는 단일한 개념이지만 다양한 종류의 근거에 기초하여 해석하고 있다. 학자와 학회에 따라서 타당도의 분류 기준이 다양하나 여기에서는 AERA, APA & NCME[1] (2014)의 기준에 따라 내용타당도, 준거타당도, 구인타당도, 결과타당도로 분류하여 설명하였다.

(1) 내용타당도

내용타당도(content validity)란 평가도구가 측정하고자 하는 개념의 중요한 측면을 충분히 포함하고 있는지를 평가하는 타당도로, 내용전문가가 논리적 사고에 근거하여 주관적으로 판단한다. 검사도구가 특정 주제나 능력을 측정하고자 할 때, 그 주제에 관련된 모든

1) AERA(American Educational Research Association), APA(American Psychological Association), NCME(National Council on Measurement in Education)로 교육학의 심리, 평가 및 측정 분야를 전문적으로 다루는 미국의 주요 학술단체

중요한 항목이 제대로 반영되어 있는지를 검토하는 것이 핵심이다. 만약 평가도구가 다루고자 하는 내용을 충분히 반영하지 못하면, 피험자의 실제 능력이나 지식을 제대로 평가하기 어려울 수 있다. 따라서 내용타당도는 평가 항목들이 측정하려는 개념을 얼마나 적절하게 포함하는지를 확인하기 위해 전문가나 이론적 배경을 바탕으로 평가한다.

예를 들어, 외향성을 측정하는 성격검사를 제작한다고 가정해 보자. 외향성은 사람들과의 상호작용, 활발함, 리더십, 모험심 등을 포함하는데, 검사 항목들은 이러한 다양한 특성을 고르게 반영하고 있어야 한다. 만약 성격 검사에서 '사람들과 자주 어울리는가?'와 같은 사회성과 관련된 질문만 다루고 다른 외향성 요소와 관련된 질문하지 않는다면, 이 검사는 외향성의 일부만 평가하게 되어 내용타당도가 낮다고 판단할 수 있다. 이와 같이 내용타당도를 평가할 때는 평가도구가 측정하려는 개념이나 주제를 충분히 대표하고 포괄하는지가 중요하며, 평가항목들이 측정하려는 개념과 관련이 있으면서 각 요소를 균형 있게 다루고 있는지 확인해야 한다. 따라서 내용타당도를 평가하는 내용전문가는 평가도구의 항목들이 적절한지, 내용이 충분한지, 주제의 주요 영역이 누락되지 않았는지에 대해 평가하고 피드백을 제공한다. 이와 같은 과정을 통해 평가도구의 내용타당도를 보완할 수 있다.

교과타당도(curriculum validity)는 내용타당도의 하위 개념으로 평가도구가 교육과정에서 다루어진 내용과 목표를 얼마나 잘 반영하고 있는지를 평가하는 타당도이다. 따라서 평가 항목들이 교과서나 수업에서 다룬 주요 개념을 포함하고 있는지 확인한다. 교수타당도(instructional validity)는 학습자가 실제로 배운 내용이 평가도구에 얼마나 잘 반영되었는지를 평가하는 타당도이다. 교수자가 수업에서 가르친 내용이 평가도구에 잘 반영되어 있는지, 즉 시험이나 과제가 수업 내용과 얼마나 일치하는지를 확인한다.

안면타당도(face validity)는 평가도구가 피험자나 평가도구를 사용하는 사람들이 보기에도 평가하고자 하는 것을 적절히 평가하는 것처럼 보이는지를 평가하는 것이다. 안면타당도는 표면적으로 검사도구가 타당해 보이는지에 대한 인상적 판단에 의존하므로, 검사도구의 신뢰성이나 과학적 타당성을 직접적으로 보증하는 것은 아니다. 따라서 다른 타당도와 함께 보조적으로 사용하는 것이 바람직하다.

내용타당도의 추정 방법은 주로 내용전문가의 검토를 통해 이루어진다. 내용전문가란 해당 분야의 전문가나 해당 주제에 대한 깊은 이해가 있는 사람을 의미하는데, 그들은 검사도구가 주제의 모든 주요 요소를 포함하는지, 각 항목이 평가 목표와 얼마나 일치하는지, 빠진 항목이 없는지, 불필요한 항목이 포함되어 있는지를 검토하며, 검사도구의 개선사항을 제시한다. 그 밖에 검사도구가 특정 이론에 기반하여 설계되었는지를 검토하는 이론적 검토 방법이 있다. 또한 내용타당도 지수(CVI; content validity index)는 전문가들이 평가 항목의 타당성을 평가한 결과를 수치화한 것으로 0.8 이상일 때 내용타당도가 높은 것으로 간주한다(Haynes, Richard & Kubany, 1995).

(2) 준거타당도

준거타당도(criterion-related validity)는 검사도구가 실제로 측정하고자 하는 준거(criterion)와 얼마나 일치하는지를 검증하는 타당도의 한 유형이다(AERA, APA & NCME, 2014). 검사도구가 특정 목적이나 결과를 예측하거나 설명할 수 있는 정도를 말하는데, 준거타당도는 외부의 객관적인 준거와 비교하여 평가도구가 유효한지를 판단한다.

대표적인 준거타당도로 예측타당도와 공인타당도가 있다.

예측타당도(predictive validity)는 검사도구가 미래의 행동이나 성과를 얼마나 정확하게 예측할 수 있는지를 검증하는 타당도로, 검사도구의 결과가 미래의 특정 준거와 어느 정도 일치하는지를 평가한다. 예를 들면, 대학 입학시험이 학생들의 대학 학업성취도를 예측할 수 있는 능력을 측정한다고 가정하자. 이때 입학시험 점수가 높은 학생들이 실제로 대학에서 좋은 성적을 받는다면, 대학의 입학시험은 높은 예측타당도를 가진다고 할 수 있다. 이처럼 예측타당도는 미래의 성과나 행동을 예측하는 것이 평가도구에서 중요하게 다뤄진다. 채용시험, 학업능력시험, 적성검사, 인성검사, 의료검사, 심리평가도구 등에서 예측타당도가 높다면, 미래의 결과를 정확히 예측할 수 있으므로 이 도구는 신뢰할 수 있다. 그렇기 때문에 예측타당도가 중요한 검사들은 미래의 행동과 성과에 대한 결정적 정보를 제공하는 도구들이며, 이를 통해 중요한 결정을 내릴 수 있다.

예측타당도의 추정절차는 다음과 같다.

첫째, 예측하고자 하는 결과와 관련된 검사도구를 설계하거나 선택한다.

둘째, 검사도구를 피험자들에게 시행하여 초기자료를 수집한다. 검사 시점은 검사 대상자에게서 예측하고자 하는 성과가 발생하기 이전으로 한다.

셋째, 적절한 기간이 경과한 후 검사도구가 예측하려 했던 준거 자료(미래의 성과나 행동)를 수집한다.

넷째, 검사도구의 점수(초기자료)와 미래성과(준거) 간의 상관계수를 산출한다(Pearson 상관계수 산출식, [식 7.1] 참조). 이 상관계수는 검사도구가 미래성과를 얼마나 정확하게 예측할 수 있는지를 나타낸다.

[식 7.1]

$$r = \frac{\sum(X_i - \overline{X})(Y_i - \overline{Y})}{\sqrt{\sum(X_i - \overline{X})^2 \sum(Y_i - \overline{Y})^2}}$$

X_i: 변수 X의 각 데이터(검사도구의 점수)

Y_i: 변수 Y의 각 데이터(미래성과 또는 준거 점수)

$\overline{X}$: 변수 X의 평균

$\overline{Y}$: 변수 Y의 평균

r: Pearson 상관계수

표 7-1 적성검사 점수와 성과점수와의 예측타당도 추정 예시

피험자	적성검사 점수(X_i)	성과 점수(Y_i)	$X_i - \overline{X}$	$Y_i - \overline{Y}$	$(X_i - \overline{X})(Y_i - \overline{Y})$	$(X_i - \overline{X})^2$	$(Y_i - \overline{Y})^2$
A	3	4	-2.2	-1.4	3.1	4.84	1.96
B	6	6	0.8	0.6	0.5	0.64	0.36
C	8	7	2.8	1.6	4.5	7.84	2.56
D	4	5	-1.2	-0.4	0.5	1.44	0.16
E	5	5	-0.2	-0.4	0.1	0.04	0.16
$\sum$	26	27			8.6	14.8	5.2

$$r = \frac{8.6}{\sqrt{14.8 \times 5.2}} = \frac{8.6}{\sqrt{76.96}} = \frac{8.6}{8.77} \approx .98$$

〈표 7-1〉에 제시한 예시 자료에 의하여 적성검사의 예측근거를 추정한 결과 .98로 매우 높은 타당도를 보였다. 일반적으로 상관계수에 의하여 추정한 타당도의 언어적 표현 기준은 〈표 7-2〉와 같다(성태제, 2022).

표 7-2 상관계수 추정에 의한 타당도의 언어적 표현 기준

상관계수 값(r)	언어적 표현
.00 이상~ .20 미만	타당도가 거의 없다
.20 이상 ~ .40 미만	타당도가 낮다
.40 이상 ~ .60 미만	타당도가 있다
.60 이상 ~ .80 미만	타당도가 높다
.80 이상 ~ 1.00 미만	타당도가 매우 높다

출처: 성태제(2022). 교육평가의 기초(3판). p. 336.

다음으로 준거타당도의 한 유형인 공인타당도(concurrent validity)는 검사도구가 현재 시점에서 이미 검증된 다른 평가도구와 얼마나 일치하는지를 검증하는 타당도이다. 쉽게 말해, 새로운 검사도구와 이미 검증된 도구(기준 도구) 간의 상관관계를 분석하여 그 도구가 측정하고자 하는 구인을 정확히 평가하고 있는지를 확인하는 과정이다. 따라서 새롭게 개발된 검사도구가 기존에 검증이 완료된 검사도구와 비교하여 유사한 결과를 보여줄 때, 그 새로운 도구가 신뢰할 만하다는 근거를 제시할 수 있다. 예를 들어, 기업에서 새롭게 개발한 직무적합성 검사가 기존에 널리 사용되던 인성검사와 비교하여 비슷한 결과를 보이는지 확인할 때 공인타당도를 사용할 수 있다(Anastasi & Urbina, 1997).

공인타당도의 추정 절차는 다음과 같다.

첫째, 새로운 검사도구의 공인타당도를 평가하기 위해 이미 신뢰성과 타당성이 입증된 기준 도구(criterion tool)를 선택한다.

둘째, 새로운 검사도구와 기준 도구를 활용하여 동시에 검사를 시행한다.

셋째, 두 검사도구의 결과 간의 상관계수를 산출한다.

넷째, 상관관계 분석을 바탕으로 새로운 검사도구가 타당한지 판단하며, 공인타당도가 높다면 실무에 활용한다.

공인타당도를 검증하기 위한 상관계수 산출은 [식 7.1]을 동일하게 활용하면 된다.

(3) 구인타당도

구인타당도(construct validity)는 검사도구가 측정하고자 하는 인간의 심리적 특성이나 행동양상과 같은 추상적 개념을 얼마나 잘 측정하고 있는지를 평가하는 타당도이다. 구인(construct)이란 관찰할 수 없는 이론적 개념(예: 지능, 자존감, 외향성)으로, 이를 평가하기 위해 설계된 도구가 그 개념을 실제로 잘 구성하고 있는지를 검증하는 것이 구인타당도의 핵심이다. 구인타당도는 검사도구가 이론적 모델이나 개념과 얼마나 일치하는지를 입증하는 것으로, 심리학, 교육학, 사회과학 등에서 중요하게 활용되며, 구인타당도의 결과는 통계적 분석을 통해 제시한다(Linn & Gronlund, 2000).

예를 들면, 지능을 측정하기 위한 검사도구를 제작한다고 가정하자. 지능은 어휘력, 추리력, 수리력, 공간력, 지각력, 기억력, 언어 유창성으로 구성되어 있다고 조작적 정의를 내리고, 문항을 제작한 후 검사를 실시하여 피험자의 점수를 얻는다. 이때 7개의 구인 점수와 전체 지능 총점과의 관계가 높으면 구인타당도는 높다고 볼 수 있다. 만약 검사결과가 조작적으로 규명한 인간의 특성을 각 구인들이 제대로 측정하고 있지 못하거나 다른 구인들을 측정하고 있다면 해당 검사도구의 구인타당도는 결여되었다고 본다.

구인타당도의 추정 절차는 다음과 같다.

첫째, 측정하고자 하는 심리적 특성을 구성하는 구인(요인)이 무엇인지 이론적, 경험적 근거를 통해 심리적 특성에 대한 조작적 정의를 내린다.

둘째, 구인의 각 하위 요소를 평가할 수 있는 문항을 개발한다. 각 항목은 이론적 근거에 따라 구체적으로 설계되어야 하며, 항목은 구인의 여러 측면이 고르게 반영되어야 한다.

셋째, 검사도구의 전체 구조를 설계한다. 몇 가지 하위 구인으로 구분할 것인지, 각 구인을 평가하는 항목은 몇 문항으로 구성할 것인지 등을 결정한다.

넷째, 개발한 도구를 측정 대상자에게 검사하여 응답자료를 수집한다.

다섯째, 응답자료를 분석하여 검사가 측정하고자 하는 구인을 제대로 측정하였는지 확인한다.

여섯째, 검사도구가 구인의 구조를 충분히 반영하지 못하는 항목을 수정하거나 제거한다. 또한 필요에 따라 더 많은 응답자료를 수집하거나, 추가적인 검증 절차를 수행할 수도 있다.

구인타당도를 확인하기 위한 통계적 방법으로는 상관계수법, 실험설계법, 요인분석법이 있다.

상관계수법(correlation method)은 두 변수 간의 관계를 수치적으로 나타내는 상관계수를 활용하여 구인타당도를 평가하는 방법으로, 심리적 특성을 구성하는 각 구인의 점수와 심리적 특성의 총점과의 상관계수를 산출하여 검증할 수 있다. 만약 심리적 특성과 특정 구인과의 상관계수가 높으면 그 구인은 심리적 특성을 적절히 설명하는 것이고, 상관계수가 낮으면 심리적 특성을 제대로 설명하지 못하는 것이다. 예를 들어, 지능을 언어 지능, 작업 기억, 처리속도, 시공간 지능, 지각 추론, 상식으로 구성되어 있다고 조작적 정의를 내렸다면, 각 구인의 점수와 지능 총점과의 상관계수를 구할 수 있다([식 7.1] 참조). 각 구인별 10개 문항으로 구인을 측정하고 총 60개 문항의 점수를 총점으로 하여 상관계수를 추정한 결과가 〈표 7-3〉이라고 가정하자.

표 7-3 지능을 구성하는 구인과 총점 간의 상관계수

	언어 지능	작업 기억	처리 속도	시공간 지능	지각 추론	상식
작업 기억	.6					
처리 속도	.7	.9				
시공간 지능	.6	.8	.8			
지각 추론	.6	.7	.8	.9		
상식	.3	.2	.2	.1	.3	
총점	.8	.9	.8	.7	.9	.3

〈표 7-3〉의 표를 살펴보면, 지능을 구성하는 6개 구인 중에서 상식을 제외한 구인은 총점과의 상관계수가 모두 .6 이상으로 높은 데 반해 상식은 지능 총점과의 상관계수가 .3으로 상관이 낮다고 할 수 있다. 또 각 구인들 간의 상관계수는 높지만 상식은 다른 다섯 개 구인과의 상관계수가 낮다. 따라서 상식은 지능을 구성하는 구인으로 보기 어렵다고 판단할 수 있다.

실험설계법(experimental design method)은 특정 실험 상황을 설정해, 검사도구가 실제로 이론적으로 예측된 결과를 나타내는지를 검증하는 방법이다. 만약 실험설계법을 사용해 창의성 검사의 구인타당도를 검증한다고 가정한다면, 창의성을 구성하는 구인 중 도전성을 확인할 수 있는 상황과 환경을 조성한다. 실험군과 통제군을 설정한 후 도전성 검사를 적용해 두 집단의 결과를 비교함으로써, 도전성 검사가 실제로 창의성을 측정하는지 검증할 수 있다. 실험군의 도전성 점수가 유의미하게 높다면, 해당 평가도구는 구인타당도를 입증한 것으로 볼 수 있다(Cronbach & Meehl, 1955).

구인타당도를 검증하기 위해 가장 많이 활용되는 방법은 요인분석이다. 요인분석(factor analysis)은 검사도구의 문항들이 어떤 구인(또는 요인)으로 묶이는지 분석하고, 각 문항이 구인의 하위 구성 요소들과 얼마나 잘 연관되어 있는지를 밝히는 과정이다. 요인분석을 통해 각 문항이 해당 구인을 얼마나 잘 측정하고 있는지를 확인할 수 있으며, 이 과정에서 불필요한 항목을 제거하거나 수정하여 평가도구를 개선할 수 있다.

(4) 결과타당도

결과타당도(consequential validity)는 평가도구가 사용된 후에 나타나는 결과와 영향이 얼마나 적절하고 바람직한지를 평가하는 타당도이다. 평가도구를 사용할 때 직접적인 결과와 간접적인 사회적, 교육적 영향을 고려하는 개념으로, 평가도구의 결과가 학습자, 피험자, 또는 사회에 미치는 영향을 분석하는 것을 중심으로 한다. 따라서 결과타당도를 통해 그 평가도구가 미칠 결과를 철저히 검토하게 하여 평가도구의 윤리적 사용과 책임감을 강조할 수 있다(AERA, APA & NCME, 2014).

결과타당도는 평가도구가 사용된 후, 그 결과가 미치는 영향이 긍정적인지 혹은 부정적인지를 분석하는 데 중점을 둔다. 따라서 평가 결과가 교육적으로 바람직한 효과를 유발하는지, 즉 학습 동기 향상, 교육적 성취도 향상 등에 긍정적인 영향을 미치는지 평가한다. 그리고 평가도구가 사회에 미치는 영향, 특히 평등이나 형평성의 측면을 검토할 수 있는데, 특정 인종, 성별, 사회경제적 배경을 가진 집단에 불공정한 영향을 미치지 않도록 하는 것이 중요하다. 마지막으로 평가 결과가 적절하게 해석되고 있으며, 그 결과가 공정하게 사용되고 있는지를 평가할 수 있다. 예를 들어, 대학 입학시험의 결과가 입학 선발 과정에서 어떻게 해석되고 사용되는지 검토할 수 있다.

지금까지 설명한 타당도의 유형과 특징, 장·단점을 〈표 7-4〉와 같이 정리하였다.

표 7-4 타당도 유형의 특징 및 장·단점

타당도 유형		설명	장점	단점
내용 타당도	교과 타당도	평가도구가 교과 과정에서 다루어진 내용과 목표를 얼마나 잘 반영하고 있는지 평가	교육과정과 평가의 일관성을 확인 가능	교과 과정의 범위에 국한되어 평가도구의 포괄성이 부족할 수 있음
	교수 타당도	평가도구가 교수자가 수업에서 다룬 내용을 제대로 반영하고 있는지 평가	교수 내용이 평가에 반영되었는지 검토 가능	교육과정에 따라 차이가 날 수 있고, 교수자의 주관적 판단에 의존할 수 있음
준거 타당도	예측 타당도	검사도구가 미래의 행동이나 성과를 얼마나 정확하게 예측할 수 있는지를 평가	평가도구의 유효성을 장기적으로 검증 가능	시간이 소요되며, 미래 성과를 예측하기 어려운 경우 변수를 통제하기 어려움
	공인 타당도	검사도구가 현재 시점에서 다른 이미 검증된 평가도구와 얼마나 일치하는지를 평가	빠르고 효율적으로 새로운 도구의 타당성을 검증 가능	기준 도구의 신뢰성에 의존하며, 부적절한 기준 도구를 사용할 경우 왜곡된 결과를 초래할 수 있음
구인타당도		평가도구가 이론적으로 정의된 구인(추상적 개념)을 얼마나 잘 측정하는지 평가	이론적 구인을 세밀하게 검증하고, 평가도구의 타당성을 이론적으로 입증 가능	구인 구조를 명확히 정의하고 분석하는 데 많은 시간과 복잡한 절차가 필요함
결과타당도		평가도구가 사용된 후 나타나는 사회적, 교육적, 윤리적 영향을 평가	평가도구가 장기적으로 미치는 긍정적 혹은 부정적 영향을 분석 가능	결과의 긍정적, 부정적 영향을 객관적으로 평가하기 어려우며, 주관적 해석이 개입될 수 있음

2) 신뢰도

신뢰도(reliability)는 평가도구가 일관적으로 안정성 있게 측정할 수 있는지를 평가한다. 우선 신뢰도에서의 일관성이란 동일한 대상에게 평가도구를 반복 적용될 때 일관된 결과를 산출하는 정도이다. 예를 들어, 지능검사가 여러 차례 시행되었을 때 결과가 일관되게 비슷하다면 그 지능검사의 신뢰도가 높다고 할 수 있다. 안정성은 평가도구가 시간에 걸쳐 안정적으로 측정할 수 있는 능력이다. 평가 시점이나 상황이 바뀌더라도 큰 변화 없이 결과가 비슷하게 나타나야 신뢰도가 높다고 할 수 있다. 평가 목적에 부합한 도구가 항상 일관성 있게 측정하는 것은 아니기 때문에 평가도구의 타당도가 입증되었다면 그 다음으로 신뢰도를 확인해야 한다. 평가도구의 신뢰도를 높이기 위한 전략은 〈표 7-5〉와 같이 정리할 수 있다(성태제, 2022).

표 7-5 평가도구의 신뢰도를 향상시키는 전략

전략	설명
문항의 명확성 및 일관성 유지	평가 문항을 명확하고 일관되게 작성하여 혼란을 줄임
적절한 문항 수 구성	충분한 문항 수로 일관된 결과를 얻도록 함
난이도와 변별도 조절	문항의 난이도가 적절하고 문항의 변별도가 높음
평가대상자의 특성 고려	피험자의 특성에 맞는 문항과 방법을 설계
채점 기준의 명확화	채점 기준을 명확히 하여 채점자의 주관 개입을 방지
충분한 표본 크기 확보	신뢰도 검증을 위해 적절한 크기의 표본 확보

신뢰도는 추정방법에 따라 재검사신뢰도, 동형검사신뢰도, 내적일관성신뢰도로 분류한다.

(1) 재검사신뢰도

재검사신뢰도(test-retest reliability)는 평가도구가 시간의 경과에도 불구하고 일관된 결과를 제공할 수 있는지를 평가하는 방법이다. 동일한 평가도구를 같은 대상에게 일정한 시간 간격을 두고 두 번 이상 시행하여, 그 결과 간의 상관관계를 분석함으로써 신뢰도를 추정한다. 예를 들어, 지능검사가 1개월 간격으로 두 번 시행되었을 때 결과가 유사하다면, 그 지능검사의 재검사신뢰도가 높다고 볼 수 있다. 재검사신뢰도 검증을 위해 재검사를 시행하는 권장 기간은 2~4주 간격이 적절하다. 이 기간은 피험자가 첫 번째 평가에 대한 기억 효과를 낮추면서도 피험자의 특성이 변하지 않을 정도의 기간이다.

재검사신뢰도의 추정 절차는 다음과 같다.

첫째, 재검사신뢰도를 검증하려는 평가도구를 선택하고, 구체적으로 측정하고자 하는 구인을 명확하게 정의한다.

둘째, 피험자를 모집하여 첫 번째 평가를 시행하고 점수를 부여한다.

셋째, 적절한 시간 간격을 두고 동일한 피험자에게 첫 번째 평가와 같은 평가도구로 두 번째 평가를 시행하고 점수를 부여한다.

넷째, 첫 번째 평가의 점수와 두 번째 평가의 점수 간의 상관계수를 산출한다([식 7.1] 참조).

다섯째, 상관계수 값을 통해 재검사신뢰도를 해석하는데 .8 이상일 경우 두 평가 결과가 유사하므로 재검사신뢰도가 높다고 판단할 수 있다(〈표 7-6〉 참조).

표 7-6 **수학검사의 재검사신뢰도 산출**

피험자	검사 점수(X_i)	재검사 점수(Y_i)	$X_i-\overline{X}$	$Y_i-\overline{Y}$	$(X_i-\overline{X})(Y_i-\overline{Y})$	$(X_i-\overline{X})^2$	$(Y_i-\overline{Y})^2$
A	5	6	-2	-1	2	4	1
B	8	7	1	0	0	1	0
C	7	8	0	1	0	0	1
D	6	5	-1	-2	2	1	4
E	9	9	2	2	4	4	4
$\sum$	35	35			8	10	10

$$r = \frac{8}{\sqrt{10 \times 10}} = \frac{8}{\sqrt{100}} = \frac{8}{10} = .8$$

(2) 동형검사신뢰도

동형검사신뢰도(parallel-form reliability)는 두 개의 유사한 평가도구를 사용하여 평가도구의 신뢰성을 검증하는 방법이다. 유사한 평가도구를 동형검사(parallel form)라고 하는데 두 개의 서로 다른 평가도구는 문항의 내용, 문항의 변별도와 난이도, 문항 수와 구성 방식은 동일하지만 문항의 형식이나 표현이 약간 다르며, 동일한 구인을 측정하는 형태의 검사를 말한다. 두 개의 동형으로 이루어진 검사를 동일한 피험자 집단에게 모두 실시한 후 두 검사점수의 상관계수로 신뢰도를 추정한다. 동형검사신뢰도는 완전히 같은 평가도구를 사용하는 것이 아니므로 동시에 또는 짧은 시간 가격을 두고 시행할 수 있으며, 피험자의 기억효과를 방지할 수 있다는 점이 특징이다.

동형검사신뢰도의 추정절차는 다음과 같다.

첫째, 두 개의 동형검사를 제작한다. 예를 들어 두 개의 수학 검사(A형, B형)를 설계한다고 가정할 때 두 검사는 문항의 내용, 변별도와 난이도, 문항 수 등이 동일해야 한다.

둘째, 피험자를 모집하여 동일한 피험자에게 A형과 B형 검사를 모두 시행한다.

셋째, 각 피험자의 A형과 B형 점수를 부여한 후 두 검사 간의 상관계수를 산출한다 ([식 7.1] 참조).

넷째, 상관계수 값을 통해 동형검사신뢰도 수준을 해석한다.

(3) 내적일관성신뢰도

내적일관성신뢰도(internal consistency reliability)는 평가도구 내의 여러 문항들이 동일한 개념(구인)을 일관되게 측정하고 있는지를 평가하는 신뢰도 유형이다. 즉, 평가도구 내의 개별 문항들이 서로 얼마나 일치하는지를 평가하는 것으로, 내적 일관성이 높다면 평가도구의 모든 문항이 동일한 구인(예: 지능, 성격, 성취도 등)을 측정하고 있다고 본다. 재검사신뢰도와 동형검사신뢰도는 동일 피험자에게 두 번의 검사를 시행하여 다소 번거로운 측면이 있었다면, 내적일관성신뢰도는 한 번의 검사를 통해 신뢰도를 산출하는 것이 특징이다.

내적일관성신뢰도에는 반분검사신뢰도와 문항내적일관성신뢰도가 있다.

반분검사신뢰도(split-half reliability)는 평가도구의 문항을 두 개의 절반으로 나누어 각각의 절반에서 얻은 점수 간의 일관성을 분석하는 방법이다. 평가도구의 문항을 임의로 절반으로 나눈 후 두 절반의 점수 간 상관관계를 분석하는데, 두 절반의 검사에서 얻은 점수 간의 상관관계가 높을수록 해당 평가도구는 내적 일관성이 높다고 평가할 수 있다. 일반적으로 두 절반의 상관관계를 분석한 후, 스피어만-브라운(Spearman-Brown) 보정 공식을 사용하여 평가도구 전체의 신뢰도를 추정한다.

반분검사신뢰도의 추정절차는 다음과 같다.

첫째, 피험자에게 평가도구를 활용하여 평가를 시행한다.

둘째, 평가도구의 문항을 절반으로 나눈다. 문항을 절반으로 나누는 방식은 여러 가지가 있는데, 짝수 번호의 문항과 홀수 번호의 문항으로 나누는 기우법, 문항 순서의 전과 후로 나누는 기후법, 단순무작위법, 문항 특성(변별도, 난이도 등)으로 나누는 방법 등이 있다.

셋째, 두 절반에서 피험자의 점수를 계산하여 두 점수 간의 상관계수를 산출한다([식 7.1] 참조).

넷째, 스피어만-브라운(Spearman-Browon) 보정 공식을 적용하여 반분검사신뢰도를 산출([식 7.2] 참조)하고 결과를 해석한다.

표 7-7 반분검사신뢰도 산출

피험자	첫 번째 절반 점수(홀수 문항)	두 번째 절반 점수(짝수 문항)
A	5	6
B	8	7
C	7	8
D	6	5
E	9	9

〈표 7-7〉과 같이 두 절반 간의 상관계수를 [식 7.1]을 통해 구하면 r=.9로 계산되었다고 가정하자. 이후 스피어만-브라운 공식 [식 7.2]를 이용해 전체 평가도구의 신뢰도를 추정하면 약 .947의 매우 높은 신뢰도가 산출된다.

[식 7.2]

$$\rho_{XX'} = \frac{2\rho_{YY'}}{1+\rho_{YY'}}$$

$\rho_{XX'}$: 반분검사신뢰도 계수

$\rho_{YY'}$: 반분된 검사점수의 상관계수(r)

다음으로 문항내적일관성신뢰도는 평가도구의 개별 문항들이 동일한 구인을 일관성 있게 측정하는지를 평가하는 방법이다. 즉, 평가도구에 포함된 여러 문항이 모두 같은 특성을 측정하는지, 그리고 그 문항들이 상호 일관성을 가지고 있는지를 평가하는 과정으로 평가도구가 내적으로 일관성 있게 작동하고 있는지 확인하는 데 중요한 지표로 사용된다. 가장 대표적인 문항내적일관성신뢰도 측정 방법은 크론바흐(Cronbach)가 제안한 문항점수의 분산을 고려한 크론바흐 알파(Cronbach's alpha) 지수를 활용하는 것이다.

크론바흐 알파 지수로 문항내적일관성신뢰도를 추정하는 절차는 다음과 같다.

첫째, 평가도구를 구성하는 문항들이 동일한 구인을 측정하도록 설계한다.

둘째, 설계된 평가도구를 응답자에게 시행하고, 각 문항에 대한 응답을 수집한다.

셋째, 각 응답자의 총점과 각 문항 점수의 분산을 활용하여 크론바흐 알파 지수를 산출한다([식 7.3] 참조).

넷째, 크론바흐 알파 지수를 해석하여 문항내적일관성의 수준을 해석한다. 지수가 높을수록 평가도구 문항들의 일관성이 있는 동일한 구인을 측정하고 있다는 것을 의미한다.

[식 7.3]

$$\alpha = \frac{k}{k-1}(1-\frac{\sum\sigma_i^2}{\sigma_t^2})$$

k: 평가도구 내의 문항 수

σ_i^2: 각 문항의 분산

σ_t^2: 전체 평가도구의 총 분산

표 7-8 문항내적일관성신뢰도 산출

피험자	문항 1(X_1)	문항 2(X_2)	문항 3(X_3)	총점(X_T)
A	2	3	2	7
B	1	2	2	5
C	3	3	3	9
D	2	2	1	5
α^2	.5	.25	.5	2.75

$$\alpha = \frac{3}{3-1}(1-\frac{0.5+0.25+0.5}{2.75}) = \frac{3}{2}(1-\frac{1.25}{2.75}) = .818$$

〈표 7-8〉에 제시된 자료에 의하여 문항내적일관성신뢰도를 추정한 결과 .818로 높은 신뢰도를 보였다. 일반적으로 크론바흐 알파 지수에 의한 언어적 표현 기준은 〈표 7-9〉와 같다(Nunnally & Bernstein, 1994).

표 7-9 크론바흐 알파 지수 추정에 의한 신뢰도의 언어적 표현 기준

Cronbach's alpha 지수	언어적 표현
.5 미만	신뢰도 부족
.5 이상 ~ .6 미만	매우 낮은 신뢰도
.6 이상 ~ .7 미만	낮은 신뢰도
.7 이상 ~ .8 미만	적절한 신뢰도
.8 이상 ~ .9 미만	높은 신뢰도
.9 이상	매우 높은 신뢰도

위에서 설명한 평가도구의 신뢰도를 검증하는 신뢰도 유형의 특징 및 장·단점을 〈표 7-10〉과 같이 정리하였다.

표 7-10 신뢰도 유형의 특징 및 장·단점

<table>
<tr><th colspan="2">신뢰도 유형</th><th>설명</th><th>장점</th><th>단점</th></tr>
<tr><td colspan="2">재검사신뢰도</td><td>동일한 평가도구를 같은 대상에게 일정한 시간 간격을 두고 두 번 이상 시행하여 일관성을 측정</td><td>• 평가도구의 시간적 안정성을 측정할 수 있음
• 절차가 간단함</td><td>• 기억 효과나 연습 효과로 인해 결과가 왜곡될 수 있음
• 대상자의 상태 변화가 영향을 미칠 수 있음</td></tr>
<tr><td colspan="2">동형검사신뢰도</td><td>동일한 내용과 난이도를 가진 두 개의 평가도구(동형검사)를 사용하여 결과 간의 일관성을 평가</td><td>• 기억 효과가 줄어들어 보다 정확한 신뢰도 평가 가능
• 평가도구의 구조적 일관성을 평가할 수 있음</td><td>• 동형검사 제작이 어렵고 비용이 많이 듦
• 동형검사의 완전한 동등성을 보장하기 어려움</td></tr>
<tr><td rowspan="2">내석일관성신뢰도</td><td>반분검사 신뢰도</td><td>평가도구의 문항을 절반으로 나누어 두 절반의 점수 간 상관관계를 계산하여 신뢰도를 평가</td><td>• 한 번의 평가로 신뢰도 추정 가능
• 내적 일관성을 평가할 수 있음</td><td>• 문항을 나누는 방식에 따라 결과가 달라질 수 있음
• 다차원적인 평가도구에는 적합하지 않을 수 있음</td></tr>
<tr><td>문항내적 일관성 신뢰도</td><td>평가도구의 모든 문항이 동일한 구인을 일관되게 측정하는지를 평가하며, 가장 대표적인 지표로는 크론바흐 알파 지수를 사용함</td><td>• 단일 측정으로 신뢰도 평가 가능
• 각 문항의 기여도를 분석하여 평가도구를 개선할 수 있음</td><td>• 단일 구인 측정에만 적합함
• 문항 수가 많을수록 신뢰도가 과대평가될 가능성이 있음</td></tr>
</table>

3) 객관도

객관도(objectivity)는 평가도구의 채점 및 결과 해석 과정에서 주관적인 요소가 개입되지 않고, 객관적이고 일관된 기준에 따라 평가가 이루어지는 정도를 나타내는 신뢰도 유형이다. 객관도가 높다는 것은 평가자가 누구든지 간에 동일한 채점 기준을 사용하여 일관된 평가 결과를 도출할 수 있음을 의미한다. 특히 주관식 시험이나 에세이 평가, 면접 등 평가자의 주관적 판단이 개입될 가능성이 있는 평가에서 객관도가 중요하게 작용하는데, 평가자가 누구냐에 상관없이 동일한 평가 기준이 적용되어야 한다는 점에서 중요한 평가지표라고 할 수 있다. 객관도는 채점자 간 객관도와 채점자 내 객관도로 분류할 수 있다.

채점자 간 객관도(inter-rater objectivity)는 여러 명의 평가자가 같은 평가도구로 동일한 평가대상을 채점할 때, 그 결과가 얼마나 일관성 있게 나오는지를 검증하는 것으로, 여러 평가자 사이의 평가 일치도가 높을수록 객관도가 높다고 말한다. 만약 두 명 이상의 교사가 동일한 학생의 에세이를 채점했을 때, 두 교사가 동일하거나 유사한 점수를 부여했다면 채점자 간 객관도가 높다고 할 수 있다. 이때 두 교사가 동일한 피험자에게 부여한 점수들의 상관계수를 산출([식 7.1] 참조)해서 채점자 간 객관도의 수준을 해석할 수 있다. 채점자가 관찰대상의 행위나 수행결과를 유목이나 범주로 채점할 경우는 일치도 통계나 카파(Kappa) 계수를 산출하여 확인할 수 있다.

채점자 내 객관도(intra-rater objectivity)는 동일한 평가자가 같은 평가도구로 여러 번의 평가를 실시했을 때, 평가 결과가 일관성 있게 나오는지를 검증함으로써 같은 평가자가 시간이 지나도 일관된 기준으로 평가를 하는지를 평가하는 것이다.

객관도를 높이기 위해서는 첫째, 명확하고 구체적인 채점 기준을 마련해야 한다. 예를 들면, 에세이 평가에서 서론, 본론, 결론에 대한 구체적인 채점 기준을 마련하고, 각 요소별로 세분화된 점수를 부여하는 방식이 있다. 둘째, 평가자 훈련이 필요하다. 평가자에게 공통된 기준을 미리 숙지하도록 교육하고, 다수의 평가자가 모여 표준화된 채점 기준을 학습하고, 동일한 평가 항목에 대해 연습 평가를 반복 수행한 후 점수를 비교하는 방식으로 훈련한다. 셋째, 중요하고 부담이 큰 평가에서는 두 명 이상의 평가자가 독립적으로 채점하는 이중 채점 방식을 사용한다. 이를 통해 평가자 간의 일치 여부를 확인하고, 의견 차이가 있는 경우에는 합의 과정을 통해 최종 점수를 도출한다. 넷째, 컴퓨터 기반 자동 평가 시스템을 사용하는 경우 객관도를 높일 수 있다. 객관도가 높은 평가도구는 평가의 공정성과 신뢰성을 보장하지만, 지나친 객관화는 창의적이거나 복잡한 사고 평가에 한계를 줄 수 있으므로 주의해야 한다.

4) 실용도

실용도(practicality)는 평가도구가 실제로 얼마나 효율적이고 사용하기 적합한지를 평가하는 기준이다. 평가도구가 목적에 맞게 현실적인 조건에서 적용될 수 있는지, 평가를 시행하는 데 필요한 시간, 비용, 자원이 얼마나 적절한지 등을 고려하여 평가도구의 실질적인 적용 가능성을 평가하는 요소이다. 평가도구가 실용적이라는 것은 현장에서 쉽게 사용될 수 있고, 경제적이며, 적시에 평가를 시행할 수 있다는 것을 의미한다.

실용도의 주요 요소로는 첫째 경제성을 꼽을 수 있다. 평가도구를 사용하는 데 필요한 비용이 얼마나 적절한지를 평가하는 요소로, 만약 학생들의 학업성취도를 평가할 때 비싼 장비나 많은 인력이 필요하지 않다면 경제적 실용도가 높은 평가도구로 볼 수 있다.

둘째, 시간 효율성은 평가를 시행하고 결과를 도출하는 데 소요되는 시간이 적절한지를 검토하는 것이다. 일정한 시간 내에 평가가 완료되고, 결과도 빠르게 얻을 수 있다면 실용성이 높다고 할 수 있다.

셋째, 관리의 용이성으로 평가도구를 관리하는 데 얼마나 많은 자원이 필요한지를 검토한다. 관리가 복잡하거나 많은 인력과 자원이 소모된다면 실용성이 낮다고 보는데, 만약 대규모 시험을 실시할 때 평가도구가 간편하게 관리되고 채점이 쉽게 이루어진다면 실용도가 높다고 할 수 있다.

넷째, 평가도구가 다양한 상황에서 적용될 수 있는지, 특정한 상황이나 대상에만 국한되지 않고 일반적으로 사용될 수 있는지 검토하는 적용 가능성이다. 예를 들면, 온라인과 오프라인에서 모두 사용 가능한 평가도구는 다양한 환경에서 적용할 수 있으므로 실용도가 높다고 볼 수 있다.

다섯째, 평가도구를 사용하기 위해 특정한 기술이나 도구가 필요한지 여부를 고려해야 한다. 특별한 기술 장비가 필요하거나 복잡한 절차가 필요한 도구는 실용성이 낮을 수 있는 반면, 쉽게 사용할 수 있는 기술적 접근성을 갖춘 평가도구는 실용성이 높다.

2. 평가도구의 교육적 해석

평가도구를 활용하여 피험자의 능력이나 특성을 해석하기 위해서는 평가도구에서 나온 수치 즉, 검사점수를 적절하게 해석하는 것이 중요하다. 평가도구의 교육적 해석을 위해 사용하는 점수 보고 방식에는 여러 가지가 있으며, 이를 통해 평가 결과를 학생, 교사, 학부모 등 다양한 이해관계자들에게 효과적으로 전달할 수 있다. 대표적인 점수 보고 방식으로 규준점수와 준거점수가 있다.

규준점수는 학생의 성취도를 집단 내에서 상대적으로 평가하는 점수로, 특정한 학생의 성적이 전체 집단에서 어느 정도에 위치하는지를 나타내는 방식이다. 규준점수는 학생 개개인의 점수가 절대적인 기준에 맞추어 평가되는 것이 아니라, 다른 학생들과의 비교를 통해 상대적인 성취도를 평가하는 점수 체계이다. 따라서 피험자가 무엇을 어느 수준으로 알고 있는지, 교육목표에 근거하여 어느 정도의 수준에 도달했는지 등 교수·학습적 정보는 충분히 제공하지 못한다는 한계가 있다. 준거점수는 피험자의 성취도를 특정 기준이나 목표, 즉 준거에 비추어 평가하는 점수 방식이다. 다른 학생들과의 비교가 아니라, 미리 설정된 학습 목표나 성취 기준에 비해 학생이 어느 정도 성취를 이루었는지를 절대적으로 평가한다.

1) 원점수

원점수(raw score)는 시험이나 평가에서 피험자가 실제로 얻은 점수로, 평가 문항에서 정답의 수나 부분 점수 등을 그대로 합산한 값이다. 원점수는 아무런 통계적 변환이나 조정 없이 그대로 기록된 점수이므로 가장 기본적인 평가 결과로 볼 수 있다. 원점수는 복잡한 통계적 개념이 필요하지 않고, 학생이 시험에서 얼마나 많은 문제를 맞혔는지를 직관적이고 단순하게 보여주므로 이해가 쉽다. 또한 시험 직후에 바로 계산이 가능하여 평가자는 피험자에게 신속하게 성취 수준에 대한 피드백을 제공할 수 있다.

원점수는 교사에게 학생이 특정 학습 목표나 내용에 대해 얼마나 이해했는지를 알 수 있는 기초 자료를 제공하고, 이를 통해 교사는 학생의 강점과 약점을 파악할 수 있다는 장점이 있다.

그러나 원점수는 시험의 난이도나 문항 수에 영향을 받을 수 있고, 다른 학생의 성적이나 집단의 성취와 비교하지 않으며, 개별 학생이 얻은 점수를 그대로 반영한다. 따라서 원점수만으로는 다른 학생들과 비교했을 때 상대적으로 어느 위치에 있는지 알기 어렵기 때문에 다른 점수로 변환되기 위한 기초 자료로 활용되기도 한다. 원점수는 그 자체로 의미를 가지지만, 더 깊이 있는 해석을 위해서는 다른 점수와 함께 고려하여야 한다.

2) 규준점수

규준점수(norm-referenced score)는 피험자의 점수를 다른 학생들과 비교하여 평가하는 점수 체계로, 특정 피험자가 평가 집단 내에서 상대적으로 어느 위치에 있는지를 나타내는 점수이다. 규준점수는 시험의 난이도나 평가 문항의 절대적인 수준보다는, 동일한 시험을 치른 집단 내에서 상대적인 성취도를 중시한다. 규준점수는 평가받는 집단의 평균과 표준편차를 기준으로 성적 분포를 분석하며, 이를 통해 개별 피험자의 성적이 전체 분포 내에서 얼마나 벗어나 있는지를 수치적으로 보여준다.

규준점수는 집단의 평균과 표준편차를 기준으로 변환되며, 점수의 분포는 정규분포를 가정한다. 또한 시험의 난이도가 다르더라도, 규준점수는 집단 내 성적 분포에 기반하기 때문에 평가가 어렵거나 쉬운 것에 관계없이 학생의 상대적 위치만을 평가한다. 규준점수에는 퍼센타일, Z점수, T점수, 스테나인 점수 등이 있다.

(1) 퍼센타일

퍼센타일(percentile)은 집단 내에서 특정 성적이나 점수가 전체 분포에서 어느 위치에 해당하는지를 나타내는 지표로, 0부터 100까지의 값으로 표현한다. 한 학생의 퍼센타일 점수는 해당 학생의 성적이 집단 내에서 상위 몇 퍼센트에 위치하는지를 보여준다.

예를 들어, 어떤 학생의 퍼센타일이 90이라면, 이 학생의 성적은 전체 학생들 중 상위 10%에 해당하며, 다른 90%의 학생보다 더 높은 점수를 받았다는 의미이다. 퍼센타일이 50이라면 집단의 중앙에 위치하며, 전체 학생 중 절반이 이 점수보다 낮고, 나머지 절반은 더 높은 점수를 받았다는 것을 의미한다.

(2) Z점수

Z점수(Z-score)는 평균이 0, 표준편차를 1로 하는 표준점수로, 특정 점수가 집단의 평균에서 얼마나 떨어져 있는지를 표준편차 단위로 나타낸 값이다. Z점수는 원점수를 집단 내의 평균과 비교하여 상대적인 위치를 평가할 수 있는데 Z점수는 원점수를 정규분포상에서 비교 가능한 점수로 변환하여 서로 다른 평가나 시험 간에 성적을 비교하거나 특정 점수가 전체 분포에서 어느 정도의 위치에 있는지를 알려준다(〈부록 1〉 참조).

Z점수의 산출 공식은 [식 7.4]와 같다.

[식 7.4]

$$Z = \frac{X - \overline{X}}{\sigma}$$

X: 원점수(실제 점수)

$\overline{X}$: 집단의 평균

σ: 집단의 표준편차

만약 어떤 학생이 100점 만점 시험에서 80점을 받았고, 그 집단의 평균 점수가 70점, 표준편차가 5라고 가정해 보자. [식 7.4]에 따라 Z점수를 산출하면 학생의 Z점수는 2이다. 즉, 이 학생의 성적은 평균보다 2 표준편차만큼 높다는 것을 의미한다. Z점수는 집단의 점수 분포가 정규분포를 따를 때 더욱 유용한데, 정규분포에서 Z점수가 0이면 평균에 해당하며, 양수 값이 클수록 더 높은 점수, 음수 값이 작을수록 더 낮은 점수를 나타낸다.

(3) T점수

T점수(T-score)는 Z점수를 변환한 표준점수 중 하나로, 평균을 50, 표준편차를 10으

로 한다. T점수는 원점수를 집단의 평균과 표준편차를 기준으로 변환하지만, 항상 양수 값으로 나타나 해석이 보다 직관적이다. 이는 Z점수에서 발생할 수 있는 음수 값을 피하고, 표준화된 점수 체계를 쉽게 이해할 수 있도록 하기 위함이다.

Z점수를 기반으로 변환하는 T점수의 공식은 [식 7.5]와 같다.

[식 7.5]

$$T = 50 + 10Z$$

Z: Z점수
T: T점수의 평균
10: T점수의 표준편차

예를 들어, 어떤 학생이 특정 시험에서 Z점수 +1을 기록했을 때, 해당 학생의 Z점수를 T점수로 변환하면 60이 되고, 이때의 퍼센타일은 84.13%이다([그림 7-1] 참조). 만약 Z점수가 -2라면 T점수는 30으로, 평균보다 2 표준편차만큼 낮은 성적을 의미하며, 이때의 퍼센타일은 2.28%이다. T점수가 50이면 집단의 평균과 동일한 성취도이며, 50보다 클 경우는 집단의 평균보다 높고, 50보다 작으면 집단의 평균보다 낮은 성취도를 의미하는 것이다. T점수는 음수와 소수점을 피하므로 Z점수보다 더 직관적으로 해석되며, 특히 교육평가나 심리검사와 같은 영역에서 자주 사용된다.

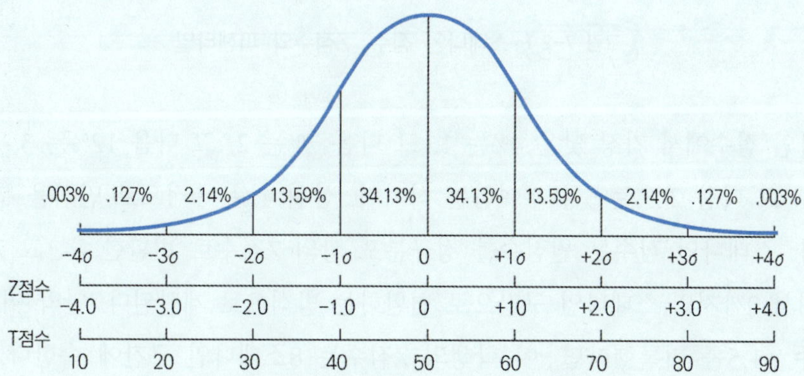

그림 7-1 Z점수, T점수와 퍼센타일

(4) 스테나인 점수

스테나인 점수(stanine score)는 원점수를 1에서 9까지의 9개 등급으로 나누어 학생의 성취도를 상대적으로 평가하는 방식이다. 제2차 세계대전 중인 1940년대에 미국 공군에 의해 처음 개발되었으며, 신병 선발 및 훈련에서 지원자들의 능력을 신속하고 효율적으로 평가할 수 있는 간결한 점수 체계가 필요하여 개발되었다(Hills, 1983). 'stanine'이라는 용어는 'standard nine'의 줄임말로, 9단계로 구분된 점수를 의미하며, 한국의 수학능력시험 등급제와 학교생활기록부 교과 내신 등급제에 활용된 바 있다(스테나인 점수 9를 1로, 1을 9로 변경하여 활용). 스테나인 점수는 정규분포 가정하에 평균을 5, 표준편차를 2로 표준화한 점수이다. 정규분포에 기초한 스테나인 점수와 그에 해당하는 퍼센타일은 [그림 7-2]와 같다.

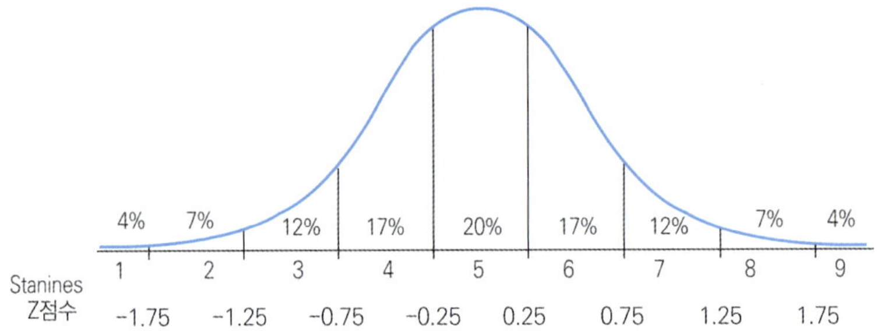

그림 7-2 스테나인 점수, Z점수와 퍼센타일

스테나인 점수에서 가장 낮은 4%는 1, 그 다음 7%는 2, 그 다음 12%는 3, 그 다음 17%는 4, 그 다음 20%는 5를 부여하는 식이며, 상위 4%는 9점으로 만점을 부여하는 방식이다. 스테나인 점수는 원점수를 정규분포 상의 Z점수로 변환한 후, 그 Z점수를 다시 1에서 9까지의 스테나인 구간으로 변환하는 방식으로 계산된다. 만약 어떤 학생이 Z점수 +1.5를 기록했다면, 이 학생의 Z점수는 8스테나인 구간에 속한다. 즉, 이 학생은 전체 집단에서 상위 약 7%에 해당하는 높은 성취도를 보인 것이다. 반면 Z점수가 -1.5인 학생은 2스테나인에 속하며, 이는 하위 약 7%에 해당하는 성취도를 의미한다.

이상에서 설명한 규준점수별 특징과 장·단점을 〈표 7-11〉과 같이 정리하였다.

표 7-11 규준점수 종류별 특징 및 장·단점

신뢰도 유형	설명	장점	단점
퍼센타일	• 점수가 집단에서 상위 몇 퍼센트에 속하는지 나타냄	• 직관적이고 해석이 쉬움 • 점수의 상대적 위치를 명확히 알 수 있음	• 점수 간의 간격이 일정하지 않아, 점수 분포에 대한 정보가 부족함
Z점수	• 점수가 평균에서 몇 표준편차만큼 떨어져 있는지 나타냄 • 평균 0, 표준편차 1	• 점수를 표준화하여 비교 가능 • 정규분포에서 상대적 위치를 정확히 파악 가능	• 음수 값이 나올 수 있어 해석이 복잡함 • 통계 지식이 필요할 수 있음
T점수	• T점수는 Z점수를 변환하여 항상 양수로 나타냄 • 평균 50, 표준편차 10	• 양수 값으로 변환되어 해석이 용이 • 서로 다른 시험 간 비교 가능	• Z점수에서 변환된 값이므로 해석에 주의가 필요함
스테나인 점수	• 원점수를 1에서 9까지 9단계로 구분한 점수 • 평균 5, 표준편차 2	• 점수 구간이 단순해 해석이 쉬움 • 상대적 성취도 파악이 간편함	• 세밀한 차이를 반영하지 못함 • 절대적 성취도 파악이 어려움

3) 준거점수

준거점수(criterion-referenced score)는 피험자의 성취도를 다른 피험자들과 비교하는 것이 아니라, 사전에 정해진 학습목표나 기준에 비추어 평가하는 점수 체계이다. 준거점수는 학생이 특정 학습 목표나 성취 기준을 어느 정도 달성했는지를 평가하는 방식이라고 할 수 있다. 우선 '준거(criterion, cut-off, standard)'란 평가나 판단을 내릴 때 기준이 되는 목표나 표준을 의미한다. 즉, 어떤 대상이나 현상을 평가할 때 어떤 기준에 비추어 판단할지에 대한 구체적인 기준점이 준거이다. 따라서 교수·학습 상황에서 학생의 학업성취가 수업목표에 도달했는지 여부를 통해 완전학습자 또는 불완전학습자로도 구분한다.

준거점수는 학생의 성취도를 절대적인 기준에 따라 평가한다. 따라서 학생이 해당 기준을 어느 정도 달성했는지에 초점을 맞추며, 다른 학생들의 성적과는 무관하게 평가가 이루어진다. 예를 들어, 시험에서 100점 만점에 80점 이상이면 '합격'이라는 기준이 있다면, 학생이 그 기준을 충족했는지 여부를 평가하는 것이 준거점수 방식이다. 또한 준거점수는 미리 설정된 성취기준에 맞추어 성적을 부여한다. 만약 학생이 '세 자리 수의 덧셈 문제를 풀 수 있는 능력'이라는 학습목표가 있다면, 학생이 그 목표를 달성했는지를 평가하게 된다. 따라서 성취기준은 구체적이고 명확해야 하며, 교육목표나 학습 내용을 기반으로 설정한다.

준거점수는 기준에 따른 성취도 해석이 가능한데, 학생의 성취도를 성취기준에 따라 달성, 미달성, 또는 부분 달성과 같은 방식으로 평가할 수 있다. 이 평가 방식은 학생 개개인의 학습 성과를 절대적인 관점에서 평가하므로, 학생이 학습목표에 어느 정도 도달했는지 명확하게 알 수 있다. 이는 학생 개인의 학업적 강점과 약점을 구체적으로 파악할 수 있어 맞춤형 학습 지원과 피드백 제공을 가능하게 한다. 그리고 학생 스스로 학습해야 할 목표를 명확히 알 수 있고, 교사는 수업과 평가를 명확한 기준에 맞추어 진행할 수 있다.

그러나 준거점수는 학생 간 비교가 어려워 학생들 간의 성취도를 비교하는 데에는 적합하지 않고, 시험의 난이도와 성취기준이 부합하지 않으면 평가 결과가 신뢰성을 상실할 위험도 있다. 또한 성취 기준이 너무 높거나 낮으면 적절한 평가가 이루어지기 어려운데, 기준을 무원칙에 의해 임의로 정하지 말고 타당하고 과학적인 방법으로 설정해야 한다. 밀스와 멜리컨(Mills & Melican, 1988)은 과학적인 준거설정 방법을 규준적 준거설정 방법, 피험자 집단 특성 평가에 의한 준거설정 방법, 검사도구의 내용 분석 평가에 의한 준거설정 방법으로 구분하였다.

규준적 준거설정 방법은 평가대상자를 집단 내 다른 구성원들과 비교하여 성취도를 평가하는 방식이다. 이 방법에서는 특정 기준이나 목표를 절대적으로 설정하지 않고, 피험자의 성취도가 집단 내에서 상대적으로 어느 정도 위치에 있는지를 평가의 기준으로 삼는다. 예를 들면, 대학 입학시험에서 상위 10%에 해당하는 학생에게 장학금을 지급하는 경우처럼, 집단 내 성취도 순위를 기준으로 설정할 수 있다.

피험자 집단 특성 평가에 의한 준거설정 방법은 평가대상자의 특성에 따라 기준을 설정하는 방식으로, 집단비교방법과 경계선 집단방법이 대표적이다. 집단비교방법(group comparison method)은 여러 그룹 간의 성취도를 비교하여 평가 기준을 설정하는 방식으로, 집단 간 차이를 반영하여 다양한 성취 수준을 평가할 수 있다. 경계선 집단방법(borderline group method)은 성취기준에 가까운 경계선 집단을 선정하고, 그들의 성취도를 기준으로 준거를 설정한다.

마지막으로 검사도구의 내용 분석에 의한 준거설정 방법은 평가도구의 문항이나 항목이 평가기준과 학습목표를 얼마나 충실하게 반영하는지를 평가하여 준거를 설정한다. 대표적으로 앵고프 방법(Angoff method)과 북마크 방법(bookmark method) 등이 있다. 앵고프 방법은 평가도구의 각 문항에 대해 전문가들의 판단을 바탕으로 합격 기준을 설정하는 방식이다. 이 방법은 특정 시험에서 최소성취수준(minimally competent)의 피험자가 얼마나 많은 문항을 맞힐 수 있을지를 전문가가 예측하여 합격 기준을 결정한다.

표 7-12 준거설정 방법의 특징 및 적용 예시

준거설정 방법	특징	적용 예시
규준적 준거설정 방법 • 백분위 점수 • 규준점수	• 집단 내 다른 구성원들과 비교하여 성취도를 평가 • 상대적인 성취도를 기준으로 평가 • 평가대상자의 순위를 파악하기 용이	• SAT, TOEFL 등 표준화 시험 • 상위 10% 학생에게 장학금 지급 등 상대평가
피험자 집단 특성 평가에 의한 준거설정 방법 • 집단비교방법 • 경계선 집단방법	• 피험자의 특성을 반영하여 평가 기준을 설정 • 학습 배경, 능력수준, 성격 등 다양한 특성을 고려	• 수준별 학습 평가 • 장애 학생 또는 비전형적 학습자 평가
검사도구의 내용 분석 평가에 의한 준거설정 방법 • Angoff 방법 • Jager 방법 • 북마크 방법	• 평가도구의 내용을 기반으로 평가 기준을 설정 • 시험 문항이 학습 목표를 얼마나 충실히 반영하는지 분석 • 평가도구의 타당성에 중점	• 자격증 시험에서 문항별 난이도를 반영한 합격 기준 설정 • 성취도 평가에서 난이도 순 문항 배열 후 성취 기준 설정

북마크 방법은 평가도구의 난이도 순으로 배열된 문항들을 바탕으로 성취기준을 설정하는 방법이다. 주로 성취도평가에서 사용되며, 문항난이도에 따라 피험자의 성취수준을 단계별로 구분하여 기준을 설정한다(홍소영, 2011). 평가도구의 문항들은 피험자가 성취할 수 있는 여러 수준의 난이도에 따라 배열되고, 전문가들이 북마크를 사용해 성취 기준을 설정한다.

3. 표준화검사

1) 표준화검사의 개념

표준화검사(standardized test)는 특정 목적에 맞추어 일정한 절차와 기준에 따라 진행되는 검사로, 모든 응시자가 동일한 조건에서 동일한 형태의 질문을 받으며 평가받는 검사를 의미한다. 표준화검사는 주로 교육, 심리학, 연구 등의 분야에서 활용되며, 개인의 능력, 성격, 심리적 특성, 학업성취도 등 다양한 영역을 평가하는 데 사용된다. 우리에게 익숙한 표준화검사로는 대학수학능력시험, SAT, 웩슬러 지능검사(Wechsler Intelligence Test), 미네소타 다면인성검사(Minnesota Multiphasic Personality Inventory: MMPI) 등을 들 수 있다.

표준화검사의 주요 특징으로는 첫째, 모든 응시자에게 동일한 시간, 장소, 도구를 제공하며, 동일한 절차에 따라 검사를 진행한다.

둘째, 검사 결과는 미리 정해진 기준에 따라 채점되며, 주관적인 요소가 개입하지 않는다.

셋째, 표준화검사는 높은 타당도와 신뢰도를 갖추도록 설계된다. 이를 위해 사전 검토, 사전 검사 및 검사도구 분석 등의 절차를 거친다.

넷째, 표준화검사에서는 특정 집단의 응답을 기준으로 규준(norm)을 제공한다. 이를 통해 개개인의 점수가 해당 집단에서 어느 정도의 위치에 있는지 상대적 서열을 알 수 있다.

다섯째, 표준화검사는 객관적인 자료에 근거한 평가를 제공하며, 주관적인 판단을 배제한다. 이는 결과에 대한 신뢰성을 높이고, 피험자 간의 공정한 비교가 가능하도록 한다.

2) 표준화검사의 종류

표준화검사는 평가하고자 하는 행동의 종류에 따라 인지적 행동과 정의적 행동을 측정하는 것으로 분류할 수 있다. 행동은 주로 지식, 이해, 문제해결 능력과 같은 학습 관련 능력을 평가하며, 정의적 행동은 감정, 태도, 가치관과 같은 정서적 요소를 평가한다.

(1) 인지적 행동 측정을 위한 표준화검사

인지적 행동은 학습과 관련된 표준화검사는 주로 지능, 학업성취, 문제해결 능력 등과 같은 지적 능력을 평가하는 검사이다. 대표적인 예로 지능검사, 학업성취도 검사, 언어 및 수학능력검사가 있다. 인지적 행동 측정을 위한 표준화검사를 정리한 내용은 〈표 7-13〉과 같다.

표 7-13 인지적 행동 측정을 위한 표준화검사

검사 유형	목적	설명	예시
지능검사 (IQ Test)	개인의 지적 능력을 측정	기억력, 논리적 추론, 문제해결 능력을 통해 전반적인 지적 능력을 평가	웩슬러 지능 검사(WAIS) 스탠포드-비네 지능 검사
학업성취도검사	학생의 학습 성과와 학업 능력을 평가	수학, 언어, 과학 등 특정 과목의 지식과 이해도를 평가하여 학업적 성취 수준을 측정	수학능력시험 SAT ACT
언어 및 읽기 검사	언어 능력, 독해력, 어휘 능력을 평가	독해, 듣기, 쓰기 능력을 평가하여 학업적 또는 직업적 적합성을 판단	TOEIC TOEFL GRE (Verbal Section)
수학능력검사	수학적 사고력 및 문제해결 능력을 평가	수학적 개념을 이해하고 문제를 해결하는 능력을 측정	SAT 수학 섹션 GMAT 수학 섹션

보다 구체적인 평가방법은 교재 '4장 학습자 인지적 영역 평가'를 참조하기 바란다.

(2) 정의적 행동 측정을 위한 표준화검사

정의적 행동 측정 표준화검사는 성격, 감정, 동기, 태도, 가치관 등 개인의 정서적, 심리적 특성을 평가하는 검사이다. 대표적으로 성격 검사, 흥미 검사, 태도 및 가치관 검사 등이 포함된다. 정의적 행동 측정을 위한 표준화검사를 정리한 내용은 〈표 7-14〉와 같다. 보다 구체적인 평가도구 및 방법은 교재 '5장 학습자 정의적 영역 평가'를 참조하기 바란다.

표 7-14 정의적 행동 측정을 위한 표준화검사

검사 유형	목적	설명	예시
성격검사	개인의 성격적 특성을 평가	성격 유형을 분류하거나 심리적 문제를 평가하여 대인관계, 감정 처리 방식 등을 분석	MBTI MMPI
적성 및 흥미검사	개인의 흥미와 선호도를 평가	개인이 특정 직업이나 학문 분야에 대해 가진 흥미를 평가하여 진로 선택에 도움	Holland 흥미검사 Strong 직업적성검사
태도 및 가치관 검사	개인의 태도, 가치관, 신념 체계를 평가	개인이 중요하게 여기는 가치나 신념을 파악하여 행동 패턴과 사회적 태도를 예측	Rokeach 가치관조사
자기개념 및 자존감 검사	개인의 자아 인식과 자존감 수준을 평가	개인의 자아 인식과 자존감 정도를 평가하여 정서적 안정성과 심리적 건강을 측정	Rosenberg 자존감 척도
동기검사	학습 동기, 직업 동기 등의 동기 수준을 평가	학습이나 직업 활동에서의 성취동기, 도전 의지, 목표 설정 능력을 평가	학습 동기 검사 (AMT: Achievement Motivation Test)

3) 표준화검사 선택 시 유의사항

표준화검사를 선택할 때는 검사 목적과 대상, 신뢰도와 타당도 등 다양한 요소를 고려해야 한다. 다음은 표준화검사 선택 시 유의해야 할 사항을 정리한 것이다.

첫째, 목적에 맞는 검사를 선택하고 검사 내용이 적합한지 확인해야 한다. 검사를 통해 무엇을 측정하고자 하는지 규명해야 한다. 예를 들어, 학업성취도를 평가하려면 학업성취도 검사, 성격이나 심리적 특성을 평가하려면 성격 검사를 선택해야 한다.

둘째, 검사가 측정하려는 것을 정확하게 측정하는지 확인해야 한다. 타당도는 검사가 실제로 측정하고자 하는 심리적 특성이나 능력을 평가하는 정도를 의미하는데, 내용타당도, 구인타당도, 예측타당도 등 다양한 타당도를 고려한 후 검사를 선택해야 한다.

셋째, 신뢰도가 낮은 검사는 결과의 일관성이 떨어질 수 있으므로 신뢰도가 높은 검사를 선택해야 한다.

넷째, 검사는 대상사의 연령, 발달단계, 교육수준에 맞게 선택해야 한다. 성인용 검사와 아동용 검사는 각각 다르게 설계되며, 대상자의 문화적 배경이나 언어 능력도 고려해야 한다.

다섯째, 검사를 시행하는 데 필요한 시간, 장소, 비용 등을 고려해야 한다. 또한 검사가 너무 복잡하거나 이해하기 어려운 경우 피험자가 정확하게 응답하지 못할 가능성이 높으므로 이 점도 유의해야 한다.

여섯째, 자동 채점 가능 여부를 확인하고, 검사 결과를 해석하는 과정이 명확하고 직관적인지 확인해야 한다.

일곱째, 표준화검사를 시행할 때 응시자의 개인정보보호 권리가 충분히 보장되는지 확인해야 하며, 검사 결과는 원래 의도된 목적으로만 사용해야 한다.

여덟째, 검사 선택 시 해당 검사가 제공하는 규준과 매뉴얼을 충분히 검토해야 한다. 규준은 특정 집단에서의 평균 성과를 보여주는 지표로, 가능하면 최신 자료로 업데이트되었는지 확인해야 한다. 시간이 지나면서 변화한 환경이나 사회적 특성을 반영하지 못하는 오래된 검사는 결과의 신뢰성을 떨어뜨릴 수 있다.

아홉째, 검사는 학계나 전문가 집단에서 인정받은 신뢰할 수 있는 출처에서 제공되었는지 확인해야 한다.

관련 학습 사례

최근 유치원 교사 A는 자신의 반에 B라는 아동의 발달 수준이 또래에 비해 늦다고 판단되어 학부모에게 아동발달검사(48~53개월용)를 시행하도록 권유하였다. 학부모는 이에 동의하고 영유아 발달선별검사 시행 후 그 결과표를 A교사에게 전달하였다. 학부모가 전달한 결과표를 보고 B아동의 발달 수준이 어떠한지 함께 이야기를 나눠보고 판정해 보자.

이름: ○○○ 월령: 52개월 해님유치원

점수 영역	원점수	백분율	T점수	발달 수준
대근육운동	85	79.0	58	
소근육운동	72	58.2	52	
인지	49	30.9	45	
언어	40	2.3	30	
사회성	52	3.3	32	
자조	62	24.8	48	

토론주제

이 교사는 2학기 중학교 수학 중간고사를 앞두고 문제를 구성하면서 타당도와 신뢰도에 대한 고민에 빠졌다. 지난 학기에 단원별로 학생들의 개념 이해를 점검했지만, 특정 문제에서 지나치게 낮은 점수를 받은 학생들이 많았고, 시험의 평가 목적이 제대로 달성되지 않았다는 피드백이 있었다. 또한 이 교사는 지난 학기 시험 문제의 난이도를 전반적으로 고르게 구성했지만 특정 문제의 난이도가 너무 높거나, 시험 시간이 부족하여 대부분의 학생이 전체 문제를 풀지 못하는 경우도 있었다.

- 이 교사가 2학기 중간고사의 교과타당도를 확보하기 위해서는 시험 문제를 어떻게 구성해야 하는가?
- 수학 시험에서 난이도 조정이 평가의 신뢰도에 미치는 영향은 무엇인가?
- 서술형 문제의 채점 기준은 어떻게 설정하는 것이 바람직한가?

참고문헌

성태제 (2002). 타당도와 신뢰도(2판). 학지사.

성태제 (2022). 교육평가의 기초(3판). 학지사.

홍소영 (2011). 초등학교 학업성취도평가의 기준설정을 위한 Angoff와 Bookmark 방법의 비교. **학습자중심교과교육연구**, 11(4), 495-523.

AERA, APA, & NCME (2014). *Standards for educational and psychological testing.* Washington DC: Amerian Psychological Association.

Anastasi, A., & Urbina, S. (1997). *Psychological Testing*(7th ed.). NJ: Prentice Hall.

Cronbach, L. J. (1951). Coefficient alpha and the internal structure of tests. *Psychometrika, 16*(3), 297-334.

Cronbach, L. J., & Meehl, P. E. (1955). Construct validity in psychological tests. *Psychological Bulletin, 52*(4), 281-302.

Haynes, S. N., Richard, D. C. S., & Kubany, E. S. (1995). Content validity in psychological assessment: A functional approach to concepts and methods. *Psychological Assessment, 7*(3), 238-247.

Hills, J. R. (1983). Interpreting Stanine Scores. *Educational Measurement: Issues and Practice, 2*(3), 18-27.

Linn, R. L., & Gronlund, N. E. (2000). *Measurement and Assessment in Teaching* (8th ed.). Upper Saddle River, N: Prentice Hall.

Mills, C. N., & Melican, G. J. (1988). Estimating and adjusting cutoff scores: Features of selected methods. *Applied Measurement in Education, 1*(3), 261-275.

Nunnally, J. C., & Bernstein, I. H. (1994). *Psychometric theory*(3rd ed.). McGraw-Hill.

문항분석

1. 문항분석의 개념
2. 고전검사이론에 의한 문항분석
3. 문항반응이론에 의한 문항분석

문항분석은 평가도구나 검사의 문항들이 얼마나 잘 기능하는지 문항의 질을 판단하는 과정으로, 크게 질적 평가와 양적 평가로 나눌 수 있다. 문항을 분석하는 두 가지 접근 방식은 서로 보완적인 성격을 띠고 있으며, 평가 목적, 응답자료 유형, 분석의 범위에 따라 선택할 수 있다. 질적 평가는 문항의 내용과 형식을 검토하여 문항이 평가대상에 적합한지, 명료한지 등을 확인하며, 주로 전문가의 판단에 의존한다. 반면, 양적 평가는 고전검사이론(Classical Test Theory: CTT)과 문항반응이론(Item Response Theory: IRT)을 활용하여 문항의 난이도, 변별도, 추측도 등을 정량적으로 산출하여 문항의 양호도를 분석한다.

고전검사이론은 문항의 난이도와 변별도를 전체 점수와의 관계에서 분석하며, 간단한 계산으로 난이도와 변별도를 산출할 수 있다는 장점이 있다. 그러나 문항 양호도가 집단 특성에 의존하거나 총점에 영향을 받는 한계가 있다. 문항반응이론은 이러한 한계를 보완하기 위해 개발된 이론으로, 문항의 난이도와 변별도를 개별 문항의 특성에 따라 분석하여 문항 특성을 보다 독립적이고 정확하게 평가할 수 있도록 도와준다. 수학능력시험에서도 문항의 난이도와 변별도 분석 시 문항반응이론을 활용하며, 토플(TOEFL), SAT나 OECD 주관의 국제학업성취도평가(Programme for International Student Assessment: PISA) 등 다수의 국제 공인시험에서도 성취도 측정을 위해 문항반응이론을 활용하고 있다.

문항분석은 단순히 문항의 품질을 판단하는 데 그치지 않고, 학습자의 성취도를 정확히 평가하고 교육적 피드백을 제공하는 데 중요한 기초자료를 제공한다. 평가도구의 설계와 검증 과정에서 문항분석의 원리를 적용함으로써 교육과정의 목표에 부합한 공정하고 신뢰성 있는 평가를 설계할 수 있다. 이에 문항분석의 개념과 고전검사이론, 문항반응이론을 통한 문항분석의 구체적인 원리에 대해 살펴보자.

1. 문항분석의 개념

1) 문항분석의 질적 평가

질적 평가는 문항의 내용과 구조를 분석하여 문항이 평가대상에게 적합하고 명료하게 제시되는지를 검토한다. 이 방법은 주로 내용전문가나 평가전문가에 의해 주관적 판단을 바탕으로 진행되며, 문항의 해석, 의미, 문화적 적합성을 점검하는 데 중점을 둔다. 질적 평가는 문항의 내용을 점검하는 것과 함께 문항의 형식에 대한 점검도 이루어진다(Haladyna & Rodriguez, 2013).

우선 문항의 내용을 점검하기 위해서 〈표 8-1〉과 같은 사항을 확인해야 한다.

표 8-1 문항내용 점검 사항

항목	점검 사항
교육목표와의 일치성	• 문항이 평가하려는 목표나 학습 목표와 일치하는가? • 문항이 평가할 개념이나 지식이 명확하게 반영되어 있는가?
문항 내용 타당성	• 문항이 평가하려는 내용을 정확하게 반영하고 있는가? • 문항이 불필요한 내용을 포함하지 않고 있는가?
문항 내용의 적절성	• 문항의 내용이 피험자의 집단의 수준과 경험에 적합한가? • 문항의 내용이 응답자의 배경, 문화, 혹은 언어적 특성에 맞는가? • 문항이 특정 그룹에게 편향되지 않았는가?
문항난이도의 적절성	• 문항의 난이도가 평가대상에게 적절한가? • 문항이 너무 쉽거나 너무 어렵지 않은가?
답변 가능성	• 문항이 응답자의 지식이나 경험 범위 내에서 충분히 답변 가능하도록 설정되었는가? • 문항이 지나치게 전문적이거나 특정 응답자에게만 적합한 내용을 포함하지 않았는가?

항목	점검 사항
중복 여부	• 문항이 다른 문항과 중복되지 않는가? • 문항의 내용이 다른 문항과 지나치게 유사하거나 중복되지 않는가?
문항의 윤리적 문제	• 문항이 민감하거나 사적인 내용을 다루지 않는가?
문항의 맥락 제공	• 문항이 응답자가 충분히 이해할 수 있도록 맥락을 제공하는가? • 문항이 답변을 위한 필수적인 정보를 포함하고 있는가?

문항의 형식적 요소를 평가하는 것은 문항의 구조, 응답 형식, 가독성 등을 점검하여 피험자의 혼란을 최소화하고 명확하게 답변할 수 있도록 하는 데 기여한다. 문항의 형식을 점검하기 위한 구체적인 사항은 〈표 8-2〉와 같다.

표 8-2 문항형식 점검 사항

항목	점검 사항
문항 유형의 적절성	• 문항의 형식(객관식, 주관식, 진위형 등)이 평가 목적에 적합한가? • 문항의 유형이 일관되게 사용되었는가?
문항 길이의 적절성	• 문항이 지나치게 길거나 복잡하지 않은가? • 문항이 짧고 간결하게 작성되었는가?
부정적 표현의 사용 여부	• 문항에 부정적 표현이 포함되어 있는가? • 부정적 표현이 응답자에게 혼란을 주지 않도록 작성되었는가?
답변 형식의 명확성	• 피험자가 답변 형식을 쉽게 이해할 수 있는가? • 선다형 문항의 경우, 답지가 명확하고 모호하지 않은가?
답지의 일관성	• 답지 형식이 일관성 있게 구성되었는가? • 답지 사이에 불필요한 중복이나 모호함이 없는가? • 답지의 순서가 무작위로 배열되어 있거나 특정 패턴이 반복되지 않는가?
답지의 포괄성	• 답지가 모든 가능한 답변을 포괄하고 있는가? • '모든 것이 정답' 또는 '정답 없음'의 답지를 사용하지 않았는가?
답지 간의 균형	• 답지의 분포가 균형 있게 배치되었는가? • 답지 간에 명백하게 더 매력적이거나 맞는 답이 보이지 않는가?
문항의 가독성	• 문항이 시각적으로 깔끔하고, 글씨 크기 및 배치가 가독성을 해치지 않는가? • 문항이 한 페이지 내에서 일관된 레이아웃으로 구성되어 있는가?

이러한 구체적인 항목들을 통해 문항의 내용과 형식을 점검한 후 문항에 대해 사용, 수정 후 사용, 사용 불가 판정을 내린다.

2) 문항분석의 양적 평가

양적 평가로 문항의 질을 분석하는 이론을 검사이론(test theory)이라 하며, 검사이론으로 고전검사이론과 문항반응이론이 있다. 문항의 양적 평가는 주로 이 두 이론에 근거하여 문항의 난이도, 변별도, 추측도를 수리적으로 산출하여 문항의 질을 판단한다.

문항난이도(item difficulty)는 특정 문항이 얼마나 어려운지를 나타내는 지수이며, 문항변별도(item discrimination)는 문항이 응답자들 간의 능력 차이를 얼마나 잘 구별하는지를 나타내는 지수이다. 문항추측도(item guessing)는 문항에 대해 응답자가 정답을 전혀 알지 못하는 상태에서 추측으로 맞힐 가능성을 의미하는 지수로, 주로 선다형 문항에 사용된다. 이와 같이 문항난이도, 문항변별도, 문항추측도는 문항의 양호도 정도를 알려주는 지수로 구체적인 산출원리는 고전검사이론과 문항반응이론이 서로 다르다.

2. 고전검사이론에 의한 문항분석

1) 기본 가정

고전검사이론(Classical Test Theory: CCT)은 스피어만(Spearman)이 1904년에 처음으로 제안한 측정 오류와 실제 점수 간의 관계를 설명하는 모델에서 비롯되었다. 1920년대 이후부터 현재까지도 심리학적 및 교육적 평가에서 문항의 성능을 평가하고 검증하는 기본적인 이론으로 사용되고 있다. 고전검사이론을 적용하기 위해서는 몇 가지 기본 가정이 필요하다(성태제, 2021; Crocker & Algina, 2006).

첫째, 관찰점수는 진점수와 오차점수로 이루어졌다.

$$X = T + e \ (X\text{: 관찰점수, } T\text{: 진점수, } e\text{: 오차점수})$$

피험자 평가에서 측정된 점수는 진짜 능력에 해당하는 점수(진점수, true score)와 검사 실시과정에서 발생할 수 있는 오차점수(error)의 합으로 구성되어 있음을 의미한다.

둘째, 피험자의 진점수는 무수하게 반복 측정된 점수의 평균값이다.

$$T = \frac{\sum X}{n} = E(X)$$

고전검사이론에서 진점수를 추정하기 위해서는 동일한 측정 내용을 무수히 반복 측정하여 얻은 모든 관찰점수의 평균을 활용한다. 즉, 진점수는 피험자가 무한히 치러 얻은 점수의 평균값이 되는 것이다.

셋째, 진점수와 오차점수의 상관은 0이다. 즉, 오차점수는 진점수가 높거나 낮음과는 연관성이 없다는 것을 의미한다.

넷째, 한 검사에서 얻은 오차점수와 다른 검사에서 얻은 오차점수의 상관은 0이다. 피험자가 각각의 검사는 상호 독립적이므로 피험자가 얻은 오차점수 간의 연관성은 없다는 의미이다.

다섯째, 한 검사에서 얻은 진점수와 다른 검사에서 얻은 오차점수의 상관은 0이다.

이상의 가정을 종합하면, 무한히 반복 측정하면 오차점수는 결국 0이라는 결론에 도달한다. 다시 말해, 고전검사이론에서는 오차점수를 0으로 가정하므로 측정오차가 전혀 없으며, 따라서 신뢰도 역시 완벽하다고 보고 있다. 그러므로 관찰점수는 진점수로 취급되고, 피험자의 총점이 그들의 실제 능력을 반영하고 있다고 가정한다. 고전검사이론은 이러한 기본 가정들을 기반으로 평가도구를 분석하고, 문항의 난이도와 변별도 등을 검토하는 데 활용된다. 따라서 이 이론은 단순하고 널리 쓰이지만, 문항반응이론(IRT)과 같은 더 복잡하고 정교한 모델이 등장하면서 그 한계도 명확해졌다고 볼 수 있다.

2) 문항난이도

문항난이도는 문항이 얼마나 쉬운지 또는 어려운지를 나타내는 지수로 고전검사이론에서는 한 문항에 대한 피험자의 정답 비율로 정의한다. 문항난이도의 계산 공식은 다음과 같다.

$$P = \frac{\text{문항의 정답을 맞힌 피험자 수}}{\text{총 피험자 수}}$$

문항난이도는 0과 1 사이의 값으로 1에 가까울수록 많은 피험자가 문항에 정답으로 응답했으므로 쉬운 문항으로 간주되며, 0에 가까울수록 적은 피험자가 문항을 맞혔으므로 어려운 문항으로 간주한다. 예를 들어, 특정 문항에 대해 100명의 응답자 중 80명이 정답을 맞혔다면, 그 문항의 난이도는 .8이 되고, 쉬운 문항으로 볼 수 있다.

고전검사이론에 근거한 문항난이도의 문항 평가 기준은 〈표 8-3〉과 같다(성태제, 2021).

표 8-3 문항형식 점검 사항

문항난이도 값	난이도 수준	설명
~ .20 미만	매우 어려운 문항	대부분의 피험자가 문항을 맞히지 못했음
.20 이상 ~ .40 미만	어려운 문항	적은 수의 피험자가 문항을 맞혔음
.40 이상 ~ .60 미만	중간 난이도	적절한 수준의 피험자가 정답을 맞혔음
.60 이상 ~ .80 미만	쉬운 문항	많은 피험자가 문항을 맞혔음
.80 이상 ~ 1.00 미만	매우 쉬운 문항	대부분의 피험자가 문항을 맞혔음

3) 문항변별도

고전검사이론에서의 문항변별도란 문항이 피험자 간의 능력 차이를 얼마나 잘 구별할 수 있는지를 나타내는 지수로, 상위 성취자와 하위 성취자 간의 차이를 분명하게 드러낼 수 있는 정도를 의미한다. 변별력이 높은 문항은 높은 성적을 기록한 피험자들이 정답을 맞힐 가능성이 높고, 낮은 성적을 기록한 피험자들은 틀릴 가능성이 크다. 변별력이 낮은 문항은 성취도에 관계없이 모두가 맞히거나 틀리기 때문에, 문항이 피험자 간의 능력을 효과적으로 구별하기 어렵다. 문항변별도를 산출하는 두 가지 주요 방법은 상관계수를 활용하는 방식과, 능력집단의 차이를 통해 산출하는 방식이 있다.

우선 상관계수를 통해 문항변별도를 구하는 방식은 각 문항 점수와 피험자가 얻은 총점과의 상관을 통해 추정한다. 즉, 특정 문항의 응답 패턴이 전체 점수와 얼마나 일치하는지를 확인하는 것이다. 총점이 높은 즉, 능력이 우수한 피험자는 특정 문항을 맞힐 확률이 높고, 총점이 낮은 피험자는 특정 문항에 오답으로 응답할 확률이 높기 때문이다(Ebel & Frisbie, 1991; Thorndike, 2005).

문항변별도를 추정하는 상관계수 공식은 다음과 같다.

$$R = \frac{N\sum XY - \sum X \sum Y}{\sqrt{N\sum X^2 - (\sum X)^2}\sqrt{N\sum Y^2 - (\sum Y)^2}}$$

N: 총 피험자 수
X: 각 피험자의 문항점수
Y: 각 피험자의 총점

만약 5명의 피험자에게 3개 문항으로 구성된 검사를 실시하여 얻은 응답자료가 〈표 8-4〉라고 하자.

표 8-4 **5명의 4개 문항검사 응답자료**

피험자	문항점수(X)				총점(Y)
	문항 1	문항 2	문항 3	문항 4	
A	1	1	1	1	4
B	1	0	1	0	2
C	0	1	0	0	1
D	0	1	1	1	3
E	1	0	0	0	1

응답자료가 〈표 8-4〉와 같을 때 3번 문항을 상관계수 공식에 대입하여 문항변별도를 추정하면 .84가 산출되며, 이는 매우 높은 문항변별도로 해석할 수 있다. 이는 총점이 높은 A, D 피험자가 모두 정답으로 응답했고, 총점이 1점인 C, E 피험자는 오답으로 응답했으므로 3번 문항의 경우 피험자의 능력수준을 적절하게 변별한다고 볼 수 있다. 다른 문항에 대해서도 상관계수 공식을 대입하면 문항변별도를 구할 수 있는데, 1번 문항은 .14, 2번 문항은 .49, 4번 문항은 .91로 산출되었다.

표 8-5 **3번 문항의 문항변별도 추정**

피험자	X	Y	XY	X^2	Y^2
A	1	4	4	1	16
B	1	2	2	1	4
C	0	1	0	0	1
D	1	3	3	1	9
E	0	1	0	0	1
$\sum$	3	11	9	3	31

$$R_3 = \frac{5(9)-(3)(11)}{\sqrt{5(2)-(2)^2}\sqrt{5(31)-(11)^2}} = \frac{12}{\sqrt{6}\sqrt{34}} = .84$$

문항변별도 지수를 활용하여 문항을 평가할 때, 에벨(Ebel)은 〈표 8-6〉과 같은 기준을 제시하였다(Ebel, 1965).

표 8-6 **문항변별도 평가 기준**

문항변별도값	평가 수준	설명
~.10 미만	매우 낮음	문항이 성취자를 거의 구별하지 못해 평가도구로 적합하지 않음. 만약 음수 값이 산출된다면 검사도구에서 해당 문항을 제외해야 함
.10 이상~.20 미만	낮음	문항이 성취자를 거의 구별하지 못함
.20 이상~.30 미만	보통	문항이 어느 정도 상위 및 하위 성취자를 구별함
.30 이상~.40 미만	우수	문항이 상위 및 하위 성취자를 잘 구별함
.40 이상~	매우 우수	문항이 상위 및 하위 성취자를 매우 잘 구별함

문항변별도를 산출하는 또 다른 방식은 능력집단을 활용하는 방법이다. 이 방법은 피험자 집단을 상위집단과 하위집단으로 나누고, 두 집단 간의 문항 정답률 차이를 비교하여 문항변별도를 계산하며, 그 과정은 다음과 같다(Kline, 2000).

첫째, 전체 피험자를 성취도에 따라 상위집단(보통 상위 27%)과 하위집단(하위 27%)으로 나눈다.

둘째, 각 집단에서 해당 문항을 맞힌 피험자의 비율(정답률)을 계산한다. 예를 들어, 상위집단에서 5명 중 4명이 문항을 맞혔다면 정답률은 .8이다.

셋째, 상위집단의 정답률에서 하위집단의 정답률을 뺀 값이 문항변별도 값이며, 그 값이 클수록 변별력이 높은 문항이다.

$$D = P_{상위} - P_{하위}$$

D: 문항변별도

$P_{상위}$: 상위집단의 정답률

$P_{하위}$: 하위집단의 정답률

만약 900명의 피험자를 검사총점을 기준으로 상위집단과 하위집단으로 구분한 후 특정 문항의 변별도를 구한다고 하자. 상위집단은 총 600명이고, 하위집단은 300명일 때, 정답에 응답한 피험자는 상위집단이 450명, 하위집단이 80명이다. 그럼 상위집단의 정답률은 .75(450/600)이고, 하위집단의 정답률은 .27(80/300)이다. 상위집단의 정답률에서 하위집단의 정답률을 빼면 약 .48이므로 문항변별도는 .48임을 알 수 있다([그림 8-1]).

	상위집단	하위집단	
정답	450	80	530
오답	150	220	370
	600	300	900

$$D = \frac{450}{600} - \frac{80}{300} = .48$$

그림 8-1 능력집단의 정답비율에 의한 문항변별도 지수

그러나 최근에는 능력집단의 정답비율을 활용한 문항변별도는 거의 사용하지 않는다. 왜냐하면 이 방법은 전체 총점에 의존하는 동시에 집단을 나누는 비율이나 기준이 임의적이므로 문항변별도 산출이 일관적이지 않기 때문이다.

4) 문항추측도

고전검사이론에서의 문항추측도는 피험자가 문항의 정답을 추측으로 맞힐 확률을 말한다. 선다형 문항의 경우, 피험자가 아무 정보나 지식 없이 답을 선택했을 때 정답을 맞힐 가능성을 반영하는 개념이다. 따라서 답지 수는 문항추측도에 영향을 미치며, 평가 결과가 피험자의 실제 능력과 무관한 요소에 의해 왜곡될 수 있어 변별도를 낮추는 요인으로 작용하기도 한다.

문항추측도는 전체 피험자 중에서 추측하여 문항을 맞힌 피험자의 비율로 산출한다(성태제, 2021; Crocker & Algina, 2006).

$$G_R = G \times \frac{1}{Q}$$

G_R: 추측하여 문항의 답을 맞힌 피험자 수

G: 추측한 피험자 수

Q: 답지 수

만약 오지선다형 문항에 대해 500명의 피험자가 응답하여 그 가운데 100명이 정답에 응답하였다고 하자. 오지선다형일 때 전체 응답자 중에서 1/5는 답지 수를 고려할 때 무선적으로 정답에 응답할 수 있다고 보면, 전체 100명의 정답자 중에서 추측으로 문항에 정답으로 응답한 피험자는 20명이 된다. 따라서 전체 피험자 500명 중에서 추측으로 문항을 맞힌 피험자의 수는 20명이므로 문항추측도는 .04가 된다.

피험자의 추측으로 인해 문항의 변별도를 낮추는 문제를 줄이기 위해서는 선다형 문항의 경우 답지 수를 적절하게 마련하고, 오답을 더욱 매력적으로 제작하는 방법이 있다. 또한 선다형 문항 외에도 서술형 문항이나 수행평가 등을 활용하여 피험자가 추측만으로 정답을 맞히는 것을 방지할 수 있다. 문항이 매우 어려운 경우는 추측도가 문항난이도보다 높은 모순이 나타날 수 있음을 주의해야 한다.

5) 오답지 매력도

오답지 매력도란 피험자들이 선다형 문항에서 오답지를 선택할 가능성을 의미하는데, 문항에 오답으로 응답한 피험자들이 오답지를 선택할 확률이다. 따라서 오답지 매력도는 피험자가 정답에 대한 확신이 없을 때 특정 오답에 매력을 느끼고 선택하는 빈도와 관련이 있고, 이는 문항의 변별력을 높이는 역할을 한다. 문항에 답을 맞히지 못한 피험자의 오답지 선택 확률은 다음과 같다.

$$P_o = \frac{1-P}{Q-1}$$

P_o: 오답지 선택 확률
P: 문항난이도(전체 피험자 중 정답에 응답한 비율)
Q: 답지 수

만약 100명의 피험자가 사지선다형 문항의 응답했다고 가정할 때, 각 답지에 응답한 결과와 그에 따른 오답지 매력도 추정 예시는 〈표 8-7〉과 같다.

표 8-7 오답지 매력도 추정 예시

답지	응답자 수	응답 비율	설명
①	30	.3	매력적인 오답지
②	10	.1	매력적이지 않은 오답지
③(정답)	40	.4	
④	20	.2	매력적인 오답지

〈표 8-7〉에서 전체 피험자 중 정답에 응답한 피험자의 비율은 .4로 이는 고전검사이론에서 문항난이도를 의미한다. 그렇다면 오답에 응답한 피험자 전체의 비율은 .6으

로 오답에 응답한 피험자가 정답을 제외한 3개의 오답에 균등하게 응답할 확률은 .2가 된다. 오답지가 매력적인지 판단하는 기준은 문항을 틀린 피험자가 정답을 제외한 오답에 균등하게 응답하는 비율보다 높으면 매력적인 오답이고, 그 비율보다 낮으면 매력적이지 않은 오답지로 분류한다. 따라서 ①번과 ④번 오답지는 매력적인 오답지로 분류되는 반면, ②번 오답지는 매력적이지 않은 오답지로 분류할 수 있다. 오답지 매력도가 낮아 피험자가 응답하는 비율이 현저하게 낮은 경우는 답지의 수정을 통해 선다형 문항의 질을 향상시킬 수 있다.

6) 고전검사이론의 장 · 단점

고전검사이론의 장점으로는 간단한 절차와 계산 과정, 작은 표본 활용, 적용의 용이성을 들 수 있다. 그러나 문항의 질을 판단하는 문항의 난이도, 변별도, 추측도는 피험자 집단의 능력수준에 의존한다는 한계가 있다. 또한 피험자의 능력수준도 문항의 특성에 따라서 다르게 산출된다.

구체적인 고전검사이론의 장 · 단점을 〈표 8-8〉과 같이 정리하였다.

표 8-8 고전검사이론의 장 · 단점

장점	단점
• 이론이 단순하여 이해하고 적용하기 쉬움 • 적은 표본으로도 신뢰도 및 타당도 분석이 가능함 • 복잡한 통계 모델 없이도 계산 가능하며, 소프트웨어가 없어도 사용할 수 있음 • 간단한 신뢰도 분석 방법을 제공하여 평가도구의 품질 분석에 용이함 • 소규모 연구나 시험에서 쉽게 적용 가능	• 문항의 난이도와 변별도가 표본에 의존하여, 다른 표본에서 달라질 수 있음 • 문항의 성능이 전체 시험의 총점에 의존하여, 문항 간 독립적인 평가가 어려움 • 추측에 의한 정답을 반영하지 않아, 선다형 문항에서 점수 왜곡이 발생할 수 있음 • 피험자와 문항 간 상호작용을 분석하지 못해, 피험자의 능력에 따른 문항 반응 차이를 분석하기 어려움 • 총점에 지나치게 의존하여 피험자의 실제 능력보다 점수가 왜곡될 수 있음

3. 문항반응이론에 의한 문항분석

1) 기본 가정

문항반응이론(Item Response Theory: IRT)은 피험자의 능력과 문항의 특성 간의 관계를 수학적 함수로 설명하는 이론으로, 고전검사이론의 한계를 보완하기 위해 개발되었다. 고전검사이론에서는 문항의 난이도와 변별도가 특정 집단의 특성에 의존하고, 문항의 특성에 따라서 집단의 특성이 달라지기도 한다. 또한 고전검사이론은 총점을 기준으로 문항의 양호도를 평가하므로, 각 문항이 독립적이지 않고 전체 검사의 총점에 따라 문항분석 결과가 달라질 수 있다.

그러나 문항반응이론의 기본 개념은 각 문항이 피험자의 능력수준에 따라 다르게 반응한다는 것인데, 개별 문항의 특성에 근거해 난이도, 변별도, 추측도와 같은 문항분석을 시도한다. 따라서 문항의 질을 피험자의 능력에 따라 독립적으로 분석하여 평가의 정확성을 높인다. 문항반응이론에서 말하는 능력이란 피험자의 능력을 나타내는 잠재적인 변수로, 피험자의 능력수준이 문항에 대한 정답응답 확률을 결정한다(성태제, 2016; Baker & Kim, 2004).

문항반응이론의 기본 가정 중 하나는 피험자의 응답이 단일한 능력에 의해 결정된다는 것이다. 즉, 피험자가 시험에서 응답한 모든 문항은 하나의 공통된 능력에 의해 영향을 받는다는 가정으로 이를 일차원성 가정(unidimensionality assumption)이라고 한다. 예를 들어, 수학 검사라면 모든 문항이 피험자의 수학적 능력만을 반영한다고 보는 것인데 언어능력과 같은 다른 능력은 응답에 영향을 미치지 않는다고 가정하는 것이다.

또 다른 가정은 각 문항에 대한 피험자의 응답이 독립적이어야 한다고 가정하는 것이다. 즉, 한 문항에 대한 응답이 다른 문항의 응답에 영향을 미치지 않는다는 가정인데, 이를 지역독립성 가정(local independence assumption)이라고 한다. 예를 들면, 특정 수학

문항에 대한 피험자의 정답 여부가 다른 수학 문항의 정답 여부에 영향을 미치지 않는다는 것이다.

2) 문항특성곡선

문항특성곡선(Item Characteristic Curve: ICC)은 피험자의 능력에 따른 문항에 대한 정답 확률 간의 관계를 설명하는 S자 형태의 곡선을 말한다. 문항반응이론에서 문항의 질을 분석할 때 사용되며, 문항의 난이도, 변별도, 추측도를 시각적으로 표현할 수 있다. 문항특선곡선의 형태는 문항마다 상이하며, 일반적으로 [그림 8-2]와 같은 형태로 나타난다.

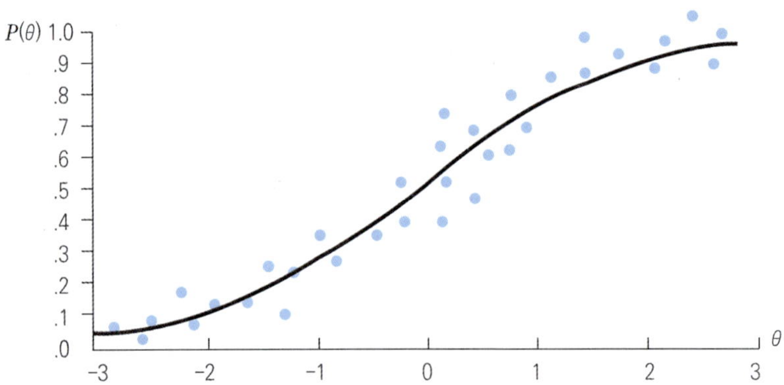

그림 8-2 피험자 능력수준에 따른 관찰된 정답비율과 문항특성곡선

문항특성곡선의 X축은 피험자의 능력을 나타내며, 'θ'로 표기한다. 피험자 능력의 평균은 0이고 표준편차가 1인 표준점수척도(Z점수)를 사용하므로 대부분의 피험자 능력은 ±3의 범위에 위치한다. Y축은 문항의 정답 확률을 나타내는데, 피험자 능력 θ에 따라 문항의 답을 맞힐 확률을 의미하며, $P_{(\theta)}$로 표기한다. 문항특성곡선은 각각의 피험자의 능력수준에 따라 문항의 답을 맞힐 피험자의 정답확률의 점들을 대표하는 곡선으로 추정된다. [그림 8-2]의 문항특성곡선을 보면 능력이 -1에 있는 피험자는 문항

을 맞힐 확률이 .25이며, +1의 능력에 있는 피험자는 문항에 정답으로 응답할 확률이 .70이 되는 것이다. 즉, X축의 오른쪽으로 갈수록 피험자의 능력은 높으며, 문항을 맞힐 확률도 일반적으로 커지게 된다.

각 문항마다 하나의 문항특성곡선이 추정되고, 이를 통해 난이도, 변별도, 추측도를 산출할 수 있다.

3) 문항난이도

문항반응이론에서의 문항난이도는 특정 능력수준(θ)에서 피험자가 문항을 맞힐 확률이 50%가 되는 지점을 의미한다. 즉, 문항에 정답으로 응답할 확률이 .5가 되기 위해서 필요한 피험자의 능력(θ) 수준으로 이해할 수 있는데, 어려운 문항일수록 θ값이 커진다. 따라서 문항반응이론에서의 문항난이도는 고전검사이론과는 다르게 값이 클수록 어려운 문항으로 간주하며, 'β' 또는 'b' 로 표기한다. 문항난이도의 범위는 이론적으로 ±∞이나 현실에서는 일반적으로 ±3 정도에서 존재한다.

문항의 특성이 각기 다른 세 문항의 문항특선곡선이 [그림 8-3]이라고 가정하자.

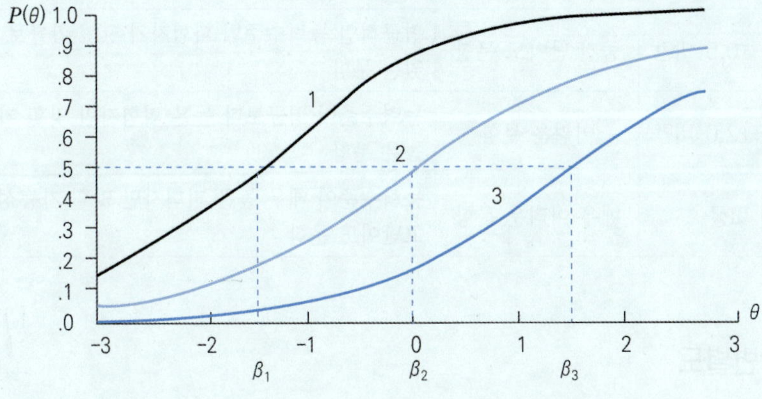

그림 8-3 문항난이도가 다른 세 문항의 문항특성곡선

[그림 8-3]에서 1번 문항의 난이도(β_1)는 약 -1.5로, 피험자의 능력 지점이 -1.5에서 1번 문항에 정답으로 응답할 확률이 .5가 되기 때문이다. 즉, 1번 문항은 능력수준이 낮은 피험자 집단에 기능한다는 점을 알 수 있다. 2번 문항의 난이도(β_2)는 약 0으로, 능력수준이 평균 정도인 피험자에게 적절하게 기능할 수 있는 난이도라고 할 수 있다. 마지막으로 3번 문항의 난이도(β_3)는 약 +1.5로 높은 능력수준의 피험자 집단에게 기능한다. 만약 피험자의 능력수준이 평균 정도 즉, θ가 0인 피험자는 1번 문항에 맞힐 확률이 .9이며, 2번 문항은 .5, 3번 문항은 .2로 나타난다. 다시 말해 문항특성곡선이 오른쪽에 위치할수록 더 어려운 문항이 된다.

문항반응이론에서의 문항난이도 지수에 따른 평가 기준은 〈표 8-9〉와 같다(성태제, 2016).

표 8-9 문항반응이론에서 문항난이도의 평가 기준

문항난이도 값(β)	평가 수준	설명
-2.0 미만	매우 쉬운 문항	능력수준이 매우 낮은 피험자도 쉽게 맞힐 수 있는 문항
-2.0 이상~-0.5 미만	쉬운 문항	능력수준이 평균보다 낮은 피험자도 맞힐 가능성이 높은 문항
-0.5 이상~+0.5 미만	중간 난이도 문항	평균적인 능력수준의 피험자가 50% 확률로 맞힐 수 있는 문항
+0.5 이상~+2.0 미만	어려운 문항	능력수준이 평균보다 높은 피험자만 맞힐 가능성이 높은 문항
+2.0 이상	매우 어려운 문항	능력수준이 매우 높은 피험자만 맞힐 가능성이 있는 고난이도 문항

4) 문항변별도

문항반응이론에서 문항변별도는 문항특성곡선(ICC)의 기울기로 나타내는데, 이때 기울기는 정답 확률이 .5인 지점에서의 기울기를 의미한다. 문항변별도란 문항이 피험자

간의 능력 차이를 얼마나 잘 구별할 수 있는지를 나타내는 지수인데, 문항특성곡선의 기울기가 더 가파를수록 피험자의 능력수준에 따른 정답 응답 확률이 급격하게 변하게 되어 피험자의 능력 차이에 따른 문항의 정답 확률 차이가 더 뚜렷하게 나타난다. 따라서 문항특성곡선의 기울기가 가파를수록 변별도가 높게 나타나며, 기울기가 완만할수록 변별도가 낮다. 변별도가 낮으면 능력 차이에 따른 정답 확률의 차이가 크지 않다는 것이고, 결국 피험자의 능력을 잘 구별하지 못한다는 의미가 된다. 문항반응이론에서의 문항변별도는 'α' 또는 'a'로 표기하며, 일반적으로 0에서 +2 범위에 있다.

문항의 특성이 각기 다른 세 문항의 문항특선곡선이 [그림 8-4]라고 가정하자.

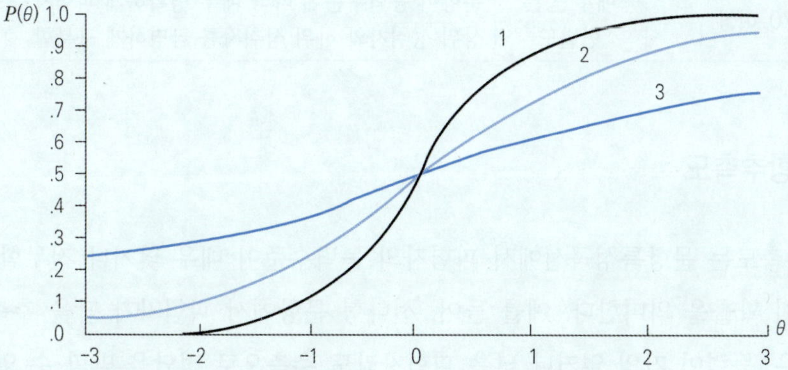

그림 8-4 문항변별도가 다른 세 문항의 문항특성곡선

[그림 8-4]에서 1번 문항, 2번 문항, 3번 문항의 난이도는 약 0으로 모두 같다. 즉, 세 문항 모두 중간 정도 수준의 난이도라고 할 수 있다. 그러나 정답 확률이 .5인 지점에서 세 문항의 기울기는 모두 다르다. 1번 문항 문항특성곡선의 기울기가 가장 가파르고, 3번 문항의 문항특성곡선은 가장 완만하다. 따라서 1번 문항의 변별도가 가장 높고, 2번 문항, 3번 문항 순으로 변별도가 높으므로, 세 문항 중에서 1번 문항이 피험자의 능력을 가장 잘 변별하는 문항으로 평가할 수 있다.

베이커(Baker)가 제안한 문항반응이론에서의 문항별변도 지수에 따른 평가 기준은 〈표 8-10〉과 같다(Baker, 2021).

표 8-10 문항반응이론에서 문항변별도의 평가 기준

문항난이도 값(α)	평가 수준	설명
.35 미만	매우 낮은 변별도	문항이 피험자의 능력수준을 거의 구별하지 못하며, 문항의 변별력이 매우 낮음
.35 이상~.65 미만	낮은 변별도	문항이 피험자의 능력 차이를 잘 구별하지 못하며, 시험의 변별력에 한계가 있음
.65 이상~1.35 미만	보통 변별도	문항이 피험자의 능력을 적절히 구분하며, 변별력이 보통 수준임
1.35 이상~1.70 미만	높은 변별도	문항이 능력 차이를 잘 구분하며, 시험의 변별력을 높이는 데 기여함
1.70 이상	매우 높은 변별도	문항이 능력수준에 따라 매우 명확하게 피험자를 구별하며, 상위 성취자와 하위 성취자를 극명하게 구분함

5) 문항추측도

문항추측도는 문항특성곡선에서 피험자의 능력수준이 매우 낮거나 전무할 때도 정답을 맞힐 확률을 의미한다. 예를 들어, 선다형 문항에서 피험자가 답을 추측으로 선택한 경우, 능력이 거의 없거나 낮은 피험자라도 추측으로 정답을 맞힐 수 있다. 문항반응이론에서의 추측도는 'c'로 표기하며, 일반적으로 0과 1 사이의 값을 가진다. 문항특선곡선으로 표현하면 [그림 8-5]와 같다.

[그림 8-5]의 문항특선곡선을 보면 문항을 해결하는 데 필요한 피험자의 능력수준이 없는 경우에도 문항에 정답으로 응답할 확률이 c만큼 존재한다. 다시 말해 이 능력이 전혀 없는 -∞에 있는 피험자가 문항을 맞힐 확률이 0이 아니라 .1이다. 따라서 문항추측도가 높을수록 문항특성곡선의 기울기가 그만큼 완만해지기 때문에 문항의 변별도를 낮추고, 문항난이도에도 영향을 준다. 일반적으로 사지선다형 문항에서는 문항추측도는 .2를 넘지 않는다.

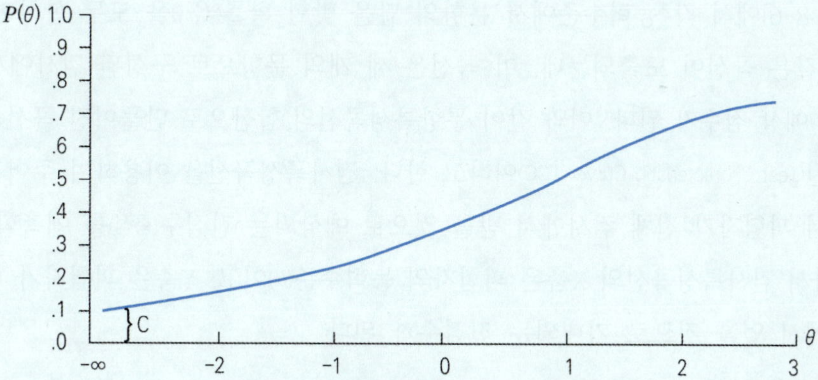

그림 8-5 문항특성곡선에 의한 문항추측도

6) 문항반응이론의 진점수 추정

고전검사이론에서의 진점수는 검사 총점으로 간주했다면, 문항반응이론에서는 검사의 모든 문항에 대한 문항특성곡선을 합하여 진점수를 얻는다. 3개의 문항으로 구성된 검사를 실시한 후, 각 문항의 문항특성곡선이 [그림 8-6]과 같다고 하자.

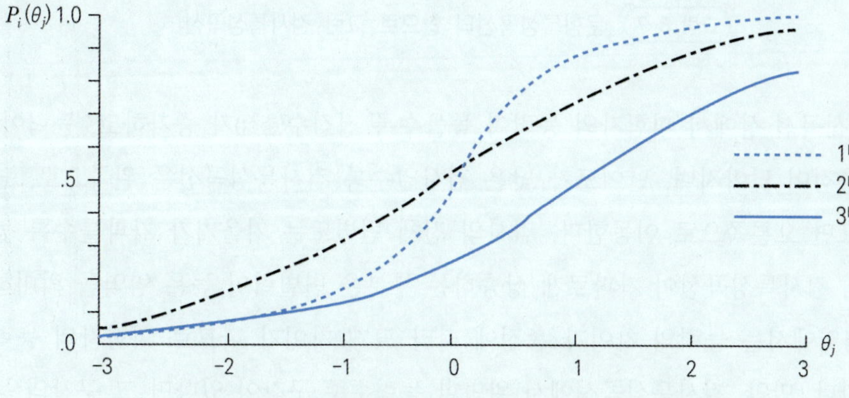

그림 8-6 문항특성이 다른 세 문항의 문항특성곡선

[그림 8-6]에서 각 능력수준에서 문항의 답을 맞힐 확률($P_{(\theta)}$)을 모두 합하면 [그림 8-7]과 같은 곡선이 도출되는데, 이 곡선은 세 개의 문항으로 구성된 검사에서 얻을 수 있는 예상 점수가 된다. 이와 같이 문항특성곡선의 합산으로 만들어진 곡선을 검사특성곡선(Test Characteristic Curve: TCC)이라고 한다. 검사특성곡선을 이용하여 주어진 능력수준에서 피험자가 전체 검사에서 받을 것으로 예상되는 진점수(총점)를 예측할 수 있다. 따라서 검사특성곡선의 X축은 피험자의 능력수준(θ)이고, Y축은 피험자가 해당 능력수준에서 얻을 것으로 기대되는 진점수가 된다.

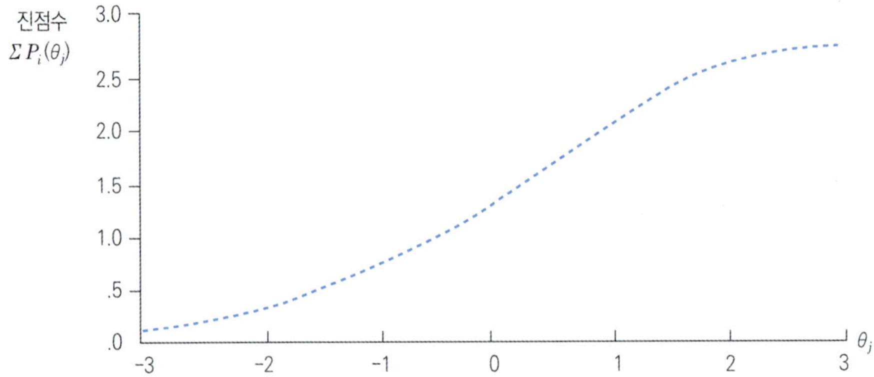

그림 8-7 문항특성곡선의 합으로 그린 검사특성곡선

검사특성곡선 상에서 피험자의 능력이 높을수록 진점수(총점)가 증가하고, 능력이 낮을수록 총점이 낮아지며, 난이도가 낮은 검사일수록 검사특성곡선은 왼쪽으로, 난이도가 높으면 오른쪽으로 이동한다. 검사의 전체 변별도는 기울기가 가파를수록 높은 검사인데, 검사특성곡선이 가파르게 상승하는 부분은 변별력이 높은 영역을 의미하는데, 이 영역에서는 능력의 차이가 총점에 따라 크게 차이가 나므로 피험자의 능력을 잘 변별한다. 만약, 검사특성곡선에서 완만한 능력수준 구간이 있다면 그 구간의 능력을 지닌 피험자는 능력이 다르더라도 진점수의 차이는 크지 않다.

7) 문항반응이론의 장 · 단점

문항반응이론은 고전검사이론의 한계를 보완한 이론으로, 평가도구를 설계하고 분석하는 데 있어 더욱 정교한 방법을 제공한다.

문항반응이론의 장점은 첫째, 문항의 성능이 특정 피험자 집단에 의존하지 않아 문항특성의 불변성을 유지한다는 것이다. 즉, 문항의 난이도, 변별도, 추측도 등의 문항특성들이 피험자 집단과 무관하게 추정되며, 이는 문항의 특성이 각기 다른 집단에서도 일관되게 작동한다는 것을 의미한다. 문항반응이론에서는 문항을 개별적으로 평가하므로, 각 문항의 난이도나 변별도를 독립적으로 추정할 수 있으며, 이를 통해 검사의 다양한 문항 특성을 더욱 정확하게 분석할 수 있다.

둘째, 피험자의 능력은 특정 문항에 의존하지 않고, 문항과 독립적으로 추정하므로 피험자 능력의 불변성 개념을 가진다. 즉, 어떤 문항을 맞혔는지 상관없이 피험자의 능력이 일관되게 측정된다. 따라서 각 피험자의 능력을 보다 정밀하게 측정하며, 특히 피험자의 능력수준에 맞춘 문항을 통해 피험자를 더 정확하게 평가할 수 있다.

셋째, 컴퓨터 적응형 테스트(Computerized Adative Testing: CAT)에서 매우 효과적으로 사용할 수 있다. CAT는 문항반응이론을 활용하여 피험자의 능력수준에 맞는 문항을 제공하고, 피험자의 응답에 따라 다음 문항의 난이도를 조정하여 평가의 효율성을 높였다. 최근에는 다차원적인 평가 모델을 적용할 수 있어 여러 능력(예: 수리적, 언어적 능력)을 동시에 평가하여 피험자의 다양한 능력을 정확하게 측정할 수 있다.

그러나 문항특성을 도출하기 위해 복잡한 수학적 모델을 사용하기 때문에 문항의 난이도, 변별도, 추측도를 추정하는 과정이 고도로 복잡한 수학적 지식이 필요하다. 또한 전문적인 통계 소프트웨어(예: R, IRT프로그램, Bilog-MG 등)가 필요하며, 이로 인해 소규모 연구자나 실무자가 직접 활용하기 어렵고, 일반적인 통계 도구만으로는 분석이 어렵다. 또한 문항분석을 위해 큰 표본이 필요하며, 비용과 시간이 상대적으로 많이 소요된다(Embretson & Reise, 2000).

문항반응이론의 장 · 단점을 〈표 8-11〉과 같이 정리하였다.

표 8-11 문항반응이론의 장 · 단점

장점	단점
• 문항의 성능이 피험자 집단에 의존하지 않음 다른 집단에서도 일관된 결과 도출 가능함 • 문항의 난이도, 변별도, 추측도 등을 개별적으로 분석할 수 있어 정교한 평가가 가능함 • 피험자의 능력이 특정 문항에 의존하지 않고 일관되게 측정됨 • 피험자의 능력에 맞춰 문항을 제시하는 컴퓨터 적응형 테스트(CAT)에 적합함 • 다차원 모델 등 다양한 모델을 적용할 수 있어 유연함	• 많은 표본이 필요하여 소규모 평가에서는 부적합함 • 복잡한 수학적 모델을 사용하여 이해와 적용이 어려움 • 추정 과정이 복잡하고, 많은 시간과 비용이 소요됨 • 단일 차원성 가정은 현실의 복잡한 평가 상황을 적절히 반영하지 못할 수 있음

토론주제

1. 한국에서 유아 대상의 지능검사로 가장 널리 활용되고 있는 검사는 K-WPPSI(한국 웩슬러 유아지능검사)와 K-WISC(한국 웩슬러 아동 지능검사)이다. 현재 이 검사들은 고전검사이론(CTT) 기반으로 설계되고 해석되고 있다. 이 검사들을 기반으로 아동의 지능지수를 해석하고자 할 때 그 한계점은 무엇인지 논의해 보고, 논의에서 도출한 한계점을 극복하기 위한 방법으로 문항반응이론(IRT)의 적용에 대해서 이야기해 보자.
   - K-WPPSI(한국 웩슬러 유아지능검사)와 K-WISC(한국 웩슬러 아동 지능검사)의 검사내용과 검사연령 등에 대해 살펴보자.
   - 이 검사들의 검사 해석 방식은 어떠한가?
   - 이 검사들의 지능지수 해석 방식의 한계점은 무엇이고, 이를 극복하기 위한 방법은 무엇인지 논의하자.

2. 이 교사는 다가오는 기말고사에서 학생들의 과학적 이해도와 사고력을 잘 평가하고자 다양한 문항을 고민하고 있었다. 지난 시험에서는 몇몇 문항이 지나치게 쉬워 모든 학생이 정답을 맞히거나, 반대로 너무 어려워 많은 학생이 틀린 경우가 있었다. 이러한 문제들은 학생들의 학습 수준을 제대로 구별하지 못해 시험의 변별력이 낮다는 평가를 받았고, 이에 이 교사는 변별도를 높이기 위해 난이도를 조절하는 데 집중했다. 그러나 이 교사는 또 다른 고민에 부딪혔다. 과학 시험에서 선택형 문항을 사용할 경우, 학생들이 답을 찍어서 맞히는 일이 종종 발생했다. 특히 어려운 문제일수록 학생들이 추측으로 답을 고르면서, 시험의 추측도가 높아졌고, 그 결과 시험이 실제 학습 수준을 반영하지 못하게 되었다.
   - 과학적 사고력을 평가하기 위한 문항 구성 시, 변별도를 높이기 위한 난이도 조정의 기준은 무엇인가?
   - 과학 시험에서 추측도를 낮추기 위한 어떠한 오답 구성 방식이 효과적일까?
   - 생명과학과 같은 개념 중심의 과목에서 높은 변별도 문항이 가지는 장·단점은 무엇인가?

참고문헌

성태제 (2016). 문항반응이론의 이해와 적용. 교육과학사.

성태제 (2021). 현대교육평가(5판). 학지사.

Baker, F. B. (2021). *The basics of item response theory*(2nd ed.). ERIC Clearinghouse on Assessment and Evaluation.

Baker, F. B., & Kim (2004). *Item response Theory: Parameter Estimation Techniques*(2th ed.). NY: Marcel Dekker, Inc.

Crocker, L., & Algina, J. (2006). *Introduction to classical and modern test theory*. Cengage Learning.

Downing, S. M. (2006). Twelve steps for effective test development. *Handbook of Test Development*, 3-25.

Ebel, R. L. (1965). *Measuring educational achievement*. Englewood Cliffs, NJ: Prentice-Hall.

Ebel, R. L., & Frisbie, D. A. (1991). *Essentials of educational measurement*(5th ed.). Prentice Hall.

Embretson, S. E., & Reise, S. P. (2000). *Item response theory for psychologists*. Lawrence Erlbaum Associates.

Haladyna, T. M., & Rodriguez, M. C. (2013). *Developing and validating test items*. Routledge.

Kline, P. (2000). *The handbook of psychological testing*(2nd ed.). Routledge.

Millman, J., & Greene, J. (1993). The specification and development of tests of achievement and ability. *Educational Measurement, 3*, 335-366.

Thorndike, R. M. (2005). *Measurement and evaluation in psychology and education*(7th ed.). Pearson Education.

Chapter 9

교육프로그램 평가

1. 교육프로그램 평가 목적
2. 프로그램 평가 설계
3. 프로그램 평가 모형

학교에는 다양한 프로그램이 있다. 방과후 학교 프로그램, 학습 부진자 프로그램이나 영재 프로그램 등을 통해 학생들의 성장을 도모하고 있다. 이 외에 기업이나 지역사회 기관에도 각종 프로그램들이 진행되고 있으며, 대학에서도 학생의 적응을 돕는 다양한 프로그램이 있다. 그렇다면 이러한 프로그램이 과연 효과가 있을까? 그에 대한 판단은 교육프로그램 평가를 통해 할 수 있다.

교육프로그램 평가란 프로그램이 시간적, 인적, 물질적 자원을 투자하여 "진행할만 했는지"를 판단하는 행위이다. 여기서 프로그램은 "어떤 문제를 해결하기 위해 설계된 일련의 계획과 그에 따른 교육적 개입", "어떤 목적을 달성하기 위해 체계적으로 계획되고 운영되는 장기적인 교육활동"으로 정의할 수 있다. 프로그램 평가는 이러한 각종 프로그램이 지닌 그 가치, 질, 유용성을 체계적으로 판단하고 이후 프로그램 운영에 환류하며, 참여자들이 얻어갈 수 있는 유익을 최대로 하는 것에 그 목적이 있겠다.

효과적으로 교육프로그램 평가를 하기 위해서는 관련된 자료들을 수집하여 그 진행 상의 목표, 내용, 활동 적합성 등에 대하여 제대로 판단할 수 있어야 한다. 아울러 교육을 통해 학습자가 정말 변화, 성장했는지, 교육을 통해 변화한 과정을 살펴볼 수 있어야 한다. 이에 대한 내용을 살펴보도록 하자.

1. 교육프로그램 평가 목적

1) 교육프로그램 평가의 개념

교육은 학습자의 변화를 일으키기 위해 다양한 교육적 개입을 마련하는데, 그 개입의 효과성을 입증하는 것은 교육 발전을 위해 필수적이다. 교육프로그램 평가는 이 프로그램이 자원을 투입할 만큼의 가치가 있느냐를 판단하는 행위라고 볼 수 있다.

교육프로그램은 교육적 목적을 달성하기 위해 체계적으로 설계되고 조직화된 일련의 교육활동이다. 교육프로그램은 명확한 교육목표를 기반으로, 이를 달성하기 위한 교육내용, 교육방법, 그리고 평가체계가 유기적으로 연계되어 구성되어 있다. 그러므로 교육프로그램은 의도성과 체계성에 그 핵심적 특징이 있다. 먼저, 프로그램은 분명한 교육적 의도를 가지고 계획되어 있으며, 이는 구체적인 학습목표의 형태로 나타난다. 이러한 각각의 목표를 달성하기 위해 필요한 지식, 기술, 태도 등의 교육내용이 선정되어 있고, 이를 효과적으로 전달하기 위한 다양한 교수-학습 방법이 적용되어 있다. 마지막으로는 목표 달성 여부를 확인하고 프로그램의 효과성을 검증하기 위한 평가체계가 포함되어 있다.

이처럼 교육프로그램은 단순한 교육활동의 나열이 아니라, 교육목표, 내용, 방법, 평가가 유기적으로 연계된 체계적이고 계획적인 교육활동의 총체라고 볼 수 있다. 이러한 교육프로그램을 평가한다는 것은 프로그램이 목표로 하는 의도성, 체계성, 실행가능성이 제대로 실현되는지는 보는 것이다. 즉, 교육프로그램의 가치와 효과성을 체계적으로 판단하며, 이는 프로그램의 목표 달성 정도를 확인하고, 프로그램의 개선을 위한 의사결정에 필요한 정보를 수집하며 분석하는 종합적인 활동이라 볼 수 있다.

2) 교육프로그램 평가의 필요성

(1) 교육의 질 관리 측면

교육프로그램 평가는 교육의 질 관리 측면에서 매우 중요한 의미를 지니고 있다. 교육의 질 관리는 교육프로그램이 의도한 목표를 효과적으로 달성하는지를 확인함으로써, 교육의 지속적인 개선과 발전을 이루어내기 위한 핵심적인 과정이다. 교육프로그램 평가가 지니는 교육의 질관리 측면의 필요성을 다음과 같이 정리할 수 있다.

첫째, 교육프로그램 평가는 교육내용의 적절성과 타당성을 검증하는 기능을 한다. 교육프로그램에서 다루어지는 내용이 교육목표 달성에 적합한지, 학습자의 수준과 요구에 부합하는지를 체계적으로 분석할 수 있다. 이를 통해 교육내용의 수준과 범위를 조정하고, 최신의 교육내용을 반영하여 프로그램의 질적 수준을 향상시킬 수 있다.

둘째, 교육방법과 전략이 효과적인지 점검하고 개선하는 데 중요한 역할을 한다. 교육프로그램에서 활용되는 다양한 교수-학습 방법이 실제로 효과적으로 작동하고 있는지, 학습자의 참여와 동기를 촉진하는지를 확인할 수 있다. 이를 통해 보다 효과적인 교수법을 고안하고, 학습자 중심의 교육환경을 조성할 수 있다.

셋째, 교육프로그램의 운영 과정에서 발생하는 문제점을 발견하고 해결할 수 있다. 장소와 시간적 한계를 대비하는 것, 교육시설과 기자재의 활용 문제, 교육시간의 적절한 배분, 교육인력의 전문성 확보 등 프로그램 운영의 전반적인 측면을 점검하여 미흡한 부분을 보완하고 개선할 수 있다.

넷째, 교육프로그램의 성과와 효과성을 객관적으로 측정하고 검증할 수 있다. 학습자의 성취도, 만족도, 행동 변화 등 다양한 측면에서 프로그램의 효과를 분석함으로써, 프로그램이 의도한 목표를 달성하고 있는지를 확인할 수 있다.

다섯째, 교육프로그램의 평가 결과는 지속적인 개선과 혁신을 위한 기초자료가 된다. 평가 결과를 통해 프로그램의 강점과 약점을 파악하고, 이를 바탕으로 프로그램의 질적 향상을 위한 구체적인 개선방안을 도출할 수 있다. 구체적으로는 교육담당자들이 교육 완료 후 환류회의를 통해 각종 개선 아이디어를 도출하는 기본 자료로 활용된다.

이러한 교육의 질 관리 측면에서 교육프로그램 평가는 단순한 점검이나 확인의 차원을 넘어, 프로그램의 지속적인 발전과 혁신을 이끌어내는 핵심적인 기제로 작용한다. 체계적이고 지속적인 평가를 통해 교육프로그램의 질적 수준을 제고하고, 학습자들에게 보다 나은 교육경험을 제공할 수 있다.

(2) 책무성 확보 측면

책무성이란 주어진 직무나 업무를 수행하는 과정에서 그 결과에 대해 책임을 지고 설명할 의무가 있음을 의미한다. 이는 단순히 책임을 진다는 의미를 넘어서, 자신의 행위나 의사결정에 대해 합리적인 근거를 제시하고 그 결과를 설명할 수 있어야 한다는 것을 포함한다. 교육프로그램은 개발과 진행으로 이어지는 일련의 과정에 시간적 물질적 자원이 투입된다. 또한 그러한 목표에 근거하여 학습자들이 참여하게 된다. 중요한 자원의 투입에 따라 의도된 결과가 나오는지를 증명하는 것은 매우 중요하다. 이에 따라 교육프로그램 평가가 지닌 책무성 확보 측면에서의 필요성을 정리하면 다음과 같다(김규태, 2005).

첫째, 교육프로그램 평가는 프로그램 운영의 투명성을 확보하는 데 기여한다. 교육프로그램에 투입되는 인적, 물적 자원이 계획된 대로 적절하게 활용되고 있는지를 객관적으로 확인하고 공개함으로써, 프로그램 운영의 투명성을 입증할 수 있다. 이는 프로그램에 대한 이해관계자들의 신뢰를 구축하는 기반이 된다.

둘째, 교육프로그램의 효율성을 입증하는 근거를 제공한다. 투입된 자원 대비 프로그램의 성과를 분석함으로써, 자원이 효율적으로 활용되고 있음을 증명할 수 있다. 이는 프로그램 운영을 위한 예산과 자원의 지속적인 확보를 정당화하는 근거가 된다.

셋째, 이해관계자들에 대한 설명 책임을 이행할 수 있다. 교육프로그램의 운영 과정과 성과에 대해 학습자, 학부모, 후원기관, 관련 정책 기관 등 다양한 이해관계자들에게 객관적이고 신뢰할 수 있는 정보를 제공할 수 있다.

넷째, 프로그램의 지속성을 확보하는 데 도움이 된다. 평가를 통한 책무성 입증은 프로그램에 대한 사회적 지지와 자원의 지속적인 확보를 가능하게 하며, 이는 프로그램의 안정적인 운영과 발전으로 이어질 수 있다.

다섯째, 교육기관의 전문성과 신뢰성을 강화할 수 있다. 체계적인 평가를 통해 프로그램 운영의 책무성을 입증함으로써, 교육기관의 전문성과 신뢰성을 높일 수 있으며, 이는 기관의 경쟁력 강화로 이어질 수 있다.

이처럼 교육프로그램 평가는 책무성 측면에서 프로그램의 투명성, 효율성, 효과성을 입증하고, 이해관계자들에 대한 설명 책임을 이행하는 데 핵심적 역할을 한다. 이를 통해 프로그램의 지속가능한 발전과 교육기관의 신뢰성 확보를 도모할 수 있다.

(3) 의사결정 지원 측면

교육프로그램 평가는 프로그램과 관련된 다양한 의사결정을 위한 객관적이고 체계적인 정보를 제공한다는 점에서 중요한 의미를 지니고 있다. 우선, 기존의 평가 결과를 기반으로 앞으로의 교육프로그램을 계획할 때 중요한 의사결정을 할 수 있다. 예를 들면, 프로그램의 목표 설정, 내용 구성, 교수-학습 방법 선정 등에 관한 의사결정을 위해 프로그램의 평가 결과를 활용할 수 있다.

아울러 프로그램 실행 과정에서 즉각적인 개선을 위한 의사결정을 가능하게 한다. 프로그램 운영 과정에서 발생하는 문제점을 진단하고, 이에 대한 적절한 해결방안을 모색하는 데 평가 결과를 활용할 수 있다. 이 경우는 주로 프로그램 진행 중에 시행하는 형성평가 결과가 해당된다.

또한, 프로그램의 지속, 수정, 폐지 등 프로그램의 전반적인 방향성에 대한 의사결정에 핵심적인 정보를 제공한다. 프로그램의 효과성, 효율성, 영향력 등을 종합적으로 분석한 평가 결과를 바탕으로 프로그램의 향후 운영 방향을 결정할 수 있다. 자원 배분과 관련된 의사결정에 있어서도 평가 결과가 활용된다. 한정된 자원을 효율적으로 활용하기 위해, 평가 결과를 바탕으로 우선순위를 설정하고 자원을 배분하는 근거로 활용할 수 있다.

2. 교육프로그램 평가 설계

교육프로그램 평가를 위해 절차를 마련하고 설계할 필요가 있다. 우선, 교육프로그램의 계획, 실행, 결과에 대한 단계를 계획하고, 각각에 대한 정보수집 과정이 필요하다. 다음으로, 수집된 정보를 바탕으로 프로그램의 가치와 장·단점을 판단하며, 마지막으로, 평가 결과를 통해 프로그램의 개선과 의사결정을 지원하게 된다.

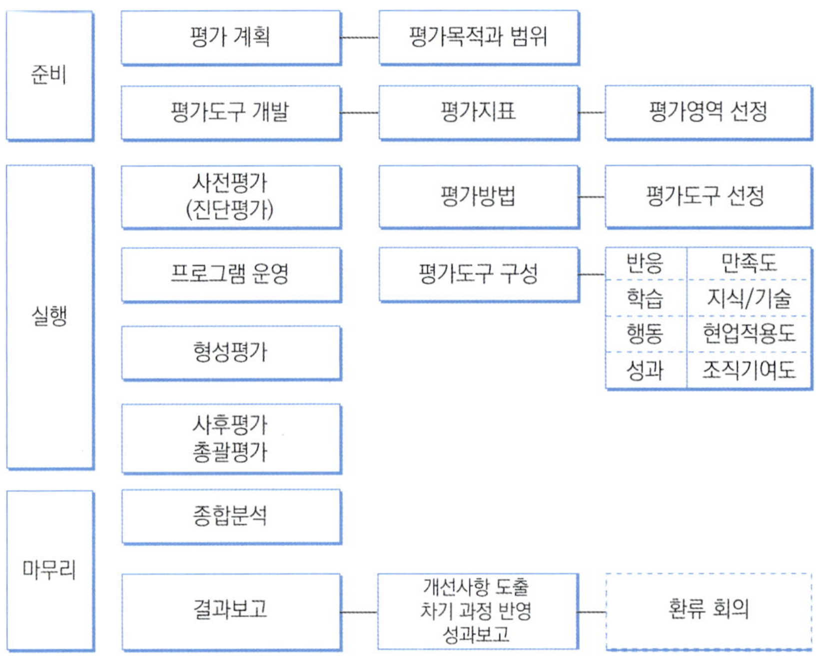

그림 9-1 교육프로그램 평가 절차

1) 평가 준비

(1) 평가 계획

평가 계획을 수립할 때 가장 중요한 것은 평가 목적과 범위를 명확히 하는 것이다.

평가 목적은 평가를 통해 무엇을 얻고자 하는 것인지를 정하고, 구체적으로 설정하는 것이다. 특정 교육프로그램의 효과를 검증하는 경우, 목적은 학습자 성과의 향상, 교수법의 효과성 등이 될 수 있다. 평가 목적을 명확화하지 않게 되면 도출되는 결과가 모호해질 수 있다.

평가의 범위는 평가대상, 내용, 시간적·공간적 조건을 구체화하는 것이다. 평가대상이 누구인지, 평가할 내용이 무엇인지, 언제 어디서 평가하는지를 정하게 된다. 미리 최적의 조건을 구상한 후 실시하는 평가야말로 그 타당성과 실행 가능성이 높아진다고 볼 수 있다. 또한, 평가 범위를 설정할 때는 평가 실시할 때 요구되는 자원의 한계를 알고 그에 맞게 설정하며, 학습자와 교사 등 이해관계자의 요구를 고려해 현실적으로 조정해야 한다. 명확한 목적과 범위를 통해 평가가 단순한 점검을 넘어 실질적 변화를 이끄는 도구로 활용될 수 있도록 하였다.

(2) 평가도구 개발

평가도구 개발을 위해 우선 평가지표를 선정해야 한다. 평가지표 선정이란 평가 목적과 목표에 부합하는 구체적이고 측정가능한 항목을 설정하는 것을 의미한다(Bloom, Hastings & Madaus, 1971). 평가지표는 평가대상이 달성해야 할 성과나 목표를 명확히 하고, 이를 객관적으로 측정할 수 있도록 돕는 기준이 된다. 평가지표를 선정할 때는 우선 평가의 목적에 맞게 지표가 설정되어야 하며, 측정가능한 요소를 중심으로 구체적이고 명확하게 정의해야 한다. 예를 들어, 학습자 성과를 평가할 경우, 성취도, 학습 태도 변화, 만족도 등이 지표로 설정될 수 있다.

평가지표가 마련되면, 어떻게 평가할 것인지에 대한 평가방법을 고려해야 한다. 평가방법을 선정하는 것은 평가의 목적과 지표를 효과적으로 달성하고 측정하기 위함이다. 평가방법은 정량적 평가와 정성적 평가로 구분되며, 평가의 목적에 따라 적절한 방식을 선택할 수 있다. 정량적 방법은 데이터를 수치화하여 객관적인 결과를 도출하는 데 유리하며, 설문조사, 테스트, 평가 척도 등을 통해 통계적으로 분석하는 것을 말한다. 정성적 방법은 참여자의 경험, 태도, 행동을 심층적으로 이해하기 위해 사용되며, 인터뷰, 관찰, 포커스 그룹 등으로 질적이며 심층적 정보를 수집하는 것이다. 두 가지 방식을 혼합한 혼합형 평가도 가능하다. 이는 정량적 결과의 실증적 검증성과 정성적 해석의 깊이를 함께 제공하는 장점이 있다.

다음으로 평가도구 선정과 구성을 해야 한다. 이는 평가 과정에서 중요한 단계로, 평가지표와 목적을 충실히 반영하며 평가의 신뢰성과 타당성을 보장하기 위해 필요한 과정이다. 평가도구는 설문지, 테스트 문항, 인터뷰 질문지, 관찰 기록표 등으로 다양하게 구성될 수 있으며, 평가방법과 목적에 따라 적합한 도구를 선택해야 한다. 도구를 신징힐 때는 먼저 평가의 목적을 명확히 하고, 평가대상과 환경에 적합한 도구인지 고려해야 한다. 정량적 평가를 위해서는 객관적으로 수치화 가능한 문항을 포함한 설문지나 시험지를 사용할 수 있고, 정성적 평가에는 인터뷰나 관찰 체크리스트가 유용하다.

평가도구는 타당성과 신뢰성이 필수적으로 확보되어야 한다. 타당성은 도구가 측정하려는 내용을 정확히 반영하고 있는지를 의미하며, 신뢰성은 동일한 조건에서 일관된 결과를 제공할 수 있는지를 뜻한다. 여러 연구를 통해 검증된 도구를 선택할 수 있고, 평가 목적에 따라 개발하는 것도 가능하다. 평가도구 문항은 명확하고 구체적이어야 하며, 평가대상자가 쉽게 이해하고 응답할 수 있도록 설계하는 것이 중요하다.

커크패트릭의 4수준 모델에 따라 평가도구를 구성하는 것도 가능하다. 이는 교육프로그램의 효과를 체계적으로 평가하기 위한 접근법으로, 각 수준에 따라 적절한 도구를 선택하고 설계하여 다각도의 평가 결과를 얻을 수 있다(Kirkpatrick, 1994). 1수준은 반응으로 학습자나 참여자가 프로그램에 대해 느끼는 반응을 평가한다. 이 수준에서는 설문지나 만족도 조사 같은 도구를 활용하여 프로그램의 흥미, 만족도, 참여 의지 등을 평가할 수 있다. 2수준은 학습이다. 학습자들이 프로그램을 통해 얻은 지식이나 기술의 습득을 평가한다. 이 수준에서는 퀴즈, 실습 과제 등을 통해 지식과 능력 향상 정도를 측정할 수 있다. 3수준은 행동이다. 교육프로그램 후 학습자가 직장이나 일상생활에서 배운 내용을 어떻게 적용하는지를 평가하는 것이다. 이때 다양한 평가도구를 활용하여 학습 후 행동의 변화 여부를 측정할 수 있다. 4수준은 성과이다. 프로그램의 최종 목표인 성과 즉, 학업성취도나 조직의 경우 조직의 효율성, 생산성 향상, 비용 절감 등과 같은 목표가 달성되었는지를 평가한다. 경영 지표나 실적 보고서 분석, 투자대비수익률(Return on Investment: ROI) 계산을 통해 프로그램이 궁극적으로 어떤 영향을 미쳤는지 확인할 수 있다.

2) 평가 실행

평가의 실행은 다음과 같다. 교육프로그램의 시작 전, 사전 평가(진단평가)를 실시하여 대상자의 준비 상태와 출발점 수준을 진단한다. 이를 통해 교육 효과를 비교할 수 있는 기준을 설정하고, 참가자들의 초기 상태에 대한 명확한 이해를 도울 수 있다. 프로그램이 실행되는 동안에는 형성평가를 통해 학습자의 진행 상황을 점검하고, 이를 수료 기준에 반영할 수 있다. 또한, 형성평가 결과는 즉각적으로 학습에 반영되어 학습 효과를 지원하고, 필요에 따라 학습 전략을 조정할 수 있다.

교육프로그램이 모두 종료된 후에는 사후 평가를 통해 대상자의 이해도와 실무 능력이 교육 전에 비해 실질적으로 성장하였는지를 종합적으로 확인할 수 있다. 이를 위해 사전검사와 동일한 측정 도구를 사용하여 변화 정도를 실증적으로 비교하고, 프로그램이 학습자에게 미친 영향을 파악한다. 또한, 교육프로그램이 얼마나 효과적이었는지를 확인하고, 교육내용에 대한 이해와 현장 적용 가능성을 평가하기 위해 총괄평가를 실시한다. 총괄평가는 사후 평가와 유사하게 보일 수 있지만, 학습 전이 가능성을 측정하여 프로그램 효과의 지속성과 실제 변화 가능성을 검증한다는 점에서 차이점이 있다.

3) 마무리

종합 분석을 위해 사전 평가, 형성평가, 사후 평가 및 총괄평가에서 수집된 데이터를 체계적으로 수집하고 정리한다. 수집된 데이터는 학습자의 반응, 학습 성과, 행동 변화 및 성과 관련 지표를 포함하며, 이를 기반으로 프로그램의 전반적인 효과를 평가할 수 있다. 사전 평가와 사후 평가 데이터를 비교함으로써 학습자의 지식과 행동 변화, 그리고 성과에 대한 변화를 분석하고, 형성평가 결과를 통해 학습 진행 상황과 참여자의 반응을 지속적으로 확인할 수 있다.

교육프로그램의 평가가 마무리되면 종합 분석과 함께 결과 보고를 할 수 있다. 결과 보고서에는 정량적 데이터에 대해 통계분석을 실시하여 유의미한 변화를 도출하고, 데이터의 주요 경향과 변화를 시각적으로 쉽게 파악할 수 있도록 시각화 도구를 활용하여 정리할 수 있다. 참여자 반응이나 피드백과 같은 질적 데이터에 대해서는 키워드 분석과 주제별 분류를 통해 프로그램의 긍정적 요소와 개선이 필요한 부분을 도출할 필요도 있다. 이러한 분석을 통해 최종 성과 데이터를 기반으로 연수 프로그램이 실질적으로 미친 영향을 평가하고, 교육목표가 달성되었는지를 확인할 수 있다.

평가 결과에 대한 분석이 마무리되고 보고서를 작성하게 되면 그 결과들을 모두 모아서 환류회의를 진행할 수 있다. 평가 결과의 피드백 절차로 교육과정 개선을 위한 아이디어를 도출하는 것이 목적이다. 환류회의를 위한 계획과 그에 따르는 절차를 정리하면 다음 〈표 9-1〉과 같다(교육부, 2024).

표 9-1 환류회의 단계와 내용

	단계	내용
1	회의 목적 및 목표 설정	• 회의의 목적과 목표를 명확히 설정하고 공유 • 참석자 선정
2	평가 결과 요약 및 공유	• 사전, 형성, 총괄평가 결과를 요약 및 시각화하여 참석자들과 공유 • 주요 성과, 행동 변화, 반응, 성과 달성 여부 등 보고
3	개선 및 보완 필요 사항 논의	• 평가 결과에서 드러난 개선점과 한계에 대해 논의 • 교육 방식, 내용, 실무 적용 가능성 등 세부적 검토
4	피드백 수집 및 의견 조율	• 추가적인 피드백 수집 • 참석자들의 제안 사항과 아이디어를 논의 및 우선순위 조율

	단계	내용
5	개선 계획 수립	• 구체적인 개선 계획 마련 • 실행 일정, 책임자, 적용 방안 명확히 작성
6	회의 결과 문서화 및 공유	• 환류 회의 논의 사항 및 최종 결정 사항 문서화 • 참석자 및 관련자와 공유하여 역할과 책임 명확화
7	후속 조치 점검 및 환류 효과 평가	• 일정 기간 후 개선 방안 적용 여부와 효과 점검 • 추가 개선 사항 모니터링으로 환류 과정의 지속적 품질 향상 도모

3. 프로그램 평가 모형

살펴본 바와 같이 평가 결과는 환류과정을 통해 교육과정을 수정, 보완하게 되고, 교육프로그램의 존재 가치를 판가름하게 된다. 평가 결과가 이처럼 중요한 의미를 갖게 되므로, 교육프로그램을 평가하는 목적이나 필요성에 따라 어느 부분에 중점을 두어야 하는지를 미리 결정하는 것이 필요하다. 교육프로그램을 실시하는 목적이나 가치관에 따라 평가 결과 산출의 내용이 달라지기 때문에, 교육프로그램의 존재 의의 혹은 교육 가치관에 따라 즉, 평가 결과에서 무엇을 얻어내야 하는지, 어떤 의미를 도출해야 하는지에 따라 다양한 평가 모형이 존재하게 된다. 이에, 각 교육학자들이 자신의 학문적 입장에 따라 다양한 프로그램 평가 모형을 제시하고 있는데 우리나라 교육과정학 용어대사전(한국교육과정학회, 2017)에 제시된 주요 모형을 중심으로 다음과 같이 살펴볼 수 있다.

1) 목표성취모형

(1) 목표성취모형의 개념과 의의

미국의 교육학자 타일러(Tyler)는 교육목표의 명확성과 학습자 중심의 학습경험에 중점을 둔 실용주의적 접근을 강조하였다. 그는 교육이 학습자의 경험과 사회적 요구에 부합해야 하며, 학생들이 구체적인 목표를 통해 명확히 정의된 성취를 할 수 있도록 돕는 것이 교육의 주요 목적이라고 하였다. 그러므로 그는 실질적이고 측정가능한 성과를 달성하는 것을 중요시했다.

1930년대 미국 대공황 시기, 기존 교육 체제가 사회 변화와 학생들의 실제적 필요를 충족하지 못한다는 비판 속에서 8년 연구가 진행되었는데, 그는 연구를 주도하며 고등학교가 다양한 혁신적 교수법을 시도하는 것의 실질적 효과를 검증하였다. 그 당시 8년 연구에 투입된 시간적 물질적 자원의 양이 굉장히 많았기 때문에 반대 의견을 잠재우기 위한 효과검증은 필수였다. 그는 투입된 자원이 어떻게 가치를 발하였는지를 나타내기 위해 목표 달성에 대한 입증을 시도하였으며, 가시적 결과에 대해 과학실증적 접근 방식을 사용하였다. 그 결과 학생들의 진학률, 학업성취도 등이 얼마나 올랐는지를 보여줌으로써 목표 달성을 확인할 수 있었다. 학생들의 대학 준비도와 성취도가 향상됨을 입증하여 전통적 교육방법이 한계가 있음을 보여주었고, 교육과정의 개혁 방향을 제시하는 근거로 삼을 수 있었다.

타일러(Tyler)는 연구 프로젝트 성과 관리를 위한 평가 모형을 제안할 때, 교육평가라는 용어를 최초로 사용하면서 사전에 수립한 교육목표를 평가의 준거로 삼아 그 목표가 어느 정도 성취하였는지를 판단하는 것에 주안점을 두었다. 목표성취모형의 개념에 따른 주요 단계는 다음 [그림 9-2]와 같이 나타낼 수 있다.

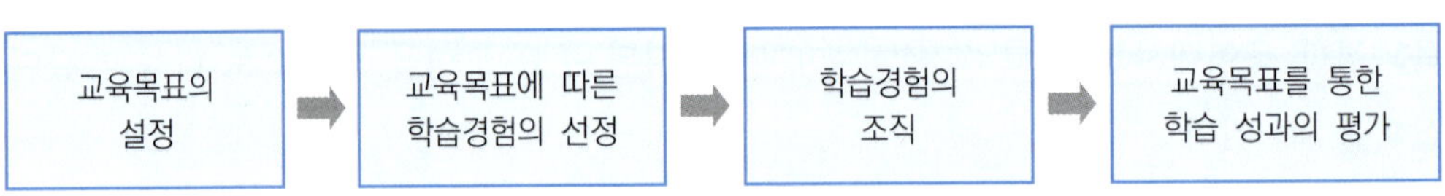

그림 9-2 목표성취모형에 따른 교육 및 평가 진행

이러한 주요 단계에 따르면, 교육목적 달성은 결국 성취된 것이 무엇이냐를 판별해야 하며, 행동의 변화를 도출하는 것이라고 하였다. 교육을 통해 목표를 얼마나 달성하였는지, 실제로 학생에게 변화가 일어났는지를 확인하는 것을 평가라고 규정하였

다. 사전에 수립한 교육목표를 기준으로 일련의 교육과정이 의미 있게 연계되도록 하고, 평가를 통해 명확한 마무리를 짓는 것이 중요함을 강조하였다.

평가에 있어 결과가 좋고 나쁨을 판단하기 위해서는 준거가 중요한데 그 준거를 어디서 가져올 것인가 고민한 결과, 교육과정의 시작 초반에 수립된 교육목표를 준거로 삼았다. 이에 따라 제대로 수립된 교육목표가 중요함을 인식하였고, 교육목표 수립에 관련된 교육개발자, 교사들의 역할과 역량, 전문성, 책무성에 대하여 강조하였다.

목표성취모형은 교육에서 평가가 중요함을 강조했다는 의의가 있다. 기존에는 교육의 핵심을 교육진행에 두었다면, 그는 평가를 강조함으로써 교육의 의미와 가치를 실증적으로 입증하는 것에 중점을 두어, 교육과정은 목표를 기반으로 구성되어야 하며 목표 달성을 위해 체계적으로 조직될 것을 주장하였다. 그리하여 수업과 평가가 연관되어야 평가가 의미가 있고, 그에 따르는 수업도 체계적, 효율적으로 진행될 수 있다고 하였다.

이처럼 실증적 입장을 취하는 목표성취모형의 평가 결과에 따라 교육정책이 바뀌고 자본의 투입이 달라지며 교육과정에 개혁이 일어날 수 있었다. 평가 결과가 중요해짐에 따라 평가도구의 타당성과 신뢰성에 집중하게 되었고, 그에 따라 평가도구를 과학 실증적 방법을 통해 개발하게 되었다. 이러한 과정은 측정평가이론의 기반이 되었으며 심리측정이론에 기반한 검사와 측정을 강조한 배경이 된다.

목표성취모형은 교육개발자와 교사들에게 책무성을 강조한다. 즉, 교육목표가 중요하기 때문에 교육목표를 설정하는 것에 대한 무게감을 인식하여야 하며, 교육프로그램을 개발하는 사람들이나 수업을 진행하는 사람들이 깊이 고찰한 목표를 분명하게 수립한 후, 그 성과 여부를 확인하는 것까지 유념해야 한다.

(2) 목표성취모형의 강점과 한계

목표성취모형은 지금까지도 널리 사용되는 가장 강력한 평가 모형 중 하나라 볼 수 있다. 목표성취모형의 강점을 정리하면 다음과 같다.

첫째, 교육 진행과 과정, 결과에 일관성을 유지하게 한다. 즉, 교육목표, 교육내용,

교육평가 간의 논리적 일관성이 존재해야 하며, 그렇지 않은 내용은 수정해야 함을 보여준다. 이러한 과정을 통해 핵심적이고 필요한 교육프로그램을 실용성 있게 선정하고 구성하게 돕는다.

둘째, 명확한 평가 기준이 존재하므로 그에 따라 과학적으로 평가를 수행할 수 있다. 평가 결과가 모호하지 않도록 명확한 근거들을 제시하게 되므로 교육프로그램의 효과성을 분명하게 보고할 수 있다. 평가 과정도 어느 상황에서든지 동일하고 공평하게 이루어질 가능성이 높다.

셋째, 평가를 통해 교육목표를 얼마나 성취했는지를 분명하게 파악할 수 있다. 교육목표가 중요한 교육평가의 내용이 되며 그에 따른 다양한 지표들을 통해 평가하는 것이므로, 그 결과가 교육목표를 얼마나 달성했는지 보여주는 실증적 자료가 된다.

넷째, 특정 분야의 능력과 같이 교육목표의 도달 여부를 파악하기 쉬운 경우 즉, 단기간 교육적 개입으로 얻을 수 있는 분명한 기술적 부분들을 다루는 교육프로그램에 대해서는 그 효과를 검증하는 데 유용하다.

이처럼 목표성취모형은 교육의 경제학적 측면이나 실용적 필요성에 근거하여 넓게 사용되고 있지만, 분명함과 실증적 근거들은 교육이 담고 있는 모든 과정을 포함할 수 없기에, 다음과 같은 한계점이 있다.

첫째, 교육목표 가운데 행동적으로 서술하기 어려운 경우가 있을 때, 그 분야에 대한 평가는 처음부터 제외하거나 제대로 측정하기 어렵게 된다. 사실 학생들의 모든 행동 변화를 진술한다는 것은 현실적으로 불가능하다. 교육과정에도 암묵적 교육과정이 존재하는데, 교육목표를 교수자가 결정하는 것은 교육이 담고 있는 포괄적 의미와 가능성을 배제하게 한다. 따라서 목표성취모형은 교육의 가치와 깊이를 축소시키는 경향이 있다.

둘째, 이에 따라 목표로 설정되지 않은 잠재적 교육효과에 대해서는 아예 평가하지 않게 된다. 교수자와 학습자 간의 다양한 상호작용으로 지식 외에도 관계성, 동기부여, 인성과 융합능력, 창의력 등 중요한 부분이 생겨날 수 있으나, 그러한 부분을 제외함으로써 교육의 진정한 의미를 퇴색시키고 있다.

셋째, 목표성취모형은 결과가 얼마나 목표에 도달했는가에 초점을 맞추므로, 과정이 어떠하든지 결과가 나오면 된다는 식으로 흘러갈 우려가 있다. 즉 교육과정이나 수업에는 소홀하게 될 수 있다. 교육이 담고 있는 질적 의미와 과정보다는 결과론적으로 나타나는 현상에 집중하기 때문에, 교육과정에 대한 평가가 소홀하다는 한계가 있다.

2) 의사결정중심모형

(1) 의사결정중심모형의 개념과 의의

의사결정중심모형은 1960~70년대의 교육프로그램 평가가 실질적인 의사결정 과정에 충분히 기여하지 못한다는 비판을 받으면서 등장하였다. 앞서 살펴본 목표성취모형에 의하면, 기존의 평가 방식이 목표에 대한 성취 여부만을 확인하는 데 머물렀기 때문에 다음으로 무엇을 해야 하는지에 대한 정보를 얻기 어려웠다. 이에 미국의 교육학자인 스터플빔(Stufflebeam)은 교육평가가 단순한 결과 측정 이상의 역할을 수행하여, 교육 정책가와 교수자가 보다 효과적인 의사결정을 내리는 데 필요한 정보를 제공해야 한다고 주장했다. 이를 위해 평가의 항목에는 계획, 과정, 결과 등 다양한 측면을 포괄하여 다양한 시점에서 평가를 수행할 필요를 강조하였다. 이러한 다각도의 정보는 교육프로그램 이해관계자의 의사결정을 지원할 수 있을 것으로 보았다.

이처럼 교육 이해관계자들의 의사결정을 돕는 교육평가가 중요함을 강조하면서 CIPP모형을 제시하였다. CIPP란 C(Context; 교육 제반 환경과 맥락), I(Input; 투입), P(Process; 교육과정), P(Product; 산출물)의 약자로 교육에 있어 최선의 의사결정을 하기 위해서는 전체적인 구조와 그 운영을 이루는 체제를 살피는 관점이 필요함을 강조한다. 운영 체제에 대한 관점은 전체 과정을 하나의 유기적 연결체, 즉 전체적 하나로 파악하되, 나름의 요소들이 의미있게 연관되고 각각 움직이는 것을 파악하는 것이다. 이러한 관점에 따르면, 평가에 대해 의사결정을 할 때 각 4가지 요소를 유념하여 기본적으로 교육 투입(Input) 대비 산출(product)의 효율성을 따지는 것에 초점을 두고, 제반 환경(context)과 과정

(process)을 동시에 고려해야 함을 의미한다.

그러므로 의사결정모형은 의사결정자에게 교육프로그램에 대한 제반 정보를 모두 제공하고 그것을 총체적으로 평가받아 발전된 형태의 의사결정을 내려야 하는 것을 강조한다. 그리하여 의사결정모형은 주로 교육감, 교육장, 학교장 등과 같은 교육정책 결정권자에 해당하는 의사결정자에게 기본적이고 유용하게 쓰이도록 만들어졌다. 이 모형에 의하면, 의사결정자들은 교육프로그램을 결정함에 있어서 경영적 관점에서 올바른 의사결정을 내리는 데에 필요한 정보를 얻을 수 있게 된다.

나아가 스터플빔(Stufflebeam)은 의사결정자의 조직 내 의사결정을 여러 단계로 설명하며 이 각각에서 요구되는 교육평가 결과 요소들을 연결하였다. 교육에 있어 의사결정을 하는데 4단계가 있는데, 의사결정의 각 단계에 따른 의사결정모형의 평가 요소를 살펴보면 다음과 같다.

의사결정의 첫 번째 단계는 계획이다. 이 단계에서는 조직의 경영목표를 확인하거나 선정하는 등에 관한 의사결정과 계획이 이루어진다. 이 단계에서는 교육평가 요소 가운데 C(Context) 요소에 해당하는 결과를 활용하게 된다. 이는 계획단계의 의사결정에 도움이 되는 정보를 주기 위한 평가라고 볼 수 있다. 여기서는 교육목표를 결정하는 합리적 기초나 이유를 평가하고, 구체적인 목표수립과 관련된 배경, 사회의 요구, 상황적 여건, 환경 등을 파악하여 평가 결과를 얻는다.

두 번째 단계는 구조화이다. 이때는 목표 달성을 위해 필요한 제반 사항, 절차와 전략을 수립하는 것과 관련된 의사결정을 하게 된다. I(Input) 요소는 의사결정에 있어 어떠한 자원이 어느 정도 투입되었는지를 평가하는 것으로, 구조화 단계에 필요한 정보를 주기 위하여 평가한다. 교육프로그램을 구조화하기 위해 필요한 인지적 자원, 목표 달성을 위한 전략, 전략 실행을 위한 설계 등을 결정하기 위해 현재 어떠한 교육적 개입이 투입되고 있는지, 앞으로 어떤 것이 투입되어야 하는지를 평가한다. 교육프로그램에 투입할 수 있는 자원이나 시간, 예산에 대한 정보들을 토대로 여러 대안을 고려하고 발생 가능한 문제를 검토하여 예방하는 단계이다.

세 번째 단계는 실행이다. 지금까지 이루어진 계획, 구조화 단계를 통해 얻어진 절차들을 실제로 행동으로 옮기는 단계이다. 이때는 실행하는 것과 관련된 의사결정이 이루어진다. 이때 활용되는 것은 P(Process) 요소의 평가 결과로, 실행 단계의 의사결정에 도움을 주기 위한 자료로 활용된다. 프로그램 실행 과정에서 절차를 수정, 보완하는 데 필요한 정보를 얻게 되며, 구조화 단계에서 수립한 교육 전략이 실제로 운영되는 것에 있어 발생 가능한 방해요소나 예상되는 사건, 기타 다양하게 고려할 점들을 통해 평가를 진행한다. 이를 위해 참여 관찰, 토의, 설문조사 등을 활용하게 된다.

네 번째 단계는 결과이다. 교육프로그램의 결과를 얻어내는 단계로 교육평가 요소는 P(Product)가 해당된다. 이때는 목표가 달성된 정도를 파악하는 것이 주로 이루어지며, 그에 따르는 의견을 제시하는 의사결정이 이루어진다. 결과단계의 의사결정에 도움을 주기 위한 평가이며 의사결정을 순환시키는 데 도움을 주는 평가로서 교육프로그램 진행이 모두 종료된 후 결과 요소를 측정하게 된다. 이때 진행된 교육프로그램의 내용적 수준과 사용자 요구 및 반응에 따라 성과를 파악할 수 있다. 각 단계에 따른 교육평가 요소를 연결하면 다음의 〈표 9-2〉와 같다.

표 9-2 의사결정단계와 CIPP 유형에 따른 평가 방식

의사결정단계	유형		평가방식
계획단계	C	Context evaluation: 맥락평가	• 계획단계에서 수립하는 의사결정에 도움이 되는 정보를 주기 위한 평가 • 교육목표를 결정하는 합리적 기초나 이유를 평가 • 구체적인 목표수립과 관련된 배경, 사회의 요구, 상황적 여건, 환경 등을 파악, 평가
구조화단계	I	Input evaluation: 투입평가	• 구조화 단계에 필요한 정보를 주기 위한 평가 • 평가에 사용되는 인지적 자원, 목표달성을 위한 전략, 전략 실행을 위한 설계 등을 결정하는 데 필요한 정보를 제공 • 현재 어떠한 교육적 개입이 투입되고 있는지, 앞으로 어떤 것이 투입되어야 하는지를 평가 • 투입할 수 있는 자원, 시간, 예산에 비추어 여러 대안을 고려하고 발생 가능한 문제를 검토하여 예방

의사결정단계	유형		평가방식
실행단계	P	Process evaluation: 과정평가	• 실행 단계의 의사결정에 도움을 주기 위한 평가 • 프로그램 실행 과정에서 절차를 수정, 보완하는 데 필요한 정보를 수집 • 구조화 단계에서 수립한 전략이 실제로 운영되기 위해 고려할 점, 발생 가능한 여러 가지 사건과 사례 등을 파악하고 평가 • 참여 관찰, 토의, 설문조사 등을 활용
결과단계	P	Product evaluation: 산출평가	• 결과단계의 의사결정에 도움을 주기 위한 평가 • 의사결정을 순환시키는 데 도움을 주는 평가 • 프로그램 종료 후 그 효과를 측정 • 프로그램 질과 사용자 요구에 비추어 성과를 파악 • 다른 유사프로그램 성과와 비교하기도 함 • 전체 과정을 통해 도출된 결과의 가치를 판단하는 데 필요한 정보를 수집

(2) 의사결정모형의 강점과 한계

살펴본 바와 같이 의사결정 모형은 교육프로그램의 목표 달성 여부, 교육프로그램의 결과에만 초점을 두지 않았다. 목표가 수립되기 위한 제반 조건을 단계별로 나누어 살펴보며, 목표를 제대로 성취할 수 있도록 어떤 요건이 필요한지 규정하였다. 교육프로그램에 대한 목표가 어떠한 배경에서 수립되었는지 그 배경과 환경에 대해 탐색하였으며, 교육프로그램이 실현되는 실질적 과정에서 목표 달성을 돕기 위한 다양한 요건들을 대상에 넣어 평가하도록 하였다. 일련의 과정을 통해 교육프로그램의 목표와 결과의 관계에 대해 관련성을 도출하고 그 과정에서 필요한 경우에는 수정과 보완할 수 있도록 여러 요소를 살펴보도록 도왔다. 이러한 점들을 토대로 의사결정모형의 강점을 정리하면 다음과 같다(Stufflebeam, & Shinkfield, 2007).

첫째, 포괄적인 평가 접근법이라는 점이다. 교육프로그램의 계획부터 실행, 결과까지 모든 단계에 걸쳐 평가를 진행하여 체계적이고 종합적인 평가가 가능하다. 이를 통해 교육프로그램의 모든 측면을 고려하고 개선할 수 있는 방향성을 제시한다.

둘째, 문제해결 및 개선 지향적인 특성으로 인해 교육 향상을 가져온다. 이 모형은 단순히 평가 결과를 제시하는 것에서 그치지 않고, 프로그램의 개선과 문제해결을 지향하기 때문에, 지속적으로 프로그램을 보완하고 수정할 수 있어 실질적인 교육 향상에 기여한다.

셋째, 다양한 이해관계자의 참여를 강조한다. 교육프로그램에 관련된 다양한 이해관계자(학생, 교사, 관리자 등)의 관점을 반영하여 보다 객관적이고 균형 잡힌 평가 결과를 도출할 수 있다.

넷째, 계획 수립 및 의사결정에 유용하다. 이 모형은 평가 결과를 토대로 프로그램 계획 및 의사결정 과정을 이룰 수 있다. 이로 인해 교육프로그램의 방향 설정과 정책 수립에 중요한 역할을 할 수 있다.

다섯째, 다양한 상황에 적용 가능하다. 의사결정모형은 교육현장뿐만 아니라 다양한 분야(예: 공공정책, 프로젝트 관리 등)에서도 적용이 가능할 정도로 유연한 평가방법론을 제공한다. 이를 통해 각 상황에 맞는 맞춤형 평가와 분석이 가능하여 실질적인 효과를 기대할 수 있다.

그러나 이러한 강점에도 불구하고 다음과 같은 한계점들을 찾아볼 수 있다(Alkin, 2012; Madaus et al., 1983; Stufflebeam, 2001).

첫째, 복잡성과 시간 소요가 많이 된다는 점이 있다. 의사결정모형은 평가의 각 단계를 포괄적으로 다루기 때문에, 모든 단계에 소요되는 시간과 자원이 많을 수밖에 없다. 현실적으로 평가를 실행하기에 부담스러울 수 있으며, 부담이 되기 때문에 활용에 어려움이 있다.

둘째, 평가자의 전문성에 크게 의존한다는 점이다. 의사결정모형은 각 평가 단계에 정해진 도구가 있지 않은 만큼, 평가자가 적절한 데이터를 수집하고 분석하는 능력에 크게 의존할 수밖에 없다. 따라서 평가자의 전문성이 부족하거나 편향이 있을 경우, 평가 결과가 왜곡될 수 있으며 신뢰성을 보장하기 어렵다.

셋째, 정량적-정성적 데이터 수집이 현시적으로 어려운 경우가 많다. 다양한 이해관계자들의 관점을 반영하고 평가 단계를 다각도로 검토하기 위해 모든 단계에서 정량적 및 정성적 데이터를 모두 수집해야 하는데, 이 과정에서 일관성을 유지하거나 충분한 자료를 확보하기가 어려울 가능성이 높다.

넷째, 적용에 있어 유연성이 부족할 수 있다. 모든 평가 상황에 일률적으로 적용하기에는 지나치게 포괄적일 수 있으며, 특정 프로그램이나 상황에 맞게 세부적인 조정이 필요한 경우도 발생할 가능성이 있다. 즉, 지나치게 구조화된 접근이 때로는 융통성을 제한할 수 있다.

3) 탈목표모형

(1) 탈목표모형의 개념과 의의

스크리븐(Scriven)은 평가학자이자 철학자로, 평가 분야에서 근본적인 변화를 제안한 인물이다. 그는 교육 및 프로그램 평가에서 목표 중심의 접근이 지나치게 협소할 수 있다고 보며 탈목표모형을 주장하였다. 이 모형은 기존의 목표중심평가와 달리, 사전에 설정된 목표에만 국한되지 않고 프로그램이나 교육활동의 모든 결과를 포괄적으로 평가하는 것을 말한다.

스크리븐은 실제로 교육프로그램을 진행하기 위한 목표 설정 자체가 프로그램 설계자나 관리자에 의해 주관적으로 이루어질 수 있으며, 사전에 정의된 목표가 반드시 모든 결과를 반영하거나 프로그램의 진정한 가치를 나타내지 못할 수 있다고 보았다. 따라서 탈목표모형은 평가자가 예기치 않은 결과나 부수적인 영향을 포함한 프로그램의 모든 결과를 검토하고 평가해야 한다고 주장한다. 이 모형은 교육프로그램의 목표도 중요하지만 그것을 넘어서 실제로 발생하는 결과를 중요시하며, 의도된 목표 외에도 예상치 못한 부정적 영향과 긍정적 효과를 모두 포괄하여 구분하고 평가에 반영하도록 유도한다. 이를 통해 교육프로그램이 양산하는 결과에 대해 공정하고 포괄적인 평가를 시도하는 것이 중요하며, 프로그램의 전반적인 품질과 가치에 대한 평가를 제공하는 것을 목표로 한다(Scriven, 1967).

따라서 이 모형은 사전에 설정된 목표만을 기준으로 목표의 실현 여부를 평가하는 기존의 틀을 과감히 벗어난다. 교육프로그램의 결과를 평가할 때, 평가자가 자신의 교육적 가치관과 전문성을 기반으로 평가를 수행할 수 있으며, 그 과정에서 포함되는 평가자의 철학적 배경과 논리적 사고력, 판단력도 제외하지 않게 된다. 또한, 교육프로그램 과정 중에 발생하게 되는 잠재적 교육 결과도 중요하게 여기며, 그것을 읽어내는 것도 전문가의 시각이고 평가대상이 된다. 오히려 교육목표에 대한 사전 지식이 많으면 많을수록 교육의 무한한 가능성을 방해하고 축소시킨다고 보았으며, 전문가적 판단을 강조하면서 교육목표를 넘어선(beyond) 평가를 이룰 것을 주장한다.

이에 따르면, 타일러(Tyler)가 주장한 목표성취모형은 목표를 준거로 의도한 성취를 1차적으로 평가한다고 하며, 2차적인 잠재적 부수효과를 간과하여 실제 성과를 평가하지 못한다. 반면에, 탈목표모형에 의하면 어떤 교육프로그램은 본래 의도한 1차적 목표는 달성하였지만 부수적인 부정적 효과가 발생하면 폐기 가능성에 대해 논할 수 있게 된다. 즉, 프로그램이 1차 목표만 달성했을 뿐, 그 외의 부수적 목표나 효과가 없거나 부정적이면 그 프로그램이 여러 자원을 투입한 것에 비해 효과적이지 않다고 평가될 가능성이 높기 때문이다. 자원이 투입된 만큼 사회적·심리적·교육적 파급효과가 충분히 나타나지 않는다면 이를 유지할 당위성이 줄어들게 된다. 반대로 본래 1차적 목표는 달성하지 못했지만 부수적으로 긍정적 효과가 있다면 그 프로그램은 더욱 강화해야 할 것이다. 목표성취모형이라면 1차적 목표 달성에만 치중하므로 이런 식의 결정을 내리기 어려운데, 탈목표모형은 이러한 약점을 보완해주어 1차적 목표뿐만 아니라 부수적 목표와 효과에 대해 살펴볼 수 있는 역할을 하고 있다.

이러한 점에서 보면 탈목표모형이 목표 자체를 중시하지 않는 것이 아니라 미리 설정된 목표 이외에 다른 기준도 총체적으로 살펴보고 반영한다는 의미를 확인할 수 있다. 다만, 미리 설정된 구체적인 목표에 의한 평가가 아니므로, 부수적 효과를 논할 때 어떤 기준에 근거하여 판단을 내리는가를 결정하는 것이 평가의 타당성에 가장 큰 영향을 미친다. 여기서의 타당성 문제는 결국 평가를 담당하는 전문가의 역량에 달려 있다고 볼 수 있다. 즉, 평가의 타당성을 확보하기 위해 전문가의 평가자로서의 역할을 강조하고 있다.

이에 따라 스크리븐(Scriven)은 평가자의 역할과 조건에 대해서 많은 이야기를 하였다. 우선, 평가자가 교육목표에 대한 사전 지식이 지나치게 많거나 전문적일수록 편견에 휩싸일 수 있다고 지적하였다. 목표에 대한 지식적 이해는 오히려 교육프로그램의 가치 판단에 방해가 될 수 있음을 언급하며, 프로그램의 가치 판단에 대한 합리적 근거를 마련하는 것과 모든 프로그램에 대한 객관적 기준을 적용하는 것을 강조하였다. 그러한 까닭에 교육프로그램의 사전에 설정한 구체적인 목표는 크게 중요치 않게 되며, 교육프로그램의 진행과 마무리 후에 어떤 기준에 따라 가치 판단을 내리느냐가 중요하게 되는데, 그 판단 기준이 평가의 타당성을 확보하는 가장 중요한 요건이라고 하였고, 이때 평가 전문가의 역할이 나타난다고 하였다.

이러한 일련의 과정을 통해 탈목표모형은 프로그램 진행 과정을 개선하기 위한 평가 모형의 입장과는 다소 다른 입장을 취하게 되며, 교육의 과정에 대한 구체적인 피드백보다는 교육과정과 결과를 모두 총체적으로 바라보고 판단하는 입장에 있게 된다. 따라서 평가 전문가는 교육 현상을 너무 자세히, 구체적으로 기술하기 위해 집중하는 것이 아니라 교육의 의미와 과정에서 산출되는 가치를 판단할 수 있을 정도의 자료를 수집하며 현상을 바라보게 된다. 평가 목적과 활동, 결과를 규정된 것으로 보지 않고, 교육 현상 속에서 유기적으로 연결되어 끊임없이 변화하고 재해석되는 그 자체라고 평가를 이해한다.

(2) 탈목표모형의 특성

이러한 의의를 바탕으로 탈목표모형의 특성을 정리하면 다음과 같다.

첫째, 탈목표모형에서는 교육평가를 교육프로그램의 존재 가치나 특장점 그 자체를 체계적으로 판단하는 일이라고 정의한다.

둘째, 평가의 기준을 설정할 때, 단지 교육프로그램이 초기의 목표를 달성했는지 여부만을 볼 것이 아니라 그 목적 달성이 학습자 삶의 질을 높이고 성장에 기여했는지를 바라보게 한다. 학습자에게 필요한 것이나 학습자의 요구가 기준이 되며, 교육프로그램이 그들의 성장에 실질적으로 어떻게 다가갔는지를 판단하는 것이다. 이런 의미로 학습자중심평가라고도 말한다.

셋째, 교육평가에 있어 평가 준거에 대한 내재적 준거와 외재적 준거를 구분하게 한다. 내재적 준거란 평가에 내재된 기준, 즉 평가도구와 방법의 신뢰도와 객관도, 평가도구의 제작과정상의 공정성과 타당성, 문항의 작성과정, 통계 처리의 정확성 등을 일컫는 것으로 학습자에 대한 것을 타당하게 측정하고 있는지에 대한 개념이다. 외재적 준거란 학습자, 즉 판단 대상 밖에 존재하는 전문가적 준거가 명확하고 타당한지에 대한 이야기이며, 외부에 대한 효과 즉, 평가 결과가 교육현상에 얼마나 가치 있는가를 의미한다.

넷째, 학습 프로그램의 목표 달성 여부보다는 학습목표의 내용이 가치로운지 살펴보며, 그것이 더 중요하게 다루어진다. 학습 목표로 설정된 내용이 합당한 것인지, 윤리적인지, 가치관과 문화에 적절한 것인지, 학습자에게 도움이 되는 것인지 등에 대한 총체적 관점의 접근이 중요하게 된다.

다섯째, 학습목표에 관련된 정보들을 과하게 살펴보지 않고, 교육프로그램 과정에 대한 다양한 정보와 증거들을 수집해서 그 프로그램의 목표가 무엇인지를 추론해가며 제대로 성취되어가고 있는지, 그 가치는 무엇인지를 판단한다.

(3) 탈목표모형의 장점과 한계

탈목표모형이 지닌 장점은 다음과 같다.

첫째, 교육프로그램을 계획하는 단계에 설정된 학습 목표 안에 한정하지 않고, 목표 이외의 다른 유용한 기준과 내용도 중요함과 교육프로그램에 대한 총체적 판단에 대한 시각을 강조하기 때문에 교육과정 그 자체에 집중할 수 있다는 점이다. 진정한 의미의 교육과정을 파악할 수 있고, 학습자에게 발생한 잠재적 교육과정을 적극적으로 탐색할 수 있는 기회가 된다.

둘째, 목표성취모형이 지니고 있던 한계를 보완한다는 것이다. 즉, 사전에 수립되지 않은 교육목표도 충분히 교육프로그램의 결과이자 효과로서 비중있게 다루어진다. 교육프로그램을 진행하는 입장에서는 자신의 노력과 열정이 반영될 수 있고, 이러한 과정 자체가 창의적이며, 교육의 가치를 드높이는 근거가 된다.

셋째, 사전에 제시된 목표 자체에 대해 비판할 수 있으며, 이러한 비판은 궁극적이 교육의 의미와 가치를 재분석하는 기회가 된다.

이처럼 평가 과정에서 사전에 설정된 목표에 얽매이지 않고, 프로그램의 실제 효과와 수행 내용을 중심으로 평가하기 때문에 창의적이고 예기치 못한 효과를 발견할 수 있다는 장점이 있지만, 다음과 같은 한계점을 가지고 있다.

첫째, 기준이 되는 목표를 중요시하지 않기 때문에 평가의 초점이 불분명해질 수 있다. 평가자가 무엇을 평가해야 할지 혼란스러울 수 있으며, 평가의 일관성과 체계성을 저해할 수 있다.

둘째, 목표 이외에 교육프로그램 과정 전반에서 발생하는 모든 것 즉, 프로그램의 모든 측면을 검토해야 하므로, 평가 범위가 광범위해지고 이에 따라 시간과 자원이 많이 소요될 수 있다. 따라서 현실적으로 실행하기에 많은 제약이 따를 가능성이 높다.

셋째, 평가 과정에서 목표를 배제하고 관찰과 분석, 총체적인 관점과 다양한 정보수집에 의존하기 때문에, 평가자의 개인적인 판단이나 관점이 평가 결과에 영향을 미칠 가능성이 높으며, 이는 객관성을 확보하는 데 어려움을 초래한다.

넷째, 교육프로그램이 성과가 있었다 혹은 없었다에 대한 명확한 판단을 할 수 없으며 다른 프로그램과 비교하기도 어렵게 된다. 이는 교육정책 결정이나 자원배분의 근거로 사용되기에는 부족하다.

다섯째, 프로그램의 본래 의도나 목표와 상관없이 평가가 이루어질 수 있으므로, 목표 달성 여부를 확인하거나 목표에 부합하는 개선 방안을 제안하기 어렵게 된다.

이러한 한계점에도 불구하고, 탈목표모형은 기존의 목표중심평가 방식이 놓칠 수 있는 다양한 측면을 포착할 수 있는 유용한 도구로 활용될 수 있다는 의의가 있다. 다만, 현실적이고 효과적인 평가를 위해서는 이 모형의 한계를 보완하거나 다른 평가 방법과 병행하게 된다.

4) 감식안 모형

(1) 감식안 모형의 개념과 의의

아이즈너(Eisner)는 미국의 교육학자이자 예술교육과 교육철학 분야를 전공하며, 교육의 질적 평가, 예술교육, 그리고 교육적 상상력의 중요성을 강조한 학자이다. 예술과 교육의 경계를 허물고, 예술적 접근 방식을 교육 연구와 실천에 도입한 선구자였다. 그의 교육철학은 교육을 단순한 지식 전달의 과정으로 보지 않고, 인간 경험을 풍부하게 만드는 예술적 행위로 간주했다. 그는 특히 표준화된 시험과 수량화된 평가가 교육의 창의성과 다양성을 제한한다고 비판하며, 질적 평가와 예술적 접근의 필요성을 강조했다.

그는 교육적 감식안과 교육비평이라는 개념을 처음으로 제시하며, 당시에 양적 평가를 강조하는 관행에 대해 반론을 제기하였다. 즉, 과학실증적 교육평가가 명확성을 추구하는 대신에 교육이 포함하는 가치와 창의성을 버리게 된다고 하며 감식안 모형을 평가방법의 대안으로 제시하였다(Eisner, 1976).

기존의 목표성취모형, 의사결정모형에서 추구하는 평가방법의 한계를 다음과 같이 지적하였다. 첫째, 목표성취모형, 의사결정모형은 행동적 접근만을 강조한 것으로 교육현상의 맥락과 질적 가치를 무시한 것이다. 둘째, 목표성취모형과 의사결정모형은 교육 현상과 그 결과를 수량화하는 것에 목적을 두고 있어 질적인 풍부함, 고유성과 독특성을 담아내지 못한다. 셋째, 목표와 결과에만 집중하는 모형들은 교육의 과정, 교육이 이루어지는 현상에서 발견되는 다양한 경험이 무시된다. 넷째, 행동과 수량 중심적인 평가 접근은 교육이 포함하는 인간 개별적 특성과 고유함을 간과하고 있다고 지적하였다.

감식안의 개념은 포도주 감식사를 통해 이해해 볼 수 있다. 흔히 소믈리에라고 하는 직업과 유사한 것인데, 이들은 포도주의 맛을 미묘하게 알고 구별하여 어떤 포도주가 좋은 것인지 알아낸다. 이러한 감식이 가능하기 위해서 우선 포도주를 많이 마셔보아야 한다. 단, 단순히 마시는 것이 아니라 그야말로 열심히 마시는 것이다. 매순간 맛을 인식하고 지각하며, 그 과정에서 맛뿐만 아니라 색깔과 냄새에도 민감하게 느껴봐야 한다. 이와 함께 지식도 충분히 갖추어야 한다. 포도 품종, 포도 농사와 포도주 제조 과정, 연도별 강우량, 양조장별 특징, 잘 어울리는 요리 등 이러한 여러 가지 요소들을 모두 제대로 알고 종합할 수 있는 능력이 필요하다. 이러한 능력이 지속적으로 다져지고 알아가는 과정이 여러 번 쌓일 때, 어떤 것이 좋은 것인지를 식별하는 감식안이 생겨나는 것이다. 아이즈너(Eisner)는 이러한 감식안의 개념을 교육평가에 끌어옴으로써 예술작품을 감식하는 것과 같은 평가자의 자질을 강조한다.

그의 교육적 감식안 모형은 질적연구의 방법과 맥을 같이한다. 교육적 감식안 모형에 의한 연구 단계를 다음의 네 가지로 제안하였다(Eisner, 1976). 첫째, 인식(Perception)이다. 교육현장에서 무엇이 일어나고 있는지를 세심하게 관찰하고 이해하는 단계이다. 이때, 교사나 연구자는 학습 과정, 학생의 반응, 교수 방법 등에서 미묘한 차이를 인식한다. 둘째, 구조적 이해(Structural Understanding)이다. 관찰한 현상을 그 맥락에서 이해하는 능력으로서 인식 결과 자체에서 넘어서 학생들의 학습활동과 교육적 환경의 상호작용을 분석하고 특정한 현상이 왜 발생했는지 탐구한다. 셋째, 가치판단(Valuation)이다. 이는 감지된 현상에 대해 가치를 부여하는 단계로서 어떤 요소가 교육적 목표에 기여하는지, 또는 방해하는지를 바라보고 평가한다. 넷째, 발표(Representation)이다. 감식안을 통해 얻은 통찰을 다른 사람들에게 전달하는 단계로서 이는 교육비평으로 이어지며, 구체적이고 생동감 있는 언어로 교육적 경험을 표현하는 것을 포함한다.

감식안이 질적 연구 방법의 과정과 평가 과정이라면, 교육비평은 이를 사람들에게 알리고, 소통 가능한 결과물로 전환하는 과정이라고 볼 수 있다. 즉, 감식안 평가자가 무엇을 보고 느끼는지에 초점을 맞추는 것이고 비평은 그 인식을 글이나 언어로 전달하여 다른 사람들이 교육적 경험을 이해하도록 전달하는 것이다. 그는 비평에 대한 강조를 하면서, 감식안 모형으로 이루어지는 평가는 비평적 평가이며, 감상과 비평은 분명히 다르다고 말하였다. 감상이란 사물을 자신의 지각을 통해 받아들이고 이해하는 개인적이고 내적인 행위인 반면, 비평은 이러한 경험과 이해를 바탕으로, 전문 지식을 동원하여 그 의미와 가치를 분석하고 판단하며 사회적으로 보고하는 공적인 행위로 정의하였다. 즉 비평이 가능하기 위해서는 감식안의 자질을 제대로 갖추는 것이 전제되어야 한다.

아이즈너(Eisner)는 비평적 평가를 위해 개인적이며 동시에 전문가적 경험을 통해 현상을 이해하는 과정을 전제로 하며, 이를 바탕으로 현상을 기술, 해석, 평가, 그리고 결론 도출이라는 네 가지 요소로 구분했다. 다만, 이러한 과정이 반드시 순차적으로 진행되어야 하는 것은 아니며, 네 가지 요소가 명확히 구분되어 나타나야 할 필요도 없다. 비평은 이 요소들을 따를 수도, 따르지 않을 수도 있으며, 중요한 점은 이 기본 틀을 활용해 새로운 통찰과 발견에 도달하는 것이라고 강조했다. 이러한 개념에 대해 다음 [그림 9-3]과 같이 나타낼 수 있다.

기술	해석	평가	결론
현상에 대한 description	현상과 기술에 대한 interpretation	현상과 기술에 대한 evaluation	주제화 topicalization

그림 9-3 감식안 모형에 따른 비평적 평가의 네 가지 요소

(2) 감식안 모형의 특징

감식안 모형의 특징을 다음과 같이 정리해 볼 수 있다.

첫째, 질적 접근의 특성을 지닌다. 수량화된 데이터로는 설명할 수 없는 교육적 경험의 세부적인 차이를 이해하며 예술적 평가와 비슷한 방식으로 교육적 경험을 심미적 관점에서 탐구한다.

둘째, 개별성 강조의 특성이 있다. 표준화된 평가가 아닌, 특정 교육현장의 독특한 특성과 맥락을 존중하기 때문에 각 프로그램에 따른 개별적 평가 접근이 이루어진다.

셋째, 심미적 관점을 강조한다. 교육의 과정과 결과를 심미적, 창의적 관점에서 분석하며, 질적 가치를 탐구한다.

넷째, 이러한 특성에 따라 예술교육에서 학생 작품 평가, 교사의 교수법 분석, 학습 환경과 커리큘럼 설계 평가, 특정 수업의 효과를 질적으로 이해하려는 경우 등에 매우

적절한 평가 모형이 된다.

(3) 감식안 모형의 장점과 한계

감식안 모형은 가치를 강조하고 교사의 수업에 대한 창의성과 고유성을 인정하기 때문에 교육을 생동감 있게 하고 열정적인 교사를 지원할 수 있다. 장점에 대해 정리해 보면 다음과 같다.

첫째, 교육의 복합적이고 다차원적인 특성 반영한다. 감식안 모형은 단순히 결과만을 평가하지 않고, 교육적 경험의 과정과 맥락을 포함하여 전체적인 이해를 추구하기 때문에 교사, 학습자, 환경 간의 상호작용 등 교육현장의 복잡성을 세밀하게 탐구할 수 있다.

둘째, 질적 평가를 통한 심층적 이해를 제공한다. 정량적 데이터로는 설명할 수 없는 교육적 경험의 심미적이고 미묘한 차이를 포착하게 된다.

셋째, 표준화된 평가의 한계를 보완한다. 표준화된 시험이나 평가도구가 포착하지 못하는 개별성과 독창성을 강조하므로, 학생과 교사의 특정 맥락과 배경을 고려하여 평가하게 된다. 이는 획일화된 평가 방식의 단점을 보완할 수 있다.

넷째, 창의적이고 심미적인 관점을 강조한다. 교육적 감식안은 예술적 관점에서 창의적이고 심미적인 가치를 중시하며, 교육의 질적 향상을 위한 창의적이고 새로운 시각을 제공할 수 있다.

다섯째, 교육 비평을 통한 소통과 개선이 가능하게 된다. 감식안의 결과를 비평의 형태로 표현함으로써, 평가내용을 다른 이해관계자와 효과적으로 소통할 수 있다. 비평에는 결과만 있는 것이 아니라 이를 해석하고 개선방안을 제시하기 때문이다.

그럼에도 불구하고 감식안 모형은 다음과 같은 한계가 있다. 우선, 평가자의 전문성이 굉장히 중요한 요소가 되기 때문에 평가자 자신의 오차나 한계가 평가 결과에 그대로 반영될 수밖에 없다는 점이다. 이는 선입견이나 편견이 없는 인간이 없기 때문에 늘 존재하는 문제이며 이를 극복하기 위한 다른 방안을 마련할 필요를 제기한다. 평가자가 비평을 올바로 할 수 있는 역량을 어떤 식으로 보장할 것인지에 대한 문제가 발생할 때, 일반적으로 평가자의 학력과 경력을 제기하게 되지만 그것이 온전한 기준이라 말하기는 어렵다. 이에 따라, 평가 상황에 대한 주관성, 편파성의 문제도 얼마든지 제기될 수 있으며, 교육현장에 실제로 사용될 경우 교사의 평가 및 비평 역량을 함양할 수 있도록 돕고 자신의 분야에 대한 전문성을 확보할 수 있도록 지원해야 하는데 이러한 것들이 현실적으로 쉽지 않다는 것이 한계로 지적된다.

5) 정치적 협상 모형

와이스(Weiss)의 관점에서 시작된 모형이다. 그녀는 20세기 후반의 주요 교육학자이자 정책 분석가로, 정책 결정 과정에서 교육 연구와 증거의 역할에 대한 깊이 있는 통찰을 제공하였다. 특히 교육정책 형성 과정에서 다양한 이해관계자의 협상과 갈등이 정책 결과에 미치는 영향을 알아차리며, 평가 과정에서 이해관계자의 협상과 정치적 맥락의 중요성을 강조하였다(Weiss, 1979). 이러한 관점은 교육평가 분야에서 정치적 협상 모형으로 강조되고 있다. 즉, 교육과정의 진행과 수립은 결국 정치적 협상을 통해 이루어짐을 의미하는 것이다.

국가의 교육정책은 국민에게 미치는 영향이나 예산 사용의 범주가 크기 때문에 정치적 협상에서 벗어나기 어렵다. 우리나라 경우를 보더라도 정치적 이념에 따라 교육방식이 큰 영향을 받으며 교육제도의 변화를 가져온다. 교육의 진행이 올바른 가치를 따른다고 하지만 현실적 이념의 차이와 사람들의 정치적 이해관계와 무관할 수 없는 것이 현실이라 볼 수 있다.

교육정책에서 유익을 얻는 집단이 발생할 수밖에 없으며 당연히 손해보는 집단도 생겨난다. 이러한 이해관계에서의 타협과 조정은 무엇으로 이루어지는가, 어떻게 하면 특정 집단의 이익만을 실현하지 않으며 전체를 위한 좋은 교육정책이 마련될 수 있는가에 대한 접근이 이 모형에서 다루어진다. 그 결과 교육이라는 것은 결국 이해관계자들의 대립과 타협과정으로 조정된 정책을 통해 나오게 되므로 교육은 하나의 정치적 행위로 간주되는 것이다.

결국, 교육프로그램 평가란 단순한 분석, 결과의 확인이나 검증, 과정에서 발생하는 의미와 가치에서 머무르는 것이 아니라, 정책 결정 과정에서 타협과 협상의 결과물로 나타난다고 말한다. 그리하여 정치적 환경과 관련자들 간의 영향력 등 정치적 맥락을 중시하며 이해관계자 간 협상이 빠질 수 없음을 강조한다. 이해관계자들이 취하는 자신의 이익보호 입장을 이해할 필요가 있는 것이다. 따라서 이 모든 것에는 주관성이 있을 수밖에 없으며 때로는 과반수 찬성이라는 가치와 옳고 그름을 넘어선 기준이 강력하게 작용하는 현실을 반영하고 있다. 따라서 정치적 협상 모형에서는 전통적인 교육평가의 과정을 따르기보다는 평가 과정 전반에서 이해관계자들의 협상과 정치적 역학이 지속적으로 작용한다고 본다. 평가의 시작부터 끝까지 정치적 협상이 영향을 미친다고 이해할 수 있다.

이러한 점을 바탕으로, 이 모형의 특성을 정리해 보면 다음과 같다.

첫째, 교육프로그램 평가를 정치적 협상으로 바라봄으로써 교육에 영향을 미치는 정치적 본질을 이해하고 인식할 것을 강조하고 있다. 지금까지의 평가 모형은 이러한 점에 대한 인식이 전무하였다.

둘째, 실제 교육프로그램 평가를 할 때 평가 결과에 영향을 받게 되고, 따라서 평가 결과에 영향을 미칠 수밖에 없는 이해집단들을 인정할 것을 강조한다. 이는 평가의 현실적 활용도를 높이는 데에 기여하고 있다.

셋째, 실제 현장에서 진행되는 각종 교육에 대한 평가에는 학생, 교사, 학부모, 교육행정가 등 관련 집단의 이해가 얽혀있고, 각자의 입장과 이익이 강조되는 상황에 있음을 인정한다. 현실을 반영하고 있다는 것이 이 모형의 의의라고 할 수 있다.

6) 자연주의 모형

구바(Guba)는 미국의 교육학자이자 연구 방법론의 선구자로 특히 평가 모델 개발과 질적연구 방법론에서 혁신적인 기여를 하였다. 그는 평가에서 윤리적 접근을 강조하였고, 객관적 진실의 개념 대신, 다양한 관점에서의 이해를 지향하였다. 링컨(Lincoln)은 구바(Guba)의 연구를 함께 하며, 질적연구의 이론적 틀을 강화한 학자이다. 인간 중심의 연구 철학과 참여적 접근을 강조하며 비판적 연구와 권력구조에 대한 분석을 하였다. 이들은 구성주의(constructivism)를 지향하며 평가방법에 대한 다양한 접근을 시도하였는데, 이들이 주장하는 자연주의적 평가 모형은 후기 실증주의(post-positivism)와 구성주의를 바탕으로 형성되었다.

구바(Guba)와 링컨(Lincoln)의 자연주의 모형이란 평가와 연구 방법론에서 질적 접근의 중요성을 강조한 대표적인 개념으로, 특히 자연적인 맥락에서 현상을 이해하고자 하는 방법론을 기반으로 하고 있다. 즉, 실증주의 접근을 비판하며 등장한 것으로, 연구자가 통제할 수 없는 실제 세계에서 현상을 이해하려는 접근이라 볼 수 있다. 사실, 교실 환경이 실험실이나 통제된 환경이 아니기 때문에, 연구 대상이 실제로 존재하는 맥락에서 연구를 수행하는 것이 옳다고 하였으며, 평가자도 투명인간이나 중립적인 관찰자가 아니라, 참여자와 상호작용할 수밖에 없으며 그 전체를 이해하는 역할을 해야 한다고 하였다. 현상에는 객관적인 단일 현실이란 존재할 수 없다고 강조하며 사람들이 각자 경험하는 현실이 다름을 인정하여야 할 것을 주장하였다. 따라서 수량화와 가설 검증을 강조하는 연역적 접근이 아닌 데이터를 통해 이론을 도출하는 귀납적 연구방식을 채택하고 있으며 설문조사, 실험 같은 양적방법보다는 인터뷰, 관찰, 문서분석 등 질적 데이터를 활용하라고 하였다. 이 과정에서 모든 평가에는 연구자의 가치관과 관점이 반영될 수밖에 없음을 인정하며, 가치 중립적이란 결국 존재하지 않는다고 주장한다. 다만, 평가 과정이 윤리적이어야 하고 참여자 중심적으로 움직여야 함을 강조하였다.

이러한 평가 과정은 어떠한 정보를 토대로 할 것인가가 중요한 부분이다. 평가 과정에 주요하게 활용되는 정보는 첫째, 평가를 하는 목표와 구체적 환경, 주변 조건, 둘째는 관련 인사들의 관심 정도, 관심 내용 등, 셋째, 교육과 관련된 현안 이슈와 주제들, 넷째, 평가대상이 되는 교육프로그램 전반에 대한 정보, 마지막으로는 평가를 하는 것에 대한 정치 사회적 가치 정도와 이와 관련된 각종 기준들에 대한 정보가 요구된다(김훈희 외, 2023). 다른 모형에서 정보를 수집하는 방식인 관련된 전반적인 정보를 수집하는 것뿐만 아니라, 기존 평가에서는 다루지 않았던 부분 즉, 평가자와 이해관계자에 관련된 정치사회적 이슈들을 수집하는 것이 중요하게 된다. 또한 양적, 수량적 정보 외에도 질적 서술된 정보들의 총체적 수집과 정해진 평가 양식 외에 다양한 방식으로 정보를 수집할 것을 제안한다. 모든 관련자 및 평가자들이 함께 참여하여 평가 과정을 구성해 나가고 귀납적인 결론을 창조하는 과정을 평가 과정이라고 말하였다.

결론적으로, 자연주의 모형은 실증주의적 평가 방식에서 벗어나, 인간의 경험과 맥락을 중시하며 평가를 수행하려는 시도로 볼 수 있다. 이들의 학문적 공헌은 질적연구 방법론과 평가철학에 큰 영향을 미쳤으며, 특히 교육학, 사회학, 정책 평가 분야에서 널리 활용되고 있다. 이처럼 자연주의 모형 제안은 평가 패러다임의 새로운 장을 열었다고 평가된다. 이에 따라 지금까지 살펴본 모형들을 세대별로 구분해 보면 다음의 〈표 9-3〉과 같다.

표 9-3 4세대 평가 모형 분류

세대	대표모형	특징
1세대	목표성취모형	타일러(Tyler) 등이 대표적 학자로, 교육프로그램의 목표 달성 여부를 확인하기 위해 산술적 객관적 측정과 평가를 동일시함
2세대	기술중심모형	스터플빔(Stufflebeam), 크론바흐(Cronbach) 등이 대표적 학자로 교육목표 달성뿐만 아니라 전반적인 교육현상을 상세하게 기술하는 것이 중요하다고 강조하며 객관적 · 과학실증적 방식으로 분석하는 것에 초점을 두고, 교육현상의 기술을 평가로 간주함
3세대	전문가판단모형	스크리븐(Scriven), 아이즈너(Eisner) 등이 대표적 학자로 교육목표나 현상에 대한 산술적 평가는 교육의 일부만을 나타낸다고 지적하며, 교육 사태 전반에 대한 전문가적 판단과 교육대상의 가치를 판단하는 것을 강조함. 이때 평가자의 역할이 매우 중요하므로 전문가로서의 평가자로 성장하는 것에 대한 관심이 집중됨

세대	대표모형	특징
4세대	이해관계자 중심 모형	와이스(Weiss)의 관점에서 시작되고, 구바(Guba)와 링컨(Lincoln) 등이 주장함. 교육 현상이 사회와 떨어지지 않음을 지적하고 교육은 사회적 정책이나 환경 맥락과 빼놓을 수 없으며 따라서 교육 관련자뿐만 아니라 각종 이해관계자들의 입장을 반영한 평가가 중요함을 강조함. 교육이 사회 속에 어떤 의미가 있는지를 평가하며 진정한 의미의 교육을 탐색하고자 함

관련 학습 사례 ❶

유아교육

출처: 경인종합일보(2024.11.28). 다채로운 색깔놀이로 창의력 꽃피우는 평택 청북유치원.

○○ 유치원에서는 5세 유아를 위해 창의성 증진 프로그램 기획하였다. 이 프로그램은 유아들이 주어진 문제를 자유롭게 해결할 수 있도록 다양한 창의적 활동과 놀이를 포함하고 있었으며, 3주간 진행되었다. 프로그램 목표는 유아들의 창의적 사고 능력을 증진시키고 새로운 아이디어를 만들어내는 능력을 향상시키는 것이다.

프로그램 내용은 다음과 같다.

1주) 문제해결 놀이: 유아들이 다양한 문제 상황에 직면하게 되는 역할극 활동을 제공, 예를 들어, “강을 건너기 위해 다리를 만들자!”라는 주제를 주고, 종이컵, 나무 막대, 끈 등 여러 재료를 사용해 다리를 설계하고 제작하게 함.

2주) 창의적 스토리텔링 시간: 유아들이 주어진 주제나 다양한 그림 카드를 활용해 자신만의 이야기를 만듦. 이야기 속에서 등장하는 캐릭터, 배경, 사건 등을 창의적으로 설정하여 상상력을 발휘할 수 있도록 격려함.

3주) 예술과 공예 활동: 유아들이 다양한 재료(색종이, 점토, 천, 자연물 등)를 이용해 창의적인 작품을 제작. 예를 들어 “자연 속에 사는 동물 만들기”라는 주제를 주고, 자신의 방식으로 작품을 표현하도록 하여 창의적 사고를 자극함.

이러한 프로그램에 대하여 타일러의 목표성취이론에 근거하여 평가를 진행하고자 한다. 다음의 단계를 참고하여 이 프로그램을 평가해보고 어떠한 부분에 장점이 있으며, 무엇을 보완하면 좋을지를 제시해 보자.

참고: 타일러 교육프로그램 평가 단계

1. 교육목표 설정: 평가의 첫 번째 단계는 교육프로그램이 달성하고자 하는 목표를 명확히 정의하는 것이다.
2. 학습경험 구성: 설정된 목표를 달성하기 위해 어떤 교육활동이나 학습경험이 제공되는지를 구성한다. 프로그램의 설계가 목표 달성을 효과적으로 지원하는지를 확인하는 것이다.
3. 평가 기준 및 방법 개발: 목표 달성을 평가하기 위한 기준과 방법을 결정한다. 이는 프로그램이 학습자에게 제공하는 활동이나 교육적 경험을 측정하기 위한 구체적인 도구와 방법이 해당된다(예: 테스트, 관찰, 면담 등).
4. 평가 실행 및 데이터 수집: 설정된 평가방법에 따라 프로그램 참가자들을 대상으로 평가를 진행하고 데이터를 수집한다. 예를 들어, 학습 전과 후의 변화나 특정 학습 목표 달성 여부를 측정한다.
5, 결과 분석 및 목표 달성 평가: 수집된 데이터를 분석하여 설정된 목표가 얼마나 달성되었는지를 평가한다. 프로그램이 목표를 달성하지 못한 경우, 개선해야 할 부분이나 한계점을 파악한다.

관련 학습 사례 ❷ 초 · 중 · 고등교육

2023년 10월 10일, 교육부는 2028학년도 대학입시제도 개편 시안을 발표했다. 주요 내용은 수능에서 선택과목을 폐지하고, 고교 내신 평가를 9등급에서 5등급 체제로 전환하는 것이다. 이러한 개편안에 대해 학부모, 학생, 교육계, 정치인 등 다양한 이해관계자들이 찬반 의견을 표명했다. 특히, 선택과목 폐지에 따른 학습 부담과 내신 등급 조정에 대한 우려가 제기되었다. 개편안 발표 후, 정치권에서도 교육 정책의 방향성과 공정성에 대한 논의가 활발히 이루어졌다. 일부 정치인들은 교육의 형평성을 강조하며 개편안을 지지한 반면, 다른 정치인은 교육의 다양성과 자율성을 침해할 수 있다는 우려를 나타냈다.

출처: 김여울(2023). 내신 9등급제 → 5등급제 · 수능 선택과목 삭제... 2028학년도 대입개편안 발표. https://edu.chosun.com/m/edu_article.html?contid=2023101080197)

- 이러한 사례를 통해 우리나라 중등교육 평가 과정의 하나인 대입제도에 대한 평가는 어떠한 모형으로 설명될 수 있을까?
- 이러한 과정에서 얻을 수 있는 장점은 무엇일까?
- 학부모, 학생, 교사 등 다양한 이해관계자들의 의견이 정책결정 과정에서 발생한 갈등은 무엇인가?
- 현재 우리나라 대입제도 평가를 개선한다면 어떠한 평가모형을 적용해 볼 수 있을까?

참고문헌

교육부 (2024). 2023년 자체평가 결과보고서(주요정책부분). https://www.evaluation.go.kr/upload2/atch/eval/20240502134523240.pdf에서 2025.1.13. 인출.

김규태 (2005). 교육의 책무성 평가의 실체와 대안: 학교평가 중심으로. **교육행정학연구, 23**(3), 195-210.

김훈희, 권충훈, 김한나, 김화영, 이광우 (2023). **교육과정**. 양서원.

한국교육과정학회 (2017). **교육과정학용어 대사전**. 학지사.

Alkin, M. C. (2012). *Evaluation Roots: A Wider Perspective of Theorists' Views and Influences* (2nd ed.). Sage Publications.

Bloom, B. S., Hastings, J. T., & Madaus, G. F. (1971). *Handbook on Formative and Summative Evaluation of Student Learning*. McGraw-Hill.

Eisner, E. W. (1976). Educational Connoisseurship and Criticism: Their Form and Functions in Educational Evaluation. *Journal of Aesthetic Education, 10*(3/4), 135-150.

Guba, E. G., & Lincoln, Y. S. (1983). Effective Evaluation: Improving the Usefulness of Evaluation Results Through Responsive and Naturalistic Approaches.

Kirkpatrick, D. L. (1994). *Evaluating Training Programs: The Four Levels*. San Francisco: Berrett-Koehler Publishers.

Madaus, G. F., Scriven, M., & Stufflebeam, D. L. (1983). *Evaluation Models: Viewpoints on Educational and Human Services Evaluation*. Kluwer-Nijhoff Publishing.

Scriven, M. (1967). The Methodology of Evaluation. In R. E. Stake (Ed.), *Perspectives of Curriculum Evaluation* (AERA Monograph Series on Curriculum Evaluation, No. 1). Rand McNally.

Stufflebeam, D. L. (2001). The Metaevaluation Imperative. *American Journal of Evaluation, 22*(2), 183-209.

Stufflebeam, D. L., & Shinkfield, A. J. (2007). *Evaluation Theory, Models, and Applications*. Jossey-Bass.

Weiss, C. H. (1979). *The Many Meanings of Research Utilization*. Public Administration Review.

Chapter 10

과정중심평가

1. 과정중심평가의 개념
2. 과정중심평가의 절차와 방법
3. 과정중심평가 유형 및 도구개발
4. 과정중심평가의 실제
5. 과정중심평가의 사례

과거의 교육평가는 교수 · 학습이 끝나는 지점에서 이루어지는 것으로 정해진 날짜와 시간에 지필평가를 위주로 이루어져 왔다. 이때 교육평가의 주안점은 공정하고 객관적인 성적 산출로, 이를 통해 학습자를 서열화하는 것이 목표였다. 경쟁과 서열의 구도로 일변되던 교육은 암기 위주의 지식중심 교육으로 창의적인 인재의 양성을 저해하며 학습자의 총체적 역량과 고차원적 문제해결력을 기르기 어렵다는 한계를 보이고 있다.

2015개정교육과정에서는 학생의 문제해결력과 핵심역량의 함양을 목표로 제시하면서 지식의 평가에만 치우쳐 있던 평가의 방향을 개인의 성장을 돕는 역량 평가로의 전환을 시도하였다. 문제 상황에서 실제 역량을 평가하기 위해서는 교수 · 학습의 종료 시점이 아니라 과정에서 이루어져야 하며 평가 과제도 실제 문제 상황과 맞닿아 있어야 한다. 이렇듯 평가의 패러다임을 전환하려는 노력은 2022개정교육과정까지 이어져 학습자의 핵심역량을 증진하는 것을 교육의 목적으로 제시하고 과정중심평가를 강화하고 있다.

과정중심평가는 평가의 패러다임 전환을 추구하며 교수 · 학습 전반에 걸친 평가를 통해 학생의 변화와 성장을 추구하는 평가방법이다. 과정중심평가를 통해 학습자는 자신의 학습과 성장에 도움을 받을 수 있고, 교수자는 교수 · 학습과 평가방법을 개선할 수 있다. 본 장에서는 과정중심평가의 개념과 교육현장에서 시행할 수 있는 방법 및 초 · 중 · 고 학교 사례를 살펴봄으로써 과정중심평가를 실행할 수 있는 실질적인 방법을 익힐 수 있다.

1. 과정중심평가의 개념

1) 과정중심평가의 필요성

학교에서 이루어지는 평가는 학생들의 성취를 평가하여 학생들의 성장을 돕기 위한 목적으로 이루어지는 것이 바람직하나 우리나라의 교육 상황에서 평가는 상대적 서열을 가리기 위한 목적으로 이루어지는 경우가 많았다. 교육의 근본적인 목적이 학생 스스로 자신의 상황과 학습 성취를 파악하고 교과에서 길러야 하는 역량을 함양하는 것이라면 서열 중심의 규준참조평가의 방법은 지양할 필요가 있다. 특히, OECD 미래교육 나침반에서 제시하는 미래 학습자의 역량은 새로운 가치 창출하기, 긴장과 딜레마에 대처하기, 책임감 갖기로 교육의 목표를 '개인과 사회의 안녕'으로 제시하며 경쟁을 통한 서열화를 지양하고 있다. 이와 같이 현대 교육에서는 학습결과의 평가(Assessment of learning)에서 학습을 위한 평가(Assessment for learning) 또는 학습으로서의 평가(Assessment as learning)를 강조하는 패러다임으로 변화하고 있다.

우리나라에서도 단편적인 시험의 결과로 학생들의 순위를 가리고 서열화하는 평가를 지양하기 위해 2015개정교육과정에서 '과정중심평가'라는 용어를 도입해서 사용하고 있다. 교육부는 '2015 문·이과 통합형 교육과정 총론 주요 사항(시안)'과 '2015개정 교육과정 총론' 문서에서 '과정중심의 평가'라는 용어를 처음으로 사용하였다. 2015개정교육과정에서는 미래사회가 요구하는 '창의융합형 인재' 목표로 설정하면서 창의융합형 인재가 갖추어야 하는 핵심역량을 제시하였다. 각 교과에서 요구하는 핵심역량을 길러주는 수업을 구현하기 위해 학습자 중심의 협력 학습, 토의·토론 학습이 강조되었으며, 평가가 교수·학습의 일부분으로 이루어지도록 다양한 평가방법을 권장하였다(교육부, 2016).

2015개정교육과정에서 제시하는 과정중심평가는 수업의 과정에서 학생의 역량을 점검하고 피드백하여 지속적인 성장을 도모하는 학생평가의 방법으로 2022개정교육과정까지 이어졌다. 교육부와 한국교육과정평가원에서 제공하는 자료를 보면 기존의 평가 방식의 한계와 개선의 필요성에 의해 새로운 평가 방식이 되었다고 제시한다(교육부, 한국교육과정평가원, 2017).

표 10-1 기존의 평가 방식과 새로운 평가 방식

영역	기존의 평가 방식	새로운 평가 방식
평가체제	• 상대평가 • 양적평가	• 절대평가 • 질적평가
평가 목적	• 선발 · 분류 · 배치 • 한 줄 세우기	• 지도 · 조언 · 개선 • 여러 줄 세우기
평가내용	• 학습의 결과 중시 • 학문적 지능의 구성 요소	• 학습의 결과 및 과정 중시 • 실천적 지능의 구성 요소
평가방법	• 선택형 문항을 사용한 지필평가 중심 • 일회적 평가 • 객관성 · 일관성 · 공정성 강조	• 다양한 평가방법 고려 • 지속적 · 종합적 평가 • 전문성 · 타당성 · 적합성 강조
평가시기	• 학습활동이 종료되는 시점 • 교수 · 학습과 평가 분리	• 학습활동의 모든 과정 • 교수 · 학습과 평가 통합
교사역할	• 지식의 전달자	• 학습의 안내자 · 촉진자
학생역할	• 수동적인 학습자 • 지식의 재생산자	• 능동적인 학습자 • 지식의 창조자
교수학습	• 교사 중심 • 인지적 영역 중심 • 암기 위주 • 기본 학습능력 강조	• 학생 중심 • 인지적 · 정의적 영역 모두 강조 • 탐구 위주 • 창의성 등 고등 사고기능 강조

출처: 교육부, 한국교육과정평가원(2017).

기존의 평가는 학생들의 학업성취도를 측정하고 상대적인 성적을 산출하여 순위를 매기는 방식에 많이 활용되었다. 따라서 평가체제는 점수로 환산하는 양적평가가 이루어졌고, 상대적인 비교를 목적으로 하는 상대평가가 많았다. 상대평가의 결과는 대부분 정해진 인원을 선발하기 위한 목적으로 활용되었다. 평가방법도 4지 혹은 5지

선다형 문제를 중심으로 한 지필평가가 중심이며 학습활동이 끝나는 일회적 평가로 시행되는 경우가 많았다. 이런 방식의 평가는 학생들의 수업시간과 별개로 별도의 시험 시간에 이루어지며 학생들은 평가시간에는 문제를 푸는 행위만 하게 된다. 〈표 10-1〉에 나타난 것처럼 기존 평가 방식의 한계는 교사 중심의 전달식, 암기 위주의 수업 방식에 영향을 미치고 수동적인 학습자를 양산하는 문제가 있다.

21세기 학습자는 스스로 자신에게 필요한 지식을 탐구하는 능동적인 학습자가 되어야 한다. 2022개정교육과정에서 강조하는 학습자상은 '자기주도성', '자기주체성'으로 번역할 수 있는 'Student agcncy'를 가진 학습자이다. 기존의 암기 위주로 지식을 측정하는 평가방법으로는 자기주도적인 학습자를 기르기 어려울 뿐만 아니라 인지적, 정의적, 심동적 영역이 함께 발현되어 나타나는 역량(Competency)을 제대로 측정하기도 어렵다. 이에 반해 과정중심평가는 학생의 변화와 성장을 돕는 것이 목적이기 때문에 기존의 결과중심평가와 대비되고, 평가 패러다임이 확장되어 교육과정, 교수·학습, 평가가 연계되는 수업을 가능하게 한다. 따라서 교육환경의 변화와 평가 패러다임의 변화, 역량 중심의 교육 추구, 교육의 본질 회복 등의 이유로 과정중심평가가 필요하게 되었다.

2) 과정중심평가의 개념

교육부와 한국교육과정평가원에서 제시하는 과정중심평가의 정의는 "교육과정의 성취기준을 근거로 교사가 학생의 변화와 성장에 관한 자료를 교수·학습과정을 통해 다각도로 수집하여 학생에게 적절한 피드백을 제공하는 평가"이다(교육부, 한국교육과정평가원, 2017). 기존의 결과중심적이고 경쟁지향적인 학생평가의 흐름에서 탈피하기를 원하는 교육 수요자의 요구를 반영하고 개별 학습자의 성장을 돕는 학교 수준의 학생 맞춤형 평가를 내실화시키려는 목적을 담았다고 한다. 즉, 과정중심평가는 특정 평가방법을 지칭하기보다는 학생 평가방법의 패러다임 변화를 추구함으로써 다양한 평가방법과 유형을 활용하는 거시적 관점의 평가 정책이라고 할 수 있다(신혜진, 안소연, 김유원,

2017; 최훈원, 최윤정, 2024).

2015개정교육과정 총론에 나타난 내용에는 과정중심평가가 지향하는 바가 잘 나타나 있다. 교육과정 구성의 지침이나 학교급별 교육과정 편성 · 운영 기준에 '학생의 학습과 성장'을 지원하는 평가의 방향성이 명확히 나타나 있다.

표 10-2 2015개정교육과정(총론)의 과정중심평가 관련 지침

항목		지침
I. 교육과정 구성의 방향	2. 교육과정 구성의 중점	라. 학습의 과정을 중시하는 평가를 강화하여 학생이 자신의 학습을 성찰하도록 하고 평가 결과를 활용하여 교수 · 학습의 질을 개선한다.
		마. 교과의 교육목표, 교육내용, 교수 · 학습 및 평가의 일관성을 강화한다.
II. 학교급별 교육과정 편성 · 운영 기준	3. 중학교	나. 교육과정 편성 · 운영 기준 9)-마) 자유학기에는 중간 · 기말고사 등 일제식 지필평가는 실시하지 않으며, 학생의 학습과 성장을 지원하는 과정중심의 평가를 실시한다.
III. 학교 교육과정 편성 · 운영	3. 평가	나. 학교와 교사는 성취기준에 근거하여 학교에서 중요하게 지도한 내용과 기능을 평가하며 교수 · 학습과 평가 활동이 일관성 있게 이루어지도록 한다. 2) 학습의 결과뿐만 아니라 학습의 과정을 평가하여 모든 학생이 교육목표에 성공적으로 도달할 수 있도록 한다.
		다. 학교는 교과의 성격과 특성에 적합한 평가방법을 활용한다. 1) 서술형과 논술형 평가 및 수행평가의 비중을 확대한다.

출처: 교육부(2015).

여기서 확인해야 할 부분은 과정중심평가와 수행평가와의 관계이다. 교육부의 연수자료를 살펴보면 과정중심의 대표적인 평가방법을 '수행평가'라고 제시하고 있다. 과정중심평가는 정책적인 용어에 가깝기 때문에 기존의 평가 이론에서 제시하는 여러 평가방법을 통해 실현할 수 있다. 교육부에서 제시하는 교원 연수 자료에서는 다음과 같이 설명하고 있다(교육부, 한국교육과정평가원, 2017).

수업 장면에서 과정중심평가의 방향성을 담을 수 있는 대표적인 평가방법이 '수행평가'라 할 수 있습니다. 수행평가는 학생이 직접 만든 산출물이나 학생의 수행 과정을 평가하는 것이므로 교수·학습의 결과뿐 아니라 교수·학습의 과정을 중시하는 평가입니다. 따라서 수행평가를 원래 의도하는 바대로 시행하면 그것으로도 충분히 과정중심평가의 방향성을 담을 수 있습니다.

앞 장에서 다룬 형성평가와 총괄평가의 관점에서 살펴보면 과정중심평가는 학습 형성적 기능을 잘할 수 있게 하는 평가라는 장점을 가지기 때문에 형성평가에 더 적합하다고 볼 수 있다. 하지만 형성평가와 총괄평가의 결정적인 차이는 성적 반영 여부이므로 과정중심 형성평가, 과정중심 총괄평가를 모두 실시할 수 있기도 하다(김정민, 2018). 김정민(2018)은 과정중심평가와 다른 유사 용어와의 관계를 〈표 10-3〉과 같이 정리하였다.

표 10-3 과정중심평가와 다른 유사 용어의 관계 요약

구분	과정중심평가
개념	평가문제에 대해 학습자가 결론을 도출하는 과정과 결론을 평가하되, 과정을 보다 중점적으로 평가
형성평가/총괄평가와의 관계	형성/총괄평가 모두 가능 과정중심 형성평가 과정중심 총괄평가
수행평가와의 관계	과정중심 수행평가로 실시할 수 있음
수업과 평가의 통합과의 관계	수업과 평가의 통합을 촉진시킬 수 있음

출처: 김정민(2018).

3) 과정중심평가의 특징

과정중심평가는 학습의 과정과 결과를 모두 중요시하는 평가이기 때문에 수업 중에 이루어지는 평가를 지향한다. 교육부에서 제시하는 과정중심평가의 특징은 다음과 같다(교육부, 교육과정평가원, 2017).

- 성취기준에 기반을 둔 평가: 과정중심평가는 교과 성취기준에 기반을 둔 평가이다.
- 수업 중에 이루어지는 평가: 과정중심평가는 수업 중에 이루어지는 평가로서, 교수 · 학습과 연계된 평가를 지향한다.
- 수행 과정의 평가: 과정중심평가에서는 지식, 기능, 태도가 학습자에게서 어떻게 발달하고 있는지를 파악하기 위해 학습자의 수행 과정을 평가대상으로 한다.
- 지식, 기능, 태도를 아우르는 종합적인 평가: 과정중심평가는 지식, 기능, 태도의 인지적 · 정의적 영역까지 포함하여 종합적으로 평가하는 것이 중요하다.
- 다양한 평가방법의 활용: 과정중심평가는 평가의 목적이나 내용을 고려하고 다양한 평가방법을 활용하여 학생에 대한 다양한 측면을 파악하는 것이 중요하다.
- 학습자의 발달을 위한 평가 결과의 활용: 과정중심평가는 학습자의 성장과 발달 과정을 관찰함으로써 학습자의 부족한 점을 채워 주고, 우수한 점을 심화 · 발전시킬 수 있도록 돕는 데 기여한다.

2015개정교육과정 발표 이후, 각 시 · 도 교육청에서는 학교 현장을 지원하기 위한 장학자료를 개발하여 보급하였다. 과정중심평가에 대한 가이드를 조사해 보면 시 · 도 교육청별로 관점과 해석에 차이가 나타난다. 대표적으로 대전은 '자기성장평가', 경기도는 '성장중심평가', '교사별 상시평가', 강원도는 '배움성장평가' 등의 용어를 비슷한 의미로 사용하고 있다(박지현 외, 2018). 따라서 각 시 · 도별로 과정중심평가를 어떻게 정의하고 초 · 중 · 고에 적용하고 있는지 살펴보려면 교육청의 장학자료를 확인하는 것이 좋다.

2. 과정중심평가의 절차와 방법

1) 과정중심평가 운영 절차

2015개정교육과정이 적용되면서 교육부는 초·중·고 단위학교에서 과정중심평가를 계획하고 운영할 수 있도록 과정중심평가 운영 절차를 마련하고 교과별 교사연수를 실시하고 있다. 과정중심평가의 적용은 학기나 학년도 단위로 이루어지는 평가 계획을 수립할 때 이루어져야 하므로 [그림 10-1]과 같이 크게 3단계의 절차로 진행할 수 있다(교육부, 한국교육과정평가원, 강원도교육청, 2018).

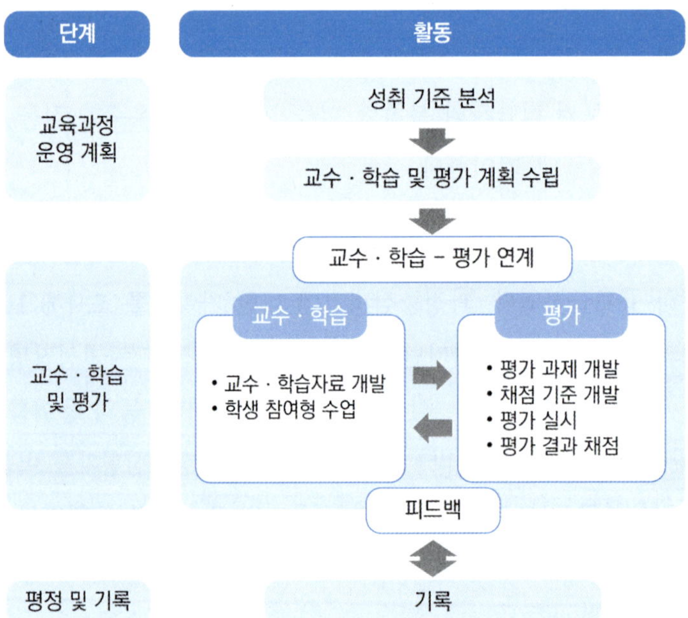

출처: 교육부, 한국교육과정평가원(2017) 재구성.

그림 10-1 단위학교에서의 과정중심평가 운영 절차

먼저 교육과정 운영 계획 단계에서는 한 학기나 학년도 단위의 교수 · 학습 및 평가 계획을 수립해야 한다. 두 번째 교수 · 학습 및 평가 단계는 실제 수업이 이루어지면서 평가가 실시되는 단계이다. 이때, 담당 과목 교사들과의 협의나 동 학년 교사들과의 협의가 잘 이루어져야 한다. 마지막 단계는 평가 결과를 누적하여 기록하는 과정으로 학생의 변화와 성장이 잘 드러나도록 기록해야 한다.

국가 수준에서 제시한 과정중심평가의 운영 절차는 [그림 10-1]과 같지만, 단위학교에서 이를 적용하려면 세부적인 절차가 필요하다. 각 시 · 도교육청은 단위학교에서 실질적으로 과정중심평가를 실시할 수 있도록 시 · 도의 상황에 맞게 장학자료를 개발하여 배포하고 있다. 서울시교육청에서 개발한 중학교 학생평가 장학 자료를 보면 과정중심평가 절차를 보다 구체적으로 안내하고 있다(서울특별시교육청, 2022)([그림 10-2] 참조).

절차	내용	
성취기준 분석 및 평가 계획 수립	≫ 교육과정 성취기준 분석 및 평가 요소 선정 ≫ 학기 단위 평가 계획 수립 및 공지	
출제 계획 수립	지필평가 문항정보표 작성	수행평가 출제 계획표 작성
평가도구 개발	〈지필평가〉 • 선택형 문항 개발 • 서답형 문항 및 채점 기준 개발	〈수행평가〉 • 수행평가 과제 및 채점 기준 개발 • 수업 중 수행평가 시행 계획 수립
평가 시행 및 채점	≫ 학생 개개인의 교과별 성취기준 · 평가기준에 따른 성취도와 학습 수행 과정을 평가 ≫ 정규교육과정 외 학생이 수행한 결과물에 점수를 부여하는 과제형 수행평가 금지	
평가 결과 분석 및 피드백	≫ 평가 결과를 분석하여 학생별 성취수준에 따른 피드백 제공 ≫ 수행평가의 경우 수행 과정에 대한 피드백 제공 ≫ 학생의 교육목표 도달도를 확인하고 교수 · 학습 개선에 활용	
평가 결과 처리	≫ 수시 기록 및 상시 기록 ≫ 학기말 성적처리 및 학교생활기록부 입력	

출처: 서울특별시교육청(2022).

그림 10-2 서울특별시교육청 과정중심평가 운영 절차

서울시에서 제공하는 과정중심평가 운영 절차의 특징은 지필평가와 수행평가로 구분하여 제시한 것이다. 평가 후 결과에 따라 교육목표 도달 정도를 확인하고 학생의 성취수준에 대한 피드백을 제공하는 것은 동일하지만 수행평가의 경우 수행과정에 대한 피드백을 제공하도록 강조하였다(박상현 외, 2022).

경기도 교육청에서는 과정중심평가의 용어를 그대로 사용하기보다는 학생의 성장에 초점을 맞춘 용어를 채택하여 '성장중심평가'로 재정의하고 2018년 장학자료를 개발하여 보급하였다. 이 자료에서는 성장중심평가에 대한 설명을 다음과 같이 제시하고 있다(경기도교육청, 2018).

표 10-4 성장중심평가 운영 방법

구분	내용
개념	성장중심평가란 학습의 과정과 결과에 대한 피드백을 통해 학생의 성장과 발달을 돕는 평가로서 학생의 배움과 교사의 가르침을 지속적으로 성찰하고 개선하여 모두의 성장을 지원하는 평가
계획	가. 학교 비전 확인 나. 교육과정 재구성 · 수업 · 평가(기록)에 대한 교육공동체 의견 수렴 및 분석하기 다. 학교 학업성적관리규정 확인 및 제 · 개정하기 라. 협의를 통한 학생평가 계획 수립하기 마. 학년(학급)평가 계획 수립하기 바. 학업성적관리위원회 심의 후 학교장 결재 사. 학생, 학부모에게 안내하기
운영 절차	가. 성취기준 확인하기 나. 성취기준 분석하기 다. 교육과정 재구성 · 수업 · 평가(기록) 일체화 계획 라. 수업과 평가의 설계 마. 수업과 평가의 실행 바. 반성 및 환류 사. 평가 결과 기록 및 통지

출처: 경기도교육청(2018) 재구성.

2) 과정중심평가 운영 시 고려사항

과정중심평가는 이론에서 실천까지 여러 단계가 필요하고, 행정가, 관리자, 교사, 학생, 학부모 등 다양한 이해관계자들이 참여해야 하기 때문에 여러 가지 요인을 고려하고 점검해야 한다. 특히 학교의 학업성적관리위원회의 심의를 통과해야 하는 제도적인 단계도 필요하기 때문에 세부적인 단계도 세심하게 확인해야 한다. 교육부에 제시하는 운영 시 고려사항은 다음과 같다(교육부, 한국교육과정평가원, 2018).

- 학기 초에 성취기준 및 평가기준 분석 실시
- 소속 교육청의 수행평가 및 서 · 논술형 반영 기준 등이 포함된 학업성적관리시행지침 준수 여부 검토
- 교사의 자율적인 연구 분위기 조성(교과 연구회 및 교사 동아리 등)
- 교사별 과정중심평가를 실시하는 경우, 교사별로 교수 · 학습 및 평가 계획을 수립하고 평가 과제와 채점 기준 개발
- 과정중심평가에서는 평가의 공정성 및 신뢰도 제고를 위해 학년(교과)협의회를 통해 동료 교사들과 평가 계획 및 과제 등의 타당성 검토 필요
- 학기 초 수립한 평가 계획을 학기 중에 변경할 경우, 학교의 학업성적관리위원회 심의를 거친 후 '정보 공시' 및 학교 홈페이지 공지 자료 수정과 학생 학부모에게 변경 사항 안내 필요
- 학생 및 학부모의 평가 결과에 대한 이의 및 민원이 증가할 수 있어, 채점 결과의 세분화 및 사전 공지 필요
- 학생 및 학부모의 평가에 대한 인식 제고를 위한 홍보 및 소통 확대 필요

3) 과정중심평가 실천 방법

과정중심평가를 교육현장에서 실천하려면 교사의 전문성이 중요한 요소이다. 교사의 전문성은 교육과정을 분석하고 평가를 계획하는 것은 물론 수업에서 평가를 실시

하고 지속적인 피드백을 할 때와 마지막에 채점 및 평가 결과를 기록하는 것에까지 과정중심평가의 전 과정에서 발휘된다. 따라서 과정중심의 학생 평가를 계획하고 실천하기 위해서는 〈표 10-5〉와 같은 전문성이 필요하다(박지현 외, 2018). 〈표 10-5〉에서 제시된 교사의 전문성은 계획, 도구제작 · 실시, 채점, 결과처리, 해석 및 결과 활용으로 각 단계에서 필요한 세부 내용이 나타나 있다. 교사의 개인 역량이 필요한 부분도 있지만 학교 단위의 공동체가 함께 실천해야 하는 부분도 있다.

표 10-5 교사의 학생평가 전문성을 구성하는 3가지 요소 중 '기능(수행능력/실무능력)'

구분	내용
계획(설계)	교과내용, 이원목적분류표(내용/행동 분석), 평가 목표 · 내용 및 방법 선정, 평가 상황 구성, 성취기준, 평가 결과의 활용 계획
도구 제작 · 실시(시행)	절차 및 방법을 고려한 평가도구 제작, 검토, 확정(예: 단독, 협의체 구성), 채점 기준 설정
채점	공정성, 신뢰성 확보 방법
결과처리	성적 부여(산출), 기록 관리(예: 평어체계)
해석 및 결과 활용	해석 방법, 결과 활용 방법(① 통지방법: 학부모/학생/비공개 ② 활용방법: 진급 자료정보/기록용/교수학습 자료로 재활용 ③ 학생 및 학부모와의 의사소통, 예: 평가 결과는 누구에게 어떤 방법으로 알리는가?)

출처: 박지현 외(2018).

교사 개인 차원에서 스스로 과정중심평가를 실천하기 위한 역량을 점검하고자 할 때는 한국교교육과정평가원에서 개발한 체크리스트를 활용할 수 있다. 한국교육과정평가원에서는 〈표 10-6〉과 같이 과정중심평가 운영 지표를 중심으로 교사 자기 체크리스트를 개발하였다. 단위학교에서 학기 초에 교사가 과정중심평가 계획을 수립할 때 자기의 평가 역량을 점검하고 보완하는 지표로 삼을 수 있다. 이 체크리스트는 4가지 측면에 대해 18가지 항목을 점검해 볼 수 있다.

표 10-6 과정중심평가의 전반적인 운영을 위한 교사 자기 체크리스트

운영요인	세부 점검 요소	네	아니오
과정중심평가 계획 수립	1. 성취기준의 의미를 이해하였는가?		
	2. 성취기준 분석을 통해 학교와 학생의 특성에 맞도록 교육과정을 재구성하였는가?		
	3. 성취기준-교수학습-평가를 연계한 평가 계획을 수립하였는가?		
	4. 과정중심평가 계획 수립 시기 및 절차는 적절한가?		
	5. 과정중심평가를 위한 평가방법은 적절하게 선정하였는가?		
과정중심평가 도구개발	6. 과정중심평가 내용 선정 및 구성은 적절한가?		
	7. 과정중심평가 과제의 설계 및 도구개발은 적절하게 이루어졌는가?		
	8. 과정중심평가가 가능한 채점기준 및 기록방법을 개발하였는가?		
	9. 개발한 과정중심평가도구의 적절성을 점검하고 보완하였는가?		
과정중심평가 시행	10. 수업 전 교육과정, 학습자 분석을 통하여 과정중심평가를 준비하고 안내하였는가?		
	11. 과정중심평가의 취지에 부합한 평가활동을 하였는가?		
	12. 학생의 학습에 대한 평가 과정과 결과를 기록하였는가?		
	13. 평가 과정에 학생이 참여하도록 하였는가?		
	14. 과정중심평가 시행을 위한 환경을 점검하였는가?		
과정중심평가 결과 활용	15. 과정중심평가 결과를 활용하기 위한 전략을 수립하였는가?		
	16. 평가 결과를 바탕으로 학생에게 적절한 피드백을 제공하였는가?		
	17. 과정중심평가 결과를 교수학습 방법 개선을 위한 자료로 활용하였는가?		
	18. 과정중심평가 결과를 적절하게 제공하였는가?		

출처: 박지현 외(2018).

3. 과정중심평가 유형 및 도구개발

1) 과정중심평가의 유형

과정중심평가는 개념과 특징에서 살펴본 바와 같이 과정과 결과 모두를 중요시하는 평가이므로 기존에 평가방법을 활용하여 실시할 수 있다. 교육부에서 제시한 자료에 따르면 과정중심평가를 위한 방법은 다음과 같은 점을 고려하여 선정할 수 있다(교육부 교사연수 자료, 2017).

- 평가 유형에 대한 구분은 상호 배타적이라기보다는 상호 보완적임
- 과정중심평가를 위한 평가방법은 성취기준의 도달 여부를 타당하게 평가할 수 있는지, 창의성이나 문제해결력 등과 같이 교과 역량에 포함된 고등 사고기능을 평가할 수 있는지를 고려하여 선택함
- 과정중심평가의 과제는 지식, 기능, 태도를 아우르는 종합적 특징이 드러나도록 다양한 평가방법을 활용하는 것이 바람직함
- 교사뿐만 아니라, 학생도 평가의 주체가 될 수 있도록 관찰평가, 자기평가, 동료평가 등 다양한 평가방법을 활용하면 학생의 성장과 변화를 더욱 잘 관찰할 수 있으며, 평가의 신뢰도 또한 높일 수 있음

따라서 과정중심평가에 활용할 수 있는 평가 유형은 기존의 지필평가를 비롯해서 서·논술, 구술, 토의·토론, 프로젝트, 실험·실습, 포트폴리오, 자기·동료평가 등 다양한 방법이 있다. 각 평가 유형에 대한 내용은 〈표 10-7〉과 같으며, 기존의 평가방법을 과정중심평가의 원리에 맞게 실행한다면 이 외에 다양한 평가방법을 사용할 수도 있다.

표 10-7 과정중심평가의 유형

평가방법	정의	특징 및 방법
서술	• 비교적 짧은 길이(한 단락 이하의 문장형태)로 답을 작성하는 방식	• '단순한 사실의 나열 및 설명'을 포함하는 것이므로 답안을 작성하는 데 있어 조직력이나 표현력이 크게 요구되지 않고, 채점할 때 어느 정도 객관적인 정답(모범답안)이 존재하는 문항임
논술	• 한 편의 완성된 글로 답을 작성하는 방법 • 자신의 생각이나 주장을 논리적으로 작성해야 하므로 학생이 제시한 아이디어뿐만 아니라 조직이나 표현의 적절성 등을 함께 평가함	• 학생이 답을 선택하는 것이 아니라 학생의 생각이나 의견을 직접 기술하기 때문에, 창의성, 문제해결력, 비판력, 통합력, 정보 수집 및 분석력 등의 고등 사고 능력을 평가하기에 적합함
구술	• 특정 내용이나 주제에 대해서 자신의 의견이나 생각을 발표하도록 하여, 학생의 준비도, 이해력, 표현력, 판단력, 의사소통 능력 등을 직접 평가하기 위해 활용하는 방법	• 특정 주제에 대하여 학생들에게 발표 준비를 하도록 한 후, 발표에 대하여 평가함 • 또는 평가 범위만 미리 제시하고 구술 평가를 시행할 때 교사가 관련된 주제나 질문을 제시하고 학생이 답변하게 하여 평가함
토론 · 토의	• 특정 주제에 대해 학생들이 서로 토의하고 토론하는 것을 관찰하여 평가하는 방법	• 서로 다른 의견을 제시할 수 있는 주제에 대해서 개인별 혹은 소집단별로 토의 · 토론을 하도록 한 다음, 학생들이 사전에 준비한 자료의 다양성이나 적절성, 내용의 논리성, 상대방의 의견을 존중하는 태도, 진행 방법 등을 종합적으로 평가하는 방법
프로젝트	• 특정한 연구 과제나 산출물 개발 과제 등을 수행하도록 한 다음, 프로젝트의 전 과정과 결과물(연구보고서나 산출물)을 종합적으로 평가하는 방법	• 결과물과 함께 계획서 작성 단계에서부터 결과물 완성 단계에 이르는 전 과정도 함께 중시하여 평가함
실험 · 실습	• 학생들이 직접 실험 · 실습을 하고 그에 대한 과정이나 결과에 대한 보고서를 쓰게 하고, 제출된 보고서와 함께 교사가 관찰한 실험 · 실습 과정을 종합적으로 평가하는 방법	• 실험 · 실습을 위한 기자재의 조작 능력이나 태도, 지식을 적용하는 능력, 협력적 문제해결 능력 등에 대해서 포괄적이면서도 종합적으로 평가함
포트폴리오	• 학생이 산출한 작품을 체계적으로 누적하여 수집한 작품집 혹은 서류철을 이용한 평가방법	• 학생의 강점이나 약점, 성실성, 잠재 가능성 등을 종합적으로 파악할 수 있고, 학생의 성장 과정을 한눈에 볼 수 있어서 학생에게 유용한

평가방법	정의	특징 및 방법
		피드백을 제공할 수 있음 • 일회적인 평가가 아니라, 학생 개개인의 변화와 발전 과정을 종합적으로 평가하기 위해 전체적이면서도 지속적으로 평가하는 것을 강조함
자기평가 · 동료평가	• 수행 과정이나 학습 과정에 대하여 학생이 스스로 평가하거나, 동료 학생들이 상대방을 서로 평가하는 방법	• 학생들이 자신의 학습 준비도, 학습 동기, 성실성, 만족도, 다른 학습자들과의 관계, 성취수준 등에 대해 스스로 생각하고 반성할 수 있는 기회 제공 • 교사가 학생을 관찰하고 기록한 내용과 수시로 시행한 평가가 타당하였는지를 비교 · 분석해 볼 수 있는 기회 제공 • 특히 학생 수가 많아서 담당 교사 혼자의 힘으로 모든 학생들을 제대로 평가하기 어렵다고 판단될 때, 동료평가 결과와 합하여 학생의 최종 성적으로 사용한다면 교사의 주관성을 배제할 수 있을 뿐만 아니라 성적처리 방식에 대한 공정성도 높일 수 있음
관찰법	• 관찰을 통해 일련의 정보를 수집하는 측정 방법	• 어느 특정한 장면이나 상황에서 발생하는 행동 체계를 가능한 한 상세하고 정밀하게 탐구하기 위해 모든 신체적 기능과 측정도구를 이용할 필요가 있음 • 결과의 해석에 부가적인 자료를 수집하기 위한 방법으로 사용될 수 있으며 사실의 발생을 정밀하게 관찰하고 기록함 • 일화기록법, 체크리스트, 평정척도, 비디오 녹화 후 분석 등
짝 프로그래밍 (정보)	• 두 명의 학생이 한 공간에서 역할을 바꾸어가며 프로그래밍 작업을 수행하는 방법	• 드라이버(driver)는 실질적인 코드를 작성하며 내비게이터(navigator)는 작성된 코드를 관찰하여 개선점, 문제점 등 피드백을 제시함 • 특정 시간이 지날 때마다 역할을 바꾸어 진행함 • 프로그래밍 팁이나 전략, 기술 등을 서로에게 배울 수 있는 기회를 제공하고 지속적으로 소통하고 협력하여 문제에 대하여 다양한 해결 방안을 찾을 수 있음

출처: 교육부(2018).

2) 과정중심평가 도구개발 절차 및 유의점

과정중심평가 유형을 선정한 후에는 평가도구를 개발하는 단계를 진행해야 한다. 교육부에서 제시한 과정중심평가를 지향하는 수행평가도구개발 절차에 의하면 성취기준 분석 → 교수 · 학습 및 평가 계획 수립 → 교수 · 학습-수행평가 연계/피드백 → 기록의 단계로 개발하도록 되어 있다. 여기서 수행평가 과제를 개발하는 직접적인 절차는 다음과 같다(교육부, 한국교육과정평가원, 2017).

- **수행평가 과제를 개발하기 위한 원리**
  - 실제적인 맥락: 실생활에서 발생할 수 있는 문제 상황을 반영한 과제
  - 통합적인 사고 능력: 다양한 지식, 기능, 태도를 통합적으로 활용할 수 있는 과제
  - 가치 있는 경험: 수행평가 과정에서 학습과 성장의 기회를 제공하는 과제
  - 비구조화된 문제: 문제해결을 위하여 다양한 시도와 노력을 할 수 있는 과제

위의 원리에 따라 과정을 중시하는 수행평가 과제를 개발하는 과정은 〈표 10-8〉과 같이 크게 3단계로 구분해서 실시할 수 있다.

표 10-8 과정을 중시하는 수행평가 과제 개발 단계

단계	내용
과제 설계 및 작성	• 수행평가 과제를 작성하기 위해서는 교과협의회(학년협의회)에서 성취기준, 학생 수준 및 특성, 성취수준 등을 분석한다. 그리고 실제적인 맥락, 통합적인 사고 능력, 가치 있는 경험, 비구조화된 문제 등의 수행평가 과제 특성을 고려하여 문제 상황을 결정한다. • 토의 · 토론 수업, 협동학습, 프로젝트 수업 등의 교수 · 학습 방법을 참고하여, 과제를 수행하는 데 필요한 시간, 참여 방법, 산출물의 형태 등을 고려한 세부 과제를 작성한다.
과제 검토 및 수정	• 수행평가 과제를 개발한 후에는 교과협의회(학년협의회)를 통하여 성취기준 적합성, 평가방법의 타당성, 평가 시행 가능성 등을 공동으로 검토하고 수정한다.
과제 확정	• 교과협의회(학년협의회)를 통하여 검토하고 수정한 후에는 수행평가 과제를 확정한다.

출처: 교육부, 한국교육과정평가원(2017).

이렇게 개발된 수행평가 과제는 실제 수업에서 교수·학습과 연계하여 실시하는데, 직접적으로 설명하면 평가 과제를 해결하는 행위 자체가 수업 내용이 되도록 하는 것이다. 따라서 수행평가는 수업 시간 중에 해결하는 것을 원칙으로 한다. 수업 중에 평가가 이루어지면 학습자 개인의 사회·경제적 맥락이나 조건들이 영향을 미칠 여지가 줄어들어 보다 공정한 평가가 될 수 있기 때문이다(교육부, 한국교육과정평가원, 2017). 또한 수행평가 과제를 개발할 때는 교과협의회(학년협의회)를 조직하고 운영하는 것이 바람직하다. 평가도구의 객관성과 타당성을 높이기 위해서는 교사들 간에 상호 점검이 필요하기 때문이다. 이때 교과협의회(학년협의회)의 역할은 수행평가의 특징을 제대로 반영한 것인지 점검하고, 수업의 결과와 과정을 모두 평가할 수 있는지, 평가 과제가 수업의 일환으로 실행 가능한 것인지 확인하는 것이다. 또한 성별, 지역, 문화적인 측면에서 특정 학생에게 유리하거나 불리하지 않은지, 학생의 참여 동기와 흥미를 고려하였는지, 학교의 여건에서 실행 가능한 것인지 등을 고려해야 한다(교육부, 한국교육과정평가원, 2017).

과정중심평가를 적용하기 위한 교육학적 접근 중에는 백워드(Backward) 교육과정 설계모형을 참고할 수 있다. 백워드 교육과정 설계 모형은 위깅스(Wiggins)와 맥타이(McTighe)에 의해 제안되었는데, 2015개정교육과정의 이해중심 교육과정을 개발할 때 기반이 되기도 했다. 백워드 설계 모형은 교수·학습을 설계할 때도 적용할 수 있는데, 기존에 목표-내용-방법-평가의 형태로 목표와 평가가 분리된 설계를 뒤집어서(Backward) 목표와 평가-내용-방법의 형태로 만들 수 있다. 백워드 설계의 단계는 목표-평가-수업의 단계로 [그림 10-3]과 같이 과정중심평가가 포함된 수업을 설계할 수 있다(강현석, 이지은, 2016; 박일수, 2019).

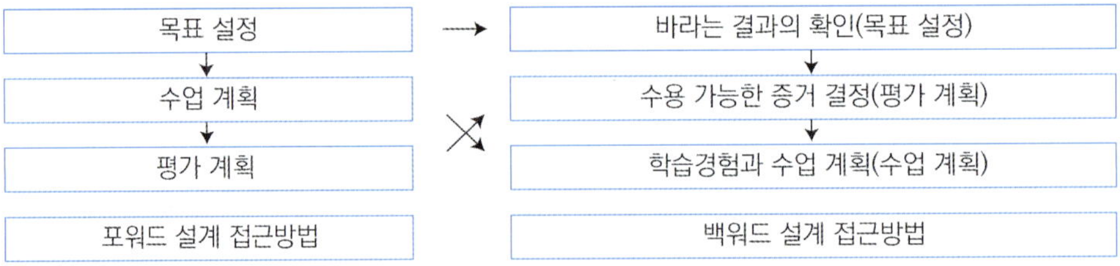

출처: 박일수(2019).

그림 10-3 포워드 설계 접근방법과 백워드 설계 접근방법의 비교

평가방법과 도구를 개발할 때는 목표(Goal), 역할(Role), 청중(Audience), 상황(Situation), 수행(Performance), 기준(Standards)의 프레임을 적용하는 것이 좋다. 예를 들어 중학교 정보 수업에서 학생들에게 다음과 같은 수행평가 과제를 제시하고 수업시간에 과제를 수행하는 활동을 진행하는 것이다.

- 목표: 학생들의 근력을 기르기 위해 팔굽혀펴기 운동도구 프로그램을 만드는 것
- 역할: 여러분은 앱 설계 또는 개발자이다.
- 청중: 여러분이 목표로 하는 대상은 청소년이다. 특히 건강을 유지하기 원하는 학생들
- 상황: 여러분은 팔굽혀펴기 운동 점검 프로그램을 개발해서 제공해야 한다. 친구들은 여러분의 프로그램을 활용하여 팔굽혀펴기 운동을 실시하고 자동 기록하게 될 것이다.
- 수행: 팔굽혀펴기 프로그램에 필요한 센서를 선택하고 알고리즘을 설계한 후, 프로그램으로 제작한다. 프로그램을 테스트하고 오류를 수정하여 완성한다.
- 기준: 적합한 센서 사용, 오류 없는 프로그램 설계 및 개발

이와 같은 백워드 설계 방법을 적용하면 과정중심 수행평가도구를 개발하기가 용이하다.

3) 평가 결과에 대한 피드백 방법

과정중심평가를 실시한 후에는 채점을 실시하고 결과에 따라 피드백을 주거나 기록하는 단계를 거친다. 채점을 하기 위해서는 채점에 대한 기준을 만들고 점검하는 것이 필요하다. 채점 과정에서 채점자의 주관적인 판단을 최소화하기 위해서는 채점의 일관성을 확보하는 것이 중요하며, 이때 중요한 지표로 작용하는 것이 채점 기준이다. 과정을 중시하는 수행평가의 채점 기준을 만들 때 반영하면 좋은 요소는 다음과 같다(교육부, 한국교육과정평가원, 2017).

- 수행평가 과제 수행의 판단 준거인 지식, 기능, 태도의 구체적인 평가 요소
- 성취수준의 준거를 평정하기 위한 평가 요소별 척도(배점)
- 평가 요소에 근거하여 학생의 수행 수준을 구별할 수 있는 세부적인 내용

일반적으로 과정을 중시하는 수행평가에서는 이런 채점 기준은 반영하여 평가 루브릭(Rubric)을 제작한다. 채점 방식과 루브릭에 대한 내용은 '6장 평가도구의 제작'에서 자세하게 다루었으므로 본 장에서는 채점 후 피드백에 대한 내용을 살펴보자.

과정을 중시하는 수행평가에서는 학생의 수행과정을 기록하여 피드백의 근거로 활용하거나 학교생활기록부에 기록하는 자료로 활용한다. 이때 학생들의 수행 과정을 다양한 방법으로 관찰하고 기록하는 것이 좋다. 학생의 변화와 성장에 대한 다각도의 자료 수집은 학생의 성장을 도울 수 있고, 평가의 신뢰도를 높일 수 있다. 따라서 수행평가의 계획 단계에서 평가 맥락에 따라 기록 방법을 결정하는 것이 필요하다.

수행평가 후 채점이 완료되면 학생에게 채점 결과를 공개하고 수행 과정에 대한 피드백을 제공하게 된다. 피드백은 학생의 현재 수준과 학생이 도달해야 할 수행 수준 간의 차이를 알려주는 과정이며 이를 통해 학생의 학습과 성장을 지원하고 교사의 교수·학습을 개선하며 평가의 질을 높일 수 있다. 이때 수행 결과에 대한 피드백뿐만 아니라 수행 과정에 대한 피드백도 함께 제공하는 것이 좋다. 즉, 인지적 측면과 더불어 정의적, 심동적 측면에 대한 피드백도 함께 제공하는 것이 중요하다. 다면적인 측면에서 학생들에게 피드백을 제공하려면 학생들이 과제를 수행하는 과정에서 발생한 문제가 무엇이었는지, 그 문제를 어떻게 해결했는지, 동기나 효능감 측면은 어떻게 작용했는지에 대한 기록이 필요하기 때문에 다각도의 자료 수집과 요소별 평가를 통한 다면적인 평가가 이루어져야 한다.

평가 후 피드백은 과정에 대한 피드백과 결과에 대한 피드백으로 나눌 수 있는데, 과정에 대한 피드백은 학생이 과제를 수행하는 환경이나 학생들 간의 관계 속에서 이루어진다. 학생들이 과제를 수행하는 과정에서 정보를 제공하기 때문에 원인 파악이 용이하고 결과에 대한 피드백보다 보정 효과가 뛰어나며 학생들이 학습 전략을 수립

하는 데 효과적이다. 결과에 대한 피드백은 과제를 얼마나 잘 수행했는지, 성취도가 어느 정도인지를 중심으로 피드백을 제공하므로 개별 과제의 구체적 내용에 대해 즉각적으로 피드백을 제공할 수 있다. 피드백은 학생의 학습과 성장을 지원하도록 제공하는 것이 바람직하다.

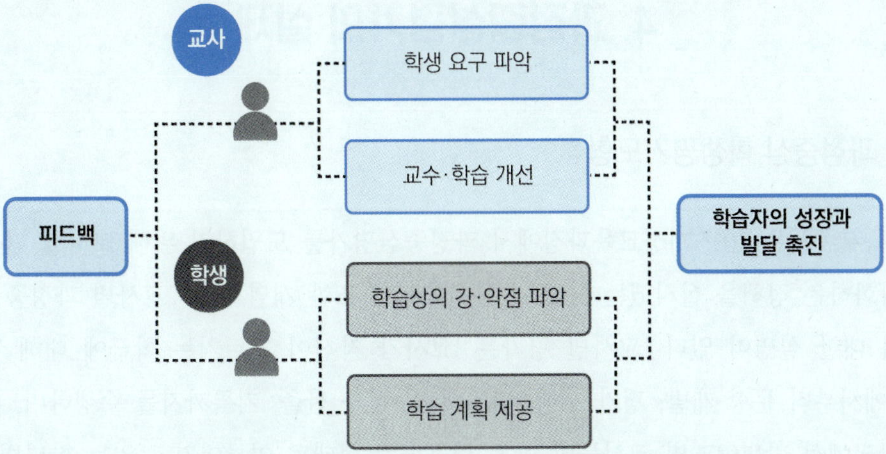

출처: 교육부, 한국교육과정평가원(2017).

그림 10-4 과정중심평가에서 피드백의 기능

이런 과정은 [그림 10-4]에서 잘 나타나는데, 과정중심평가에서의 피드백은 단회적으로 끝나는 것이 아니라 각 과제가 끝날 때마다 학생의 현재 수준을 점검하고 피드백하는 사이클이 반복되면서 학생의 학습과 성장이 자연스럽게 이루어지는 과정으로 진행된다.

교수·학습활동에서 피드백을 제공할 때는 평가적 피드백보다 조언적 피드백을 제공하는 것을 권장하고 있다(부산광역시교육청, 2021). 조언적 피드백은 수업 목표와 관련하여 학생이 성취한 것과 학생이 학습을 개선하는 데 필요한 정보를 제공하는 것이다. 효과적인 피드백은 다음과 같은 세 가지 질문에 답하도록 하는 것이 좋다(Hattie & Timperley, 2007).

- 나는 어디로 가고 있는가? 목표가 무엇인가?(Feed Up)
- 나는 어떻게 하고 있는가?(Feed Back)
- 다음은 어디로 가는가? 개선을 위해 무엇을 해야 하는가?(Feed Forward)

4. 과정중심평가의 실제

1) 과정중심 학생평가모형

교육부에서는 2015개정교육과정에서 과정중심평가를 도입하기 위해 교사별 전문성을 강화하는 정책을 실시했는데, 초기 문서에서 강조한 개념 중에 '교사별 과정중심평가'에 대한 설명이 있다. 교사별 평가는 '교사가 자신이 가르치는 학급에 대해 평가 계획에서부터 문항 개발, 평가 시행, 피드백 및 결과 산출, 기록까지를 수행하며, 대부분 학교에서 학년(교과)별 교사들이 함께 평가하는 형태로 이루어지고 있는 학년별(교과별) 평가와 대비할 수 있는 개념'으로 제시하고 있다. 이는 과정중심평가의 목적을 달성하기 위해 이상적인 형태라고 볼 수 있으나 교육현장에서는 교사별 역량이나 학교의 문화 등에 따라 실천하기 어려운 부분이 발생할 수 있다(박상현 외, 2022).

반재천 등(2018)이 제시한 교사별 과정중심 학생평가모형은 교사가 가져야 할 평가지식에 대한 부분과 수업과 평가가 연계되어 순환적인 구조로 실행되는 부분으로 구성되어 있다. 모형 그림 안에 있는 평가 실행과 관련된 해석 및 피드백의 단계는 과정중심 학생 평가를 실행하는 모형이 될 수 있다. 1) 목표 설정 및 학생 상태 파악 - 2) 수업 및 평가 계획 - 3) 평가 과제/도구 개발 - 4) 수업 및 평가 적용 - 5) 분석 및 해석 - 6) 피드백 및 수업 조절의 6가지 단계가 순차적으로 순환되는 방식이 제안되어 있으며, 6번째 피드백 및 수업 조절 단계는 4단계의 수업 및 평가 적용 단계에 영향을 미치는 것으로 나타나 있다(반재천 외, 2018).

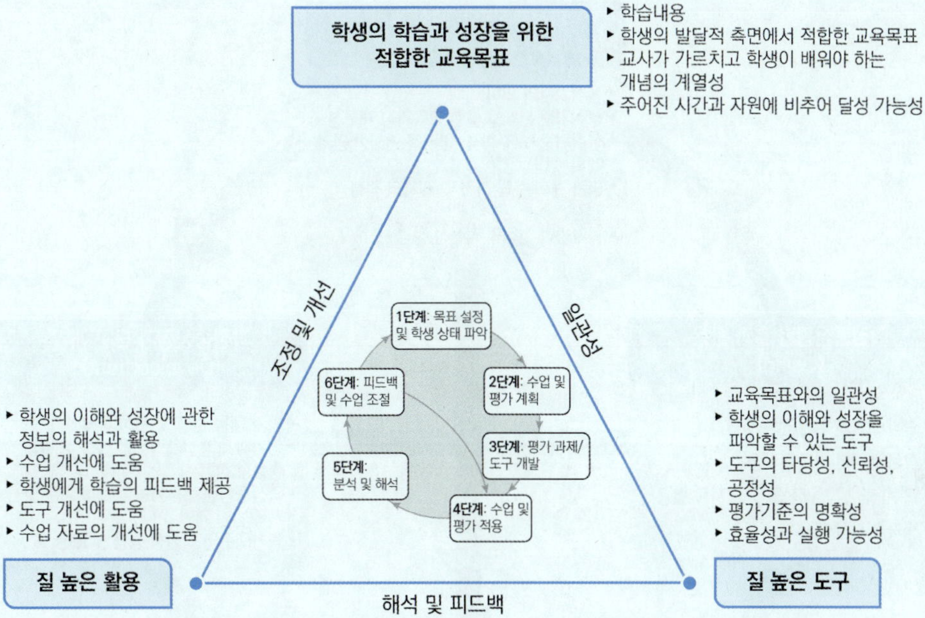

출처: 반재천 외(2018).

그림 10-5 교사별 과정중심 학생평가 모형

교사 중심의 과정중심평가 모형을 적용할 수도 있지만 학교단위에서 운영하는 경우가 대부분이기 때문에 학교수준에서 학생평가를 운영하는 체제가 필요하기도 하다. 한국교육과정평가원(2018)에서는 과정중심평가 내실화 방안으로 학교단위에서 실천할 수 있는 평가 모형을 개발하였다(박지현 외, 2018). 학교단위에서 이루어지는 학생평가는 다양한 이해관계자들의 의견을 반영해야 하며 여러 가지 상황을 고려하여 이루어지는 복합적인 행위이기 때문에 평가 계획 수립(Planning), 평가도구개발(Development), 평가 시행(Implementation), 결과 활용(Using)의 단계에서 다양한 변수를 고려해야 한다.

이 모형의 특징은 1) 단위학교의 학생평가 운영 전반을 고려할 수 있도록 학생평가의 4가지 측면이 명시적으로 드러나도록 제시하면서 4가지의 단계를 균형 있게 고려해야 하며, 2) 운영 절차에 따라 순차적으로 운영되는 순환적인 구조로 구성되었고, 3) 학생평가의 4가지 측면들 간의 상호 관련성과 영향을 고려한 것이다.

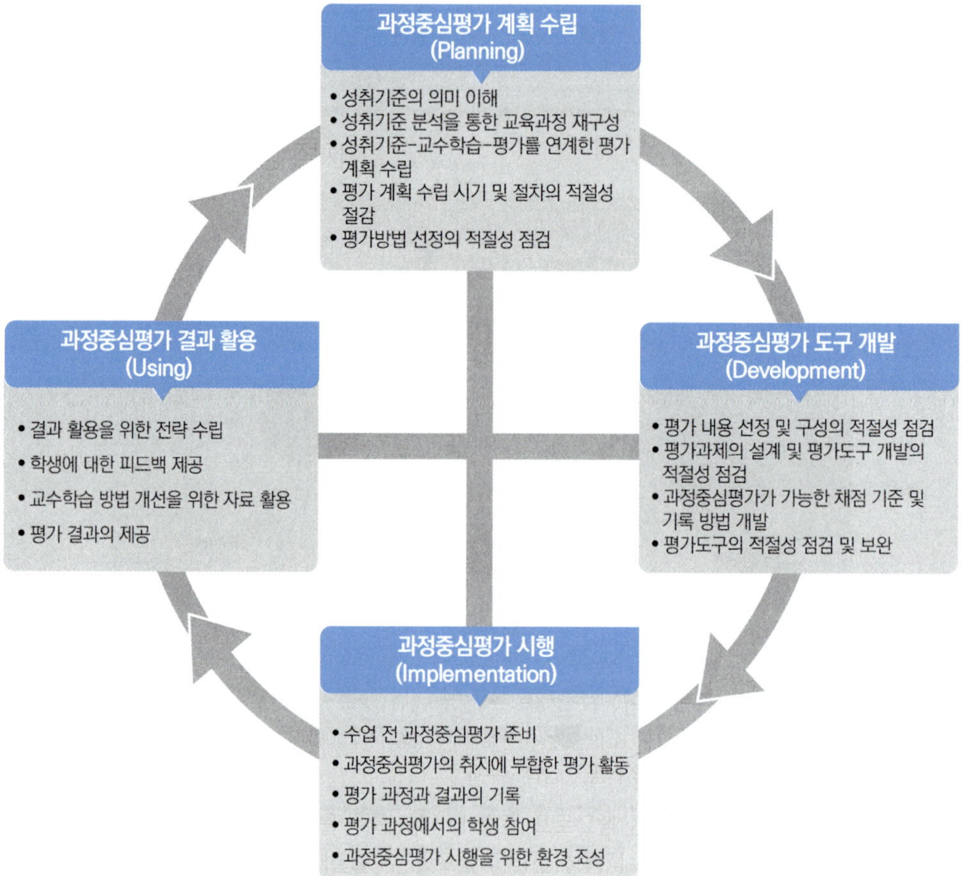

출처: 박지현 외(2018).

그림 10-6 과정중심평가 모형

과정중심평가를 실시하기 위해서는 학교단위와 교사단위에 대한 모형을 모두 고려하고 실천하는 것이 필요하다.

2) 과정중심평가 계획 수립

과정중심평가 계획은 성취기준의 의미 이해 → 성취기준 분석을 통한 교육과정 재구성 → 성취기준-교수학습-평가를 연계한 평가 계획 수립 → 평가 계획 수립 시기 및 절차의 적절성 점검 → 평가방법 선정의 적절성 점검의 흐름으로 이루어진다. 국가 교육과정에서 제시한 각 교과의 성취기준은 학생이 학습을 통해 얻어야 할 지식, 기능, 태도를 포함하고 있으며, 학습의 결과로 학생이 할 수 있어야 하는 것을 진술한 것이다. 2022개정교육과정에서는 지식 및 이해, 과정 및 기능, 가치 및 태도의 내용을 포함하도록 진술되어 있다. 성취기준은 교수·학습에서는 학습목표를 설정하는 근거가 되며, 평가 계획을 수립하거나 평가 문항을 개발하는 근거가 된다. 따라서 성취기준에 따라 과정중심평가 계획을 수립하는 것이 바람직하다.

교육부에서 실시한 과정중심평가 교사연수 자료에 의하면 교사별 과정중심평가 계획은 ① 학기단위 평가 계획 ② 평가 정보표 작성 ③ 단계(차시)별 교수·학습활동 및 평가 계획 ④ 과제(차시)별 평가 정보표 작성 ⑤ 과제(문항) 및 예시답안 작성 ⑥ 채점기준(루브릭) 작성의 단계로 실행할 수 있다(〈부록 2〉 참조).

단위학교 수준에서의 과정중심평가 계획 수립은 서울시 교육청 연구에서 제시한 [그림 10-7]의 단계를 참조하여 실시할 수 있다(박상현 외, 2022).

신학년 집중 준비기간에 과정중심평가 계획 수립

단계	내용
교과별 수행평가 비율 선정	• 학기 단위 성적의 40% 이상 반영 • 과정중심 수행평가 교과 선택과 40% 초과에 대한 비율 설정은 교과의 특성과 학교의 여건에 따라 자율적으로 결정하되, 수행평가 내실화 및 서술형과 논술형 평가의 비중 확대 고려 • 2단위 이하 과목은 학기 단위 성적의 20% 이상 반영 권장 • 수행평가 100% 반영시 운영형태로 수행형과 혼합형으로 결정 ✓ **수행형: 수행평가(서·논술형 포함)만**으로 성적 산출 ✓ **혼합형: 수행평가(서·논술형 포함, 40% 이상) + 서·논술형 지필평가**
수행평가 내 서·논술형 평가 비율 선정	• 교과목의 특성에 따라 지필평가 혹은 수행평가로 운영 • 반영 비율은 학기 단위 성적의 20% 이상 권장 • 수행평가 100% 과목, 2단위 이하 과목은 실시 여부 자율 결정 가능

↓

지필평가와 수행평가 비율 및 횟수, 영역 선정

과목 \ 구분		지필평가(예시) 중간고사	기말고사	소계	수행평가(예시) 평가 내용			소계	계
국어	선택형	18% (60점)	-	60%	학습과정	논설문 쓰기	독후활동	40%	100%
	서논술형	12% (40점)	30% (100점)		20% (20점)	10% (10점)	10% (10점)		

↓

서·논술형 문항 반영 비율 및 평가 시기 선정

과목 \ 구분		지필평가(예시) 1차 선택형	1차 서술형	2차 선택형	2차 서술형	수행평가(예시) 학습과정	논설문 쓰기	독후활동	계
국어	서·논술형 문항 반영비율	12%	30%			10%			42%
	평가 시기								

↓

단계	내용
수행평가 과제 개발	• 교과협의회에서 교육과정 내용과 성취기준, 학생 수준 및 특성, 성취 수준 분석 • 다양한 교수학습 방법을 참고하여 과제를 수행하는데 필요한 시간, 참여 방법, 산출물의 형태 등을 고려하여 세부 과제 작성 • 수행평가 과제 개발 후 교과협의회를 통해 성취기준 적합성, 평가 방법의 타당성, 평가 시행 가능성 등을 공동으로 검토 및 수정 • 교과협의회를 통해 검토하고 수정한 후에 수행평가 과제 확정
질 관리	• 디벗 등 에듀테크를 활용한 평가 시스템 지원, 협력강사제 활용, 교원학습공동체 및 수업평가나눔지원단 활동 지원, 과정중심평가를 위한 체계적인 연수 지원 등

출처: 박상현 외(2022).

그림 10-7 단위학교 수준 과정중심평가 내실화 예시(안)

3) 과정중심평가 적용 교수 · 학습 설계

학기 단위의 평가 계획이 수립되면 해당 단원이나 주차의 수업을 어떻게 진행할 것인가 설계하는 것이 필요하다.

본 절에서 제시하는 내용은 교육부에서 실시한 2019년 정보과 교원 연수 자료집에서 발췌하고 일부 수정한 것이다(교육부, 한국교육과정평가원, 2018).

월/주	영역 (단원)	성취기준	평가내용	평가방법
6/1 ~3	추상화 알고리즘 프로그래밍	[9정04-05] 실생활 문제해결을 위한 소프트웨어를 협력하여 설계, 개발, 비교 · 분석한다.	• 실생활 문제해결을 위한 소프트웨어 설계, 개발, 비교 및 분석하기 * 평가과제 예시) 드론으로 학교의 문제를 해결하기 - 우리 학교의 문제를 도출하기 위해 토론하기 - 우리 학교의 문제를 드론을 활용해서 해결하기 위한 방법을 글이나 그림으로 표현하기 - 우리 학교의 문제를 드론을 활용해서 해결하기 위한 주제의 프로그램 만들기	서술형 논술형 자기평가 동료평가 실습

과정중심평가를 계획할 때는 다음과 같이 평가 정보표를 작성하는 것이 좋다. 평가 정보표는 교사 개인에게도 필요하지만 교과별 평가회의를 진행할 때나 차년도 평가 계획을 수립할 때 중요한 기초자료가 된다. 평가 정보표는 단원별로 작성하기도 하고 차시나 평가 과제별로 작성하기도 한다. 다음의 평가 정보표는 단원 전체에 대한 평가 정보표의 예시이다.

<table>
<tr><td>학교급</td><td>중학교</td><td>학년</td><td>1학년</td></tr>
<tr><td>교과(과목)</td><td>정보</td><td>교육과정 내용 영역</td><td>문제해결과 프로그래밍</td></tr>
<tr><td>과제명</td><td colspan="3">• 모둠 프로젝트 – 드론으로 무엇을 할 수 있을까?</td></tr>
<tr><td rowspan="3">성취기준
(평가준거
성취기준)
및
평가기준</td><td rowspan="3">[9정04-05] 실생활 문제해결을 위한 소프트웨어를 협력하여 설계, 개발, 비교 · 분석한다.</td><td>상</td><td>실생활 문제해결을 위한 소프트웨어를 설계 개발하고, 개발한 알고리즘과 프로그램의 동작 원리를 비교 · 분석할 수 있다.</td></tr>
<tr><td>중</td><td>실생활 문제해결을 위한 소프트웨어를 설계 개발하고, 개발한 알고리즘과 프로그램을 비교할 수 있다.</td></tr>
<tr><td>하</td><td>실생활 문제해결을 위한 소프트웨어를 설계하고 개발할 수 있다.</td></tr>
<tr><td>교과 역량</td><td colspan="3">☑ 정보문화소양 ☑ 컴퓨팅 사고력 ☑ 협력적 문제해결력</td></tr>
<tr><td>평가방법</td><td colspan="3">☑ 서술 · 논술 ☑ 조사 · 발표 □ 토의 · 토론 □ 프로젝트
☑ 실험 · 실습 □ 포트폴리오 □ 보고서 □ 기타
☑ 자기평가 ☑ 동료평가 ☑ 관찰평가</td></tr>
<tr><td>과정중심
평가의
방향(의도)</td><td colspan="3">이 성취기준에서는 학생들이 실생활의 문제를 함께 발견하고, 발견한 문제를 해결할 수 있는 방법을 알고리즘으로 설계하여 프로그램으로 개발 및 분석하는 능력을 중심으로 학생들의 성장정도를 평가한다.</td></tr>
</table>

평가 과제의 주제가 정해지면 이후 교수 · 학습활동 및 평가 연계 운영 과정안을 다음과 같은 방식으로 설계할 수 있다.

단계	교수 · 학습활동	평가 계획
1차시	**[문제 발견 및 알고리즘 설계]** • 전시학습 확인(문제해결 과정의 이해) • 드론을 활용해 해결할 수 있는 문제 생각하기 • 필요 요소, 불필요 요소를 구분하고 문제를 정의하기 • 알고리즘 설계하기	**평가 과제 1** 문제 발견, 필요 / 불필요 요소 구분 및 문제 정의, 알고리즘 설계 ⇩ 서술 · 논술

<table>
<tr><td>2차시</td><td>[짝 프로그래밍]
• 짝 프로그래밍
- 드라이버 / 내비게이터 역할 분담 및 시간 제어</td><td>평가 과제 2
짝 프로그래밍
⬇
동료평가
관찰평가</td></tr>
<tr><td colspan="3">이후 생략</td></tr>
</table>

단원에 따라 평가 계획이 수립되면 차시별 평가 과제를 개발한다. 학생들은 평가 과제를 해결하는 것 자체가 수업이 되는 것이다. 이때 차시별로 평가 정보표를 세부적으로 작성할 수도 있다. 다음의 평가 정보표는 차시별 작성 사례이다.

<table>
<tr><td>학년/ 학기</td><td>1/1</td><td>단원/ 차시</td><td>프로그래밍/2차시</td></tr>
<tr><td>성취 기준</td><td colspan="3">[9정04-05] 실생활 문제해결을 위한 소프트웨어를 협력하여 설계, 개발, 비교 · 분석한다.</td></tr>
<tr><td>교과 역량</td><td colspan="3">☐ 정보문화소양 ☑ 컴퓨팅 사고력 ☑ 협력적 문제해결력</td></tr>
<tr><td>평가방법</td><td colspan="3">☐ 서술 · 논술 ☐ 조사 · 발표 ☐ 토의 · 토론 ☐ 프로젝트
☑ 실험 · 실습 ☐ 포트폴리오 ☐ 보고서 ☐ 기타
☐ 자기평가 ☑ 동료평가 ☑ 관찰평가</td></tr>
<tr><td>출제 의도</td><td colspan="3">학생들에게 프로그래밍에 대한 심리적인 진입장벽이 높은 편이므로 짝 프로그래밍을 도입하여 개인의 부담을 낮추되 문제해결에 대한 만족도를 높일 수 있는 기회를 제공한다. 추상화한 문제해결 과정을 자동화하여 표현하는 과정에서 컴퓨팅 사고력을 측정할 수 있으며, 지속적인 의사소통을 통해 문제해결의 방향성을 검토하고 고민하도록 하여 혼자의 힘이 아닌 협력적인 분위기 속에서 문제를 해결할 수 있도록 한다.</td></tr>
<tr><td>과제 내용 및 평가 계획</td><td colspan="3">4명을 기준으로 구성된 모둠을 두 팀으로 나눈다. 팀별로 드라이버와 내비게이터 역할을 부여하여 짝 프로그래밍을 실시하고 프로그래밍을 해 나가는 과정을 관찰하여 평가하며 이때 보완해야 할 부분에 대한 피드백을 제공한다.
<table>
<tr><th>평가(채점) 영역</th><th>평가 요소</th><th>평가 척도</th></tr>
<tr><td rowspan="3">문제해결 방법 프로그래밍하기</td><td>프로그래밍 능력 판단하기</td><td>3단계(상, 중, 하)</td></tr>
<tr><td>협력적 태도 및 의사소통 능력 판단하기</td><td>3단계(상, 중, 하)</td></tr>
<tr><td>역할에 대한 참여도 판단하기</td><td>3단계(상, 중, 하)</td></tr>
</table></td></tr>
<tr><td>평가 시 유의점</td><td colspan="3">• 교사 중심의 평가 외에도 모둠 내 동료평가를 활용하여 학생들이 서로 피드백을 공유하는 것이 효과적이다.
• 해당 차시에서 프로그래밍 능력에 대한 판단은 동료평가로 이루어지며, 프로그래밍 능력에 대한 교사의 평가는 다음 차시의 구술평가를 통해 확인한다.</td></tr>
</table>

평가 계획과 평가 정보표에 따라 평가 과제를 개발하고 수업 활동으로 제시할 수 있다. 다음의 수행평가 과제는 2차시의 평가 과제로 드론을 프로그래밍하는 실습 과제이다. 앞서 평가 유형에서 제시한 것처럼 정보 교과에서 사용하는 방법 중 '짝 프로그래밍' 유형을 적용한 사례이다.

*** 지난 시간 우리 조에서 구상했던 문제해결 방안을 프로그래밍을 통해 표현하고자 합니다. 아래 설명을 읽어보고, 팀별로 역할을 나누세요.**

<table>
<tr><td>짝 프로그래밍
(Pair programming)</td><td>두 명의 학생이 짝이 되어 프로그래밍을 완성하는 방법으로, 두 가지 역할을 서로 바꾸어 수행해가며 과제를 진행한다. 역할에는 드라이버(driver)와 내비게이터(nevigator)가 있다. 드라이버는 실질적인 코드를 작성하며 내비게이터는 작성된 코드를 관찰하여 개선점, 문제점 등 피드백을 제시한다.
프로그래밍 팁이나 전략, 기술 등을 서로에게 배울 수 있고 지속적으로 소통하고 협력하여 문제에 대하여 다양한 해결 방안을 찾을 수 있다.
<table>
<tr><td>팀/역할</td><td>드라이버</td><td>내비게이터</td></tr>
<tr><td>TEAM 1</td><td>예) 김○○</td><td>예) 이○○</td></tr>
<tr><td>TEAM 2</td><td>예) 박○○</td><td>예) 문○○</td></tr>
</table>
</td></tr>
</table>

• 팀별로 프로그래밍을 진행하고, 10분이 지날 때 마다 역할별 수행과제 및 피드백 내용을 정리하세요.

<table>
<tr><th colspan="2">구분</th><th>예) 김○○</th><th>예) 이○○</th></tr>
<tr><td rowspan="2">1</td><td>드라이버</td><td>예) 엔트리 배경을 제작하고 필요한 오브젝트를 배치함.</td><td></td></tr>
<tr><td>내비게이터</td><td></td><td>예) 교무실과 복도의 공간 배치를 구상함.</td></tr>
<tr><td rowspan="2">2</td><td>드라이버</td><td></td><td>예) 드론이 교무실을 오가는 동작을 구현함.</td></tr>
<tr><td>내비게이터</td><td>예) 보다 효율적인 코드 구성을 제안함.</td><td></td></tr>
<tr><td colspan="2">동료평가</td><td>프로그래밍 능력 (상 / 중 / 하)
의사소통 적극성 (상 / 중 / 하)
역할 참여도 (상 / 중 / 하)</td><td>프로그래밍 능력 (상 / 중 / 하)
의사소통 적극성 (상 / 중 / 하)
역할 참여도 (상 / 중 / 하)</td></tr>
</table>

4) 평가 결과 채점 및 피드백

평가 결과 채점표는 3단계, 5단계 채점표를 제작할 수 있고, 평가 항목도 인지적, 정의적, 심동적 요소를 포함해서 제작하게 된다. 평가 영역의 경우 평가내용 영역에 따라서 구분하기도 하고, 평가 유형에 따라서 구분하기도 한다. 다음은 평가 유형별로 3단계 척도로 개발한 평가 채점표의 예시이다.

평가(채점) 영역	평가 항목	평가 척도	채점 기준
문제해결 방법 프로그래밍하기 〈관찰평가〉	협력적 태도 및 의사소통 능력	상	팀원의 의견을 적극적으로 경청하고 자신의 의견을 표현하며 의사소통하였다.
		중	팀원의 의견을 경청하고자 노력하였고, 자신의 의견을 표현하며 의사소통하였다.
		하	팀원과의 원활한 의사소통을 위해 노력하였다.
문제해결 방법 프로그래밍하기 〈동료평가〉	프로그래밍 능력	상	글로 표현된 문제해결의 각 과정을 효율적인 코드로 프로그래밍하였다.
		중	글로 표현된 문제해결의 각 과정을 프로그래밍하였다.
		하	글로 표현된 문제해결의 각 과정을 주변의 도움을 받아 프로그래밍하였다.

평가 결과에 따라 학생들의 특성을 다음과 같이 기록할 수 있다. 개별 학생의 특성은 다각도로 관찰하고 수집한 자료에 의해 명확하게 기록해 두는 것이 좋다. 수행평가 과제를 수행하는 가운데서 나타나는 인지적 활동, 팀원과의 의사소통, 협업과정 등 다양한 특성을 찾아서 기록하면 좋다.

	개별 학생의 특성
학생1	프로그래밍 작업을 할 때, 비효율적인 코드를 2개 발견하고 제어구조로 해결하자는 의견을 제시함. 조원의 조언을 듣고도 본인의 의견을 고집하는 모습이 보임.
학생2	내비게이터(Navigator)와 드라이버의 역할 중 내비게이터 역할을 더 잘하는 성향이 있음. 내비게이터 역할을 맡았을 때, 드라이버가 어려워하는 부분에 대하여 이해가 될 때까지 반복하여 쉽게 설명할 수 있도록 노력함.

학생 피드백은 수업 목표와 관련하여 학생들이 어떤 성취를 보였는지, 현재 어떤 상태이고 어떤 부분을 개선하면 좋을지 필요한 정보를 제공하는 것이 좋다. 다음은 수행평가 과제를 수행할 때의 모습과 프로젝트 결과물, 팀원과의 의사소통, 협력 상황에 대한 피드백을 제시한 사례이다.

	학생 피드백 예시
학생 A	프로젝트 결과물에 대하여 자신 있는 태도로 발표하였습니다. 제어구조를 2개 사용하여 프로그래밍하였네요. 교사의 피드백을 듣고 수정이 필요한 부분을 파악하여 조원과 적극적으로 협의하는 모습이 돋보입니다.
학생 B	내비게이터의 역할을 수행하며 드라이버를 배려하는 모습이 돋보입니다. 친구와 의사소통하며 프로그램을 발전시켜 나가는 모습이 좋았습니다.

5. 과정중심평가의 사례

과정중심평가는 초·중·고 모든 학교급에서 실행할 수 있는데, 각 학교급별로 교과의 특성에 따라 다양하게 적용이 가능하다. 본 절에서 제시하는 초·중·고 사례는 시·도별 교육청 장학자료에서 발췌하여 재구성한 것으로 각 사례별 세부 내용은 해당 자료에서 자세하게 찾아볼 수 있다.

1) 초등학교 사례(부산시교육청, 2021)

초등학교 사례로는 체육교과의 수행평가 과제를 살펴볼 수 있다. 체육 수업의 경우 주로 실기로 이루어지지만 이론과 실기가 이어지는 수업도 진행된다. 본 사례는 필드형 게임(주먹 야구)의 규칙을 팀별로 새롭게 만들고 자신들이 만든 규칙으로 게임을 수행하는 과정으로 진행된다.

부산시 교육청에서 발간한 자료에는 평가기준표를 '배움성장확인표'라고 명명하고 자세하게 제시하고 있다. 또한 주요 피드백은 3단계 수준의 학습자로 구분하여 제시하고 있다.

(1) 교수 · 학습활동 및 평가 계획

학교급	5-1	단원/차시	3. 경쟁
교과(과목)	체육	영역(내용)	필드형 게임
성취기준	[5체03-02] 필드형 게임의 기본 기능을 탐색하고 게임 상황에 적용한다. [5체03-04] 필드형 경쟁 활동에 참여하면서 책임의 중요성을 인식하고 이를 바탕으로 맡은 바 역할에 최선을 다하여 게임을 수행한다.		
학습 목표	새로운 주먹 야구 규칙을 만들어 실제 경기에 적용할 수 있다.		
평가 및 피드백 계획	• 학생들의 상황에 맞는 주먹 야구 도구와 규칙을 결정하는 토의를 통해 서로의 의견을 공유하여 발표 자료를 만든다. 발표 자료를 잘 설명할 수 있는지 평가한다. • 발표를 통해 다른 학생들과 서로 질문하고 답변하고 그 과정에서 학생 간 피드백을 할 수 있도록 한다. • 학습자의 수준에 따른 피드백을 준비하여 이를 통해 성취기준에 도달할 수 있도록 한다.		

(2) 수업의 흐름

흐름	내용
배움 열기	• 프로젝트 확인 - 프로젝트명과 탐구 질문 확인하기
배움 활동 ①	• 모둠별로 새로운 규칙 생각하기 - 주먹 야구 도구와 규칙 정하기 - 게임 진행 방법 생각하기
배움 활동 ②	• 새로운 규칙 발표하기 - 모둠별로 발표하고 질문과 답변을 통해 생각을 공유하고 조정하기 - 새로운 규칙 결정하기
배움 활동 ③	• 새로운 주먹 야구 게임하기 - 새로운 규칙에 맞게 게임 준비하고 게임하기 - 문제점 발견 시 수정하기

(3) 수행과제 예시

*** 수행과제 1 - 모둠별로 새로운 규칙을 생각하고 발표해 봅시다.**

1. 주먹 야구 도구와 규칙을 정해 봅시다.

2. 게임 진행을 재미있게 할 수 있는 규칙을 정하기 위해 서로 질문해 봅시다.

3. 새로운 규칙을 정하고 발표해 봅시다.

*** 수행과제 2 - 새로운 규칙으로 주먹 야구 게임을 해 봅시다.**

1. 게임 도구를 준비하고 새로운 규칙에 맞게 게임을 해 봅시다.

2. 문제점 발견 시 재수정을 해 봅시다.

(4) 평가 기준 - 배움 성장 확인표

수준 / 평가요소	잘하고 있어요	발전하고 있어요	힘을 내요
새로운 규칙 정하기	• 기존 규칙의 불편한 점을 알고 개선할 수 있는 방법을 스스로 생각해 낼 수 있다.	• 기존 규칙의 불편한 점과 개선점을 듣고 새로운 방법을 생각해 낼 수 있다.	• 기존 규칙의 불편한 점을 알고 있으나 새로운 규칙을 생각하기 어려워한다.
의견 나누기	• 자신의 의견을 발표하고 다른 사람의 의견에 대해 질문을 할 수 있다. • 다른 사람의 질문에 대해 답변할 수 있다.	• 자신의 의견을 발표할 수 있으나 다른 사람의 의견에 질문하는 것을 어려워한다. • 다른 사람의 질문에 대해 친구의 도움을 받아 답변할 수 있다.	• 자신의 의견을 발표하는 것과 다른 사람의 의견에 대해 질문하는 것을 어려워한다. • 다른 사람의 질문에 대해 답변하는 것을 어려워한다.
게임에 적극적 으로 참여하기	• 주먹 야구형 게임의 기본 기능을 적절하게 사용하며 새로운 규칙에 따라 게임에 적극적으로 참여할 수 있다. • 자신이 맡은 역할에 책임을 다하며 게임에 참여할 수 있다.	• 주먹 야구형 게임의 기본 기능을 사용하며 새로운 규칙에 따라 게임에 참여한다. • 자신이 맡은 역할에 맞게 게임에 참여한다.	• 주먹 야구형 게임의 기본 기능을 사용하기 어려워하며 새로운 규칙의 게임에 소극적으로 참여한다. • 자신이 맡은 역할을 책임있게 하기 어려워한다.

(5) 주요 피드백 내용

학습자 유형 / 구분	도달한 학습자	성장을 위해 노력하는 학습자	동기 유발이 필요한 학습자
새로운 규칙 정하기	자신이 생각한 규칙에서 보완해야 할 점은 없는지 생각해 보게 하기	새로운 규칙을 말한 친구의 의견에서 고칠 것은 없는지 생각해 보게 하기	주먹 야구 게임에서 불편했던 점이 없었는지 생각해 보게 하기
의견 나누기	다른 사람이 이해할 수 있도록 구체적인 예시나 그림을 그려 자신의 생각을 설명할 수 있도록 하기	다른 사람이 이해할 수 있도록 설명할 수 있는 방법을 생각해 보게 하기	주먹 야구 게임에서 불편했던 점을 다른 사람에게 말해볼 수 있도록 하기

학습자 유형 / 구분	도달한 학습자	성장을 위해 노력하는 학습자	동기 유발이 필요한 학습자
게임에 적극적으로 참여하기	새로운 규칙에 따라 게임을 하면서 수정할 것은 없는지 생각해 보게 하기	새로운 규칙을 생각하며 게임에 참여할 수 있도록 하기	새로운 게임 규칙에 대한 설명을 다시 듣고 참여하도록 하기

2) 중학교 사례(교육부, 한국교육과정평가원, 강원도, 2018)

중학교 사례는 2018년 주지교과를 중심으로 이루어졌던 교육부에서 개발하고 교사 연수로 진행한 사례집에서 발췌하였다. 본 사례는 과학과 사례인데, 초콜릿, 드라이아이스의 상태변화를 관찰하는 실험을 수행하는 과제이다. 기존 교재에는 5차시 평가 계획과 자료가 자세하게 제시되어 있으나 본 사례에서는 평가 계획과 평가 정보표만 발췌하여 제시하였다.

(1) 교수 · 학습활동 및 평가 계획

학습단계	교수 · 학습활동	평가 계획
1 차시	• 전시학습 확인(물질의 세 가지 상태의 특징) • 초콜릿의 상태 변화를 관찰하기(융해, 응고) • 물의 상태 변화 동영상으로 관찰하기(기화, 액화)	초콜릿으로 그림 그리기 (실험 · 실습) (형성평가(퀴즈)) 피드백
2 차시	• 드라이아이스의 상태 변화 관찰하기(승화) • 상태 변화의 종류와 개념 정리하기	수행평가 과제 1 드라이아이스의 상태 변화 관찰하기 (실험 · 실습) 피드백
이하 생략		

(2) 평가 정보표

<table>
<tr><th>학교급</th><td>1학년/2학기</td><th>단원/차시</th><td>물질의 상태 변화/2차시</td></tr>
<tr><th>교과(과목)</th><td>과학</td><th>영역(내용)</th><td>물질의 변화(물질의 상태 변화)</td></tr>
<tr><th rowspan="3">성취기준
(평가준거
성취기준)
및
평가기준</th><td rowspan="3">[9과05-02] 여러 가지 물질의 상태 변화를 관찰하고, 상태 변화 시 나타나는 현상을 입자 모형으로 설명할 수 있다.</td><th>상</th><td>여러 가지 물질의 상태 변화에서 나타나는 현상을 관찰하고, 이를 물질의 상태에 따른 입자모형으로 설명할 수 있다.</td></tr>
<tr><th>중</th><td>여러 가지 물질의 상태 변화를 입자 모형으로 나타낼 수 있다.</td></tr>
<tr><th>하</th><td>물질의 상태가 변할 때 나타나는 현상을 관찰하여 말할 수 있다.</td></tr>
<tr><th>교과역량</th><td colspan="3">☑ 과학적 사고력 ☑ 과학적 탐구 능력
☑ 과학적 문제해결력 ☑ 과학적 의사소통 능력
☑ 과학적 참여와 평생학습 능력</td></tr>
<tr><th>출제의도</th><td colspan="3">물질의 상태 변화는 물질의 성질은 변하지 않는 물리 변화임을 알게 하고, 짧은 시간 안에 여러 현상을 관찰할 수 있으며, 학생들의 흥미를 유발할 수 있는 드라이아이스라는 소재를 이용하여 실험 실습 평가를 할 수 있도록 고안하였다.</td></tr>
<tr><th>평가방법</th><td colspan="3">☑ 서술 · 논술 ☐ 조사 · 발표 ☐ 토의 · 토론 ☐ 프로젝트
☑ 실험 · 실습 ☐ 포트폴리오 ☑ 보고서 ☐ 기타
☐ 자기평가 ☐ 동료평가 ☐ 관찰평가</td></tr>
<tr><th>과제 내용
및
평가 계획</th><td colspan="3">이 수업은 실험 실습을 통해 과학적 탐구능력과 과학적 사고력을 기르는 것이다. 평가는 드라이아이스의 상태 변화를 구체적으로 자세하게 관찰 기록하였는지에 대한 평가와 상태 변화 시 물질의 성질은 어떻게 되는지, 상태 변화의 종류는 무엇인지 등 과학적 원리와 개념 이해에 대한 평가로 구성되어 있다.
<table><tr><th>평가영역</th><th>평가항목</th><th>평가척도</th></tr><tr><td>과학적 탐구 능력</td><td>관찰한 내용 기록하기</td><td>3단계(상, 중, 하)</td></tr><tr><td>과학적 원리와 법칙에 대한 이해</td><td>현상을 과학적 개념으로 설명하기</td><td>3단계(상, 중, 하)</td></tr></table></td></tr>
<tr><th>평가 시
유의점</th><td colspan="3">실험 · 실습은 모둠별로 실시하고, 관찰한 내용 평가와 과학적 원리와 법칙에 대한 이해 평가는 각각 개별적으로 작성한 보고서를 통해 평가가 이루어진다.</td></tr>
</table>

관련 학습 사례 ❶ 유아교육

유치원과 어린이집의 공통 교육과정인 2019개정누리과정은 유아중심 및 놀이중심을 강조하고 있다. 누리과정은 유아와 놀이중심의 교육과정을 성공적으로 실행하기 위하여, 교사의 관찰과 기록 즉, 평가를 강조한다. 누리과정 실행 이전에 실시되었던 평가가 주로 교사의 수업 목표나 계획에 따라 결과를 평가하는 '결과중심평가'였다면, 누리과정은 유아의 놀이를 기록하고, 그 속에서 유아의 배움과 의미를 찾는 '과정중심평가'라고 볼 수 있다.

교사는 놀이의 결과보다는 과정에 더 주목하며, 유아가 하는 놀이의 시작과 지속, 새로운 놀이로의 전이와 확장, 마무리 등 놀이 흐름을 관찰하며 기록한다. 이를 통해 교사는 유아의 관심과 흥미가 무엇인지, 유아가 가장 즐기고 잘하는 것은 무엇인지, 유아가 놀이를 통해 무엇을 경험하는지, 또래와의 관계와 상호작용 등을 이해할 수 있다. 이는 궁극적으로 유아의 특성과 변화를 이해하여 유아의 행복과 전인적 발달을 지원하기 위한 것이다.

누리과정에서는 교사의 지속적인 평가와 반성적 성찰 과정을 촉진하기 위하여, 교사가 평가자료를 만들고 수집하는데 노력을 기울이기보다는 유아의 놀이에 집중하고 지원하는 것을 강조한다. 자연스러운 상황에서 나타나는 유아의 특성과 변화를 보여주는 모든 것, 예를 들어 놀이 결과물, 사진, 끄적임, 메모, 사진, 관찰기록 등의 놀이 과정을 나타내는 모든 것이 평가자료가 될 수 있다. 유아교육기관에서 실시된 평가의 결과는 유아의 특성을 이해하고 이를 토대로 한 부모면담이나 유아 생활지도, 누리과정 운영개선을 위한 자료로 활용된다.

다음은 유아교육현장에서의 과정중심으로서의 놀이과정을 기록한 자료이다. 유아의 끄적임, 교사의 간략한 메모 등의 놀이과정을 보여주는 모든 것이 평가자료가 될 수 있음을 보여준다.

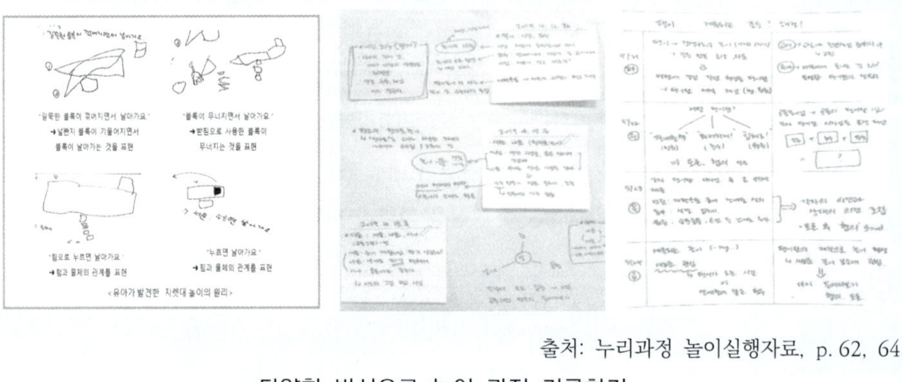

출처: 누리과정 놀이실행자료, p. 62, 64.

다양한 방식으로 놀이 과정 기록하기

유아교육 과정중심의 놀이 평가 사례

유아명: 권OO 놀이유형: 쌓기놀이

<table>
<tr><th rowspan="2">놀이 사진</th><th colspan="2">놀이 이야기</th></tr>
<tr><th>유아 이야기</th><th>교사 이야기</th></tr>
<tr><td rowspan="3">2023.04.19.(수)
</td><td>"내가 만든 거야. 나와"
"선생님. 제가 만든 건데요. OO가 들어가서 안 나와요. 나한테 안 물어보고 들어가요."</td><td>"OO이가 집을 만들었네?"
→ '다른 유아들에게 소개해주면 OO이가 만든 집으로 함께 놀지 않을까?'</td></tr>
<tr><td colspan="2">놀이 지원</td></tr>
<tr><td colspan="2"><OO이 작품을 아이들에게 소개해주기> → 😊 😐 ☹
OO이가 블록으로 만들기를 하며 혼자 놀이하는 시간이 많았음. OO이의 작품을 소개해서 친구들과 함께 놀고 친해질 수 있도록 지원을 했으나, OO이는 작품을 전시하고 다른 친구들이 놀면 부서질까봐 싫어했음.</td></tr>
<tr><td rowspan="4">2023.04.20.(목)
</td><td>유아 이야기</td><td>교사 이야기</td></tr>
<tr><td>"어? 이거 저번에 내가 만든 집이랑 똑같네?"<br>"선생님. 제가 먼저 만든 집이에요."</td><td>"OO아. 친구들이 OO이가 만든 집에서 놀고 싶었나 봐."
→ 'OO이가 친구들의 마음을 알게 되면 어떤 반응을 보일까?'</td></tr>
<tr><td colspan="2">놀이 지원</td></tr>
<tr><td colspan="2"><OO 집에서 놀이하고 싶었던 친구의 마음을 전해주기> → 😊 😐 ☹
OO이 집 만들기를 똑같이 모방하여 만든 친구의 마음을 전달해 주었지만 별다른 반응을 보이지 않고 다른 놀이를 하러 감.</td></tr>
<tr><td rowspan="4">2023.05.09.(화)
</td><td>유아 이야기</td><td>교사 이야기</td></tr>
<tr><td>"공룡 섬 만들었어요"
"여기는 밑에 보면 다른 동물들이 숨어있어요."</td><td>"어? 공룡 섬은 2층으로 되어있네?"
→ '1층과 2층으로 층을 나누어 구성한 것을 말로 표현해주면 어떨까?'</td></tr>
<tr><td colspan="2">놀이 지원</td></tr>
<tr><td colspan="2"><수의 개념을 더해 표현해주기> → 😊 😐 ☹
OO이가 만든 공룡 섬에 "1층과 2층"이라는 수의 개념을 더해 표현해주니 "우리 집은 21층이에요! 제가 만든 게 제일 높죠?"라며 다른 유아의 구성물과 높이를 비교하는 모습을 볼 수 있었음.</td></tr>
<tr><td rowspan="4">2023.05.15.(월)
</td><td>유아 이야기</td><td>교사 이야기</td></tr>
<tr><td>"선생님 저 엄청 높게 만들었죠?"<br>"티라노가 제일 세니깐 제일 높은 곳에 올라가야 돼요."</td><td>"친구랑 같이 하면 더 높아지겠는데?"
→ '더 높게 쌓을 수 있는 방법으로 친구와 함께 하는 방법을 제안하면 함께 놀이하는 재미도 느끼지 않을까?'</td></tr>
<tr><td colspan="2">놀이 지원</td></tr>
<tr><td colspan="2"><친구와 함께 하는 방법 제안하기> → 😊 😐 ☹
쌓기놀이에서는 혼자 놀이하는 경우가 많은 OO이에게 친구와 함께 하는 방법을 제안했음. 교사의 제안을 옆에 있던 OO가 듣고 "OO아, 내가 도와줄까?"라고 묻자 OO이가 고개를 끄덕이며 함께 만들기 시작함.</td></tr>
</table>

출처: 서울특별시. 아는 만큼 보고 보이는 만큼 실행하는 관찰 및 평가. p. 31.

관련 학습 사례 ❷ 초 · 중 · 고등교육

중학교 수학 과목을 담당하는 이 교사는 학기 초에 학기별 과정중심평가 계획을 수립하려고 마음을 먹었다. 과정중심평가 계획 수립 및 시행 절차를 보니, 단계도 복잡하고 실제 평가 과제를 개발하는 것도 쉽지 않아 보였다. 이 교사는 같은 수학 교과를 담당하는 선생님들과 함께 과정중심평가 계획을 수립하고 각자 개발한 평가 과제도 함께 점검하고 피드백해주기로 협의하였다.

- 과정중심평가는 기존의 수행평가와 다른 것인가? 공통점과 차이점은 무엇인가?
- 과정중심평가를 운영하기 위한 전반적인 절차는 어떻게 진행이 되며, 이 교사처럼 교과별 협의회를 조직하고 운영하는 것은 왜 필요한가?
- 과정중심평가의 목적은 무엇이며, 채점기준과 피드백은 어떻게 작성하고 실시하는 것이 좋은가?
- 〈부록 2〉의 양식을 참조하여 1차시 분량의 과정중심평가 과제를 개발해 보자. (해당 양식에서 필요한 부분만 발췌해서 사용)

참고문헌

강현석, 이지은 (2016). **이해중심 교육과정을 위한 백워드 설계의 이론과 실천: 교실혁명**. 학지사.

경기도교육청 (2018). 성장중심평가 길라잡이.

교육부 (2016). 2016년 교육부 업무계획

교육부, 한국교육과정평가원 (2017). 과정을 중시하는 수행평가 어떻게 할까요? 중등.

교육부, 한국교육과정평가원 (2018). 중학교 교사별 과정중심평가 이렇게 하세요(정보과).

교육부, 한국교육과정평가원 (2018). 초등학교 교사별 과정중심평가 이렇게 하세요. 한국교육과정평가원.

교육부, 한국교육과정평가원, 강원도교육청 (2018). 2018 교사별 과정중심평가 핵심교원 역량 강화 직무연수_중학교 과학과.

교육부, 한국교육과정평가원, 강원도교육청 (2018). 2018 교사별 과정중심평가 핵심교원 역량 강화 직무연수_중학교 국어과.

김정민 (2018). 과정중심평가의 개념과 교육적 의의 탐색. **학습자중심교과교육연구, 18**(20), 839-859.

박상현 외 (2022). 포스트코로나 시대 중학교 과정중심평가 내실화 방안. 서울특별시교육청교육연구정보원.

박일수 (2019). 백워드 설계 모형에 기반한 과정중심평가에 대한 연구. **공공정책연구, 36**(1), 73-96.

박지현 외 (2018). 과정중심평가 내실화를 위한 교사의 평가 전문성 신장 방안 연구. 한국교육과정평가원.

반재천, 김선, 박정, 김희경, 이해선 (2018). 2015 개정 교육과정에 따른 교사별 과정중심평가 활성화를 위한 학생평가 모형 개발 연구. 교육부.

부산광역시교육청 (2021). 초등 과정 중심 평가 피드백 사례집.

서울특별시교육청 (2022). 2022학년도 학생평가의 이해: 중학교. 장학 자료.

신혜진, 안소연, 김유원 (2017). 과정중심평가 활용의 정책적 분석: 서울특별시 소재 중학교 교사의 수행평가 활용 사례를 중심으로. *The Journal of Curriculum and Evaluation, 20*(2), 135-162. https://doi.org/10.29221/jce.2017.20.2.135

최훈원, 최윤정 (2024). 키워드 네트워크 분석을 활용한 과정중심평가의 연구동향 분석. **교육**

과정평가연구, 27(2), 251-277. https://www.ejce.org/archive/view_article?pid=jce-27-2-251

Hattie, J., & Timperley, H. (2007). The Power of Feedback. *Review of Educational Research, 77*(1), 81-112.

McTighe, J., & Wiggins, G. P. (1999). *The Understanding by Design Handbook*. ASCD.

Chapter 11

평가 결과의 관리

1. 평가 결과 관리의 의미
2. 학교(유치원)생활기록부의 성격과 기능
3. 학교생활기록부의 구성과 기재방법

학교 교육과정에 대한 평가 결과는 학교생활기록부로 관리된다. 학생의 학업성취도, 인성, 진로 탐색 활동 등을 종합적으로 기록하여, 학생의 전인적 성장과 발전을 지원하게 돕는다. 이를 통해 교사와 학교는 학생 개개인의 강점과 필요를 파악하여 맞춤형 지도를 제공할 수 있으며, 상급학교 진학 시에도 중요한 자료로 활용된다.

또한, 대학 입시에서 학교생활기록부의 중요성이 더욱 강조되고 있다. 특히 학생부 종합전형에서는 학생의 학업 역량, 인성, 진로 탐색 활동 등을 종합적으로 평가하게 된다. 학교 생활기록부는 학생의 교육 여정을 총체적으로 관리하여 더 나은 교육적 의사결정을 내리는 데 중요한 역할을 하는 것이다.

이처럼, 교육평가에서 평가 결과 관리는 학생의 학업성취도와 학교 활동에 대한 체계적인 기록과 분석을 통해 보다 나은 교육적 성과를 도출하는 것을 목표로 한다. 이는 단순히 점수를 부여하고 순위를 매기는 것을 넘어, 학생의 장기적 성장을 돕기 위한 자료로 활용된다. 예를 들어, 특정 학생이 수학에서 지속적으로 낮은 성취도를 보일 경우, 평가 결과 관리는 해당 학생의 약점을 분석하여 맞춤형 학습 프로그램을 제공하는 기반을 마련할 수 있다. 평가 결과를 관리하고 활용하는 과정은 교육적 개입의 질을 높이고, 학습자 스스로 자신의 성취를 돌아볼 기회를 제공한다. 결과적으로, 평가 결과 관리는 학생의 전인적 성장과 성공을 지원하는 중요한 도구로 자리 잡고 있다.

1. 평가 결과 관리의 의미

평가 결과를 관리하는 것은 단순히 평가 자체로 끝나는 것이 아니라, 그 결과를 체계적으로 수집하고 분석하여 학생의 학습 상황을 파악하고 개선하는 데 활용하는 것을 의미한다. 관리의 핵심은 평가 결과를 바탕으로 학생 개인과 집단의 성취도와 문제점을 파악하고, 이를 통해 적절한 교육적 개입을 계획하고 실행하는 데 있다(Brookhart, 2017). 예를 들어, 평가 결과를 분석하여 학습 부진 학생을 위한 맞춤형 지원 프로그램을 마련하거나, 학생들에게 맞도록 전반적인 수업 방식의 개선을 꾀할 수 있다.

평가 결과 관리는 평가의 신뢰성과 객관성을 유지하며, 지속적인 모니터링과 피드백을 통해 교육목표를 달성할 수 있도록 돕는 역할을 한다. 평가 결과가 기록에 남고 중요하게 활용되기 때문에 평가의 수준을 고려하게 되며, 평가가 타당하고 객관적이며 신뢰로울 때 결과를 지속적으로 활용할 수 있는 근거가 되기 때문이다. 또한, 평가 결과를 관리함으로써 지속적으로 모니터링하고 피드백할 수 있는 기회가 생기며 이러한 계기들은 궁극적으로 교육의 향상에 도움이 된다. 이처럼 평가 결과를 제대로 관리하는 것은 단순히 기록물을 남기는 것이 아닌, 교육적 성장을 위한 중요한 자료이며 기초단계가 된다(한국교육과정평가원, 2010).

2. 학교(유치원)생활기록부의 성격과 기능

1) 학교생활기록부의 법적 근거

우리나라 학교생활기록부는 다음과 같은 법적 근거를 갖는다. 우선, 「초·중등교육법」 제25조(학교생활기록부)에 의하면 각 학교는 학생의 학업성취도와 생활 전반에 관한 사항을 기록하여 관리할 의무가 있다. 학교생활기록부는 학생 개인의 학업 성과뿐만 아니라 학교생활 전반에 걸친 성취와 활동을 체계적으로 관리하기 위한 법적 근거로서, 모든 학교에서 공통적으로 적용된다.

초 · 중등교육법
[시행 2024. 4. 25.] [법률 제19740호, 2023. 10. 24., 일부개정]
제25조(학교생활기록) ① 학교의 장은 학생의 학업성취도와 인성(人性) 등을 종합적으로 관찰 · 평가하여 학생지도 및 상급학교(「고등교육법」 제2조 각 호에 따른 학교를 포함한다. 이하 같다)의 학생 선발에 활용할 수 있는 다음 각 호의 자료를 교육부령으로 정하는 기준에 따라 작성 · 관리하여야 한다.
② 학교의 장은 제1항에 따른 자료를 제30조의4에 따른 교육정보시스템으로 작성 · 관리하여야 한다.
③ 학교의 장은 소속 학교의 학생이 전출하면 제1항에 따른 자료를 그 학생이 전입한 학교의 장에게 넘겨주어야 한다.

아울러 교육부 훈령 제477호의 학교생활기록 작성 및 관리지침에 의하면 기록에 관련된 세부 사항을 규정하고 있다. 이에 따라 교사들은 학생의 생활기록부를 신중하고 공정하게 기록해야 하며, 기록의 관리와 보안에 대한 책임도 명시되어 있다. 세부사항에 대한 구체적인 내용과 항목에 대해 규정해 놓았으며, 특히 최근 개정된 부분에 의하면 학교폭력에 관련된 사항에 대해 기록할 부분을 구체적으로 명시하였다. 학교폭력 주제의 심각성을 반영하여 기록물의 삭제 기간 등이 변경되었다(〈부록 3〉 참조).

한편, 국공립 유치원에서도 생활기록부를 관리하고 있다. 「유아교육법」 제14조에 의하면 1997년부터 유아들에 대한 생활기록부를 작성하고 원장이 5년간 관리하도록 하고 있다. 유치원 교육과정이 의무교육으로 전환되기 앞서 시행되는 것으로 교육적 결과 관리의 지속성을 유지하고 결과 활용 가치를 높이기 위해 시행되고 있다. 즉, 유아 중심 교육 철학과 개별화된 교육이 강조되면서, 생활기록부는 각 유아의 발달 단계와 필요를 면밀히 반영하는 역할을 한다. 따라서 놀이 활동을 통해 관찰된 유아의 강점이나 관심 분야, 사회적 관계 형성 능력 등이 기록되어 교사와 부모가 보다 심층적으로 유아를 이해하고 지원할 수 있는 것이다. 이는 유아의 발달 과정을 다각도로 평가하고 지원하는 데 필요한 중요한 자료로 기능하며, 놀이중심 교육과정과 밀접하게 연결된다. 유아교육기관의 생활기록부(<부록 3> 참조)는 놀이중심 교육과정의 실천을 지원하고, 유아의 일상적 놀이와 학습 과정을 기록하여 맞춤형 교육을 제공하는 데 중요한 기반이 되고 있다.

2) 학교생활기록부의 교육적 의미

우선, 학교생활기록부는 법적 장부로서 필수로 작성해야 하는 문서이며, 작성될 부분에 대해서는 꼭 작성을 해야 하는 교육적 강제성을 띠고 있다. 이러한 과정은 의무교육하에 모든 국민들이 받아야 하는 교육과정을 제대로 이수하고 성취하였는지를 전반적으로 관리하여 국가 발전에 이바지한다는 의미를 지닌다. 또한, 학생을 지도하기 위한 자료이며 동시에 학생의 성취를 파악하기 위한 자료로서의 의미를 지닌다. 학교생활기록부에 작성된 내용은 교사가 학생을 지도하는 주요 근거로 활용되고, 학교에서 이루어지는 교수학습 과정의 전반이 기록되어 상급학교 진학이나 취업에 중요하게 사용된다(박균열, 2014).

학교생활기록부는 정해진 기간 동안 보관되는 자료이다. 보존되는 것은 학생의 학적을 증빙하고 어떠한 교육과정을 이수하였는지를 보여주는 의미를 내포한다. 보통 졸업 후 5년간 학교에서 보관하게 되며, 이후에는 데이터베이스에 준영구적으로 보관된다.

3) 학교생활기록부의 주요 기능

우리나라는 NEIS(교육행정정보시스템)에 학생들의 기록을 남겨 놓음으로서 학교 생활 전반에 대한 정보 열람이 가능하다. 온라인에 제공되는 학교생활기록부는 학부모에게 학교 정보, 학생 정보, 학부모 상담에 대한 내용, 자녀 교육활동 등이 제공되며, 이를 통해 학교에서 자녀가 어떻게 생활하는지 알 수 있게 돕는다. 최근 NEIS에 학부모 온라인 상담 서비스가 개설되면서 자녀에 대한 상담을 교사와 온라인으로 할 수 있게 되었다. 학교생활뿐만 아니라 교과목별 학업 사항, 보건, 영양 등에 대해 담당교사와 온라인으로 연결되어 자료를 제공받고 상담이 가능하다.

학교생활기록부는 학생의 학교생활 전체를 기록하는데, 특히 학생의 강점, 진로와 적성 부분에 대한 다양한 사항을 담고 있게 된다. 이러한 내용은 학생의 진학과 취업에 참고되며 대학입학전형에도 중요하게 사용된다. 단기간에 작성하는 것이 아닌 오랜 학교생활에서 보여지는 학생의 활동 내용을 각 담당 교사들이 성심성의껏 작성함으로써 학생의 미래를 지원해주고, 학부모에게 교육 정보를 알차게 제공하는 기능이 이 안에 담겨 있다. 학생생활기록부의 주요 기능을 구체적으로 살펴보면 다음과 같다.

(1) 학생 성장 기록 기능

학교생활기록부는 가장 기본적으로 학생들의 학업, 사회적 발달, 정서적 변화와 같은 전반적인 성장을 체계적으로 기록하는 기능을 수행한다. 이를 통해 학생의 학습 성과와 성장 과정, 다양한 활동에서의 성취 등을 일관되게 관리할 수 있다. 교사는 이를 바탕으로 학생 개개인의 강점과 약점을 분석하여 적절한 학습 지도 및 지원을 제공할 수 있으며, 학부모와의 소통에도 유용하게 활용된다. 학생의 생활기록부는 학업 성취뿐만 아니라 사회성, 창의성, 책임감 등 다양한 역량의 발달을 종합적으로 평가하고 기록하여 학생의 전인적 성장을 지원하는 중요한 자료가 되기도 한다.

(2) 진학 · 진로 지도 기능

또한, 학생의 진학과 진로 지도에 필수적인 자료로 사용된다. 학생의 학업성취도, 활동 참여, 진로 희망 사항 등이 종합적으로 기록되기 때문에, 교사는 이를 토대로 학생의 적성과 흥미를 반영한 진로상담 과정에서 생활기록부의 정보가 주요하게 활용된다. 진로를 고민하는 학생들에게도 생활기록부는 본인의 학업 성과뿐만 아니라 다양한 활동과 역량을 돌아보며 자신의 강점과 발전 가능성을 이해하는 데 도움을 준다.

(3) 교육과정 운영 지원 기능

학교생활기록부는 교육과정을 운영하고 평가하는 데 있어 중요한 지원 기능을 제공한다. 학생들의 학업 성취와 활동 참여에 대한 기록은 어떠한 교육이 이루어졌는지를 짐작하게 한다. 이러한 내용들은 교사가 교육과정의 운영 효과를 점검하고 개선할 수 있도록 돕는다. 학급 및 학교 전체 학생들의 학습 패턴과 성과를 분석함으로써, 특정 과목이나 교육방법에 대한 보완이 필요할 때 유용한 자료로 활용될 수 있다.

4) 학교(유치원)생활기록부의 관리 원칙

학교생활기록부 작성과 관리에 대한 원칙은 「초·중등교육법 시행규칙」의 세부적 내용에 잘 나타나 있다. 이에 대한 내용을 정리하면 다음과 같이 다섯 가지로 볼 수 있다.

첫째, 정확성이다. 학교생활기록부는 학생의 학업 성취와 전반적인 발달 과정을 기록하는 공식 문서이므로, 학생에 대한 모든 기록은 정확하게 작성해야 한다. 기록의 정확성은 학생의 미래 진로와 평가에 직접적인 영향을 미치기 때문에, 사실에 기반하여 기록하며 오류나 부정확한 정보가 포함되지 않도록 유의해야 한다.

둘째, 일관성이다. 학생의 학습과 성장 과정은 일관성 있게 기록되어야 한다. 이는 학생의 학교생활 전반을 체계적으로 파악하고, 학년 간 또는 학급 간의 평가와 지도의 일관성을 유지하기 위해 중요하다. 일관성은 신뢰성 있는 자료 제공을 가능하게 하며, 학생의 지속적인 변화를 추적할 수 있도록 돕는다.

셋째, 객관성이다. 학교생활기록부는 객관적인 사실에 근거하여 작성되어야 한다. 교사의 주관적인 판단이 개입되기보다는 관찰된 사실, 활동 내용, 평가 결과 등을 바탕으로 기록해야 하며, 이를 통해 학생에 대한 공정한 평가가 이루어질 수 있도록 한다. 객관성은 기록의 신뢰성을 보장한다.

넷째, 보안성이다. 학교생활기록부는 학생의 개인정보를 포함하는 민감한 자료이므로 철저한 보안 관리가 필요하다. 기록의 접근 권한은 제한되어야 하며, 정보 누출이나 오용을 방지하기 위한 보안 조치를 철저히 유지해야 한다. 이를 통해 학생의 개인정보가 보호되고 공적 기록으로서의 신뢰성을 지킨다.

다섯째, 활용성이다. 학교생활기록부는 학생 지도 및 상급학교 진학에 활용될 수 있도록 구성되어야 한다. 기록된 자료는 학생 개개인의 성장과 학습 과정을 바탕으로 진로 지도에 활용되며, 학생이 상급학교로 진학할 때 평가의 기초 자료로 제공된다. 이를 통해 실질적인 교육적 지원이 이루어진다.

유치원 생활기록부 작성 및 관리 지침도 크게 다르지 않다. 유치원생활기록부 작성 및 관리지침에 의하면 각 유아의 교육과 발달 과정을 정확하고 객관적으로 기록하는 것을 원칙으로 하며, 개인적인 의견이나 편견이 배제된 기록을 강조하고 있다. 학생의 정보 기밀을 유지하고 윤리적 기준을 준수하는 것도 필수적이다.

3. 학교생활기록부의 구성과 기재방법

1) 인적 · 학적사항

법령에 규정된 대로 방법을 준수하며 기록한다. 우선, 학생정보란에는 성명, 성별, 주민등록번호와 입학 당시의 주소를 입력하고, 재학 중 주소가 변경된 경우 변경된 주소를 추가한다. 중 · 고등학교에서는 입학 전 전적학교의 졸업연월일과 학교명을 입력하며, 검정고시 합격자는 합격 연월일과 '졸업학력 검정고시 합격'이라고 기재한다. 재학 중 학적변동이 발생한 경우 학적변동이 발생한 일자, 학교와 학년, 학적변동 내용을 입력한다. '특기사항'란에는 학적변동의 사유를 입력한다.

2) 출결상황

수업일수란에 「초 · 중등교육법 시행령」 제45조에 제시되어 있는 수업일수를 입력한다. '결석일수', '지각', '조퇴', '결과'는 질병 · 미인정 · 기타로 구분하여 연간 총일수 또는 횟수를 각각 입력하게 된다. 만약 재취학 등 학적이 변동된 학생의 경우, 동학년의 수업일수 및 출결상황은 학적변동 전(원적교)의 것과 변동 이후의 것을 합산하여 입력하면 된다. '특기사항'란에는 결석사유 또는 개근 등 교육부장관이 별도로 정하는 내용을 학급 담임교사가 입력하게 된다.

초 · 중등교육법 시행령 제45조

제45조(수업일수) ① 법 제24조제3항에 따른 학교의 수업일수는 다음 각 호의 기준에 따라 학교의 장이 정한다. 다만, 학교의 장은 천재지변, 연구학교의 운영 또는 제105조에 따른 자율학교의 운영 등 교육과정의 운영상 필요한 경우에는 다음 각 호의 기준의 10분의 1의 범위에서 수업일수를 줄일 수 있으며, 이 경우 다음 학년도 개시 30일 전까지 관할청에 보고하여야 한다. 〈개정 2019. 9. 24.〉

1. 초등학교 · 중학교 · 고등학교 · 고등기술학교 및 특수학교(유치부는 제외한다): 매 학년 190일 이상
2. 공민학교 및 고등공민학교: 매 학년 170일 이상

② 초등학교 · 중학교 · 고등학교 및 특수학교의 장은 제1항제1호의 기준에 따라 수업일수를 정하려면 법 제31조제1항에 따른 학교운영위원회의 심의를 거쳐야 한다. 〈개정 2019. 9. 24., 2022. 3. 22.〉

[전문개정 2011. 10. 25.]

3) 수상경력

중고등학생의 경우만 기록사항이 마련되어 있다. 교외 수상 경력은 기록할 수 없으며, 재학 중에 교내에서 수상한 상의 명칭, 등급(순위), 수상연월일, 수여기관, 참가대상(참가인원)을 입력하는 것이다. 이때 동일한 작품이나 내용으로 수준이 다른 상을 여러 번 수상하였을 경우, 최고 수준의 수상 경력만을 입력한다.

4) 자격증 및 인증 취득상황

고등학생의 경우만 해당이 되며, 이들이 재학 중에 취득한 자격증의 명칭 또는 종

류, 번호 또는 내용, 취득연월일, 발급기관을 입력하는 것이다. 교사는 원본을 대조한 후에 취득한 순서대로 입력한다. 기재할 수 있는 자격증은 「국가기술자격법」에 따른 국가기술자격증, 개별 법령에 따른 국가자격증, 「자격기본법」에 따른 국가공인을 받은 민간자격증 중 기술과 관련 있는 내용이 해당이 된다. 이에 해당하는 자격의 예를 살펴보면 국가기술자격법에 따른 국가기술자격증으로 산업기사, 기사 등이 있고, 기술사 자격증으로 정보처리기사, 전기기사, 건축기사 등이 있으며, 기능사 자격증의 예는 한식조리기능사, 자동차정비기능사, 전기기능사 등이 해당된다. 개별 법령에 따른 국가자격증에서 전문자격증으로는 공인회계사(「공인회계사법」), 변호사(「변호사법」) 등이고, 기술 관련 국가자격증으로는 소방설비기사(「소방시설공사업법」), 정보보안기사(「정보통신망 이용 촉진 및 정보보호 등에 관한 법률」) 등이 있다.

「자격기본법」에 따른 국가공인을 받은 민간자격증 가운데 기술 관련 민간자격증은 IT 관련 자격증으로 컴퓨터그래픽스운용기능사, 웹디자인기능사 등이 있고, 빅데이터 분석 전문가 등이 있으며, 기술과 연관된 분야로는 CAD전문가, IoT 기술자격증, 감정평가사 등이 있다.

직무능력표준 이수사항에 대해서 기록할 경우는 고등학교의 장이 학교교육계획에 따른 국가직무능력표준의 이수상황을 학교생활기록부에 기재하게 되는데. 각 양식의 별지에 따라 기록하면 된다.

표 11-1 인적, 학적사항과 출결사항, 수상경력, 자격증 및 인증 취득상황 예시(고등학교)

[별지 제3호 서식]

학교생활기록부(학교생활기록부 I)

<고등학교>

졸업 대장 번호				
구분 / 학년	학과	반	번호	담임성명
1				
2				
3				

사 진 3.5 cm × 4.5 cm

1. 인적 · 학적사항

학생정보	성명 : 성별 : 주민등록번호 : 주소 :
학적사항	년 월 일 ○○중학교 제3학년 졸업 년 월 일 □□ 고등학교 제1학년 입학
특기사항	

2. 출결상황

학년	수업일수	결석일수			지 각			조 퇴			결 과		
		질병	미인정	기타	질병	미인정	기타	질병	미인정	기타	질병	미인정	기타
1													
2													
3													

3. 수상경력

학년(학기)		수 상 명	등급(위)	수상연월일	수여기관	참가대상(참가인원)
1	1					
	2					
2	1					
	2					
3	1					
	2					

4. 자격증 및 인증 취득상황

<자격증 및 인증 취득상황>

구 분	명칭 또는 종류	번호 또는 내용	취득연월일	발급기관
자 격 증				

<국가직무능력표준 이수상황>

학년	학기	세분류	능력단위 (능력단위코드)	이수시간	원점수	성취도	비고

인적, 학적사항과 출결사항 작성예시(초등학교)

• 수상경력이나 자격증 사항 없음.

[별지 제5호 서식]

학교생활세부사항기록부(학교생활기록부Ⅱ)

<초등학교>

졸업 대장 번호			
구분 / 학년	반	번호	담임성명
1			
2			
3			
4			
5			
6			

사 진 3.5㎝×4.5㎝

1. 인적 · 학적사항

학생정보	성명 : 성별 : 주민등록번호 : 주소 :
학적사항	년 월 일 □□초등학교 제1학년 입학(년 월 일 전출) 년 월 일 ○○초등학교 제2학년 전입학
특기사항	

2. 출결상황

학년	수업일수	결석일수			지 각			조 퇴			결 과			특기사항
		질병	미인정	기타	질병	미인정	기타	질병	미인정	기타	질병	미인정	기타	
1														
2														
3														
4														
5														
6														

5) 학교폭력 조치상황

개정에 의해 강화된 경우로 이 항목에는 제16조의2(학교폭력 조치상황 관리) 「학교폭력예방 및 대책에 관한 법률」 제17조제1항에 따른 가해학생에 대한 조치사항을 입력하게 된다.

제17조(가해학생에 대한 조치) ① 심의위원회는 피해학생의 보호와 가해학생의 선도 · 교육을 위하여 가해학생에 대하여 다음 각 호의 어느 하나에 해당하는 조치(수 개의 조치를 동시에 부과하는 경우를 포함한다)를 할 것을 교육장에게 요청하여야 하며, 각 조치별 적용 기준은 대통령령으로 정한다. 다만, 퇴학처분은 의무교육과정에 있는 가해학생에 대하여는 적용하지 아니한다. 〈개정 2009. 5. 8., 2012. 1. 26., 2012. 3. 21., 2019. 8. 20., 2021. 3. 23., 2023. 10. 24.〉

1. 피해학생에 대한 서면사과
2. 피해학생 및 신고 · 고발 학생에 대한 접촉, 협박 및 보복행위(정보통신망을 이용한 행위를 포함한다)의 금지
3. 학교에서의 봉사
4. 사회봉사
5. 학내외 전문가, 교육감이 정한 기관에 의한 특별 교육이수 또는 심리치료
6. 출석정지
7. 학급교체
8. 전학
9. 퇴학처분

표 11-2 학교폭력 조치상황 고등학교 기재양식

5. 학교폭력 조치상황 관리

학년	조치결정 일자	조치사항
1		
2		
3		

표 11-3 학교폭력 조치상황 초등학교 기재양식

3. 학교폭력 조치상황 관리

학년	조치결정 일자	조치사항
1		
2		
3		
4		
5		
6		

6) 창의적 체험활동상황

창의적 체험활동 상황을 생활기록부에 남기는 것은 단순한 활동 기록을 넘어, 학생의 전인적 발달을 지원하고, 학교와 가정, 사회가 학생의 성장을 돕는 기반을 마련하기 위함이다. 이러한 기록은 학생의 개인적 성취를 증명하고, 미래를 설계하는 데 유용한 자료로 활용될 수 있으므로 규정에 맞게 제대로 기록하는 것이 중요하다.

창의적 체험활동 상황에 대한 3개 영역(자율 · 자치활동, 동아리활동, 진로활동)은 학교별로 정하게 된다. 각 영역별 활동내용, 평가방법 및 기준, 교육과정을 정하고 그에 따른 활동상황을 기록한다. 제1항의 자율 · 자치활동, 동아리활동, 진로활동은 영역별 이수시간 및 특기사항(학생의 개별적인 특성이 드러나는 사항 등)을 입력하고, 봉사활동은 실적을 입력한다.

초등학교는 창의적 체험활동의 이수시간을 입력하지 않으며, '자율 · 자치활동', '동아리활동' 2개 영역의 특기사항은 통합하여 종합적으로 입력하게 된다. 그리고, '진로활동' 영역은 별도로 구분하여 기록하게 된다.

봉사활동 영역의 실적의 경우, 학교 교육계획에 따른 봉사활동을 기재하고, 학생 개인적으로 실시하는 봉사활동의 구체적인 내용을 별도로 기록하게 된다. 봉사활동실적란에 연간 실시한 봉사활동의 일자와 기간, 장소, 주관기관명, 활동 내용, 이수 시간과 실시 일자를 모두 입력한다.

진로 활동에서는 학생의 진로 희망 분야와 관심분야 등이 잘 드러나도록 담임교사가 입력을 하게 된다. 진로에 관련된 상담을 실시한 후 학생의 생각을 기록하고 진로 검사의 결과 등도 같이 기록할 수 있다. 이때 초등학생은 진로희망분야를 꼭 기록하지 않아도 된다.

학교스포츠클럽 활동 내용에 대해서는 동아리 활동란에 기록한다. 클럽명, 활동시간과 개별 특성이 드러나는 학생의 특기 사항을 기록한다. 인정 시간을 같이 기록하여 얼마나 활동하였는지를 파악할 수 있도록 돕는다. 만약 정규 교육과정에 포함되지 않은 동아리 활동의 경우이지만 학교교육계획에 따라 구성한 청소년단체 활동의 경우는 초등학교와 중학교의 경우 단체명은 입력하고, 특기사항은 입력하지 않으며, 고등학교의 경우 단체명 및 특기사항 모두를 입력하지 않게 된다.

표 11-4 고등학교 창의적 체험활동상황 양식

6. 창의적 체험활동상황

학년	창의적 체험활동상황			
	영역	시간	특기사항	
1	자율활동			
	동아리활동		(자율동아리)	
	진로활동		희망분야	※ 상급학교 미제공
2	자율활동			
	동아리활동		(자율동아리)	
	진로활동		희망분야	※ 상급학교 미제공
3	자율활동			
	동아리활동		(자율동아리)	
	진로활동		희망분야	※ 상급학교 미제공

학년	봉 사 활 동 실 적				
	일자 또는 기간	장소 또는 주관기관명	활동내용	시간	누계시간
1					
2					
3					

표 11-5 초등학교 창의적 체험활동상황 양식

4. 창의적 체험활동상황

학년	창의적 체험활동상황	
	영역	특기사항
1	자율·자치활동	
	동아리활동	
	진로활동	
2	자율·자치활동	
	동아리활동	
	진로활동	
3	자율·자치활동	
	동아리활동	
	진로활동	
4	자율·자치활동	
	동아리활동	
	진로활동	
5	자율·자치활동	
	동아리활동	
	진로활동	
6	자율·자치활동	
	동아리활동	
	진로활동	

학년	봉 사 활 동 실 적				
	일자 또는 기간	장소 또는 주관기관명	활동내용	시간	누계시간
1					
2					
3					
4					
5					
6					

7) 교과학습발달상황

교과학습발달상황을 기록하는 것은 학생의 학업 성취를 체계적으로 관리하고, 이를 통해 학생의 학업적 성장과 발달을 지원하기 위한 중요한 과정이다. 우선, 교과학습발달상황은 학생의 현재 학업 수준과 성취도를 객관적으로 확인하고, 이를 바탕으로 학생 개인의 학업 진도와 성장을 파악하는 데 도움을 준다. 또한, 이러한 기록은 단순히 점수만을 나타내는 것이 아니라, 학생의 학습 과정에서 드러난 강점과 약점을 종합적으로 분석하여 교사가 맞춤형 학습 지도를 설계할 수 있도록 지원한다.

또한, 학부모와의 의사소통 도구로도 중요한 역할을 한다. 학부모는 이를 통해 자녀의 학업 성취 수준을 정확히 이해하고, 가정에서의 학습 지원 방향을 설정할 수 있다. 학생도 자신의 학업 상태를 돌아보며 학습 목표를 구체화하고 동기를 부여받을 수 있다. 이러한 기록은 대학 입시나 진로 탐색 과정에서도 중요한 자료로 활용된다. 특히, 대학 입학사정관제에서는 학생의 교과 성취뿐만 아니라 노력과 학업 태도를 종합적으로 평가하므로, 교과학습발달상황은 학생의 역량을 입증하는 중요한 근거가 된다. 동시에 교과별 학업 성취 기록은 학생이 어떤 분야에 관심과 능력을 가지고 있는지 판단하는 데 도움을 주어 진로 선택의 방향성을 제시한다.

초등학교의 교과학습발달상황은 각 교과별 성취기준에 따른 성취수준의 특성 및 학습활동 참여도 등을 '세부능력 및 특기사항'란에 교과별로 문장으로 입력하고, 1, 2학년 '바른생활', '슬기로운 생활', '즐거운 생활' 교과는 통합하게 된다.

표 11-6 초등학교 교과학습발달상황 기록

5. 교과학습발달상황

학년	교 과	세부능력 및 특기사항
1		
2		
3		
4		
5		
6		

중학교는 시행한 평가에 따라 '교과', '과목', '원점수/과목평균', '성취도(수강자수)'를 산출하여 각 학기말에 입력한다. 다만, 체육 · 예술(음악/미술) 교과(군)의 과목은 '교과', '과목', '성취도'를 입력한다. 고등학교도 시행한 평가에 따라 '교과', '과목', '단위수',

'원점수/과목평균(표준편차)', '성취도(수강자수)', '석차등급'을 산출하여 각 학기말에 입력한다. 다만, 진로선택 과목, 과학탐구실험 및 전문교과 Ⅱ, Ⅲ, 체육, 예술 교과는 교과, 과목, 단위수, 원점수/과목평균, 성취도까지 기록하게 된다.

중·고등학교의 '비고'란에는 공동교육과정 및 학교 밖 교육 이수, 학적변동으로 인한 이수과목 상이 등 교육과정 운영에 따른 특기사항에 관한 내용을 입력하고, '세부능력 및 특기사항'란에는 과목별 성취기준에 따른 성취수준의 특성이나 학습활동 참여도를 기술하게 된다. 그리고, 교과학습발달상황의 '세부능력 및 특기사항'은 교과담당교사가 입력한다.

표 11-7 중학교 교과학습발달상황 양식(일부)

학기	교과	과목	원점수/과목평균	성취도(수강자수)	비 고
1					
2					

<체육 · 예술(음악/미술)>

학기	교과	과목	성취도	비고

8) 자유학기 활동상황 및 독서활동 상황

중학교에서 자유학기에 학교별로 실시한 자유학기 활동 영역별 이수시간 및 특기사항을 입력한다. 자유학기란 중학생들이 한 학기 동안 시험 부담에서 벗어나 자신의 꿈과 끼를 찾을 수 있도록 다양한 체험 중심의 활동을 하는 제도이다. 자유학기 활동은 학생들의 흥미와 진로 탐색에 맞추어 학교마다 다양한 프로그램으로 운영된다. 그러한 활동에 대한 기록을 남긴다. 활동의 예로는 직업 체험, 직업 멘토링, 창업체험 등이 있으며 예술 활동, 체육활동 등도 포함된다.

독서 활동 상황은 중 · 고등학교의 개인별 · 교과별 독서활동을 기록하는 것으로 특기할 만한 사항이 있는 학생을 대상으로 학기 단위로 입력하게 된다. 학생이 읽은 책의 제목과 저자를 교과 담당교사 또는 담임교사가 입력한다.

9) 행동특성 및 종합 의견

행동특성 및 종합의견은 수시로 관찰하여 누적 기록된 행동특성을 바탕으로 기록하는 것이다. 총체적으로 학생을 이해할 수 있는 관점을 담은 종합의견으로서 담임교사가 서술형 문장으로 입력하게 된다. 학생의 전인적 발달을 평가하는 항목으로 이를 위해 학업성취도뿐만 아니라, 성격, 태도, 협력 능력, 책임감 등 전인적인 특성을 평가하게 되며, 단순 시험 성적이나 점수로는 알 수 없는 학생의 성향과 강점을 파악하는 정성적 평가를 병행하게 된다.

이러한 기록이 있음으로 인해 학생 중심의 교육을 더 강화할 수 있다. 즉, 학생의 개별적 필요를 이해하고 맞춤형 교육을 실현하는 데 기초 자료로 활용할 수 있게 된다. 또한, 학생 개인에 대한 깊이 있는 기록이므로 능동적인 학습의 주체로 학생을 존중할 수 있다. 따라서 시험 성적 외에도 학교생활에서 드러나는 다양한 강점과 성과를 인정하고 격려할 수 있으며 학생의 노력과 긍정적인 변화를 기록하여 동기부여하는 기능을 한다.

그러나 항목을 작성하는 교사의 역량과 학생에 대한 정보, 교사의 관심도 및 교사 표현 양식 등에 따라 질적인 수준과 그 내용이 매우 달라질 수 있음은 한계로 지적된다. 이에 대해 학교생활기록부 종합 지원포탈(https://star.moe.go.kr/web/main/index.do)에서 작성에 대한 안내 영상 및 몇 가지 지침을 마련하였다.

첫째, 누가기록의 활용이다. 교사들은 학생의 행동 특성과 발달 상황을 수시로 관찰하여 누가기록으로 작성해야 한다. 이러한 누가기록을 바탕으로 학생을 총체적으로 이해할 수 있는 종합의견을 문장으로 입력하도록 안내하고 있다. 둘째, 구체적 사례를 기반으로 작성해야 한다. 학생의 장·단점을 기록할 때는 누가 기록된 사실에 근거하여 입력하되, 단점을 입력하는 경우에는 변화 가능성을 함께 서술하도록 하고 있다. 셋째, 표준화된 작성 지침을 제공한다. 이를 통해 교사들이 일관된 기준에 따라 기록할 수 있도록 지원하고 있다.

관련 학습 사례

유아교육기관에서 생활기록부의 기능

유아교육기관에서의 생활기록부는 유아의 전인적 발달 과정을 체계적으로 기록하고 지원하는 데 중요한 역할을 한다. 유아의 신체적, 인지적, 사회적, 정서적 발달을 다각도로 관찰하고 이를 문서화함으로써 유아가 어떤 방식으로 성장하고 있는지를 구체적으로 파악할 수 있다. 이를 통해 교사와 학부모는 협력하여 유아의 발달 단계에 맞는 적절한 지도와 지원을 제공할 수 있다. 특히, 유아교육기관에서는 놀이와 활동 중심의 교육이 강조되기 때문에, 생활기록부는 놀이와 일상생활에서의 유아의 행동과 반응을 기록하여 보다 심층적인 발달 지원이 가능하게 된다. 유아의 성장 기록은 유치원에서의 학습경험을 더욱 풍부하고 맞춤형으로 조정할 수 있게 하며, 개별화된 지도를 통해 유아가 건강하게 성장할 수 있는 환경을 마련하는 데 기여할 수 있다.

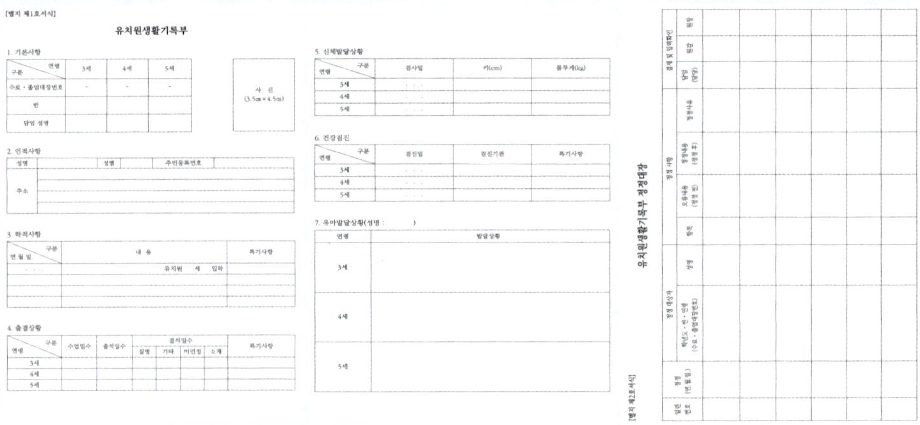

[별지 제1호서식]

유치원생활기록부

1. 기본사항

구분 \ 연령	3세	4세	5세
수료·졸업대장번호	-	-	-
반			
담임 성명			

사 진 (3.5㎝ × 4.5㎝)

2. 인적사항

성명		성별		주민등록번호	
주소					

3. 학적사항

연.월.일. \ 구분	내 용	특기사항
. . .	유치원 세 입학	

4. 출결상황

연령 \ 구분	수업일수	출석일수	결석일수				특기사항
			질병	기타	미인정	소계	
3세							
4세							
5세							

5. 신체발달상황

연령 \ 구분	검사일	키(cm)	몸무게(kg)
3세	. . .		
4세	. . .		
5세	. . .		

6. 건강검진

연령 \ 구분	검진일	검진기관	특기사항
3세	. . .		
4세	. . .		
5세	. . .		

7. 유아발달상황(성명 :)

연령	발달상황
3세	
4세	
5세	

[별지 제2호서식]

유치원생활기록부 정정대장

2024학년도 유치원생활기록부 기재요령 배포본(교육부)

토론주제

학생부종합전형(학종)은 교과 성적뿐만 아니라 동아리 활동, 봉사활동 등 다양한 비교과 활동을 평가하여 학생을 선발하는 제도이다. 그러나 이에 대한 비판도 존재한다. 과거, 일부에서는 학종이 부모의 경제적 배경에 따라 결과가 달라지는 '금수저 전형'이라는 지적이 있다. 이는 사교육을 통해 스펙을 쌓는 것이 가능하며, 이러한 과정이 교육 불평등을 심화시킨다는 우려에서 비롯된다.

출처: 박하정(2017), 학생부 종합 전형, 왜 '금수저 전형'이라고 불릴까? https://news.sbs.co.kr/news/endPage.do?news_id=N1004288563&plink=COPYPASTE&cooper=SBSNEWSEND

이에, 최근 대학 입시 제도에 여러 변화가 있었습니다. 2024학년도부터 학생부종합전형(학종)에서 자기소개서 제출이 전면 폐지되었다. 또한, 학교생활기록부의 기재 항목이 축소되어, 자율동아리 활동, 개인봉사활동 실적, 수상경력, 독서활동 등의 항목이 평가에 반영되지 않는다. 이에 따라 내신 성적과 세부능력 및 특기사항(세특), 교내 활동(창의적 체험활동)의 영향력이 강화되었다.

출처: 심안나(2022). 대입 수시 자소서 사라진다, 2024학년도 입시부터 폐지 https://www.edupolnews.com/news/articleView.html?idxno=20683

이러한 변화는 학종의 공정성을 높이기 위한 조치로, 학생들의 서류 준비 부담을 줄이면서도 학교생활기록부의 중요성을 높이고자 하는 취지라 볼 수 있다.

이러한 논의 속에서, 대학 입시에서 생활기록부의 비중 확대에 대한 찬반 의견이 존재한다. 이러한 과정은 대학 입시에서 생활기록부의 비중 확대를 의미하는가, 축소를 의미하는가? 앞으로 대학 진학에 있어서 생활기록부 비중은 어떻게 해나가는 것이 좋은가?

참고문헌

교육부 (2023). 2023학년도 유치원생활기록부 기재요령 배포본(수정). Retrieved from https://www.moe.go.kr/boardCnts/viewRenew.do?boardID=312&boardSeq=97281&lev=0&m=0301

박균열 (2014). 학교생활기록부 기재방식 및 교육적 활용에 관한 국제비교인구(OR2014-1). · KEDI연구보고서, 1-477.

유치원생활기록부 작싱 및 관리지침. Retrieved from https://www.law.go.kr/admRulLsInfoP.do?admRulId=20597&efYd=0

초 · 중등교육법 Retrieved from https://law.go.kr/%EB%B2%95%EB%A0%B9/%EC%B4%88%C2%B7%EC%A4%91%EB%93%B1%EA%B5%90%EC%9C%A1%EB%B2%95/%EC%A0%9C25%EC%A1%B0

학교생활기록부 작성 및 관리지침 Retrieved from https://www.law.go.kr/admRulLsInfoP.do?admRulId=37596&efYd=0

한국교육개발원 (2010). 국가 수준 학업성취도 평가 결과의 장기적 관리 시스템 구축 방안. Retrieved from https://www.kedi.re.kr/khome/main/research/selectPubForm.do?plNum0=7017

Brookhart, S. M. (2017). *How to Give Effective Feedback to Your Students*. ASCD.

Chapter

12

디지털 활용 평가

1. 컴퓨터 기반 평가
2. 컴퓨터 기반 학업성취도 평가
3. 생성형 AI활용 평가
4. AI 디지털교과서와 평가
5. 원격교육과 평가

지금까지 살펴본 평가의 대부분은 전통적인 교실에서 시행되는 지필검사(Paper-Based Test)에 기반한 내용이었다. 본 장에서는 지필평가와 대비되는 컴퓨터를 활용한 평가에 대한 내용을 다룬다. 1950년대 컴퓨터가 발명되기 시작한 이래로 교육 분야에도 컴퓨터가 활용되기 시작했고, 1960년대에 학교 교육에 컴퓨터가 도입되기 시작했다(이남호, 손병길, 1985). 이때 컴퓨터를 보조수업도구로 활용하는 CAI(Computer Assisted Instruction) 연구가 진행되었다. 1970년대, 80년대에 들어서는 컴퓨터 기술이 발전함에 따라 CAI의 연구가 활발해졌고, 이 후 평가에도 컴퓨터를 활용하는 사례가 늘어나기 시작했다.

일반적으로 CBT(Computer Based Test)는 지필 검사에 대응하는 개념으로 컴퓨터를 활용하는 모든 검사를 지칭하나 컴퓨터 기술이 발전함에 따라 컴퓨터 기반 적응형 검사(CAT: Computerized Adative Testing)에 대응되는 의미로 사용하게 되었다. OECD에서 발간한 보고서에 의하면 컴퓨터 기반 검사를 2가지 방식으로 설명한다(OECD, 교육부, 한국교육개발원, 2023). CBT는 컴퓨터 기반 고정검사(Computer-based uniform technology tests)로 시험을 치르는 모든 학생들에게 같은 문항이 제공되는 컴퓨터 기반 검사를 의미한다. 또한 CAT는 컴퓨터 기반 맞춤형 검사(Computer-based adaptive technology tests)로 과제 난이도를 학생의 능력수준 에 맞추어 조정하는 컴퓨터 기반 검사이다. 예를 들어 학생이 중간 난이도의 문항을 잘 맞힐 경우, 이후에는 더 어려운 문항이 출제된다.

문항의 순서나 유연성에 따라 여러 용어로 구분하기도 하지만 본 교재에서는 기존의 지필 검사와 유사한 선형으로 이루어지는 형태의 컴퓨터 활용 평가를 CBT로 정의하고, 피험자의 능력과 특성에 따라 개별적으로 적응화된 검사로 구현된 형태를 CAT로 정의하기로 한다. 지금부터 컴퓨터를 기반으로 한 평가와 인터넷 기반 원격교육에서 이루어지는 평가에 대해서 알아보자.

1. 컴퓨터 기반 평가

1) CBT(Computer Based Test)

컴퓨터 기반 평가는 컴퓨팅(Computing) 기술의 발달로 인해 최근 국내외 교육평가 기관에서 도입하는 방법이다. 초기에는 일반적인 지필검사의 내용을 그대로 컴퓨팅 기기의 화면으로 옮겨서 검사를 진행하는 CBT로 이루어졌다. 최근에는 문제은행을 만들어 놓고 문항의 난이도에 따라 비슷한 유형의 시험지를 구성하는 방식이 적용되기도 한다. CBT는 학생들의 능력수준을 고려하지 않고 문항을 일률적으로 구성하여 컴퓨터를 매체로 선형적으로 제시하는 테스트를 의미한다.

OECD 보고서에 의하면 컴퓨터 기반 기술은 20개 국가에서 최소 하나 이상의 과목영역(읽기, 쓰기, 문학, 수학, 자연과학 중)을 평가하는 데 사용된다고 한다. 모든 학생들이 고정된 문항 세트를 푸는 CBT가 과제 난이도가 학생의 능력에 따라 조정되는 CAT보다 훨씬 흔하게 사용된다. 이 보고서에 의하면 CBT는 2023년에 19개 국가에서 사용되는 반면, CAT는 호주(국가수준 평가 프로그램 - 문해력 및 수리력), 덴마크(의무평가가 아닌 경우, 자연과학과 제2외국어로서 영어와 덴마크어), 스코틀랜드(영국)(표준화된 국가수준 평가)에서만 사용된다. 또한, 국가수준 평가에서의 컴퓨터 기반 기술의 사용은 지난 8년간 크게 증가하였다. 기존의 지필위주의 평가 방식이 컴퓨터 기반 검사로 전환된 것은 지난 5년간 특히 두드러졌으며(2019년부터 캐나다, 프랑스의 CEDRE, 2022년부터 헝가리와 한국) 이러한 기조는 향후에도 이어질 것으로 예상된다고 나타나 있다(예: 벨기에(프랑스어권), 독일의 VERA). 이는 평가방법과 교육시스템 모두에서의 기술적 변화를 시사한다고 제시하였다(이남호, 손병길, 1985).

국제 학업성취도 평가를 시행하는 PISA(Programme for International Student Assessment)나 TIMSS(Trends in International Mathematics and Science Study)와 같은 기관에서도 21세기 교육환경 변화를 예측하고 이에 대처하고자 10여 년 전부터 CBT를 실시하기 위한 연구를 진행하고 평가에 도입하고 있다(Mullis & Martin, 2017; OECD, 2015). 우리나라에서는 국가수준 학업성취도 평가를 개선하면서 역량 중심의 학업성취도 평가제도로 개선하고 수요자 중심의 시행체제를 구축하기로 발표하면서 2022년 컴퓨터 기반 학업성취도 평가 도입을 발표하였다(교육부, 2019).

CBT 도입 초기의 연구를 살펴보면 우리나라 의학교육에서 적용한 사례가 있는데, CBT에 대한 학생들의 인식을 조사한 이 연구에서 CBT의 장점을 다음과 같이 제시하였다(임은정 외, 2008). 첫째, CBT에서는 응답결과나 검사결과에 대한 즉각적인 피드백이 이루어지기 때문에, 학습능력에 대한 신속한 진단이나 교정이 용이하다. 또한 컴퓨터를 통해 검사점수나 합격 여부가 통보되므로 채점과 결과 통보에 걸리는 인력과 시간, 경비를 절약할 수 있다. 둘째, 컴퓨터 화면을 통하여 여러 가지 색상과 글자, 사진, 동영상 등 다양한 문항제시가 가능하여 지금까지 지필검사로는 측정하지 못했던 능력들을 측정할 수 있다. 특히 교과 내용의 많은 부분을 사진이나 그림과 같은 '이미지'로 학습해야 하는 의학교육의 특성상 지필검사보다는 정확한 이미지 전달이 가능한 CBT가 학생들의 능력을 더 정확하게 평가할 가능성이 높다. 사진과 그림 등이 많이 포함된 문제일수록 지필검사보다 컴퓨터 멀티미디어를 이용한 검사가 측정하고자 하는 구인을 보다 타당하게 잴 수 있다. 이는 의학교육에만 국한되지 않고 최근 멀티미디어 자료를 제시하는 모든 교과에서도 같은 장점으로 작용한다. 셋째, CBT는 검사의 시기와 장소에 있어서도 유동성이 있으므로 원하는 때에 언제든지 검사를 실시할 수 있다는 장점이 있다. 네트워크를 이용하면 굳이 검사장에 입실하지 않아도 컴퓨터만 있다면 어디에서든지 응시가 가능하다. 넷째, 문항과 피험자에 대한 다양한 정보가 지속적으로 제공, 저장, 관리되기 때문에 문항의 적절성을 평가하거나 학습자의 능력을 정확하게 파악하는 데에도 유용한 정보를 제공해 줄 수 있다. 지필검사에서는 피험자의 응답 자료만을 얻을 수 있지만, CBT에서는 학생이 전체 검사를 치르는 데 소요한 시간 및 문항별 응답시간, 문항의 재검토나 수정 여부 등 피험자와 관련된 다양한 정보들이 제공되므로 피험자의 능력에 대한 정확한 추정이 가능할 수 있다. 이외에도 행정처리나 평가 시스템의 관리 부분에 대한 장점도 있다(김도경, 서동기, 2020).

이와 같은 장점에도 불구하고 CBT를 교육현장에 적용하려면 고려해야 할 부분도 있다. 첫째, 디지털 기기와 도구에 익숙한 학생들과 그렇지 않은 학생들 간에 차이가 있을 수 있다. 특히, 디지털 기기에 접근하기 어려운 소외 계층이나 컴퓨터 활용 경험이 상대적으로 부족한 어린 학생들의 경우 어려움을 느낄 수 있어서 평가의 타당도, 측정 효율성의 저하 문제가 있을 수 있다. 둘째, 컴퓨터 화면의 한계로 인해 지시사항의 이동, 답변 입력 등의 복잡성이 문제해결에 방해가 될 수 있다. 스티븐(Steven)은 컴퓨터 기반 평가에서 지문이 너무 길거나 부담스러운 경우, 응시자의 동기가 낮아져 실제 실력보다 낮게 평가된다고 보고하였다(서경숙, 안해연, 최윤정, 2024).

우리나라 국가 수준에서 이루어진 연구는 2012년 한국교육과정평가원에서 실시한 '컴퓨터 기반 문제해결 능력 평가도구개발' 연구가 대표적이다. 이 연구에서는 기존의 지필평가를 컴퓨터 기반으로 변환하는 것에서 발전하여 학생의 문제해결력을 평가하는 도구개발을 시도하였다. 〈표 12-1〉에서는 컴퓨터 기반 문제해결 능력 평가의 장점과 특징을 설명하고 있다.

표 12-1 **컴퓨터 기반 문제해결 능력 평가의 특징**

장점	세부내용
문제 상황의 효과적 제시 및 전달	• 텍스트로 전달하는 데 한계가 있었던 실제적인 문제 상황 제시 가능 • 실사 사진, 동영상, 음성 등 구체적 자료 제시 가능 • 텍스트에 비해 의미 전달 시간 절감 가능 등
문제해결을 위한 동기부여 가능	• 계산기, 용어사전 등 다양한 도움 자료 제공 • 즉각적인 피드백 제공 • 컴퓨터를 통한 시간 관리 등
문제해결 과정 정보 제공을 위한 다양한 종류의 데이터 수집 및 기능	• 문항 반응 시간 기록 • 학생의 반응 태도 관찰 • 문항 해결 실제 소요 시간 측정 • 클릭, 드래그, 시뮬레이션 등 활동 과정 추적 • 검색한 페이지 확인 • 에러 횟수 및 수정 횟수 추적 • 정답을 맞힐 때까지 답한 내용 등 추적 및 확인
채점 및 관리의 편의성	• 컴퓨터 자동 채점 • 즉각적 피드백 제공 가능 • 인쇄 · 배부 시간과 비용 절감 및 답안지 회수의 용이성 • 컴퓨터를 통해 학생의 반응 태도 관찰이 가능하므로 불성실 학생 확인 가능하고 처리 과정에서 이를 배제하여 평가 타당도를 높일 수 있음
상호작용적 문항 형태	• 온라인상에서 수행, 데이터 구성, 질문에 답변

출처: 박은아 외(2012).

CBT를 구현하기 위해서는 문제은행을 만들고 대량의 문제를 보유하는 것이 필요한데, 당시 연구에서는 [그림 12-1]과 같이 문제은행 시스템 구성도를 제시하고 있다. 문항을 출제하고 시험지를 구성할 수 있는 문항관리 시스템과 시험을 시행할 수 있는 시스템, 채점을 설정하고 결과를 분석, 보고하는 시스템, 사용자를 관리하고 공지 사항을 제공하는 포털 시스템으로 그 역할을 구분하여 제시한다. 현재 개발되어 있는 컴퓨터 기반 평가 시스템도 대부분 이와 비슷한 구조로 되어 있다.

출처: 박은아 외(2012).

그림 12-1 컴퓨터 기반 문제해결 능력 평가 문제은행 시스템 구성

2) CAT(Computerized Adaptive Testing)

CBT의 활용도가 높아짐에 따라 시스템의 수준도 발전하게 되었는데, 응시 학생의 능력수준에 따라서 다음 문항을 선별적으로 제시하는 검사방법인 컴퓨터 기반 맞춤형 검사가 개발되었다. 2000년대 초반 연구에서는 '컴퓨터 개별 적응 시험'으로 번역하기도 했다. CAT는 8장에서 살펴본 고전검사이론의 낮은 정확성과 비효율성을 해결하기 위한 대안으로 현장에서 활용되고 있다. CAT가 기존 검사와 다른 점은 응시자의 이전 답변에 따라 다음 문제의 난이도를 조정한다는 것이다. 예를 들어, 응시자가 이전 문제를 잘 맞혔다면 다음 문제는 더 어려운 문제가 출제되고, 틀렸다면 더 쉬운 문제가 출제되는 방식이다. 따라서 기존 검사의 경우 정답 수를 세는 방식으로 채점이 되지만 CAT는 8장에서 배운 문항반응이론(IRT)을 기반으로 하여 각 문항의 특성과 응시자의 답변 패턴을 모두 고려하여 능력수준을 추정하는 방식이 사용된다. 따라서 CAT를 사

용하면 기존의 검사보다 더 정확하고 세밀한 측정이 가능해진다(Weiss, 2004). CAT방법은 현재 국제적인 시험인 GRE(Graduate Record Examination), TOEFL(Test Of English as a Foreign Language) 등에 일부 적용되고 있다.

한국교육과정평가원(2020)에서 연구한 컴퓨터 기반 국가수준 학업성취도 평가 관련 연구에서는 CAT의 장점을 설명하면서 [그림 12-2]와 같이 문항 출제의 알고리즘을 제시하였다(서민희 외, 2020). 이 알고리즘에 따르면 피험자의 응답을 채점하고 정답과 오답에 따라 다른 경로로 문항이 출제되는 것을 볼 수 있다.

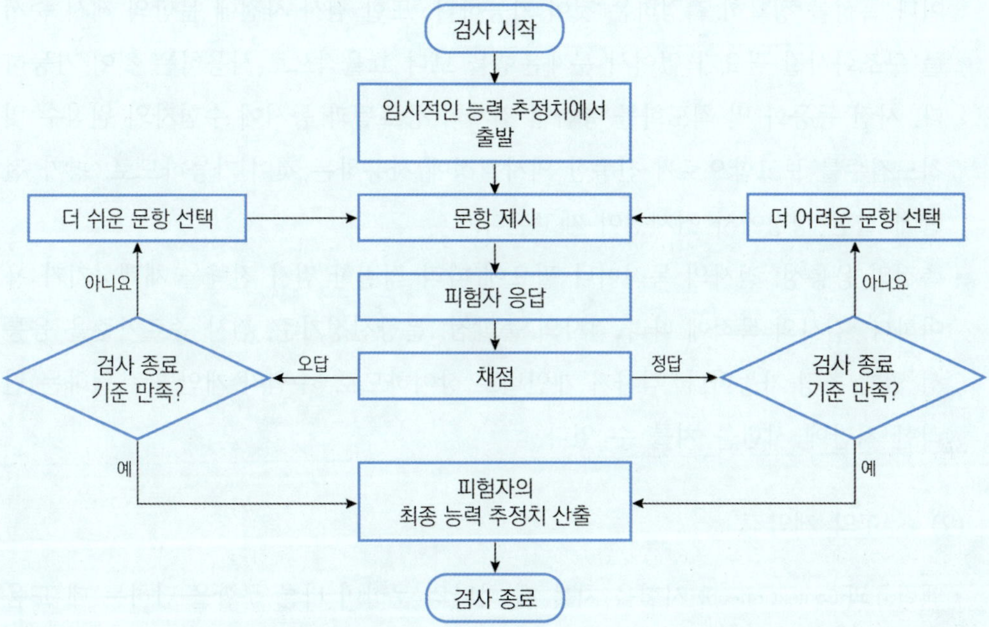

출처: 서민희 외(2020) 재인용.

그림 12-2 CAT알고리즘

최인철(2020)은 언어 테스트 방식으로서 CAT 방법의 전망을 제시하였는데, CAT의 장·단점을 다음과 같이 제시하고 있다(최인철, 2000).

(1) CAT의 장점

- 측정의 정확성: 응시자의 능력수준에 맞는 문항을 문항의 곤란도, 변별도, 추측도를 고려하여 선택함으로써, 결국 피험자의 능력을 보다 정확히 측정할 수 있다. 따라서 좀 더 바람직한 신뢰도를 얻게 된다. 또한, 적절한 양질의 문제은행만 주어진다면 모든 피험자를 주어진 동일한 오차도의 수준으로 검사하는 것이 가능하므로 시험결과를 모든 점수대에서 같은 정확도를 가지고 의사결정에 사용할 수 있다.
- 측정의 효율성 및 경제성: 지필검사에 비해 적은 수의 문항으로도 응시자의 능력이나 특성을 정확히 측정하는 것이 가능하나. 또한 검사 사전에 문항의 제시 순서를 구조화시킬 필요가 없어서 문제은행을 보다 효율적으로 사용하는 것이 가능하다. 사전 동등화 및 척도화를 통하여 검사가 종료됨과 동시에 수험자의 원점수 및 척도점수를 보고함으로써 신속한 의사결정에 사용하는 것이 가능하므로, 평가 전반에 걸친 행정에서 경제성이 제고된다.
- 측정의 융통성: 검사의 목적이나 필요에 따라 적절한 검사 전략을 채택하기가 용이하다. 검사의 목적에 따라 검사의 출발점, 문항선정기준, 검사 종료기준을 융통성 있게 조정 가능하다. 검사가 개인별로 상이하므로, 수험자 개인별로 원하는 편리한 시간에 시험을 치를 수 있다.

(2) CAT의 제약점

- 맥락효과(Context Effect): 시험을 치를 때 하나의 문항이 다른 문항을 답하는 데 도움이 되는 정보를 제공할 수 있다. 지필 시험에서는 모든 응시자가 맥락효과를 동일하게 접하게 된다. 그러나 CAT에서는 이 효과는 관련된 문항을 치른 응시자에게만 작용하게 된다. 측정의 정확성만을 위해서 문항을 제시하는 경우 특정 분야를 측정하는 문항이 없거나 너무 적어서 검사결과의 항내성(robustness)이 줄어들 수 있다. 비슷한 맥락으로 특정 유형의 문항들이 제시되어지지 않을 수도 있다. 이를 위한 해결 방법으로 CAT개발 시 Content Balancing 혹은 Item Type Balancing

등이 고려되어야 한다.

- 수험 방식의 제약: 지필 시험에서는 문항의 재검토, 응답의 수정, 무응답으로 다음 문항으로 건너뛰는 것 등이 가능하다. 그러나 CAT에서 이러한 것들이 허용되면 검사의 질이 떨어지고 결국 더 많은 수의 문항을 제시해야 되기 때문에 검사의 효율성이 떨어지게 된다. 또한 "well coached" 응시자는 모든 문항을 일부러 틀리게 답하고 재검토하여 정답으로 수정함으로써 인위적으로 높은 점수를 받을 가능성이 있다.
- 보안(문제은행의 노출): 문항이 다수의 피험자들에게 노출됨으로써 문항의 비밀보장에 문제가 생길 수 있다. 게다가 대부분 주어진 능력 추정치에서 정보를 많이 제공하는 문항의 노출 가능성이 크기 때문에 문항의 비밀보장이 되지 않았을 때 검사결과에 끼치는 영향은 매우 크다. 결국 문항의 노출도(Item Exposure Rate)는 검사의 공정성에 직접적 영향을 줄 수 있다.

2. 컴퓨터 기반 학업성취도 평가

1) 컴퓨터 기반 학업성취도 평가의 개요

지금까지 살펴본 CBT/CAT는 최근 컴퓨터 기술의 발전으로 조작형, 수행형, 서술형 문항의 형태도 출제하고 채점이 가능하도록 발전하고 있다. 평가 패러다임의 변화와 컴퓨터 기술의 도입으로 OECD 국가에서도 컴퓨터 기반 학업성취도 평가를 시행하는 추세이다.

우리나라 교육부에서는 2022년도에 국가수준 학업성취도 평가 및 맞춤형 학업성취도 자율평가 지원 기본 계획을 발표하면서 '컴퓨터 기반 평가시스템 구축'을 선언하였다. CBT를 구축하기 위해서 평가시행관리시스템 및 채점관리시스템 개발, 출제관리시스템 고도화 및 시범적용, 기출문항 교육과정 현행화 및 DB화를 통한 문제은행 구축 등 추진하겠다고 발표하고 2022년 전면 도입을 발표하였다. CBT문항의 유형별 특징으로 네 가지 문항유형을 제시하였다.

표 12-2 컴퓨터 기반 평가 문항 유형별 특징

문항 유형	기술공학적 기능	특징
정보 활용형	정보 팝업, 정보 검색, 탭, 하이퍼텍스트/하이퍼링크	• 단어 설명이나 추가 정보 제시, 아카이브 안에서 제한적 정보 탐색
미디어 활용형	애니메이션, 오디오, 비디오	• 미디어를 활용한 문제 상황 제시
도구 조작 및 모의실험형	각도기, 계산기, 자, 슬라이더바, 타임랩스	• 도구를 사용하여 계측, 위치 이동, 변수 조작 등의 모의수행을 통해 변수 간 관계 파악(가상 실험, 계산 시뮬레이션 등) • 실험, 실습과정이 기록되어 전략탐색 등 문제해결 과정에 대한 피드백 제공 가능
대화형	가상 대화	• 현실에 가까운 의사소통 등을 표현하는 시나리오의 알고리즘 구성

출처: 교육부(2022).

국가수준 학업성취도 평가는 매년 지필 평가 방식으로 진행되며 학생들의 학업성취도 현황 및 변화 추이를 파악하고 학교교육의 질을 체계적으로 관리하기 위해 중학교 3학년, 고등학교 2학년 중 표집학급 대상으로 실시해 왔다. 기존에 지필로 진행되던 평가의 방식을 개선하여 2022년부터는 '맞춤형 학업성취도 자율평가'도 실시하고 있는데, 기존의 표집학급 외 희망하는 모든 학교(급)도 자율적으로 신청하여 응시할 수 있다. 맞춤형 학업성취도 자율평가는 CBT로 개발되었으며, PC나 태블릿을 이용해서 응시할 수 있다. 교육부에서 제시하는 CBT의 특징은 지금까지 살펴본 내용과 비슷하다(교육부, 한국교육과정평가원, 2022).

가. 컴퓨터 기반 평가는 실제 삶에서 발생하는 문제와 이를 둘러싼 환경을 보다 현실적으로 재현함으로써 전통적인 방식의 지필평가로 측정하기 어려웠던 성취기준이나 교과 역량도 평가가 가능하다.

- 동영상이나 음성 자료를 제시하거나 학생이 도구를 조작하여 모의실험을 하는 자료가 포함된 문항을 구성할 수 있다.
- 문제 상황이 포함된 다양한 맥락을 구현하는 것이 가능하여 2015개정교육과

정에서 강조하고 있는 역량 평가에도 용이하다.

나. 멀티미디어 자료를 활용하고, 상호작용 기능 등을 포함하여 학생들의 평가 참여 의욕을 높일 수 있다.

- 동영상, 애니메이션, 학생들이 직접 조작 가능한 모의실험 등을 포함하고 있는 문제들을 해결하는 과정에서 학생들은 평가 자체에 대해 흥미를 가지고 의욕적으로 참여하게 된다.

다. 컴퓨터 기반 평사 시행 및 자동 채점, 데이터의 저장 및 관리 등을 통해 시행의 효율성이 크게 증대된다.

- 지필평가와 비교하여 검사지 인쇄 및 배부, 채점에 필요한 시간과 비용을 절약할 수 있으며, 답안 스캔 및 입력 등의 과정에서 발생할 수 있는 여러 가지 오류를 최소화할 수 있다.
- 자동 채점 기술을 활용하여 평가 결과를 온라인에서 신속하게 확인할 수 있다.

맞춤형 학업성취도 평가는 컴퓨터 기반 평가의 장점을 살려 조작형 문항이 가능하고 교과에 따라 정의적인 특성도 조사할 수 있기 때문에 다음과 같이 인지적 측면과 비인지적 측면을 진단할 수 있다고 설명한다.

- 인지적 측면: 교과 교육과정에 근거하여 내용 영역과 역량에 대한 성취수준을 파악할 수 있는 평가도구를 제공

표 12-3 학년별 시행 교과 및 시간

학년	교과	시간	
초등학교 3학년~6학년	국어, 수학, 영어, 사회, 과학	교과별 40분	교과별 20~26문항
중학교 1학년~3학년	국어, 수학, 영어, 사회, 과학	교과별 40분	
고등학교 1학년, 2학년	국어, 수학, 영어	교과별 40분	

출처: 교육부(2022).

- 비인지적 측면: 교과 기반 정의적 특성, 사회 · 정서적 역량, 학교생활 등

최근 컴퓨터 기반 평가는 컴퓨터 기술의 발달에 따라 다양한 조작형, 수행형 문항의 개발도 추가되는 추세이다. 현재 국가수준 맞춤형 학업성취도 자율평가에서 제공하는 형태는 다음과 같다. 일부 유형은 완전히 자동으로 채점하기 어려운 부분이 있어서 일부 수동 채점과 병행하기도 한다.

표 12-4 문항 유형별 특징

유형	교과
단순선택형	• 단순선택형은 주어진 선택지 중 한 개의 답안을 선택하는 유형으로 라디오버튼 기능이 활용된다.
확장선택형	• 확장선택형은 주어진 자료나 선택지에서 한 개 또는 복수의 답안을 선택하는 유형으로 체크박스, 핫스폿, 아래로 펼치기 기능이 활용된다.
자료연결형	• 자료연결형은 서로 관련 있는 자료를 찾아 같은 영역에 끌어 놓거나 연결하는 유형으로 끌어놓기, 짝 연결하기 기능이 활용된다.
순서배열형	• 순서배열형은 주어진 단어 및 구, 숫자, 문자, 이미지 등을 끌어 놓아 적절한 순서로 배열하는 유형으로 끌어놓기 기능이 활용된다.
그래프/선 그리기	• 그래프/그림 완성형은 선분을 그려 그래프나 그림을 완성하거나 주어진 그래프나 그림을 이동하여 답안을 작성하는 유형으로 그래프/선 그리기, 끌어놓기, 핫스폿 기능이 활용된다.
단답형	• 단답형은 짧은 단어, 어구, 기호, 수식 등으로 응답하거나 자료나 발문에 빈칸을 두고 간단히 문장을 완성하여 응답하는 유형으로 단답 입력 기능이 활용된다.
서술형	• 서술형은 문장, 문단, 수식이나 기호를 포함한 풀이 과정을 기술하여 응답하는 유형으로 서술 입력 기능이 활용된다.
수정형	• 수정형은 질문에 해당하는 내용을 선택하고, 선택한 내용과 관련된 답안을 별도의 답란에 기술하는 유형으로 핫스폿 및 단답 입력 기능이 복합적으로 활용된다.

출처: inaea.kice.re.kr(학업성취도 평가 지원 포털).

국가수준 학업성취도 평가에서 CBT를 도입하는 이유는 CBT의 장점을 살려서 원하는 시기에 언제든지 평가에 참여할 수 있도록 지원할 수 있으며, 평가 결과도 빠르게 제공하여 교수학습 환류 기능을 강화할 수 있기 때문이다. 특히, 개인별로 제공되는 결과 보고서는 학생 스스로가 자신의 성취수준을 점검하고 강점 영역과 약점 영역을 파악하여 스스로의 성장을 촉진하는 데 활용할 수 있다. 또한 정의적 특성에 대한 점검도 함께 응시할 수 있어서 인지적인 피드백뿐만 아니라 기능, 태도 부분에서도 스스로의 상황을 점검하여 전인적 성장을 지원하는 도구로 활용할 수 있다([그림 12-3] 참조).

CBT를 적용하는 평가는 우리나라뿐만 아니라 국제적으로도 확산하는 추세이며, 문제은행이 잘 구축된다면 정확도와 효율성이 높아져 교육현장에 활발하게 적용될 것으로 예측된다.

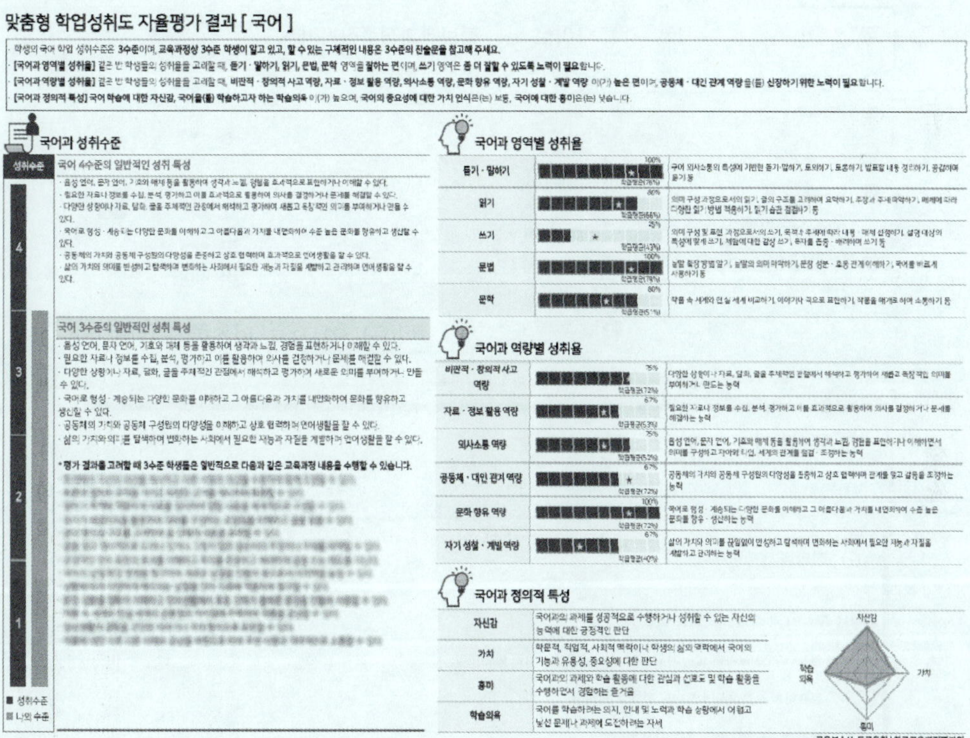

출처: inaea.kice.re.kr(학업성취도 평가 지원 포털).

그림 12-3 맞춤형 학업성취도 자율평가 결과[국어] 예시 화면

개인 교사 차원에서 CBT를 경험해 보고 싶다면 간단하게 구글 설문조사 양식을 이용하는 방법도 있다. 예를 들어 '구글 드라이브-신규-구글 설문지-빈 퀴즈'를 선택하

면 문항을 출제할 수 있는 양식이 만들어진다. 단답형, 장문형, 객관식, 체크박스 등 다양한 형태의 문항을 만들 수 있다. 또한 각 문항별로 답변을 지정하고 답변에 따라 다른 경로로 이동하게 할 수도 있다. 구글 워크스페이스와 구글 클래스룸과 연동해서 사용하면 학생들에게 문제를 보내고 풀게 한 후 자동채점으로 문제를 푼 학생들의 상황도 실시간으로 살펴볼 수 있다.

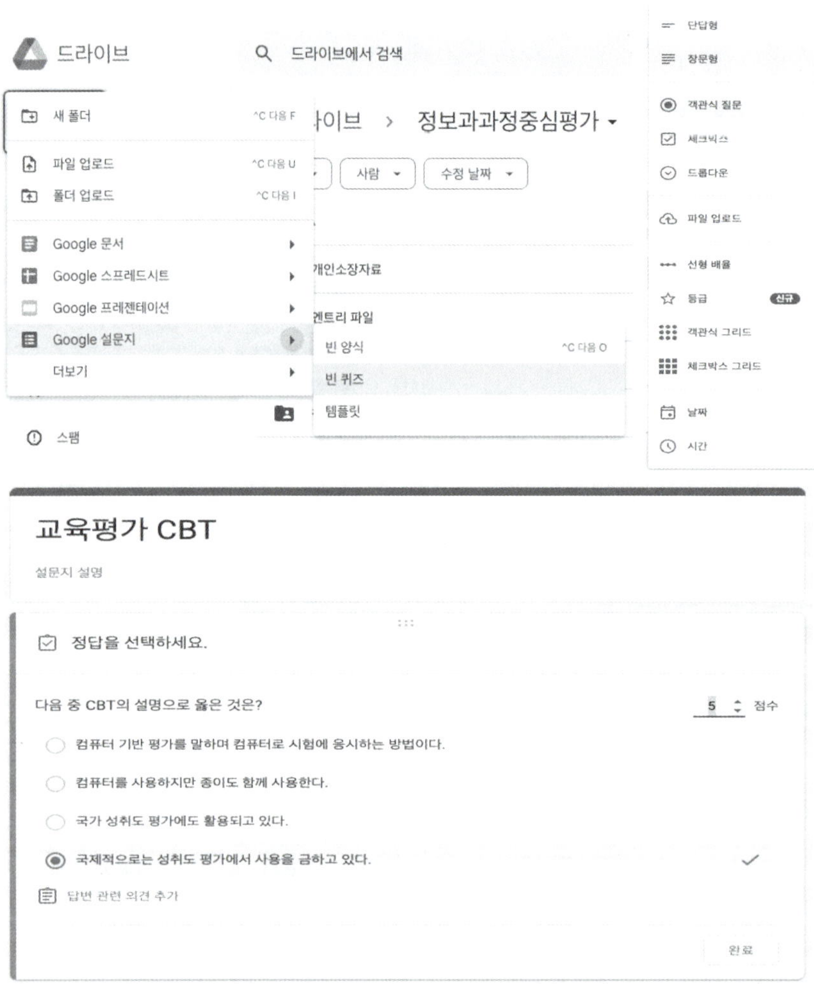

그림 12-4 구글 설문 양식을 이용한 CBT 구현

2) 컴퓨터 기반 서술형 평가

CBT 도입이 활성화되면서 다양한 형태의 문제 출제도 시도되고 있는데, 앞서 살펴본 맞춤형 학업성취도 자율평가 문항 유형에서도 제시된 '서술형' 문항의 경우 일부 자동채점이 가능하나 완전한 컴퓨터 자동 채점은 이루어지지 않고 있다. 한국교육과정평가원에서 연구했던 국가수준 학업성취도 평가 서답형 문항에 대한 자동채점의 실용성 분석 연구에서는 통계분석 방법을 적용하여 컴퓨터가 자동 채점하고 인간 채점 점수와의 비교를 통해 실용가능성을 탐색하였다. 서술형 문항의 경우 학생 답안의 처리 과정은 문장 분석 전처리 단계, 문장 분석 단계, 문장 비교 단계로 나누어진다.[1)] [그림 12-5]는 이 연구에서 개발한 자동채점 시스템의 자연어 처리 과정을 보여준다(한국교육과정평가원, 2014). 당시 개발된 시스템은 인공지능 기법을 적용하여 채점 오류 감소의 가능성을 높였고, 100% 완전 자동채점을 목표로 설정하지 않고 최종 채점 전문가가 판단을 용이하게 편의를 제공하는 것을 목표로 하였다.

당시 연구결과로는 채점비용의 60% 이상을 절감했고, 두 채점 결과의 상관계수와 일치도 수준이 매우 유사하므로 자동채점의 실용성이 확인되었다고 결론을 내렸다(이상하, 노은희, 성경희, 2015).

최근 인공지능 기술이 발전함에 따라 인공지능을 적용한 서술형 자동평가에 대한 연구가 이루어지고 있는데, 여기에 주로 사용되는 기술이 거대언어모델(LLM: Large Language Model)이다. LLM은 일반인들에게 잘 알려진 챗GPT(ChatGPT)를 만든 기술이다. 거대언어모델은 쉽게 설명하면 엄청나게 많은 언어를 컴퓨터에게 학습시켜서 자연어를 처리할 수 있게 만든 모델이다. 인공신경망을 이용해서 만든 모델인데, 문장을 단어 또는 형태소(토큰) 단위로 쪼개고 학습시켜서 단어 간의 연관성도 파악해서 문장을 해석하고 생성할 수 있게 된 것이다. 인공지능 분야에서는 전통적으로 자연어 처리(NLP: Natural Language Processing)영역에서 연구하던 문제이다. 인공지능을 통해서 자연어를 처

1) 자세한 과정을 본 책에서 설명하기에는 한계가 있으므로 세부 과정을 살펴보고 싶으면 한국교육과정평가원(2014) 보고서를 참조하기 바란다.

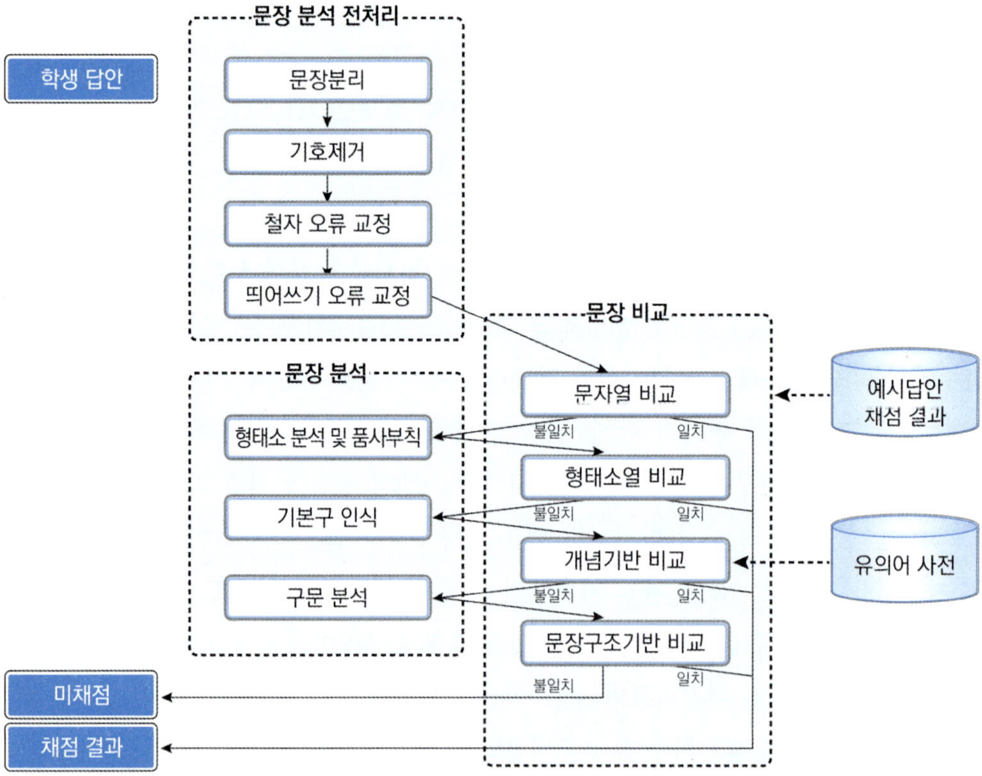

출처: 한국교육과정평가원(2014).

그림 12-5 한국어 자동채점의 자연언어처리 과정

리하는 방법은 현재 인공지능 기술과 학습한 데이터의 편향성 등의 문제로 인해 몇 가지 한계를 가진다. 이경건, 하민수(2020)은 인공지능 서술형 자동평가 시스템의 문제를 1) 자연어 처리의 기술적 한계, 2) 채점 신뢰도 문제, 3) 인간 사용자의 신뢰와 인위적 속임, 4) 고부담 시험에서의 윤리적 한계 등을 제시하고 있다. 나아가 단기적으로는 다음과 같은 역할에는 사용 가능하다고 제시하였다(이경건, 하민수, 2020).

- 학습자에게 적응적인(Adaptive) 학습 지원 도구로 사용
- 학습자에게 빠른 피드백을 제공
- 평가 준거의 빠른 분석을 가능하게 하는 데 사용

이는 CBT가 가진 장점을 서술형 평가에서도 살릴 수 있다는 가능성을 보여준다. 국내에서 인공지능 서술형 평가를 연구하는 하민수 교수는 2019년에 인공지능을 활용한 서술형 평가 문항 자동채점 프로그램 WA3I을 개발하고 이후 지속적으로 발전시키고 있다. 최근에는 연구재단의 지원을 받아 서·논술형 평가 및 피드백 시스템을 개발하고 대학교육에 적용한 연구를 진행하였다(하민수, 신철균, 2024; 최진영, 하민수, 2023). 앞선 연구들과 마찬가지로 하민수 교수의 연구에서도 완전 자동채점이 아닌 채점 보조 역할로서의 인공지능 기술에 의한 평가 시스템 개발이 이루어지고 있다.

3. 생성형 AI활용 평가

1) 생성형 AI 활용 방법

생성형 AI는 지금까지 인류가 쌓아온 정보, 지식을 학습해서 새로운 글, 이미지, 동영상 같은 산출물을 생성(Generative)해 낼 수 있는 인공지능을 말한다. 생성형 AI가 일반인들에게 공개된 것은 오픈AI사에서 개발한 챗GPT가 2022년 11월에 무료로 서비스되면서부터이다. 챗GPT는 대화형 인공지능 챗봇인데, 사용자의 질문에 따라 답변을 생성해준다. 이때 생성하는 답변은 기존에 학습한 데이터를 바탕으로 사람이 답변하는 것과 유사하도록 답변을 만들어준다. 이렇게 대화 형태로 명령을 내릴 수 있기 때문에 누구나 쉽게 사용할 수 있고, 궁금한 것에 대해 빠르게 답변을 주며 무료로 사용할 수 있어서 단기간에 사용자가 폭발적으로 급증했다.

교육계에서는 교육부를 비롯해서 시·도교육청별로 생성형 AI 가이드북을 발간하여 올바르게 사용하는 방법을 교육하고 있다. 생성형 AI를 교육에서 활용하려면 프롬프트(Prompt)의 구성요소를 이해하고 명령을 만들면 좋다. 일반적으로 프롬프트는 콘텍스트(Context)와 지시사항(Instruction)으로 구성된다(김용성, 2023). 아래 프롬프트에서 [ ] 부분에 자신이 원하는 내용을 넣으면 수업 계획을 만들어 준다.

표 12-5 교육 분야 프롬프트 예시

• 콘텍스트 - 나는 [중학교]에서 [수학]을 담당하는 [교사]이다. • 지시사항 - [1차 방정식]을 총 3시간에 가르치기 위한 [수업 계획]을 만들어줘. - 각 시간은 [도입, 전개, 정리]로 구성해야 하고, 매 시간마다 [학습목표 2개]와 [Gamification 수업 방법]이 들어가야 해. - 최종 결과는 [표]로 정리해줘.

출처: 김용성(2023).

이런 사례를 참조하여 생성형 AI를 평가에 활용하려면 명령어를 입력해서 채점을 수행하도록 프롬프트를 작성하면 된다. 예를 들면 다음과 같이 프롬프트를 입력할 수 있다.

> "지금부터 세계지리 과목에서 학생들의 글을 평가할 거야. 네가 고등학교 선생님이라고 생각하고 학생들의 글을 상, 중, 하 3단계로 평가해줘."

이때 상, 중, 하에 대한 평가 루브릭을 제시하고 채점기준까지 입력하면 좀 더 명확한 답변을 얻을 수 있다.

2) 생성형 AI 활용 평가

생성형 AI는 프롬프트를 어떻게 입력하느냐에 따라서 답변의 질이 달라지는데, 각 분야별로 효과적인 프롬프트를 개발하는 것을 프롬프트 엔지니어링(Prompt Engineering)이라 지칭하고 프롬프트 엔지니어링을 잘하는 방법이 다양하게 시도되고 있다. 이런 현상은 2022년 11월, OpenAI사에서 개발한 챗GPT가 출시되면서 글로 작업하는 여러 분야에 지대한 영향을 미치고 있다.

교육분야에서도 다양한 시도가 이루어졌는데, 성정원, 신병철(2023)은 세계지리 과목에서 서·논술형 평가 자동 채점의 가능성을 탐색하는 연구를 진행하였다(성정원, 신병철,

2023). 이 연구에서는 챗GPT에게 다양한 프롬프트를 입력하고 채점 결과를 얻은 후, 인간 교사의 채점과 비교하여 활용가능성을 탐색하였다. 채점에 활용한 프롬프트는 3종류를 만들고 적용하였다. 첫 번째 프롬프트는 '평가기준(Rubric)'만 제공하였고, 두 번째 기준은 '평가기준과 예시답안(Example)'을 함께 제시하였다. 마지막 프롬프트는 '평가 기준, 예시답안, 비판적(Critical) 채점이라는 명령'을 함께 제공하였다. 동일한 질문에 동일한 응답을 하는 것이 아닌 챗GPT의 특성을 고려하여 동일한 프롬프트에 대해 3번의 채점을 실시하고 그 평균값을 활용하여 최종 인간 교사의 채점 결과와 비교하였다. 연구의 결과로는 다음과 같은 사항이 도출되었다.

- 정답이 비교적 명확한 문항은 평가기준 · 예시답안 · 비판적 채점 명령을 제시하거나 평가기준 · 예시답안을 제시하여 챗GPT로 채점한 경우 교사 1인과 함께 채점하는 효과를 얻을 수 있다.
- 상상력과 논리적 사고가 필요한 문항은 평가기준 · 예시답안 · 비판적 채점 명령을 제시한 경우와 평가기준 · 예시답안을 제시한 경우 교사들 간의 상관관계와 유사한 상관을 보였다.

챗GPT의 채점 결과는 다음과 같이 나타났다.

표 12-6 챗GPT의 채점 결과 예시

〈Output〉

- Primary distinction through temperature conditions according to Köppen's climate classification: [학생의 답변은 온대 기후의 특징을 잘 설명하였습니다. 매월의 기온이 18도 이상이지 않고, 최한월의 평균 기온이 -3도 이상이라는 점을 통해 온대 기후임을 정확하게 파악하였습니다. (1점)]

----- 중략 -----

- Inference of the region's location considering the conditions of the coldest and hottest months: [학생은 지역의 위치를 위도상으로 남북위 30도에 주로 분포한다고 했지만, 가장 더운 달과 가장 추운 달의 조건을 고려하여 지역의 위치를 추론하는 것이 문제의 요구사항이었습니다. 따라서 이 부분에 대한 점수는 부여할 수 없습니다. (0점)]
- Score: [2점]

• Overall feedback on the student's answer: [학생의 답변은 기후 분류에 대한 이해를 잘 보여줍니다. 특히, 온대 기후와 지중해성 기후의 특징을 잘 설명하였습니다. 그러나 가장 더운 달과 가장 추운 달의 조건을 고려하여 지역의 위치를 추론하는 것이 문제의 요구사항이었으므로, 이 부분에 대한 이해와 답변이 필요합니다.] 〈/Output〉

출처: 성정원, 신병철(2023).

현재 인공지능을 적용한 서 · 논술형 평가에서는 인간 교사의 채점을 돕는 역할로 활용 가능한 것을 알 수 있다. 인공지능의 기능 중에서 학생들의 성장을 돕는 평가에 가장 도움이 되는 기능은 학생들에게 피드백을 제시할 수 있는 것이다. 예를 들어 이 연구에서도 챗GPT가 생성한 피드백은 〈표 12-7〉과 같이 학생들에게 도움을 줄 수 있는 수준이다.

표 12-7 학생 답안에 대한 챗GPT의 피드백 예시

문항	피드백 내용
1번 명확한 문제	• 학생의 답변은 매우 잘 작성되었습니다. 기후 분류를 올바르게 이해하고, 그에 따른 지역의 위치를 정확하게 추론하였습니다. 이러한 분석력은 지리학적 사고력을 향상시키는 데 큰 도움이 됩니다. 계속해서 이런 논리적인 사고를 유지하면서 학습해 나가기를 바랍니다.
2번 창의성, 논리성 필요 문제	• 기후와 강수량이 토착민의 생활에 어떻게 영향을 미치는지, 그리고 이를 어떻게 관광 산업에 활용할 수 있는지에 대한 논리적인 설명이 필요합니다.

출처: 성정원, 신병철(2023).

생성형 AI를 교육평가에 활용하려면 반드시 사용범위를 설정하고 최종 판단을 교사가 해야 한다. 생성형 AI는 왜곡(할루시네이션)[2]이 발생하기 때문에 사실이 아닌 내용도 포함될 수 있기 때문이다. 또한 학습 데이터에 의해 영향을 받기 때문에 편향성이 발생하지 않는지도 점검해야 한다. 따라서 생성형 AI의 결과물을 그대로 사용하면 안 되고, 보조자료로 사용해야 하며 교사의 점검과 판단이 반드시 필요하다.

2) 할루시네이션(Hallucination)은 환각 현상으로 번역되며, 생성형 AI가 사실이 아닌 것을 사실인 것처럼 답변해주는 현상을 말한다.

4. AI 디지털교과서와 평가

1) AI 디지털 교과서의 개념

AI 디지털교과서는 학생 개인의 능력과 수준에 맞는 다양한 맞춤형 학습 기회를 지원하고자 인공지능을 포함한 지능정보기술을 활용하여 다양한 학습자료 및 학습 지원 기능 등을 탑재한 교과서이다(교육부, 한국교육학술정보원, 2023). 교육부에서 제시하는 AI 디지털교과서의 특징은 다음과 같다.

- AI에 의한 학습 진단과 분석(Learning Analytics)
- 개인별 학습 수준과 속도를 반영한 맞춤형 학습(Adaptive Learning)
- 학생의 관점에서 설계된 학습 코스웨어(Human-Centered Design)

AI 디지털교과서에서 평가와 관련된 부분의 설명을 살펴보면 먼저 교육과정에 근거하여 학생들의 학습을 분석하고 그 결과에 따라 보충학습(느린 학습자)와 심화학습(빠른 학습자)을 제공하는 기능을 지원한다. 주요 서비스는 [그림 12-6]과 같이 진단평가, 형성평가, 총괄평가의 기능을 지원한다.

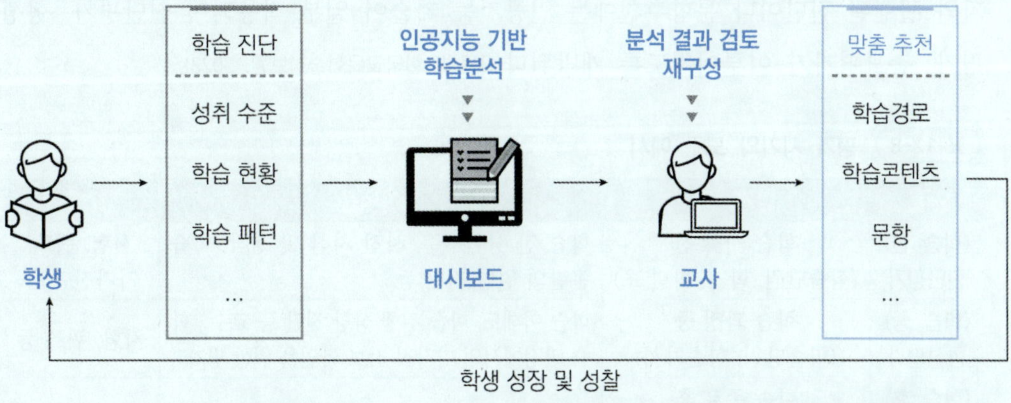

출처: 교육부, 한국교육학술정보원(2023).

그림 12-6 AI 디지털교과서에서의 학습 진단 및 맞춤 추천

특히 문항을 추천하는 흐름은 [그림 12-7]과 같이 진행되는데, 학습 내용의 이해도 점검 후 그 결과에 따른 유사 문항 혹은 난이도 조정 후 문항을 제시한다. 이런 흐름으로 학생의 수준에 따라 단계적으로 학습할 수 있는 상황을 제공한다.

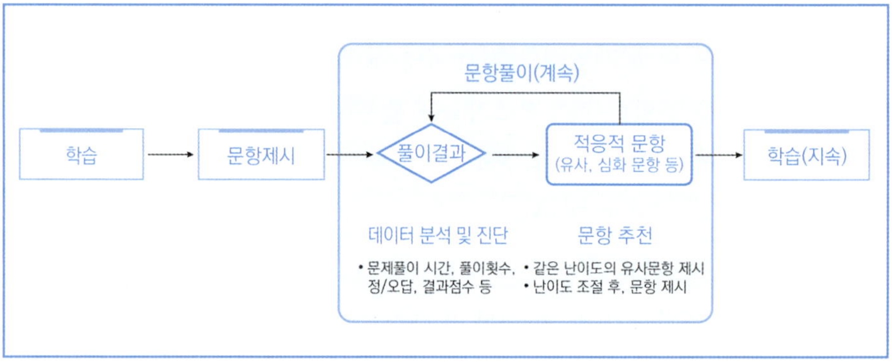

출처: 교육부, 한국교육학술정보원(2023).

그림 12-7 AI 디지털교과서의 문항 추천 개념도

2) AI 디지털교과서 활용 평가방법

AI 디지털교과서는 영어, 수학, 정보 교과부터 2025년에 시작된다. 앞서 살펴본 평가와 관련된 진단이나 문항추천에는 인공지능 기술이 일부 적용되어 진단평가, 형성평가, 총괄평가가 이루어지도록 개발된다(교육부, 한국교육학술정보원, 2023).

표 12-8 평가 시기와 도구 예시

구분	평가시기	평가내용	평가도구
(학습 전) 진단평가	학습 시작 전 (학습단원, 학기, 학년 초)	학습 전 성취수준, 사전 지식 및 생각, 학습 곤란의 원인 진단 등	시험, 퀴즈, 자가진단 등
(학습 중) 형성평가	학습 과정 중 (학습단원, 학습차시)	학습 이해도, 학습 진행 상황 진단 등 교수·학습 과정에서의 다각적 정보 확인을 위한 평가	시험, 퀴즈 등
(학습 후) 총괄평가	학습 종료 후 (학기말)	학습 목표 달성 여부, 학습 성과 등	시험

출처: 교육부, 한국교육학술정보원(2023).

특히 평가와 관련된 부분의 교육부 요구사항은 다음과 같다.

- 학생의 성취수준, 학습 현황에 대한 진단 및 현황분석이 가능해야 함
- 학생이 설정한 학습목표나 교육과정에서 요구하는 목표의 달성 정도를 측정하고, 학생의 학습 진행 상황 파악 및 학습 지원에 활용
- 학습 진단 결과에 따라 학습 상황에 적합한 학습경로, 콘텐츠, 문항 등을 제시할 수 있어야 함
- 학습 진단 결과를 활용하여 학생의 개별적 학습과정과 학습전략 개선에 효율적이고 지속적인 도움을 줄 수 있어야 함
- 학습 진단 및 추천 결과를 대시보드 및 AI 튜터 등에서 활용할 수 있어야 함

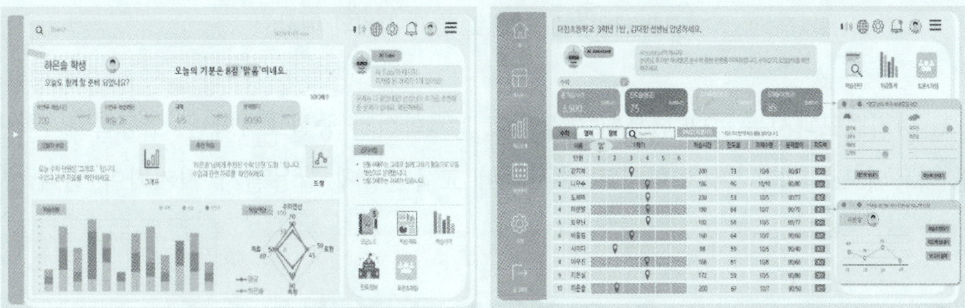

출처: 교육부, 한국교육학술정보원(2023).

그림 12-8 학생(좌), 교사(우) 대시보드의 예시

위와 같은 평가 기능에 따라 학생과 교사에게 제공되는 정보는 [그림 12-8]과 같은 내용들이다. 학생들은 자신의 성취도와 학습역량을 확인하고 스스로의 성장을 촉진할 수 있다. 교사도 실시간, 비실시간으로 학생들의 학습 과정, 학업성취도를 확인할 수 있으므로 학생들 지도에 활용할 수 있다.

평가 부분을 자세하게 살펴보면 실시간 학습 현황은 날짜별, 학생별 실시간 학습 현황을 출석부 형태로 한눈에 확인하고 알림 메시지로 간편하게 학습 참여를 독려할 수 있다. 또한 단원별 학습량과 연간 누적 정답률을 학년 평균치와 비교해 보여주기 때문에 이해가 부족한 단원을 파악하고 보충 학습을 지도할 수 있다고 한다.

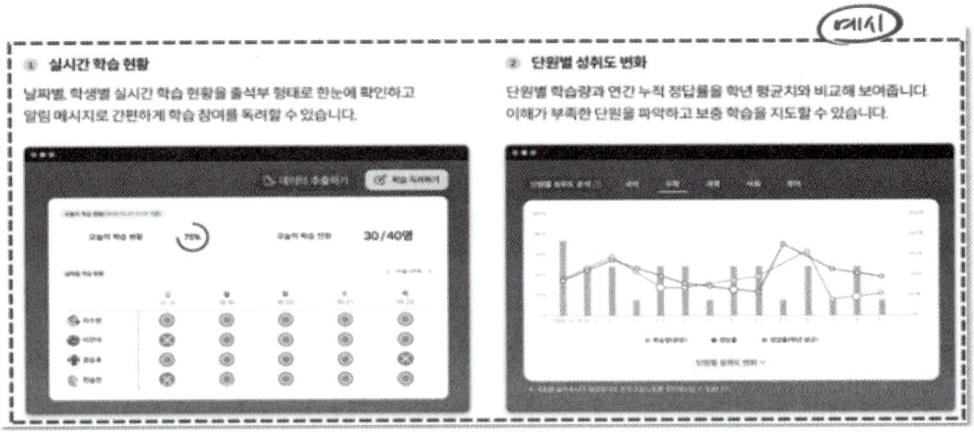

출처: 교육부, 한국교육학술정보원(2023).

그림 12-9 피드백 및 평가 지원의 예시

AI 디지털교과서는 2025년부터 초등학교 3, 4학년과 중학교 1학년, 고등학교 1학년에 적용되므로 향후 어떤 형태로 출시되어 교육현장에 활용될지 지켜봐야 한다.

5. 원격교육과 평가

1) 원격수업과 평가 유형

원격교육은 인터넷 이전 시대에 우편물을 통해서 교육하는 방식으로 성인을 대상으로 한 교육에서 시작되었다. 이후 방송, 통신 장비의 발달로 라디오, TV를 이용하는 방식으로 발전하였다. IT 기술이 발달하면서 인터넷을 통해 언제 어디서나 교육할 수 있게 되었고 쌍방향 상호작용도 가능해졌다. 성인을 대상으로 한 원격교육은 사이버대학이나 가상대학 등의 원격교육기관을 중심으로 이루어졌고, 초·중·고 교육에서는 플립러닝(Flipped learning)이나 블랜디드 러닝(Blended learning) 등으로 구현되었다.

코로나19로 인해 대면 교육이 불가능해지면서 초·중·고 학교에서도 완전한 원격교육이 필요하게 되었고, 우리나라 교육부에서는 초·중·고 학교를 위한 원격교육 시스템을 구축하였다. 코로나19 이전에는 원격교육만으로 이루어지는 수업을 정규 수업으로 인정하지 않았으나, 교육부의 지침[3]에 따라 원격교육의 수업도 정규수업으로 인정하게 되었다. 2020년 온라인 개학을 시행하면서 원격수업이 전격적으로 도입되었고, 학생평가에서도 평가의 내실화와 공정성 확보를 위한 노력이 필요하게 되었다.

원격수업에서의 학생평가방법은 대면수업의 평가방법과 다른 측면이 있기 때문에 교육부와 17개 시·도 교육청, 한국과학창의재단에서는 '원격수업 학생평가 안내자료집'을 만들어서 초·중·고 학교에 배포하게 되었다. 이 자료집에서는 원격수업의 유형과 이에 따른 평가 유형을 [그림 12-10]과 같이 제시하였다.

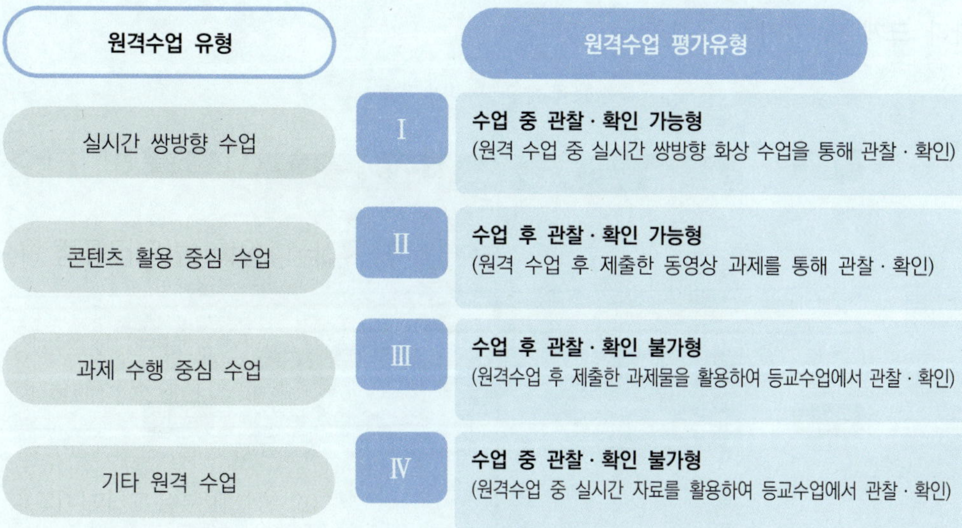

출처: 교육부, 17개 시·도교육청, 한국과학창의재단(2020).

그림 12-10 원격수업 유형 및 평가유형

3) 코로나19 감염병 대응 2020학년도 초·중·고·특수학교 등 원격수업 운영 기준(20.3.27.), 코로나19 대응을 위한 원격수업 출결·평가·기록 가이드라인(20.4.7.), 2020학년도 2학기 학사운영 세부 지원방안 안내(20.8.6.)

교육부는 원격수업의 초점을 대면수업의 학교평가와 마찬가지로 평가 내실화와 공정성 확보라는 두 관점에서 접근해야 한다고 제시하였다. 즉, 교육과정-수업-평가-기록의 일체화의 구현과 과정중심평가라는 맥락 속에서 교사와 학생이 시 · 공간적으로 함께 할 수 없는 상황적 제약을 고려하여 평가의 공정성 확보 방안과 원격수업 · 평가 내실화에 대하여 고민해야 한다는 점을 강조한다. 특히, 이런 방향성을 이해하고 실천하기 위해서는 교사가 원격수업 학생평가 특징에 대한 이해와 계획적인 평가 설계와 시행, 결과를 활용할 수 있어야 한다고 강조한다.

2) 원격수업과 평가방법

원격수업에서 학생평가는 과제의 수행시기와 수행 주체 관찰 및 확인 가능 여부에 따라 크게 네 가지로 구분할 수 있다.

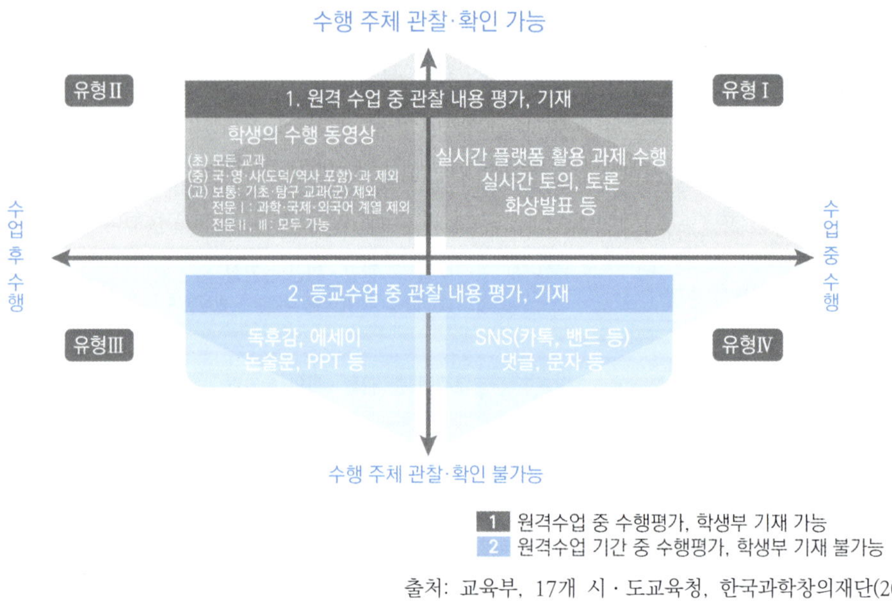

출처: 교육부, 17개 시 · 도교육청, 한국과학창의재단(2020).

그림 12-11 원격수업 학생평가 개념도

(1) 평가유형 I

평가유형 I 은 수업 중 관찰 · 확인이 가능한 상태로 교사가 실시간 쌍방향 화상 수업을 통해 직접 관찰 · 확인한 학생의 수행 과정 및 결과를 평가하거나 학생부 기재 가능한 경우를 말한다.

평가유형 I 을 준비하기 위해서는 〈표 12-9〉와 같은 사항을 점검해야 하며, 적절한 수행평가 유형은 화상 구술발표, 토의토론, 실기적용 등이다.

표 12-9 원격교육에서 평가유형 I

준비 사항	• 인터넷이 연결된 PC, (웹캠이 설치된) 노트북, 태블릿, 스마트폰 • 마이크, 웹 카메라, 스마트폰 거치대 • 교사, 학생의 실시간 쌍방향 화상 수업(회의) 프로그램 사용법 숙지
유의 사항	• 기기 문제, 접속 환경 장애 등 예상치 못한 상황으로 인하여 평가에 참여하지 못할 경우를 대비하여 재평가 실시 방안(평가 횟수 조정 등)을 사전에 계획하고 학생과 학부모에게 안내하여야 한다.
예시	• 원격수업 유형: 실시간 쌍방향 화상 수업 • 수행평가 유형: 화상 구술발표, 토의토론, 실기적용 등 - 실시간 쌍방향 화상 수업 시 이루어지는 토론 활동을 관찰하여 평가 가능 - 음악교과 가창활동, 영어 발음 및 챈트 등에 다양하게 활용 가능

출처: 교육부, 17개 시 · 도교육청, 한국과학창의재단(2020).

(2) 평가유형 II

평가유형 II 는 수업 후 관찰 · 확인이 가능한 상태로 교사가 원격수업 후 학생이 제출한 동영상을 통해 교사가 직접 관찰 · 확인한 학생의 수행평가 결과를 평가하거나 학생부 기재가 가능한 경우를 말한다. 이때 가능한 수행평가는 구술발표, 실기적용 등이 있다.

표 12-10 원격교육에서 평가유형 II

준비 사항	• 촬영이 가능한 영상장비, 스마트폰, 태블릿 등 • 영상 업로드를 위한 인터넷 연결, 스마트폰 거치대
유의 사항	• 제출한 영상에 평가요소에 대한 학생의 수행 과정과 주체 확인이 명확히 나타나도록 평가 계획을 구체화해야 한다. • 학생에게 수행 과정에 대한 영상촬영 방법 안내와 도움자료 제공 등을 통하여 영상 촬영에 따른 유불리가 발생하지 않도록 한다. • 편집 프로그램을 사용하여 결과물을 변형시키는 일이 발생하지 않도록 원본 동영상을 제출하도록 안내하고, 동영상으로 인한 효과가 평가에 반영되지 않도록 한다. • 연습 시간 및 기회의 균등을 위해 평가 제출 기한을 정확히 지키도록 안내한다. 전송이 어려운 경우 영상 제작 날짜를 통해 확인할 수도 있다. • 학습관리시스템(LMS)에 업로드, 메일, SNS 등으로 해당 영상을 제출하도록 하며, 제출된 영상에 대한 보관 방법(온라인 클라우드, 외장하드 등), 관리대책 등을 수립하여 학업성적관리규정 및 교과(학년)별 평가 계획에 반영한다.
예시	• 원격수업 유형: 실시간 쌍방향 화상 수업, 콘텐츠 활용 중심 수업, 과제 수행 중심 수업, 기타 원격수업 • 수행평가 유형: 구술발표, 실기적용 등 - 학생이 제출한 체육 활동 영상을 교사가 직접 관찰, 확인하여 평가 가능 - 학생 수행한 음악과 리코더 연주 영상을 교사가 직접 관찰, 확인하여 평가 가능

출처: 교육부, 17개 시 · 도교육청, 한국과학창의재단(2020).

(3) 평가유형III

평가유형III은 수업 후 관찰 · 확인이 불가능한 상황으로 원격수업 시 학생이 제출한 과제(에세이, 독후감, PPT, UCC 등)의 수행 주체 및 과정을 교사가 직접 관찰할 수 없는 경우 평가 및 학생부 기재가 불가능한 경우이다. 단, 등교수업(불가 시 실시간 쌍방향 화상수업) 시 해당 과제물과 연계한 수업활동을 전개한 경우 교사가 직접 관찰 · 확인한 내용은 평가하거나 학생부 기재가 가능하다. 이때 가능한 수행평가 유형은 구술발표, 토의토론, 실기적용, 프로젝트, 포트폴리오, 서 · 논술형 등이다.

표 12-11 원격교육에서 평가유형Ⅲ

준비 사항	• 인터넷이 연결된 PC, 태블릿, 스마트폰
유의 사항	• 원격수업 과제물에 대하여 피드백을 실시하고 이와 더불어 등교수업에서 수행평가의 과제와 유기적으로 연결될 수 있도록 한다. • 원격수업 과제물의 경우 수행 주체를 확인할 수 없고 과제형 평가가 금지되어 있으므로 평가에 직접 반영할 수 없으며, 이를 활용한 등교수업에서 학습 과정과 결과에 대해 교사가 직접 관찰 · 확인한 것을 토대로 수행평가가 이루어져야 한다.
예시	• 원격수업 유형: 실시간 쌍방향 화상 수업, 콘텐츠 활용중심 수업, 과제 수행 중심 수업, 기타 원격수업 • 수행평가 유형: 구술발표, 토의토론, 실기적용, 프로젝트, 포트폴리오, 서 · 논술형 등 - 원격수업을 통한 체육과 체력 기르기, 줄넘기 체크리스트 안내 및 수행 기회 제공 후 학교에서 연계된 수업 및 측정을 통해 평가 가능 - 원격수업 중 작성한 실험 계획서를 통해 등교수업에서 직접 실험을 실시하고, 그 과정 및 결과 평가 가능

출처: 교육부, 17개 시 · 도교육청, 한국과학창의재단(2020).

(4) 평가유형Ⅳ

평가유형Ⅳ는 수업 중 관찰 · 확인이 불가능한 상황으로 원격수업 시 학생이 실시간 작성한 자료(문자메시지, 댓글, SNS 메시지 등)의 수행 주체 및 과정을 교사가 직접 관찰할 수 없는 경우 평가 및 학생부 기재가 불가능한 경우이다. 단, 등교수업(불가 시 실시간 쌍방향 화상 수업) 시 해당 자료 및 교사 피드백과 연계한 수업활동을 전개한 경우 교사가 직접 관찰 · 확인한 내용은 평가하거나 학생부 기재가 가능하다. 이때 가능한 수행평가 유형은 구술발표, 토의토론, 실기적용, 프로젝트, 포트폴리오, 서 · 논술형 등이다.

표 12-12 원격교육에서 평가유형Ⅳ

준비 사항	• 인터넷이 연결된 PC, 태블릿, 스마트폰 • 교사와 학생이 원격수업에 사용되는 프로그램 활용 방법 숙지
유의 사항	• 원격수업 중 학생이 실시간으로 작성한 자료에 대한 피드백을 실시하고 등교수업의 수행평가 과제와 유기적으로 연결될 수 있도록 하여야 한다. • 원격수업 과제물의 경우 수행 주체를 확인할 수 없고 과제형 평가가 금지되어 있으므로 평가에 직접 반영할 수 없으며, 이를 활용한 등교수업에서 학습 과정과 결과에 대해 교사가 직접 관찰 · 확인한 것을 토대로 수행평가가 이루어져야 한다.

예시	• 원격수업 유형: 실시간 쌍방향 화상 수업, 콘텐츠 활용중심 수업, 과제 수행 중심 수업, 기타 원격수업 • 수행평가 유형: 구술발표, 토의토론, 실기적용, 프로젝트, 포트폴리오, 서 · 논술형 등 - SNS를 통하여 음악교과 가사 바꾸기 활동을 하고 등교수업에서 가창한 내용 평가 가능 - 원격수업 시 채팅 기능을 통해 토론한 내용을 바탕으로 등교수업에서 3:3 토론을 진행하고, 그 활동을 관찰하여 평가 가능 - 원격수업 시 댓글을 활용하여 모둠별 단편극 대본을 구성한 후 등교수업에서 모둠별 단편소설 창작 활동을 실시하여 교사가 관찰 · 확인 사항에 대한 평가 가능

출처: 교육부, 17개 시 · 도교육청, 한국과학창의재단(2020).

3) 원격수업 평가 사례

(1) 평가 계획 수립

학교에서 평가 계획을 수립할 때는 일반적으로 학기 또는 학년별로 평가 계획을 수립한다. 코로나19 시기에는 등교를 할 수 없었기 때문에 등교수업 없이 원격수업으로만 수업을 운영하고 평가를 실시하는 경우가 있었다. 수업이 온라인으로만 진행되더라도 학생의 학습과 성장을 지원하고 성취도 도달을 점검하여 학습 결손을 방지하는 내용이 포함되도록 평가 계획을 수립하는 것이 중요하다(이용상, 신동광, 2020). 교육부(2020)에서는 원격수업에서 평가 계획을 수립할 때 다음과 같은 고려사항을 제시하고 있다.

- 평가 계획 수립 시, 수준별 맞춤 수업 및 개별화, 맞춤형 피드백 제공, 중하위권 학생들의 학습 결손을 방지하기 위한 교사의 피드백 제공 방안 등을 포함해야 한다.
- 교육과정 성취기준 분석을 바탕으로 학기(또는 학년) 단위의 교과별(학년별) 평가 계획을 수립한다.
- 교과별(학년별) 평가 계획에는 평가의 목적, 방향과 방침, 영역, 요소, 방법, 시기, 횟수, 비율, 유의 사항 등을 포함하되, 원격수업 실시로 인해 변경된 시 · 도교육청의 학업성적관리지침 및 학교의 학업성적관리규정을 반영하여 작성하도록 한다.
- 학기(또는 학년)가 등교수업 없이 원격수업으로만 운영될 때는 평가유형 Ⅰ, Ⅱ를 활용

한 교과별(학년별) 평가 계획을 수립해야 하며, 학교 및 학생의 원격수업 환경 점검 · 지원을 통해 원활한 수업 및 평가 환경이 조성될 수 있도록 한다.

(2) 원격수업 수행평가 계획 수립 예시

원격수업만으로 학기가 진행될 때는 〈표 12-13〉과 같이 평가유형 I 을 적용한 방법으로 수행평가 계획을 수립할 수 있다.

표 12-13 원격수업 수행평가 계획 수립 예시(사회)

영역	성취기준	평가요소	평가방법
장소와 지역	[6사07-06] 이웃 나라들(중국, 일본, 러시아)의 자연적 · 인문적 특성과 교류 현황을 조사하고, 이를 바탕으로 하여 상호 이해와 협력의 태도를 기른다.	• 이웃 나라들의 자연적 · 인문적 특성 조사하기 • 이웃 나라들과 교류 현황 조사하기 • 이웃 나라들과 협력 방안을 설명하기	(평가유형 I) 구술 · 발표
정치 문화사	[6사08-02] 남북통일을 위한 노력을 살펴보고, 지구촌 평화에 기여하는 통일 한국의 미래상을 그려 본다.	• 남북통일을 위한 노력 조사하기 • 통일 한국의 모습 설명하기	(평가유형 I) 구술 · 발표
지속 가능한 세계	[6사08-03] 지구촌의 평화와 발전을 위협하는 다양한 갈등 사례를 조사하고 그 해결 방안을 탐색한다.	• 지구촌의 갈등 사례 조사하기 • 지구촌의 갈등 해결 방안에 대해 토론하기	(평가유형 I) 토의 · 토론
	[6사08-05] 지구촌의 주요 환경 문제를 조사하여 해결 방안을 탐색하고, 환경 문제해결에 협력하는 세계 시민의 자세를 기른다.	• 지구촌 주요 환경 문제 조사하기 • 실천 가능한 환경 문제해결 방안 설명하기	(평가유형 I) 구술 · 발표

출처: 교육부, 17개 시 · 도교육청, 한국과학창의재단(2020).

원격수업과 등교수업이 가능한 경우 원격-등교 수업이 연계된 교수 · 학습과 평가 계획을 세울 수 있다. 예를 들어 원격수업에서 다양한 교수 · 학습활동을 진행한 후 등교수업에서 이와 연계한 수행평가를 진행하는 방식이다(교육부, 17개 시 · 도교육청, 한국과학창의재단, 2020).

표 12-14 원격수업 수행평가 계획 수립 예시(국어)

영역	성취기준	평가요소	평가방법	
중학교 쓰기, 말하기	[9국03-02] 대상의 특성에 맞는 설명 방법을 사용하여 글을 쓴다. [9국01-08] 핵심 정보가 잘 드러나도록 내용을 구성하여 발표한다.	• 대상의 특징을 고려하여 참신하고 조직적으로 글쓰기 • 자신의 특징이 잘 드러나도록 설명하기 • 대상의 특징을 고려하여 참신하고 조직적으로 글쓰기 • 자신의 특징이 잘 드러나도록 설명하기	과제물[4]	원격
			(평가유형Ⅲ) 구술 · 발표	등교

출처: 교육부, 17개 시 · 도교육청, 한국과학창의재단(2020b).

4) 원격수업 수행평가 사례

앞서 살펴본 평가유형에 따라 교육과정, 수업, 평가, 기록을 어떻게 실천할 수 있는지 사례를 통해 살펴볼 수 있다.

평가유형I의 사례는 중학교 영어교과의 원격수업에서의 평가 사례를 보여준다. 실시간 쌍방향 수업에서 수행평가 과제를 제시하고 평가를 실시하는 예시이다.

• 평가유형 I : 중학교 2학년 영어(교육부, 17개 시 · 도교육청, 한국과학창의재단, 2020b)

교육과정	원격수업	원격수업 평가	기록
[9영02-03] 일상생활에 관한 그림, 사진, 또는 도표에 대해 설명할 수 있다. [9영02-04] 일상생활에 관한 방법과 절차에 대해 설명할 수 있다.	[1~3차시] 일상생활에 관한 그림에 대해 설명하고 일상생활에 관한 방법과 절차 설명하기	[과제1] 일상생활에 관한 그림을 보고 묘사하고, 그림 속 인물에게 안전에 관한 방법을 조언하기	실시간 원격수업 말하기 수업의 '생활 속 안전불감증을 인식하고 해결방법 찾기'에 적극적으로 참여함. 그림에 대한 묘사와 조언을 상황에 맞게 정확하게 하였으며 문항에서 제시한 모든 조건을 준수하는 문제해결 능력을 보임.

4) (평가유형Ⅲ), (평가유형Ⅳ)의 원격수업 평가의 경우 학생이 제출한 과제(보고서, 독서감상문, 계획서 등), 자료의 수행 주체 및 과정을 교사가 직접 관찰할 수 없는 경우 평가 결과는 학생 피드백을 위한 자료로 활용하며, 등교수업에서 해당 과제 및 자료, 피드백과 연계한 수업활동을 전개하고 평가함

<table>
<tr><td>원격수업 유형</td><td colspan="3">☑ (수업유형Ⅰ) 실시간 쌍방향 화상 수업 □ (수업유형Ⅱ) 콘텐츠 활용 중심 수업
□ (수업유형Ⅲ) 과제 수행 중심 수업 □ (수업유형Ⅳ) 기타 원격 수업
□ 등교수업</td></tr>
<tr><td>학습 목표</td><td colspan="3">• 주어진 그림이나 사진을 하나의 문장으로 묘사할 수 있다.
• 안전하지 못한 상황에 처한 사람에게 조언할 수 있다.</td></tr>
<tr><th>차시</th><th>단계</th><th>교수 · 학습활동</th><th>평가 계획</th></tr>
<tr><td rowspan="3">3차시 (실시간 쌍방향 화상 수업)</td><td>도입</td><td>• 화상회의 프로그램상에서 출석을 확인한다.
이전 수업 시간에 배운 핵심 표현 3가지를 다시 한 번 짚어준다.
: 'Don't forget to~', 'You'd better ~', 'I think you should~'</td><td>• 학생들이 핵심 표현을 사용하여 수행평가에 임할 수 있도록 한다.</td></tr>
<tr><td>전개</td><td>• 수행평가의 진행방식에 대해 안내한다.
• 화상회의 프로그램상에서 소그룹을 설정하여 학생들을 각각 본인의 모둠(3~4명)에 참여할 수 있도록 한다.
• 학생들이 소그룹 내에서 모둠원과 함께 수행평가에 대비한 말하기 연습을 할 수 있도록 한다. 이때, 학생들은 교사가 사전에 제공한 그림을 화면 공유 기능으로 동료끼리 제시해주고 도와주면서 말하기를 연습할 수 있다.
• 교사는 차례대로 소그룹으로 들어가 한 명씩 개별 수행평가를 실시한다.</td><td>[수행평가 과제1]-평가유형 I
1) 화상회의 프로그램의 화면 공유 기능을 활용하여 안전하지 못한 상황에 처한 사람의 그림이나 사진 2장을 무작위로 제시한다. (파워포인트의 무작위 전환 효과나 추첨프로그램 등을 이용하여 사진을 선정할 수 있음)
2) 먼저 주어진 단어를 이용하여 해당그림을 묘사한다.
3) 다음으로 해당 그림과 사진 속 인물에게 안전에 관한 조언을 하도록 한다. (이때, 첫 번째 사진 속 인물에게 조언할 때 사용했던 표현을 사용하지 않도록 한다.)
4) 학생들은 소그룹에서 다른 친구들이 말하는 것을 바탕으로 동료평가(피드백)를 할 수 있다.</td></tr>
<tr><td>정리</td><td>• 교사는 학생들에게 전반적인 피드백(잘한 점, 공통된 오류, 발전 가능성 등)을 제공한다.
• e-학습터, 소셜미디어 등을 활용하여 학생들에게 개별 피드백을 해줄 것을 안내한다.</td><td>• 평가 중, 원격수업상에서 발생한 문제(기기 고장, 인터넷 연결 불안정 등)로 인해 채점이 어렵거나 불가한 학생의 경우 재기회가 있음을 안내해준다.</td></tr>
</table>

채점 요소	채점 기준	
	척도	척도별 수행 특성
내용 전달	3	그림에 대한 묘사와 조언이 모두 상황에 정확하게 부합한다.
	2	그림에 대한 묘사 또는 조언 중 하나가 상황에 정확하게 부합한다.
	1	그림에 대한 묘사와 조언 둘 다 상황과 어울리지 않는다.
문장 완성력	3	문장 구성성분을 모두 정확히 사용하여 말한다.
	2	주요한 문장 구성성분을 적절히 사용하여 말한다.
	1	여러 개의 문장 구성성분을 다소 생략하고 말한다.
문제해결 능력	3	문항에서 제시한 조건을 모두 준수히여 말한다.
	2	문항에서 제시한 조건을 대체로 준수하여 말한다.
	1	문항에서 제시한 조건을 준수하지 못하여 말한다.
유창성 및 발음	3	정확한 발음을 사용하여 매우 유창하게 말한다.
	2	이해 가능한 발음으로 pause와 backtracking을 많이 사용하지 않으며 말한다.
	1	문장을 말할 때 잘못된 발음이 많으며 pause와 backtracking을 여러 회 사용하여 말한다.

평가 유의 사항	• 평가 전 스마트 기기, 인터넷 연결, 사용 중인 화상회의 프로그램의 상태를 확인합니다. • 평가 시 학생들이 다른 곳을 보지 않도록 하며, 현재 사용 중인 컴퓨터 및 스마트 기기의 조작을 하지 않도록 합니다. 이를 어길 경우, 부정행위임을 미리 안내합니다. • 많은 문항 중 무작위로 2개의 문항 자료(그림이나 사진)를 제시하며, 이를 대답하는 데 시간제한을 두어 부정행위를 방지합니다.

과목별 세부능력 및 특기사항 기록(예시)
실시간 원격수업 말하기 수업의 '생활 속 안전불감증을 인식하고 해결방법 찾기'에 적극적으로 참여함. 그림에 대한 묘사와 조언을 상황에 맞게 정확하게 하였으며 문항에서 제시한 모든 조건을 준수하는 문제해결 능력을 보임. 주요한 문장 구성성분을 적절히 사용하여 말함. 다만, 문장을 말할 때 다소 부정확한 발음이 많으며 말을 할 때 여러 회 끊김이 있으나, 이를 극복하려는 강한 의지가 있어 앞으로의 모습이 기대됨.

학생부 기재 유의사항	학교생활기록부에 기재할 때는, 수행의 모습이 명백히 확인되는 부분만 기재합니다. 학생의 말하기 소리가 작아서 들리지 않거나 발음이 불분명한 상황의 경우에는 기재하지 않습니다.

표 12-15 온라인 교육 플랫폼 비교

	EBS 온라인클래스	e학습터	위두랑	Google Classroom	네이버밴드	Microsoft Teams
출결 확인	댓글로 출석체크 가능	학습방에 들어가면 자동체크	설문조사 또는 과제 기능을 활용하여 출석체크 가능	댓글 및 행아웃 meet로 출석체크 가능	게시된 출석체크 글에 학생이 버튼 클릭	댓글 및 팀즈로 출석체크 가능
진도율 확인	• 영상별 진도율 확인 가능 • 영상 속도 조정 가능 • 영상 건너뛰기 가능하나 미이수 처리	• 영상별 진도율 확인 가능 • 최초 1회 영상 시청 완료시까지 영상 건너뛰기 불가 • 링크 · 과제는 열람 시 자동 이수	학생별 학습활동 내역(게시글, 댓글, 과제 제출, 모둠활동 등) 조회 및 엑셀 파일 다운로드로 진도 확인 가능	영상별 진도율 확인 불가능	• 영상별 진도율 확인 가능 • 건너뛴 영상 구간은 진도율에 미반영	• 학생별 학습활동 내역(게시글, 댓글, 과제 제출, 모둠활동 등) 조회 가능 • 영상별 진도율 확인 가능
과제물 등록	과제물 등록 가능	과제물 등록 가능	• 클래스 과제, 모둠 과제 등록 가능 • 과제 평가(별점) 가능 • 과제 제출자 및 미제출자 목록 확인 가능	• 과제물 등록 가능 • 모둠이 동시 접속하여 공동 과제 수행 가능	• 과제물 등록 가능 • 비밀 댓글 기능으로 개별 제출 가능	• 클래스 과제, 모둠 과제 등록 가능 • 루브릭 및 과제 평가와 관리 가능 • 과제 제출자 목록 확인 가능
평가 문항 제작	객관식 · 주관식 문항 제작 및 채점 가능	• 객관식 · 주관식 문항 제작 및 채점 가능 (추후 주관식 오픈 예정) • 틀린 문항 다시 풀기 가능	• 설문 기능으로 문항 제작 가능 • 학생별 답변 결과 관리 가능	• 퀴즈 기능으로 객관식 · 단답형 문항 제작 가능 • 설문지 기능으로 중간 · 기말고사 가능	설문 기능으로 문항 제작 가능	객관식 · 주관식 문항 제작 및 채점 가능
영상 삽입 및 용량	가능 (400MB 이하, 20분 이하)	가능 (300MB 이하)	가능 (1GB 이하)	가능 (용량 제한 없음)	가능 (1GB 이하, 1시간 이하, 게시글당 10개)	가능 (용량 제한 없음)
실시간 쌍방향 화상 수업		불가능		행아웃meet	• 라이브(한 방향만 가능하며 학생은 메시지로 참여) • 채팅의 그룹콜 기능으로 음성 쌍방향 가능	팀즈
모바일 지원	모바일 웹	모바일 웹 및 앱	모바일 웹	모바일 웹 및 앱	모바일 웹 및 앱	모바일 웹 및 앱

출처: 교육부, 17개 시 · 도교육청, 한국과학창의재단(2020).

관련 학습 사례 유아교육

유아교육현장에서 디지털 플랫폼, 스마트폰 패드와 같은 디지털 기기들을 사용하는 것은 낯선 일은 아니다. 교사들은 PC, 인공지능스피커, 실물화상기, 웹캠, 디지털카메라 등 디지털 환경 속에서 수업준비부터 놀이 지원, 유아의 놀이를 기록하여 평가한다. 유아교육현장에서 디지털 놀이 기록 및 평가의 장점은 작업이 간편하고 언제든 기록이 가능한 휴대성이다. 손필기를 하며, 편리하게 문서화와 저장을 할 수 있다. 기록과 동시에 사진을 함께 저장할 수 있으며, 쉬운 사진 편집, 빠른 수성, 놀이 기록 파일 즐겨찾기 등 자동 동기화 기능이 있어 접근성이 높다. 유아관찰과 놀이기록을 하며 동시에 문서화하여 시간을 절약할 수 있으며, 유아의 놀이를 관찰하며 즉시 기록하여 역동적인 관찰과 기록이 가능하다. 다음은 디지털 놀이기록에 사용 가능한 도구의 예이다.

디지털 놀이기록에 사용 가능한 에듀테크 도구의 예

유형			에듀테크	활용방법
학습 콘텐츠	교수 학습 지원 자료	수업 지원	Goodnotes 굿노트	디지털 노트 앱을 사용하여 놀이 계획, 놀이기록, 작품 해석, 저널 등을 즉각적으로 기록하고 문서화하여 사용함 • 굿노트(GoodNotes)는 iOS기반의 노트 필기 앱으로, 아이패드와 애플펜슬이 있다면 노트에 필기를 하는 것처럼 손글씨로 기록하고 문서화할 수 있는 장점이 있음. Android기반의 사용자라면 갤럭시 탭과 함께 사용할 수 있는 메타모지(Metamoji Note)앱을 활용할 수 있음.
			Freefom 프리폼	디지털 화이트보드를 사용하여 스케치, 필기, 링크, 사진, 동영상 등을 활용하여 놀이 주제망이나 놀이 평가 시 사용함
			CLOVANote 클로바노트	녹음된 내용이 텍스트로 자동 변환되는 특성을 반영하여 유아의 개별 관찰 기록 및 유의미한 상호작용을 기록하는 도구로 사용함
소통	텍스트 활용	실시간 협업	Padlet 패들렛	온라인 교수자와 다양한 학습자들이 동시에 접속하여 학습자료, 자신의 의견, 학습결과물 등을 올릴 수 있는 협업툴

유형			에듀테크	활용방법
창작	자료	저작 도구	Google Drive 구글드라이브	문서, 스프레드시트, 프레젠테이션 등 모든 콘텐츠를 한 곳에서 보관 작성이 가능하며, 실시간으로 공동 작업을 할 수 있는 공유 플랫폼
			Xmind 엑스마인드	브레인스토밍 마인드 맵 소프트웨어로 유아 관찰, 놀이 사진 등의 정보를 모아 흐름을 정리할 수 있는 앱
관리	학급 운영	관리 및 평가	Notion 노션	문서 작성, 업무계획, 업무 협업 등을 할 수 있는 서비스이며 페이지 구성이 유연하여 쉽게 활용이 가능한 업무에 유용한 다양한 기능을 제공하는 워크스페이스 플랫폼

출처: 한국교육학술정보원(2023). 에듀테크 수업활용 가이드북(2023년 개정판) 일부 내용 추가.

패들렛(padlet) 활용 놀이 기록 예시

출처: 서울특별시교육청(2023). 아는 만큼 보고 보이는 만큼 실행하는 관찰 및 평가. p. 56.

굿노트(Goodnote)활용 놀이 기록예시

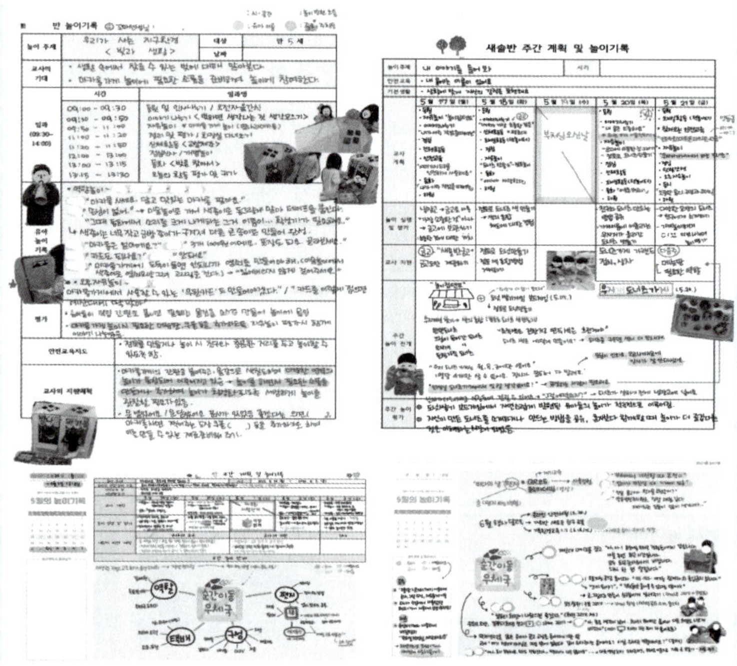

출처: 서울특별시교육청(2023). 아는 만큼 보고 보이는 만큼 실행하는 관찰 및 평가. p. 60.

토론주제

인공지능 기술의 발달로 교육 분야에서도 인공지능을 활용하는 사례가 증가하고 있다. 학생들을 평가할 때는 인지적 영역뿐만 아니라 정의적, 심동적 영역까지 다각도의 자료를 수집하고 잠재적인 성장 가능성까지 총체적인 관점에서 평가해야 한다. 고등학교에 근무하는 A교사는 학생들의 발표 자료를 평가하는 데 인공지능을 시험 삼아 적용해 보기로 했다. 먼저 인공지능에게 채점을 시킨 후 자신이 채점한 결과를 비교해 보았다. 두 결과는 크게 차이가 없는 상황을 보고 실제 평가에 활용하기로 마음먹었다.

- 컴퓨터 활용 기반 평가의 개념을 설명하고, 장 · 단점은 무엇인지 적어보자.
- 인공지능을 평가에 적용한 사례를 제시하고, 이때 유의할 점은 무엇인지 적어보자.
- 인공지능에게 학생의 평가를 맡겨도 되는지, 어떤 역할로 어느 범위까지 맡길 수 있는지 지금까지 배운 교육평가 이론과 개념에 비추어 의견을 주장해 보자.
- 원격교육에서의 평가유형 I 이나 평가유형 II 에 적합한 평가 과제를 생각해보고 다음 표에 기록해 보자.

교육과정	원격수업	원격수업 평가	기록

참고문헌

교육부, 보건복지부 (2019). 누리과정 놀이실행자료,

교육부, 17개 시 · 도교육청, 한국과학창의재단 (2020a). 원격수업 학생평가 안내 자료집(초등학교).

교육부, 17개 시 · 도교육청, 한국과학창의재단 (2020b). 원격수업 학생평가 안내 자료집(중학교).

교육부, 한국교육과정평가원 (2022). 2022년 맞춤형 학업성취도 자율평가 시행 안내.

교육부, 한국교육학술정보원 (2023). AI 디지털교과서 개발 가이드라인.

김도경, 서동기 (2020). 컴퓨터 기반 맞춤형 검사의 구현을 위한 웹 기반 플랫폼(LIVECAT)의 정확성 및 효율성 검증. **한국정보기술학회논문지, 18**(4), 77-87.

김용성 (2023). **챗GPT 충격, 생성형 AI와 교육의 미래**. 프리렉.

서경숙, 안해연, 최윤정 (2024). 컴퓨터 기반 평가에서 디지털 기기 친숙도에 따른 차별기능문항분석: eTIMSS 2019 4학년 수학을 중심으로. **교육과정평가연구, 27**(1), 209-243.

서민희, 김미림, 김완수, 이소라, 한정아, 김성훈, 서영숙 (2020). 컴퓨터 기반 국가수준 학업성취도 평가 도입을 위한 검사 설계 방안. 한국교육과정평가원.

서울특별시교육청 (2023). 아는 만큼 보고 보이는 만큼 실행하는 관찰 및 평가. 서울특별시교육청.

성정원, 신병철 (2023). ChatGPT를 활용한 서 · 논술형 평가 자동 채점 가능성 탐색: 세계지리 서 · 논술형 평가를 중심으로. **한국지리학회지, 12**(3), 415-432.

이경건, 하민수 (2020). 인공지능 기반 자동평가의 현재와 미래: 서술형 문항에 관한 문헌 고찰과 그 너머. **교육공학연구, 36**(2), 353-382.

이남호, 손병길 (1985). CAI모형프로그램 개발연구. 한국교육개발원.

이상하, 노은희, 성경희 (2015). 국가수준 학업성취도 평가 서답형 문항에 대한 자동채점의 실용성 분석. **교육과정평가연구, 18**(1), 185-208.

이용상, 신동광 (2020). 원격교육 시대의 인공지능 활용 온라인 평가. **학습자중심교과교육연구, 20**(14), 389-407.

임은정, 이원기, 이유철, 최병호, 정성광, 이택후, 조훈, 손진호, 원동일, 공현희, 장봉현, 이종명 (2008). Computer-Based Test(CBT) 개발 및 CBT에 대한 학생들의 인식. **한국의학교육, 20**(2), 145-154.

최인철 (2000). 21세기의 언어테스팅 방식. **어학연구, 36**(1), 205-241.

최진영, 하민수 (2023). 국어과 읽기 영역 서술형 평가를 위한 비지도 기반 인공지능 채점 보조 프로그램(SAAI)의 성능과 활용도 탐색. 청람어문교육, 92, 7-48.

하민수, 신철균 (2024). 교양교육을 위한 인공지능 활용 서・논술형 평가 및 피드백 적용 사례 - '지속가능발전의 이해' 기초교양 강좌를 중심으로. *Korean Journal of General Education, 18*(2), 11-22.

한국교육과정평가원 (2014). 한국어 서답형 문항 자동채점 프로그램 개발 및 실용성 검증

한국교육학술정보원 (2023). 에듀테크 수업활용 가이드북(2023년 개정판).

OECD, 교육부, 한국교육개발원 (2023). OECD 교육지표. CSM 2023-15.

부록

1. 표준정규분포표
2. 과정중심평가를 위한 학기단위 평가 계획 양식
3. 학교생활기록 및 유치원생활기록부 작성 및 관리지침

〈부록 1〉 표준정규분포표

Z	0.00	0.01	0.02	0.03	0.04	0.05	0.06	0.07	0.08	0.09
0	0.5000	0.5040	0.5080	0.5120	0.5160	0.5199	0.5239	0.5279	0.5319	0.5359
0.1	0.5398	0.5438	0.5478	0.5517	0.5557	0.5596	0.5636	0.5675	0.5714	0.5753
0.2	0.5793	0.5832	0.5871	0.5910	0.5948	0.5987	0.6026	0.6064	0.6103	0.6141
0.3	0.6179	0.6217	0.6255	0.6293	0.6331	0.6368	0.6406	0.6443	0.6480	0.6517
0.4	0.6554	0.6591	0.6628	0.6664	0.6700	0.6736	0.6772	0.6808	0.6844	0.6879
0.5	0.6915	0.6950	0.6985	0.7019	0.7054	0.7088	0.7123	0.7157	0.7190	0.7224
0.6	0.7257	0.7291	0.7324	0.7357	0.7389	0.7422	0.7454	0.7486	0.7517	0.7549
0.7	0.7580	0.7611	0.7642	0.7673	0.7704	0.7734	0.7764	0.7794	0.7823	0.7852
0.8	0.7881	0.7910	0.7939	0.7967	0.7995	0.8023	0.8051	0.8078	0.8106	0.8133
0.9	0.8159	0.8186	0.8212	0.8238	0.8264	0.8289	0.8315	0.834	0.8365	0.8389
1.0	0.8413	0.8438	0.8461	0.8485	0.8508	0.8531	0.8554	0.8577	0.8599	0.8621
1.1	0.8643	0.8665	0.8686	0.8708	0.8729	0.8749	0.8770	0.8790	0.8810	0.8830
1.2	0.8849	0.8869	0.8888	0.8907	0.8925	0.8944	0.8962	0.8980	0.8997	0.9015
1.3	0.9032	0.9049	0.9066	0.9082	0.9099	0.9115	0.9131	0.9147	0.9162	0.9177
1.4	0.9192	0.9207	0.9222	0.9236	0.9251	0.9265	0.9279	0.9292	0.9306	0.9319
1.5	0.9332	0.9345	0.9357	0.9370	0.9382	0.9394	0.9406	0.9418	0.9429	0.9441
1.6	0.9452	0.9463	0.9474	0.9484	0.9495	0.9505	0.9515	0.9525	0.9535	0.9545
1.7	0.9554	0.9564	0.9573	0.9582	0.9591	0.9599	0.9608	0.9616	0.9625	0.9633
1.8	0.9641	0.9649	0.9656	0.9664	0.9671	0.9678	0.9686	0.9693	0.9699	0.9706
1.9	0.9713	0.9719	0.9726	0.9732	0.9738	0.9744	0.975	0.9756	0.9761	0.9767
2.0	0.9772	0.9778	0.9783	0.9788	0.9793	0.9798	0.9803	0.9808	0.9812	0.9817
2.1	0.9821	0.9826	0.983	0.9834	0.9838	0.9842	0.9846	0.985	0.9854	0.9857
2.2	0.9861	0.9864	0.9868	0.9871	0.9875	0.9878	0.9881	0.9884	0.9887	0.9890
2.3	0.9893	0.9896	0.9898	0.9901	0.9904	0.9906	0.9909	0.9911	0.9913	0.9916
2.4	0.9918	0.9920	0.9922	0.9925	0.9927	0.9929	0.9931	0.9932	0.9934	0.9936
2.5	0.9938	0.9940	0.9941	0.9943	0.9945	0.9946	0.9948	0.9949	0.9951	0.9952
2.6	0.9953	0.9955	0.9956	0.9957	0.9959	0.9960	0.9961	0.9962	0.9963	0.9964
2.7	0.9965	0.9966	0.9967	0.9968	0.9969	0.9970	0.9971	0.9972	0.9973	0.9974
2.8	0.9974	0.9975	0.9976	0.9977	0.9977	0.9978	0.9979	0.9979	0.9980	0.9981
2.9	0.9981	0.9982	0.9982	0.9983	0.9984	0.9984	0.9985	0.9985	0.9986	0.9986
3.0	0.9987	0.9987	0.9987	0.9988	0.9988	0.9989	0.9989	0.9989	0.9990	0.9990
3.1	0.9990	0.9991	0.9991	0.9991	0.9992	0.9992	0.9992	0.9992	0.9993	0.9993
3.2	0.9993	0.9993	0.9994	0.9994	0.9994	0.9994	0.9994	0.9995	0.9995	0.9995
3.3	0.9995	0.9995	0.9995	0.9996	0.9996	0.9996	0.9996	0.9996	0.9996	0.9997
3.4	0.9997	0.9997	0.9997	0.9997	0.9997	0.9997	0.9997	0.9997	0.9997	0.9998
3.5	0.9998	0.9998	0.9998	0.9998	0.9998	0.9998	0.9998	0.9998	0.9998	0.9998
3.6	0.9998	0.9998	0.9999	0.9999	0.9999	0.9999	0.9999	0.9999	0.9999	0.9999
3.7	0.9999	0.9999	0.9999	0.9999	0.9999	0.9999	0.9999	0.9999	0.9999	0.9999
3.8	0.9999	0.9999	0.9999	0.9999	0.9999	0.9999	0.9999	0.9999	0.9999	0.9999

〈부록 2〉 과정중심평가를 위한 학기단위 평가 계획 양식(교육부 교사연수 자료)

〈과정중심평가를 위한 학기단위 평가 계획〉

〈20　학년도 (　)학년 (　)과 평가 계획〉

○○중학교

학기		대상 학급		담당 교사	

월/주	영역(단원)	성취기준	평가내용	평가방법

〈과정중심평가를 위한 평가도구〉

◆ 평가 정보표

학교급		학년	
교과(과목)		교육과정 내용 영역	
단원/과제명			
성취기준 및 평가기준		상	
		중	
		하	
교과 역량			
평가방법	□ 서술 · 논술 □ 구술 · 발표 □ 토의 · 토론 □ 프로젝트 □ 실험 · 실습 □ 포트폴리오 □ 기타 □ 자기평가 □ 동료평가 □ 관찰평가		
과정중심평가의 방향(의도)			

◆ 교수 · 학습활동 및 평가 연계 운영 과정안

단계	교수 · 학습활동	평가 계획
		피드백
		피드백
		피드백

평가 과제 # [과제명]

◆ **과제별 평가 정보표**

학년/학기		단원/차시	
성취기준			
교과 역량			
평가방법	□ 서술 · 논술 □ 구술 · 발표 □ 토의 · 토론 □ 프로젝트 □ 실험 · 실습 □ 포트폴리오 □ 기타 □ 자기평가 □ 동료평가 □ 관찰평가		
출제 의도			
과제 내용 및 평가 계획			
평가 시 유의점			

◆ 과제 및 예시답안

◆ 채점 기준

평가(채점) 영역	평가 요소	평가 척도	채점 기준

〈과정중심평가를 위한 평가 결과 활용〉

◆ 평가 과제# 피드백 제공시 유의점

피드백 제공 시 유의점	

◆ 수업 중 관찰된 학생의 특성

	개별 학생의 특성
학생1	
학생2	

◆ 학생 개별 피드백

	학생 피드백 예시
학생1	
학생2	

◆ 〈학생 #〉의 세부능력 및 특기사항 작성 예시

평가	학생 개인별 과정중심평가 기록 핵심 내용 추출
과제1	
과제2	

과목별 세부능력 및 특기사항	

〈부록 3〉 학교생활기록 및 유치원생활기록부 작성 및 관리지침

학교생활기록 작성 및 관리지침 〈일부〉
[시행 2024. 3. 1.] [교육부훈령 제477호, 2024. 2. 8., 일부개정]

제1조(목적) 이 지침은 「초 · 중등교육법 시행규칙」 제25조에 따라 초등학교 · 중학교 · 고등학교에 적용하는 학교생활기록의 작성 및 관리 방법에 필요한 사항을 규정함을 목적으로 한다.

제2조(적용범위) 이 지침은 「초 · 중등교육법」(이하 "법"이라 한다) 제2조에 따른 학교(이하 "학교"라 한다)의 장이 작성 · 관리하는 학교생활기록에 적용한다. 다만, 학교 중 고등공민학교 · 고등기술학교 · 특수학교 및 각종학교의 장은 해당 학칙이 정하는 바에 따라 해당 학교의 교육과정에 알맞게 수정하여 적용할 수 있다.

제3조(용어의 정의) 이 지침에서 사용하는 용어의 뜻은 다음과 같다.

① "전산자료"란 학교생활기록부 및 관련 보조부 등을 체계적으로 전산처리한 자료를 말한다.

② "전산매체"란 각종 전산자료가 기억 · 보관되어 있는 자기테이프, 디스크 등 보조기억매체를 말한다.

③ "사용자"란 교육정보시스템 운영을 위해서 학교장으로부터 정당한 권한을 부여받은 자로서 시스템을 이용하여 관련 업무를 직접 처리하는 자를 말한다.

④ "원적교"란 재취학 · 재입학(복학 포함) · 전입학 · 편입학 등 학생의 학적이 변동되기 이전에 재학하였던 학교를 말한다.

제4조(처리요령) ① 학교생활기록의 자료 입력 및 정정 업무는 당해 업무를 담당하는 사용자가 수행함을 원칙으로 한다.

② 사용자는 직접 관찰 · 평가한 내용을 근거로 자료를 입력해야 한다.

③ 문자는 한글로(부득이한 경우 영문으로), 숫자는 아라비아 숫자로 입력한다.

④ 학교생활기록부 작성에 필요한 보조부는 각 학교의 실정에 맞게 계획을 수립하여 전산입력 · 관리하되, 창의적 체험활동상황, 행동특성 및 종합의견의 누가기록 방법은 시 · 도교육감이 정한다.

⑤ 학생이 전 · 편입학, 재취학할 경우 원적교의 장은 재학 당시까지의 상황을 입력한 학교생활기록부 전산자료를 전 · 편입학, 재취학하는 학교로 이송한다.

제5조(자료입력항목 및 출력서식) ① 학교생활기록부(학교생활기록부Ⅰ)와 학교생활세부사항기록부(학교생활기록부Ⅱ)의 전산입력은 동일하게 한다.

② 학교생활기록부(학교생활기록부Ⅰ)와 학교생활세부사항기록부(학교생활기록부Ⅱ)의 자료입력항목과 전산처리 기본서식은 같다.

③ 학교생활기록부(학교생활기록부Ⅰ)의 전산 처리된 출력서식(백상지 80g/㎡, 용지규격 A4(210㎜×297㎜))은 별지 제1호 서식, 별지 제2호 서식, 별지 제3호 서식, 별지 제4호 서식과 같다.

④ 학교생활세부사항기록부(학교생활기록부Ⅱ)의 전산 처리된 출력서식(백상지 80g/㎡, 용지규격 A4(210㎜×297㎜))은 별지 제5호 서식, 별지 제6호 서식, 별지 제7호 서식, 별지 제8호 서식과 같다.

⑤ 학교생활기록부(학교생활기록부Ⅰ)와 학교생활세부사항기록부(학교생활기록부Ⅱ)의 출력매

수는 학생별 자료 입력의 분량에 따라 달리할 수 있다.

⑥ 상급학교 입학전형을 위한 목적으로 별지 제1호부터 제8호까지의 서식 가운데 하나를 출력하는 경우, 교육부, 시·도교육청 또는 입학전형을 실시하는 상급학교의 방침에 따라 입력된 내용의 일부를 제외하고 출력할 수 있다.

제6조 〈 삭 제 〉

제7조(인적·학적사항) ① '학생정보'란에는 성명, 성별, 주민등록번호와 입학 당시의 주소를 입력하되, 재학 중 주소가 변경된 경우 변경된 주소를 누가하여 입력한다.

② 중·고등학교에서는 입학 전 전적학교의 졸업연월일과 학교명을 입력하며, 검정고시 합격자는 합격 연월일과 '졸업학력 검정고시 합격'이라고 입력한다.

③ 재학 중 학적변동이 발생한 경우 전출교와 전입교에서 각각 학적변동이 발생한 일자, 학교와 학년, 학적변동 내용을 입력한다. 학적 처리에 사용하는 용어는 별표 7과 같다.

④ '특기사항'란에는 학적변동의 사유를 입력한다.

제8조(출결상황) ① '수업일수'란에 「초·중등교육법 시행령」 제45조에 따른 수업일수를 입력한다.

② '결석일수', '지각', '조퇴', '결과'는 별표 8에 따라 질병·미인정·기타로 구분하여 연간 총일수 또는 횟수를 각각 입력한다.

③ 재취학 등 학적이 변동된 학생의 동 학년의 수업일수 및 출결상황은 학적변동 전(원적교)의 것과 변동 이후의 것을 합산하여 입력한다.

④ '특기사항'란에 결석사유 또는 개근 등 교육부장관이 별도로 정하는 내용을 학급 담임교사가 입력한다.

제9조(수상경력) ① 재학 중 중·고등학교 학생이 교내에서 수상한 상의 명칭, 등급(위), 수상연월일, 수여기관, 참가대상(참가인원)을 입력한다.

② 〈 삭 제 〉

③ 동일한 작품이나 내용으로 수준이 다른 상을 여러 번 수상하였을 경우, 최고 수준의 수상 경력만을 입력한다.

제10조(자격증 및 인증 취득상황) ① 고등학생이 재학중에 취득한 자격증의 명칭 또는 종류, 번호 또는 내용, 취득연월일, 발급기관을 입력하며 원본을 대조한 후에 취득한 순서대로 입력한다.

② 제1항에 따라 기재할 수 있는 자격증은 다음 각 호와 같다.

1. 「국가기술자격법」에 따른 국가기술자격증
2. 개별 법령에 따른 국가자격증
3. 「자격기본법」에 따른 국가공인을 받은 민간자격증 중 기술과 관련 있는 내용

③ 〈 삭 제 〉

④ 고등학교의 장은 학교교육계획에 따른 국가직무능력표준의 이수상황을 학교생활기록부에 기재할 경우 별지 제3호 서식, 별지 제4호 서식, 별지 제7호 서식, 별지 제8호의 서식에 따라 입력한다.

제11조 〈 삭 제 〉

제12조 〈 삭 제 〉

제13조(창의적 체험활동상황) ① 창의적 체험활동의 3개 영역(자율 · 자치활동, 동아리활동, 진로활동)별 활동내용, 평가방법 및 기준은 교육과정을 근거로 학교별로 정한다.

② 제1항의 자율 · 자치활동, 동아리활동, 진로활동은 영역별 이수시간 및 특기사항(개별적 특성이 드러나는 사항 등)을 입력하고, 봉사활동은 실적을 입력한다.

③ 제2항에도 불구하고 초등학교는 창의적 체험활동의 이수시간을 입력하지 않으며, '자율 · 자치활동', '동아리활동' 2개영역의 특기사항은 통합하여 종합적으로 입력하되, '진로활동' 영역은 별도로 구분하여 기록한다.

④ 제2항의 봉사활동 영역의 실적은 학교교육계획에 의한 봉사활동과 학생 개인계획에 따른 봉사활동의 구체적인 내용을 별도의 '봉사활동실적'란에 연간 실시한 봉사활동의 일자 또는 기간, 장소 또는 주관기관명, 활동내용, 시간을 실시일자 순으로 모두 입력한다.

⑤ 제2항에 따른 영역별 누가 기록은 공정성, 객관성, 투명성, 신뢰도, 타당도 등이 확보되도록 서식을 개발하여 활용하되, 학생의 구체적 활동 내용이 포함된 자료를 바탕으로 작성하여 관리한다.

⑥ 제2항 및 제3항의 '진로활동'의 특기사항에 진로희망분야와 각종 진로검사 및 진로상담 결과, 관심분야 및 진로희망과 관련된 학생의 활동내용 등 학생의 진로 특성이 드러나는 사항을 담임교사가 입력한다.

⑦ 제6항에도 불구하고 초등학교는 진로희망분야를 입력하지 않을 수 있다.

⑧ 「학교체육 진흥법」 제10조에 따른 학교스포츠클럽 활동 내용은 '동아리활동'란에 다음 각 호의 사항을 입력한다. 이 경우 활동 내용은 학교장이 인정한 기간 동안 수행한 것으로 한정한다.

1. 클럽명
2. 활동시간
3. 개별적 특성이 드러나는 특기사항

⑨ 제8항에도 불구하고 정규교육과정에 포함되지 않은 학교스포츠클럽활동은 특기사항을 입력하지 않는다.

⑩ 제8항의 활동시간은 동아리활동 이수시간에 합산한다.

⑪ 제2항에도 불구하고 동아리 활동 중 정규교육과정에는 포함되어 있지 않으나 학교교육계획에 따라 구성한 청소년단체 활동은 초등학교와 중학교의 경우 단체명은 입력하되 특기사항은 입력하지 않으며, 고등학교의 경우 단체명 및 특기사항 모두를 입력하지 않는다.

⑫ 제2항 및 제3항에 따른 자율 · 자치활동의 특기사항은 담임교사가, 동아리활동의 특기사항은 해당 동아리 담당 교사가 입력한다.

제14조 〈 삭 제 〉

제15조(교과학습발달상황) ① 교과학습발달상황의 평가는 별표 9 '교과학습발달상황 평가 및 관리'에 따라 시행한다.

② 초등학교의 교과학습발달상황은 각 교과별 성취기준에 따른 성취수준의 특성 및 학습활동 참여도 등을 '세부능력 및 특기사항'란에 교과별로 문장으로 입력하되, 1, 2학년 '바른생활', '슬기로운 생활', '즐거운 생활' 교과는 통합하여 입력한다.

③ 중학교는 제1항의 규정에 의하여 시행한 평가에 따라 '교과', '과목', '원점수/과목평균', '성취

도(수강자수)'를 산출하여 각 학기말에 입력한다. 다만, 체육 · 예술(음악/미술) 교과(군)의 과목은 '교과', '과목', '성취도'를 입력한다.

④ 고등학교는 제1항의 규정에 의하여 시행한 평가에 따라 '교과', '과목', '단위수', '원점수/과목평균(표준편차)', '성취도(수강자수)', '석차등급'을 산출하여 각 학기말에 입력한다. 다만, 다음의 교과(목)는 예외로 하여 각 호의 사항을 입력한다.

1. 보통 교과 진로 선택 과목(진로 선택으로 편성된 전문 교과 포함): '교과', '과목', '단위수', '원점수/과목평균', '성취도(수강자수)', '성취도별 분포비율'
2. 보통 교과 공통 과목의 '과학탐구실험' 및 전문 교과Ⅱ, Ⅲ: '교과', '과목', '단위수', '원점수/과목평균(표준편차)', '성취도(수강자수)'
3. 보통 교과의 체육 · 예술 교과(군)의 일반 선택 과목: '교과', '과목', '단위수', '성취도'

⑤ 중 · 고등학교의 '비고'란에는 공동교육과정 및 학교 밖 교육 이수, 학적변동으로 인한 이수과목 상이 등 교육과정 운영에 따른 특기사항에 관한 내용을 간략하게 입력한다.

⑥ 중 · 고등학교의 '세부능력 및 특기사항'란에는 과목별 성취기준에 따른 성취수준의 특성 및 학습활동 참여도 등을 문장으로 입력한다. 다만, 체육 · 예술 교과(군) 및 전문교과Ⅱ의 실무과목은 다음 각 호의 사항을 입력한다.

1. 체육 · 예술 교과(군): 성취수준의 특성, 실기능력, 교과적성, 학습활동 참여도 및 태도 등
2. 전문 교과Ⅱ의 실무과목: 능력단위 기반의 과목별 학습활동 참여도 및 태도 등
3. 〈 삭 제 〉
4. 〈 삭 제 〉

⑦ 제6항에 따른 중학교의 '세부능력 및 특기사항'란에는 특기할 만한 사항이 있는 과목 및 학생에 대하여 입력하고, 고등학교는 모든 학생에 대해 입력하되 세부사항은 교육부 장관이 별도로 정한다.

⑧ 고등학교의 보통 교과 중 교양 교과는 과목명 및 이수단위를 입력하고 '성취도(수강자수)'란과 '석차등급'란에는 'P'를 각각 입력한다. 다만, 교양 교과를 진로 선택 과목으로 편성 시에는 과목명 및 이수단위를 입력하고 '성취도(수강자수)'란과 '성취도별 분포비율'란에는 'P'를 각각 입력한다. 또한, 중학교에서도 고등학교 교양교과(환경, 보건, 진로와 직업 등) 성격의 과목을 선택하여 이수한 경우 과목명 및 이수시간을 입력하고 이수여부에 'P'를 입력한다.

⑨ 〈 삭 제 〉

⑩ 전문 교과Ⅰ 및 보통 교과[공통 과목 과학탐구실험, 진로 선택 과목(진로 선택으로 편성된 전문 교과 포함), 체육 · 예술 교과(군)의 일반 선택 과목, 교양 교과(군)의 과목 제외]는 과목 수강자수가 13명 이하인 경우 '교과', '과목', '단위수', '원점수/과목평균(표준편차)', '성취도(수강자수)'를 입력하고, '석차등급'란에는 '석차등급'이나 '·'을 입력한다. 다만, 수강자 수가 13명 이하인 과목이 2과목 이상인 경우에 '석차등급'란에 '석차등급' 또는 '·' 표기 중 한 가지 방법으로 동일하게 입력한다.

⑪ 〈 삭 제 〉

⑫ 체육 · 예술계 중학교(예술 · 체육 중점학교 포함)에서 학생이 선택 과목으로 체육계 과목 또는 음

악 · 미술계 과목을 이수한 경우 '교과', '과목', '원점수/과목평균', '성취도(수강자수)'를 입력한다.

⑬ 학생이 자유학기에 이수한 과목의 '원점수/과목평균'란은 '공란'으로 두고, '성취도(수강자수)'란에 'P'를 입력한다. 또한, 체육 · 예술(음악/미술) 교과(군)의 과목은 '성취도'란에 'P'를 입력한다. '세부능력 및 특기사항'란에는 모든 과목에 대해 각 과목별 성취기준에 따른 성취수준의 특성, 학습활동 참여도 및 태도, 활동 내역(체육 · 예술 과목은 실기능력, 교과적성 포함) 등을 문장으로 입력한다.

⑭ 교과학습발달상황의 '세부능력 및 특기사항'은 교과담당교사가 입력한다.

⑮ 고등학교에서 공동교육과정으로 이수한 과목[진로 선택 과목(진로 선택으로 편성된 전문 교과 포함), 체육 · 예술 교과(군)의 일반 선택 과목, 교양 교과(군)의 과목 제외]은 '교과', '과목', '단위수', '원점수/과목평균(표준편차)', '성취도(수강자수)'를 입력한다.

⑯ 고등학교에서 학교 밖 교육으로 이수한 과목은 '교과', '과목', '단위수'를 입력하고, 이외 항목은 모두 '·'을 입력한다.

⑰ 학점제를 적용받는 고등학교는 제4항, 제8항, 제10항, 제15항, 제16항의 '이수단위' 또는 '단위수'를 '학점수'로 본다.

⑱ 중학교에서 국가 재난에 준하는 상황으로 평가를 실시하지 않을 경우 '원점수/과목평균'란은 '공란'으로 두고, '성취도(수강자수)'란에 'P'를 입력한다. 또한, 체육 · 예술(음악/미술) 교과(군)의 과목은 '성취도'란에 'P'를 입력한다.

제15조의2(자유학기활동상황) ① 중학교에서 자유학기에 학교별로 실시한 자유학기 활동 영역별 이수시간 및 특기사항을 입력한다.

② '특기사항'에 자유학기 활동별 담당 교사가 수시로 관찰한 활동 내용, 참여도, 흥미도 등을 문장으로 입력한다.

제15조의3(독서활동상황) ① 중 · 고등학교의 개인별 · 교과별 독서활동상황은 독서활동에 특기할 만한 사항이 있는 학생을 대상으로 학기단위로 입력한다.

② '독서활동상황'란에 학생이 읽은 책의 제목과 저자를 교과 담당교사 또는 담임교사가 입력한다.

제16조(행동특성 및 종합의견) ① 행동특성 및 종합의견은 수시로 관찰하여 누가 기록된 행동특성을 바탕으로 총체적으로 학생을 이해할 수 있는 종합의견을 담임교사가 문장으로 입력한다.

② 〈 삭 제 〉

제16조의2(학교폭력 조치상황 관리) 「학교폭력예방 및 대책에 관한 법률」 제17조제1항에 따른 가해학생에 대한 조치사항을 입력한다.

제17조(기타사항) ① '졸업대장번호'란에 졸업대장의 번호를 입력한다.

② '구분'란에 학생의 학과, 반, 번호 및 담임성명을 입력한다. 다만, 변경사항이 있을 경우 변경 전 · 후의 내용을 함께 입력한다.

③ '전공 · 과정'란에 특성화고등학교(특정분야의 인재 양성을 목적으로 하는 교육을 실시하는 학교에 한함) 및 산업수요 맞춤형 고등학교의 학기별 전공 과정 및 과목, 산업체 실습과정 또는 일반고등학교, 특수목적고등학교 및 자율고등학교의 개인별 과정선택 등 교육과정 이수에

따른 특기사항을 입력한다. 또한, 학점제를 적용받는 특성화고등학교 및 산업수요 맞춤형 고등학교의 학생이 타학과 과목을 일정 학점 이상 이수한 부전공의 과정명을 입력한다.

④ '사진'란에 입학년도에 촬영한 천연색 상반신 사진(3.5㎝×4.5㎝, 전산자료)을 입력하며, 졸업학년도에 촬영한 사진으로 교체 입력한다.

제18조(자료의 보존) ① 학교의 장은 「공공기록물 관리에 관한 법률」 및 같은 법 시행령에 따라 학교생활기록부(학교생활기록부Ⅰ)와 학교생활세부사항기록부(학교생활기록부Ⅱ)를 준영구 보존해야 한다.

② 〈 삭 제 〉

③ 학교의 장은 제1항에 따라 준영구 보존하는 학교생활기록부(학교생활기록부Ⅰ)와 학교생활세부사항기록부(학교생활기록부Ⅱ)를 학생 졸업 후 8년 동안 학교에서 보관하고, 이후에는 「공공기록물 관리에 관한 법률 시행령」 제4조, 제31조, 제32조에 따라 보존·관리하여야 한다.

④ 학교의 장은 학교생활세부사항기록부(학교생활기록부Ⅱ)의 '학교폭력 조치상황 관리'에 입력된 「학교폭력예방 및 대책에 관한 법률」 제17조제1항제4호부터 제8호까지의 조치사항은 「초·중등교육법 시행규칙」 제22조제3항에서 정한 기간이 지난 후에 삭제하여야 한다. 다만, '학교폭력 조치상황 관리'에 입력된 「학교폭력 예방 및 대책에 관한 법률」제17조제1항제4호부터 제7호까지의 조치사항은 해당 학생의 반성 정도와 긍정적 행동변화 정도를 고려하여 졸업하기 직전에 「학교폭력예방 및 대책에 관한 법률」 제14조제3항에 따른 학교폭력 전담기구의 심의를 거쳐 학생의 졸업과 동시에 삭제할 수 있다.

⑤ 제4항 단서에도 불구하고 다음 각 호의 어느 하나에 해당하는 경우 학교폭력 전담기구의 조치사항 삭제 심의 대상이 될 수 없다.

1. 재학기간 동안 서로 다른 학교폭력 사안 2건 이상으로「학교폭력예방 및 대책에 관한 법률」 제17조제1항 각 호의 조치사항을 각각 받은 경우
2. 「학교폭력예방 및 대책에 관한 법률」 제17조제1항 조치사항의 조치 결정일로부터 졸업학년도 2월 말일까지 6개월이 경과되지 않은 경우

⑥ 학교의 장은 학교생활세부사항기록부(학교생활기록부Ⅱ)의 '학교폭력 조치상황 관리'에 입력된 「학교폭력예방 및 대책에 관한 법률」 제17조제1항제1호·제2호·제3호의 조치사항을 학생의 졸업과 동시에 삭제하여야 한다.

제19조(자료의 정정) ① 학교의 학년도는「초·중등교육법」 제24조에 따라 3월 1일부터 시작하여 다음 해 2월 말일까지로 하며, 학년도 종료 시까지 학교생활기록부 작성을 종료하고, 매 학년이 종료된 이후에는 당해 학년도 이전의 학교생활기록부 입력 자료에 대한 정정은 원칙적으로 금지한다.

② 제1항에도 불구하고, 객관적인 증빙자료가 있는 경우에만 정정이 가능하며, 정정 시에는 반드시 정정내용에 관한 증빙자료를 첨부하여 증빙자료의 객관성 여부, 정정의 사유, 정정내용 등에 대하여 학교 학업성적관리위원회의 심의 절차를 거친 후 학교생활기록부 정정대장(별표 10의 1조)의 결재 절차에 따라 재학생은 정정 사항의 발견 학년도 담임교사, 졸업생은 업무담당자가 정정 처리해야 한다. 다만, 제7조의 인적·학적사항의 학생정보는 학업성적관리위

원회 심의를 생략할 수 있다.

③ 학교생활기록부 정정대장은 교육정보시스템에서 제공하는 결재 절차를 거쳐 학기 중에는 전자문서로 관리하다가 매 학년도 말 처리가 종료되면 출력하여 증빙서류와 함께 준영구 보관한다.

④ 학교의 장은 「초·중등교육법」 제30조의6제1항제1호 및 제2호에 따라 학교생활기록부(별지 제1호 서식부터 제8호까지의 서식 가운데 하나)를 감독·감사 권한을 가진 행정기관 또는 상급학교에 제공하는 경우 교육부, 시·도교육청 또는 입학전형을 실시하는 상급학교의 요청에 따라 해당 학생의 학교생활기록부 정정대장(별표 10의 1조)을 제공할 수 있다.

⑤ 학교의 장은 제4항에 따라 정정대장을 제공할 경우 다음 각 호의 어느 하나에 해당하는 내용 중 학생의 개인정보를 보호할 필요가 있다고 판단되는 사항은 제외하여 제공해야 한다.

1. 학생 본인 및 가족(보호자 포함)의 질병명 등
2. '인적·학적사항' 항목의 학생 성명, 성별, 주민등록번호, 주소
3. 제18조제4항·제6항에 따른 조치사항 삭제와 관련된 내용

제20조(자료의 제공) ① 초등학교 및 중학교의 장은 지속적인 진로교육을 위하여 학교생활기록부의 진로 관련 사항(창의적 체험활동상황 중 진로활동 영역을 말한다. 이하 이 조에서 같다)을 해당 학생(학생이 미성년자인 경우에는 학생과 학생의 부모 등 보호자)의 동의를 받아 상급학교(초등학교의 경우 중학교 및 고등학교, 중학교의 경우 고등학교를 말한다)의 장에게 전산자료의 형태로 진학이 확정된 후에 제공할 수 있다.

② 중학교 및 고등학교의 장은 제1항에 따라 제공받은 전산자료를 해당 학생의 유예 및 재학(휴학) 기간 동안 진로교육을 위한 목적으로만 활용하여야 하며, 해당 학교급의 학교생활기록부와 별도로 관리하여야 한다.

③ 제1항에 따른 개인정보(진로 관련 사항) 활용 동의서는 별표 11의 서식에 따른다.

제21조(준용 등) 학교생활기록 작성과 관련하여 이 지침에 정하지 아니한 사항에 대하여는 다른 관련 법규를 준용한다.

제22조(재검토기한) 교육부장관은 이 훈령에 대해 「훈령·예규 등의 발령 및 관리에 관한 규정」에 따라 2024년 1월 1일 기준으로 매 3년이 되는 시점(매 3년째의 12월 31일까지를 말한다)마다 그 타당성을 검토하여 개선 등의 조치를 하여야 한다.

유치원생활기록부 작성 및 관리지침

[시행 2023. 3. 1.] [교육부고시 제2023-4호, 2023. 1. 16., 일부개정]

제1조(목적) 이 지침은 「유아교육법」(이하 "법"이라 한다) 제14조에 따라 유치원생활기록부를 작성 및 관리하기 위한 기준을 정함을 목적으로 한다.

제2조 삭제

제3조(입력 · 서식 등) ① 유치원생활기록부는 「공공기록물관리에 관한 법률 시행령」 제2조제7호에 따른 전자기록생산시스템을 통해 전자적으로 생산 · 관리하여야 한다.

② 유치원생활기록부는 별지 제1호 서식에 따라 누가하여 입력한다.

③ 유치원생활기록부는 한글로 입력하고, 입력란이 부족할 때에는 유치원의 필요에 따라 추가할 수 있다.

④ 유치원생활기록부 작성 시 필요한 경우, 보조기록부는 각 유치원의 실정에 맞게 작성 · 사용하되, 시 · 도 교육청별로 일정한 서식을 작성 · 사용할 수 있다.

제4조(정정) ① 매 학년이 종료된 이후에는 당해 학년도 이전의 유치원생활기록부 입력자료에 대한 정정은 원칙적으로 금지한다.

② 제1항의 규정에도 불구하고, 정정이 불가피한 경우에는 반드시 정정내용에 관한 증빙자료를 첨부하여 유치원생활기록부 정정 절차에 따라 처리해야 한다.

③ 제2항에 따른 증빙자료는 전자기록생산시스템에 등록하여 관리하여야 하고, 유치원생활기록부 정정대장에 증빙자료의 문서번호를 등록하여 함께 보관하여야 한다.

④ 유치원생활기록부 정정대장은 별지 제2호 서식과 같다.

제5조(보관 · 활용) ① 유치원생활기록부는 준영구 보존해야 한다.

② 유치원장은 유아의 보호자 또는 유아가 입학한 초등학교장 및 특수학교장이 유아의 생활지도에 필요하여 요청하면 보호자가 동의할 경우 유치원생활기록부를 송부하여야 한다.

③ 유아가 전학할 경우, 유치원장은 보호자의 요청에 따라 유치원생활기록부를 전입한 유치원에 송부하고, 퇴학할 경우에는 유치원생활기록부에 퇴학일을 입력하여 전자기록생산시스템에 등록한다.

제6조(인적사항) 유치원생활기록부의 인적사항은 다음 각 호와 같이 입력한다.

1. '성명'은 한글로 입력한다. 다만 부득이한 경우 해당국 언어로 입력할 수 있다.
2. '성별'은 남, 여로 입력한다.
3. '생년월일'은 주민등록등본상의 생년월일을 입력한다.
4. '주소'는 입학 당시의 주소와 변경된 주소를 누가하여 입력하고, 졸업 당시의 주소를 최종적으로 입력한다.
5. '가족상황'란에는 부모(보호자)의 성명, 생년월일을 입력한다.
6. 삭제

제7조(학적사항) ① 입학의 경우 연월일, 원명, 연령을 입력한다.

② 재입학 · 편입학 · 전학 · 휴학 · 퇴학 · 수료 · 졸업의 경우 줄을 추가하고, 제1항에 따른 입학의 경우와 동일한 방법으로 입력한다.

③ '특기사항'란에는 특기할 만한 사유를 입력한다.

④ '졸업 후의 상황'란에는 유아의 진로상황을 입력한다.

제8조(출결상황) ① 출결상황은 각 항목에 따라 아라비아 숫자로 입력한다.

② '수업일수'는 「유아교육법 시행령」 제12조의 규정에 의하여 원장이 정한 총 출석해야 할 일수를 입력한다.

③ '출석일수'는 출석한 일수를 입력한다.

④ '결석일수'는 결석한 일수를 입력한다.

⑤ '특기사항'란에는 일주일 이상 장기 결석한 경우 사유 등을 간략하게 입력한다.

제9조(신체발달상황) 「학교건강검사규칙」 제4조에 따라 신체검사 결과를 다음 각 호와 같이 입력한다.

1. '검사일'은 연월일을 아라비아 숫자로 입력한다.
2. '키', '몸무게'는 아라비아 숫자로 소수 첫째 자리까지 입력한다.

제9조의2(건강검진) 법 제17조제1항에 따라 건강검진 사항은 다음 각 호와 같이 입력한다.

1. '검진일'은 건강검진을 시행한 연월일을 아라비아 숫자로 입력한다.
2. '검진기관'은 건강검진을 시행한 기관명을 한글로 입력한다.
3. '특기사항'란에는 유아의 건강이 유치원 생활에 영향을 미치는 내용이 있는 경우 보호자의 동의를 받아 입력한다.

제10조(유아발달상황) ① 유치원 교육과정에 제시된 신체운동 · 건강, 의사소통, 사회관계, 예술경험, 자연탐구 영역 등의 관찰 결과를 바탕으로 유아를 종합적으로 이해할 수 있는 문장으로 입력한다.

② 삭제

③ 삭제

제11조(기타) ① '수료 · 졸업대장번호'란에는 3세~6세아가 수료 · 졸업할 경우 아라비아 숫자로 수료 · 졸업학년도 및 수료 · 졸업대장번호를 입력한다.

② 삭제

③ '사진'란에는 상반신 칼라 사진을 입력한다.

④ '반'란에는 반명을 입력한다.

⑤ '담임 성명'란에는 담임 성명을 입력한다.

제12조(재검토기한) 교육부장관은 이 고시에 대하여 「훈령 · 예규 등의 발령 및 관리에 관한 규정」에 따라 2018년 1월 1일을 기준으로 매 3년이 되는 시점(매 3년째의 12월 31일까지를 말한다)마다 그 타당성을 검토하여 개선 등의 조치를 하여야 한다.

찾아보기

인 명

내 용

[ㄱ]

[ㅂ]

[ㅅ]

[ㅇ]

[숫자]

[A~Z]

저자 약력

김 화 영 ppeace@hywoman.ac.kr

• 경력: 현) 한양여자대학교 유아교육과 교수
전) 삼성전자 기흥사업장 인사팀
한양대학교 사범대학/상담심리대학원 겸임교수

• 학력: 연세대학교 교육과학대학 교육학과 학사
연세대학교 일반대학원 교육학과 석사
한양대학교 일반대학원 교육학과 박사

권 승 아 sakwon@seoil.ac.kr

• 경력: 현) 서일대학교 유아교육학과 교수
전) 한국대학평가원 대학기관평가인증 연구원
서영대학교 유아교육과 교수
한라대학교 교직과정부 교수

• 학력: 이화여자대학교 사범대학 과학교육과 학사
이화여자대학교 일반대학원 문학석사(교육학)
이화여자대학교 일반대학원 문학박사(교육측정 및 평가)

김 한 나 hannakim14@chongshin.ac.kr

• 경력: 현) 총신대학교 사범학부 교직과 교수(호크마교양교육원장)
전) 한국교육개발원 연구위원 및 연구원
칭화대학교 연구교수 및 북경사범대학교 방문학자
서울시 초등학교 교사

• 학력: 경인교육대학교 교육학 학사
이화여자대학교 교육대학원 문학석사(교육학)
이화여자대학교 대학원 문학박사(교육행정)

명 준 희 jhmyung80@sewu.ac.kr

• 경력: 현) 숭의여자대학교 유아교육과 교수
전) 한양대학교 연구교수
American Evengelical University 외래교수
인천광역시 남동구 다문화가족협의회 위원

• 학력: 서울신학대학교 아동보육학과 학사
숙명여자대학교 아동복지학과 석사
Claremont Graduate University 교육학 박사

김 수 환 skim@csu.ac.kr

• 경력: 현) 총신대학교 기독교교육과 교수
전) 미국 Calvin University 방문교수
경인교육대학교 겸임교수
인천미래교육위원회 위원

• 학력: 경인교육대학교 교육학 학사
경인교육대학교 컴퓨터교육학과 석사
고려대학교 컴퓨터교육학과 박사

교육평가

1판 1쇄 인쇄 2025년 2월 23일
1판 1쇄 발행 2025년 2월 28일

저 자 | 김화영 권승아 김한나 명준희 김수환
발 행 인 | 박철용
발 행 처 | 양서원
주 소 | 경기도 파주시 직지길 522
전 화 | 031-955-8000(代)
팩 스 | 031-955-8005
홈페이지 | www.yswpub.co.kr
이 메 일 | yswgroup@naver.com
출판등록 | 1987년 11월 24일 제 406-2003-037 호

ISBN 978-89-994-1535-7

정가 22,000원